国家出版基金项目
NATIONAL PUBLICATION FOUNDATION

U0600855

中国近代
思想家文库

◎

查晓英 编

常乃惪卷

中国人民大学出版社
·北 京·

总　序

对于近代的理解，虽不见得所有人都是一致的，但总的说来，对于近代这个词所涵的基本意义，人们还是有共识的。一个国家、一个民族走入近代，就意味着以工业化为主导的经济取代了以地主经济、领主经济或自然经济为主导的中世纪的经济形态，也还意味着，它不再是孤立的或是封闭与半封闭的，而是以某种形式加入到世界总的发展进程。尤其重要的是，它以某种形式的民主制度取代君主专制或其他不同形式的专制制度。中国是个幅员广大、人口众多、历史悠久的多民族国家，由于长期历史发展是自成一体的，与外界的交往比较有限，其生产方式的代谢迟缓了一些。如果说，世界的近代是从 17 世纪开始的，那么中国的近代则是从 19 世纪中期才开始的。现在国内学界比较一致的认识，是把 1840 年到 1949 年视为中国的近代。

中国的近代起始的标志是 1840 年的鸦片战争。原来相对封闭的国门被拥有近代种种优势的英帝国以军舰、大炮再加上种种卑鄙的欺诈打开了。从此，中国不情愿地加入到世界秩序中，沦为半殖民地。原来独立的大一统的中央集权的君主专制国家，如今独立已经极大地被限制，大一统也逐渐残缺不全，中央集权因列强的侵夺也不完全名实相符了。后来因太平天国运动，地方军政势力崛起，形成内轻外重的形势，也使中央集权被弱化。经历第二次鸦片战争、中法战争、甲午战争、八国联军入侵的战争以及辛亥革命后的多次内外战争，直至日本全面侵略中国的战争，致使中国的经济、政治、教育、文化，都无法顺利走上近代发展的轨道。古今之间，新旧之间，中外之间，混杂、矛盾、冲突。总之，鸦片战争后的中国，既未能成为近代国家，更不能维持原有的统治秩序。而外患内忧咄咄逼人，人们都有某种程度"国将不国"的忧虑。

"天下兴亡，匹夫有责"，读书明理的士大夫，或今所谓知识分子，尤为敏感，在空前的危机与挑战面前，皆思有所献替。于是发生种种救亡图存的思想与主张。有的从所能见及的西方国家发展的经验中借鉴某些东西，形成自己的改革方案；有的从历史回忆中拾取某些智慧，形成某种民族复兴的设想；有的则力图把西方的和中国所固有的一些东西加以调和或结合，形成某种救亡图强的主张。这些方案、设想、主张，从世界上"最先进的"，到"最落后的"，几乎样样都有。就提出这些方案、设想、主张者的初衷而言，绝大多数都含着几分救国的意愿。其先进与落后，是否可行，能否成功，尽可充分讨论，但可不必过为诛心之论。显而易见，既然救国的问题最为紧迫，人们所心营目注者自然是种种与救国的方案直接相关的思想学说，而作为产生这些学说的更基础性的理论，及其他各种知识、思想，则关注者少。

围绕着救国、强国的大议题，知识精英们参考世界上种种思想学说，加以研究、选择，认为其中比较适用的思想学说，拿来向国人宣传，并赢得一部分人的认可。于是互相推引，互相激励，更加发挥，演而成潮。在近代中国，曾经得到比较广泛的传播的思想学说，或者够得上思潮的，主要有以下几种：

（一）进化论。近代西方思想较早被引介到中国，而又发生绝大影响的，要属进化论。中国人逐渐相信，进化是宇宙之铁则，不进化就必遭淘汰。以此思想警醒国人，颇曾有助于振作民族精神。但随后不久，社会达尔文主义伴随而来，不免发生一些负面的影响。人们对进化的了解，也存在某些片面性，有时把进化理解为一条简单的直线。辩证法思想帮助人们形成内容更丰富和更加符合实际的发展观念，减少或避免片面性的进化观念的某些负面影响。

（二）民族主义。中国古代的民族主义思想，其核心是"非我族类，其心必异"，所以最重"华夷之辨"。鸦片战争前后一段时期，中国人的民族思想，大体仍是如此。后来渐渐认识到"今之夷狄，非古之夷狄"，"西人治国有法度，不得以古旧之夷狄视之"。但当时中国正遭受西方列强的侵略和掠夺，追求民族独立是民族主义之第一义。20世纪初，中国知识精英开始有了"中华民族"的概念。于是，渐渐形成以建立近代民族国家为核心的近代民族主义。结束清朝君主专制，创立中华民国，是这一思想的初步实现。第一次世界大战爆发，中国加入"协约国"，第一次以主动的姿态参与世界事务，接着俄国十月革命爆发，这两件事对近代中国的发展历程造成绝大影响。同时也将中国人的民族主义提升到一个新的层次，即与国际主义（或世界主义）发生紧密联系。也可以说，中国人更加自觉地用世界的眼光来观察中国的问题。新生的中国共产党和改组后的国民党都是如此。民族主义成为中国的知识精英用来应对近代中国所面临的种种危机和种种挑战的一个重要的思想武器。

（三）社会主义。社会主义作为一种模糊的理想是早在古代就有的，而且不论东方和西方都曾有过。但作为近代思潮，它是于19世纪在批判近代资本主义的基础上产生的。起初仍带有空想的性质，直到马克思和恩格斯才创立起科学社会主义。20世纪初期，社会主义开始传入中国。当时的传播者不太了解科学社会主义与以往的社会主义学说的本质区别。有一部分人，明显地受到无政府主义的强烈影响，更远离科学社会主义。直到五四新文化运动兴起之后，中国人始较严肃地引介、宣传科学社会主义。但有一段时间，无政府主义仍是一股很大的思想潮流。中国共产党的成立，从思想上说，是战胜无政府主义的结果。中国共产党把在中国实现社会主义乃至共产主义作为自己的奋斗目标。此后，社会主义者，多次同各种非科学社会主义思想的信仰者进行论争并不断克服种种非科学社会主义思想的影响。

（四）自由主义。自由主义也是从清末就被介绍到中国来，只是信从者一直寥寥。直到五四新文化运动兴起，具有欧美教育背景的知识精英的数量渐渐多起来，自由主义始渐渐形成一股思想潮流。自由主义强调个性解放、意志自由和自己承担责任，在政治上反对一切专制主义。在中国的社会条件下，自由主义缺乏社会基础。在政治激烈动荡的时候，自由主义者很难凝聚成一股有组织的力量；在稍稍平和的时候，他们往往更多沉浸在自己的专业中。所以，在中国近代史上，自由主义不曾有，也不可能有大的作为。

（五）激进主义与保守主义。处于转型期的社会，旧的东西尚未完全退出舞台，新的东西也还未能巩固地树立起来，新旧冲突往往要持续很长的时间，有时甚至达到很激烈的程度。凡助推新东西成长的，人们便视为进步的；凡帮助旧东西排斥新东西的，人们便视为保守的。其实，与保守主义对应的，应是进步主义；与顽固主义相对的则应是激进主义。不过在通常话语环境中人们不太严格加以区分。中国历史悠久，特别是君主专制制度持续两千余年，旧东西积累异常丰富，社会转型极其不易。而世界的发展却进步甚速。中国的一部分精英分子往往特别急切地想改造中国社会，总想找出最厉害的手段，选一条最捷近的路，以最快的速度实现全盘改造。这类思想、主张及其采取的行动，皆属激进主义。在中共党史上，它表现为"左"倾或极左的机会主义。从极端的激进主义到极端的顽固主义，中间有着各种程度的进步与保守的流派。社会的稳定，或社会和平改革的成功，都依赖有一个实力雄厚的中间力量。但因种种原因，中国社会的中间力量一直未能成长到足够的程度。进步主义与保守主义，以及激进主义与顽固主义，不断进行斗争，而实际所获进步不大。

（六）革命与和平改革。中国近代史上，革命运动与和平改革运动交替进行，有时又是平行发展。两者的宗旨都是为改变原有的君主专制制度而代之以某种形式的近代民主制度。有很长一个时期，有两种错误的观念，一是把革命理解为仅仅是指以暴力取得政权的行动，二是与此相关联，把暴力革命与和平改革对立起来，认为革命是推动历史进步的，而改革是维护旧有统治秩序的。这两种论调既无理论根据，也不合历史实际。凡是有助于改变君主专制制度的探索，无论暴力的或和平的改革都是应予肯定的。

中国近代揭幕之时，西方列强正在疯狂地侵略与掠夺殖民地和半殖民地，中国是它们互相争夺的最后一块、也是最大的资源地。而这时的中国，沿袭了两千年的君主专制制度已到了奄奄一息的末日，统治当局腐朽无能，对外不足以御侮，对内不足以言治，其统治的合法性和统治的能力均招致怀疑。革命运动与改革的呼声，以及自发的民变接连不断。国家、民族的命运真的到了千钧一发之际，危机极端紧迫。先觉分子救国之心切，每遇稍具新意的思想学说便急不可待地学习引介。于是西方思想学说纷纷涌进中国，各阶层、各领域，凡能读书读报者，受其影响，各依其家庭、职业、教育之不同背景而选择自以为不错的一种，接受之，信仰之，传播之。于是西方几百年里相继风行的思想学说，在短时期内纷纷涌进中国。在清末最后的十几年里是这样，五四时期在较高的水准上重复出现这种情况。

这种情况直接造成两个重要的历史现象：一个是中国社会的实际代谢过程（亦即社会转型过程）相对迟缓，而思想的代谢过程却来得格外神速。另一个是在西方原是差不多三百年的历史中渐次出现的各种思想学说，集中在几年或十几年的时间里狂泻而来，人们不及深入研究、审慎抉择，便匆忙引介、传播，引介者、传播者、听闻者，都难免有些消化不良。其实，这种情况在清末，在五四时期，都已有人觉察。我们现在指出这些问题并非苛求前人，而是要引为教训。

同时我们也看到，中国近代思想无比的多样性与复杂性呈现出绚丽多彩的姿态，各种思想持续不断地展开论争，这又构成中国近代思想史的一个突出特点。有些论争为我们留下了非常丰富的思想资料。如兴洋务与反洋务之争，变法与反变法之争，革命与改良之争，共和与立宪之争，东西文化之争，文言与白话之争，新旧伦理之争，科学与人生观之争，中国社会性质的论争，社会史的论争，人权与约法之争，全盘西化与本位文化之争，民主与独裁之争，等等。这些争论都不同程度地关联着一直影响甚至困扰着中国人的几个核心问题，即所谓中西问题、古今问题与心物关系问题。

中国近代思想的光谱虽比较齐全，但各种思想的存在状态及其影响力是很不平衡的。有些思想信从者多，言论著作亦多，且略成系统；有些可能只有很少的人做过介绍或略加研究；有的还可能因种种原因，只存在私人载记中，当时未及面世。然这些思想，其中有很多并不因时间久远而失去其价值。因为就总的情况说，我们还没有完成社会的近代转型，所以先贤们对某些问题的思考，在今天对我们仍有参考借鉴的价值。我们编辑这套《中国近代思想家文库》，希望尽可能全面地、系统地整理出近代中国思想家的思想成果，一则借以保存这份珍贵遗产，再则为研究思想史提供方便，三则为有心于中国思想文化建设者提供参考借鉴的便利。

考虑到中国近代思想的上述诸特点，我们编辑本《文库》时，对于思想家不取太严格的界定，凡在某一学科、某一领域，有其独立思考、提出特别见解和主张者，都尽量收入。虽然其中有些主张与表述有时代和个人的局限，但为反映近代思想发展的轨迹，以供今人参考，我们亦保留其原貌。所以本《文库》实为"中国近代思想集成"。

本《文库》入选的思想家，主要是活跃在 1840 年至 1949 年之间的思想人物。但中共领袖人物，因有较为丰富的研究著述，本《文库》则未收入。

编辑如此规模的《文库》，对象范围的确定，材料的搜集，版本的比勘，体例的斟酌，在在皆非易事。限于我们的水平，容有瑕隙，敬请方家指正。

《中国近代思想家文库》编纂委员会

目　　录

导言：为渐进变革寻找历史法则

　　如果说史学的存在是为了人类的自我认识，那么当许多曾经被遗忘的名字重新出现在史家的著述中时，人们的自我认识一定正在发生某种变化。故纸堆里发掘出的人和事，与当下思想之间存在着千丝万缕的联系。黄克武研究梁启超的调适思想，便很强调最近数十年史学风向与政治社会情绪的同步。[①] 不过，尽管常乃惪这个"被遗忘的思想家"[②] 重现于报章杂志，却仍然被视为"思想史上薄薄的一页"。[③] 他的重要性还没有得到阐释，与人们的"自我认识"似乎尚有一段距离。

　　常乃惪（1898—1947）[④] 出生于山西榆次的晋商家族，毕业于北京高等师范学校史地部，曾在多所中学、大学任教。加入中国青年党后长期主持该党宣传工作，在舆论界独树一帜。他自诩为"百科全书派"，声称自己既不图为学问家，也不妄想成就事功，只愿做个想说就说想做就做的痛快人。[⑤] 事实上，常乃惪一生都企图在行动与思想、政治与学

---

　　① 参见黄克武：《一个被放弃的选择——梁启超调适思想之研究》，9～15 页，北京，新星出版社，2006。

　　② 例如智效民的一篇文章就以"被遗忘的思想家——常燕生"为题，见《博览群书》1998 年第 12 期。

　　③ 参见葛兆光：《思想史研究历程中薄薄的一页——常乃惪和〈中国思想小史〉》，《江海学刊》2004 年第 5 期。

　　④ 常乃惪本人署名多样，除了笔名和字外，姓名亦有几种写法："常乃惪"、"常乃惪"、"常乃德"，本文正文采用第二种。若其他引文出处有不同署名，则用引文的署名。

　　⑤ 参见常乃惪：《〈常言道〉发刊辞》，《常燕生先生遗集（七）·蛮人之出现》，黄欣周编，345 页，台北，文海出版社，1967。

术之间纵横捭阖。① 他是一个重视行动的学者,并不幻想从意识层面解决现实社会的问题。党派竞争、亡国危机以及著述特长最终促使他强调"思想"问题,直接导致他最为人称道的"生物史观"理论的诞生。

因为重视行动,常乃惪倾向于渐进改良的办法,以图行动都能获致一定的效果;因为重视思想,他又吸取了阶段论的结构,建立了一套历史法则,以图思想能够真正影响到青年。这一对看似矛盾的结合,恰好反映出现代中国在传统思想资源与西方思想资源之间、意识形态与政治主张之间存在着多种样式的关联。作为中国青年党领袖之一,常乃惪也曾引起一些研究者的兴趣②,唯其思想与行动之间体现的时代精神尚未彰显,其在中国现代思想史上的地位仍有待发覆。

一、五四前后:现象与理想的拉锯

常乃惪自小受传统书本教育,他的父亲是一位热心改革的基层官吏,或许这两方面都对青年时期的常乃惪产生了影响,使他在相信神鬼、主张精神文明的同时,并未陷溺于消极无为或偏重意识改造的态度中。他认可"革命"③,并且接受了支持革命理论的进化思想。但他同时有一股少年老成之气,主张以稳妥办法推动社会改变,以同情心理看待传统。

---

① 常乃惪的生平事迹参见本书《常乃惪年谱简编》。
② 吴天墀:《心波》,《常燕生先生遗集(八)·哀挽录》,43~53 页;黄欣周:《常乃惪》,《中国文化综合研究——近六十年来中国学人研究中国文化之贡献》,中华学术院编,567~583 页,台北,华冈出版部,1973;许冠三:《常乃惪:生物法则支配一切》,《新史学九十年》,332~350 页,长沙,岳麓书社,2003;黄敏兰:《学术救国——知识分子历史观与中国政治》,郑州,河南人民出版社,1995;黄敏兰:《一个严谨的史学理论体系——常乃德史学理论述评》,《史学理论研究》1994 年第 1 期;张学书:《中国现代史学思潮研究》,长沙,湖南教育出版社,1998;孙承希:《醒狮派的国家主义思想之演变》,复旦大学博士学位论文,2002;张少鹏:《民初的国家主义派研究》,华中师范大学博士学位论文,2005;敖光旭:《1920—1930 年代国家主义派之内在文化理路》,《近代史研究》2006 年第 2 期;常崇宇:《大陆中国青年党人的归宿》,北京,中央文献出版社,2007;朱慈恩:《常乃惪历史哲学述论》,《晋阳学刊》2008 年第 1 期;张炜、郭方:《以国家主义为中心构建的历史体系——常乃惪世界史研究成就探析》,《史林》2008 年第 3 期;蒋正虎:《进化学说在中国传播的新阶段——常乃惪对进化论的继受与重新解读》,《宁夏师范学院学报》2008 年第 4 期;杨彩丹、郑伟:《常乃惪与新文化运动》,《北大史学》(16),北京大学历史系编,128~142 页,北京,北京大学出版社,2011;顾友谷:《常乃德的史学观》,《山西大同大学学报》2012 年第 2 期;等等。
③ "革命"一词在当时的中国有着比较宽泛的意义和广泛支持,见罗志田:《士变:20世纪上半叶中国读书人的革命情怀》,《近代读书人的思想世界与治学取向》,104~141 页,北京,北京大学出版社,2009。

当常乃惪在 1916 年夏考入北京高等师范学校史地系不久，便针对陈独秀的文学革命论与倒孔论发表不同意见。[①] 他赞成废文言与反尊孔，但否认文言中的一切与孔子的一切都一无是处。在他看来，"走极端"的言论[②]不会带来恰到好处的结果，不合时宜的理想可能产生"众人为暴"的结局。他把民国建立后层出迭现的乱相归罪于专制的存在，认为共和之乱与王政之治本质上都是专制，既然如此，为何不舍乱而取治呢?[③]

陈独秀承认"专制余波"酿成了共和之乱，但将其归因于人们对共和宪政"无信仰、无决心"。他坚信自己对"共和"的追求是转移世风的"百年大计"，并规劝常乃惪："重现象而轻理想，大非青年之所宜，至为足下不取焉。"[④] 常乃惪回应道，"人生于世，不可无理想之鹄的以为进行标准"，但"所谓不经破坏，不能建设一语"却不妥当。他建议陈独秀转向提倡积极、建设的言论。[⑤]

常乃惪对于具体的文学问题、孔子问题都有独立清晰的见解，却无法不对陈独秀的高远理想表示敬意。尽管在事实上，常乃惪对陈独秀所说的理想仅具一种"遥远的"同情，在他的社会改造观里那种理想不起任何直接作用。[⑥] 但在随后数年中，常乃惪的言论却深受"理想"的影响。

民国初年，吴贯因曾经说，读书与治事，一偏重于理想，一偏重于经验，理想与经验常不一致，故学者、政治家因而分途。但是他接着指出，当社会日臻于文明，理论与事实即日趋于一致，学者与政治家将逐渐合一。并且政治事业常需运用科学，政界已渐成学者的势力范围。因此他呼吁"天下读书人"要以政界为用武之地。[⑦] 一位署名"漆室"的

① 争论的内容收入陈独秀：《独秀文存》，642～680 页，合肥，安徽人民出版社，1987。

② 参见罗志田：《林纾的认同危机与民初的新旧之争》，《权势转移：近代中国的思想、社会与学术》，283 页，武汉，湖北人民出版社，1999。

③ 参见常乃惪：《附常乃惪书》，《独秀文存》，650～654 页。

④ 陈独秀：《再答常乃惪》，《独秀文存》，649～650 页。

⑤ 参见常乃惪：《附常乃惪书》，《独秀文存》，666～667 页。

⑥ 例如关于道德改造问题的讨论，陈独秀与常乃惪各执利他与自利两说，见常乃惪：《纪陈独秀君演讲词》，《新青年》第 3 卷第 3 期，1917；陈独秀：《调和论与旧道德》，《独秀文存》，565～566 页。又如关于应否爱国的问题，陈独秀：《我之爱国主义》，《独秀文存》，60～67 页；陈独秀：《我们究竟应不应当爱国》，《独秀文存》，431～432 页；常乃惪：《爱国——为什么?》，《国民》第 2 卷第 1 号，1919。

⑦ 吴贯因：《学者与政治家》，《庸言》第 1 卷第 5 号，1913。"理想"与"理论"两词在他的文章中是混用的。

作者，也把民初"思想界的悲凉落寞"归罪于"与理想分离之计划"。事事以眼前利益为打算，导致"塞断国民高洁之观念，凿尽国民美善之根苗"①。而在常乃惠的眼中，民初的《甲寅》杂志首先就是因为"在举国人心沉溺于现实问题的时候……拿新的理想来号召国民"，引发了后来的新文化运动。②

常乃惠认为，东方文明是人类文明的第二期，理应向着第三期西方文明改进，后者已有的缺陷，将在第四期文明中改进。③ 常乃惠把人类社会的发展视为一个个阶段的演变，人在其中的作用就是适应和促进，无法僭越。如果现存最"先进"的社会仍有不足，再往前的社会状态便要靠人们的理想与创造了。这是他评论北京与上海两个城市的发展时，明显遵循的思路。④ 既然第四期文明一定会到来，人们对它进行设想就是顺理成章的事情。

此时常乃惠承认，唯物史观虽然受到过许多驳难，其价值却终不可磨灭。按照教育与其他社会制度均决定于经济制度这一规律，理想的教育将同理想的社会一起，随着经济发达而最终出现，这种带大同色彩的教育制度被他称为"全民教育"。⑤ 不过他理解的作为决定因素的"经济"是偏重在生产技术层面的，即"生产和运输的技术的演进，可以决定经济情形，及其他社会各种制度的演进"。因为生产与运输技术发达，全世界将缩为咫尺，"人和人可以不出家门，而得到聚合的机会"。于是未来教育的趋势首先是"以社会教育，代学校教育"。⑥ 社会组织的变化将促成这一趋势。常乃惠认为，"我们现在的社会制度是大工业生产方法底下必然的制度。我们的资本集中的情形，引起阶级不平的呼声，是人人所知的。但这种资本集中的将来究竟伊于胡底，却没有人能知道。只有社会主义的祖师马克思曾告我们这种资本集中的结果便是社会主义国的出现。我相信他的话是不错的"⑦。

① 漆室：《思想界销沉之两大原因》，《雅言》第 1 卷第 7 期，1914。
② 参见常乃惠：《中国思想小史》，《常燕生先生遗集补编》，180 页。
③ 参见常乃惠：《东方文明与西方文明》，《"五四"前后东西文化问题论战文选》，陈崧编，281~293 页，北京，中国社会科学出版社，1989。
④ 参见常乃惠：《北京与上海》，《常燕生先生遗集（七）·蛮人之出现》，1~10 页。
⑤ 舒新城称之为"大同教育思想"，见氏著《近代中国教育思想史》，《近代中国留学史·教育通论·近代中国教育思想史》，131 页，长沙，湖南教育出版社，2010。
⑥ 参见常乃惠：《毁校造校论》，《全民教育论发凡》，183~218 页。
⑦ 常乃惠：《全民教育论发凡》，《全民教育论发凡》，116~117 页，上海，商务印书馆，1926。

　　尽管如此，常乃惪并不信任"阶级斗争"的办法。在他看来，即使人们不"有意的努力"，这一理想社会同教育制度终将逐渐达到，因为大工业制度必将发展，生产和交通方法也将随之演进，教育制度必然会变化。人为手段乃是这一自然演进过程的辅助，包括促进科学发明、进行社会改造①、改良都市、改良乡村等等。②

　　但有时他会表现得更激进一些，例如在组建"教育改造社"期间，他就提出："要达到未来的新理想，必须明目张胆，毫无顾忌地将这种旧的教育制度全部推翻，然后再重新创造适合于发展新理想的教育制度。在旧教育制度未曾根本推翻以前，不但新的理想无从实现，即新的制度也无从单独建设起。"人的努力在他的论述中作用变得更大了，是可以保证"天然的进化""不走错方向"的必要手段。因此，"教育的革命"或者"革命的教育"首先应做的，就是完全摧毁现存的学校制度。③

　　在常乃惪构想未来教育制度的同时，他对现实中的学术独立与学潮问题，也提出了现实的解决办法。例如，鼓吹政府和资本家投资，帮办学术独立④；学生无权干涉学校的规定、教师需多多地容纳学生的意见，互相让步以解决学潮。⑤

　　即使在与"共产主义"最亲近的这段时期，常乃惪也警惕地关注着理想的边界。他批评在非基督教同盟运动中，报纸言论里"'武断''谩骂'，'凶暴'等非科学的气焰"远远压倒了发起者的清晰觉悟。名为"维持科学"，实际上却杂以"拥护资本家"、"实行侵略"等等与"科学"本无关系的内容。⑥ 在他看来，"思想界一般的标准太低，浮浅的议论到处被恭维为湛深的学理"，于是脑筋混乱的人以为科学文艺的内容不过如此，更随便地著书立说，稍知自爱的人更否认一切思想。⑦ 贬低所谓

---

　　① 常乃惪对如何进行社会改造的问题讲得很简略，尽管提出全民政治制度、全民经济制度，但总体上是属于辅助性的。而且他认为俄国、中国这样的工业幼稚的国家只可能产生出"伪的社会主义国"，非得等到工业十分发达，真正的社会主义才会出现。

　　② 参见常乃惪：《全民教育论发凡》，《全民教育论发凡》，116～125 页。

　　③ 参见常乃惪：《毁校造校论》，《全民教育论发凡》，183～218 页。

　　④ 常乃德：《通讯》，《教育杂志》14 卷第 6 期，1922。

　　⑤ 参见常乃惪：《学校性质之研究》，《全民教育论发凡》，182 页。

　　⑥ 参见常乃德：《对于非宗教大同盟之诤言》，《真光》21 卷第 10、11 期，1922。此文为常乃德与一友人共同撰写，以常名发表。原刊于 1922 年 4 月 12 日《时事新报·学灯》上，为《真光》杂志编者转载。

　　⑦ 参见常乃惪：《虚无主义与中国青年》，《常燕生先生遗集（七）·蛮人之出现》，23 页。

"思想"的意义，重视实际行动的重要性，这个倾向导致他在五四后反对胡适"不谈政治"的主张。他把"不谈政治"视为"中国人漠视现实精神的一种表现"，"是几千年专制政体下养成的结果，与西方人的民治精神相去不啻天渊"，反映多数中国人仍未能彻底了解西洋文化的真面目，这是"新思潮"的失败。① 因此，他向胡适建议：现在"应当转过来从思想文艺鼓吹到政治"。② 这个政治，是重视现实精神的政治。

当《全民教育论发凡》一书最终将由商务印书馆出版时，常乃惪的主张已经彻底转变到"国家主义"上了。他在后序里说："我们现在谈世界主义，社会主义为期尚远。我们非先有机关枪对打的精神和实力我们便不配主张什么理想，便主张出来也无人瞧得起。因此提倡国家主义以保全种族，乃是目前极需要的事情。"对于书中彻底改造现行教育制度的主张，常乃惪也惭愧地检讨自己始终未曾脱离学校生活，是"言不掉行"。他设想将来，"确有了可以信仰的主义，自然不会再在现行教育制度下讨生活了"③。

常乃惪转向"国家主义"与他主张渐进改革的思路分不开。就在转向发生的同时甚至更早，他感到思想界的"浮浅"，甚至尖刻地主张裁学校跟裁兵一样要紧：教育愈普及，文氓就愈多，漂亮话愈漂亮，思想愈巧妙，民族就将愈趋于灭亡。所以，与其译书，不如造铁路；与其办大学，不如修濬黄河。而"中国民族前途惟一之希望是在从血统上改造民族"，如汉回通婚。④

用陈独秀的话说，常乃惪重视"现象"胜于"理想"。但在二人争论过去后的 1920 年代初，常乃惪明显地表现出更关注"理想"设计的倾向。直到他加入中国青年党，接受"国家主义"作为一种"新的理想"。⑤ 他辩解道："所谓理想者不是一个最后静止的世界，而是'当时此地'的最适合最需要的智识"⑥。

二、加入青年党：救国的步骤与理论

1925 年，常乃惪加入中国青年党。这个标榜"国家主义"的党派

① 参见常乃惪：《反动中的思想界》，《常燕生先生遗集（七）·蛮人之出现》，14～16页。

② 参见常乃德：《常乃德君来信》，《胡适文存（二）》，329 页，合肥，黄山书社，1996。

③ 常乃惪：《后序》，《全民教育论发凡》，2～3 页。

④ 参见燕生：《论思想》，《莽原》第 15 期，1925。

⑤ 参见常乃惪：《国家主义与教育界之新生命》，《国家与教育》第 1 期，1926。

⑥ 常乃惪：《我们所最需要的教育》，《国家与教育》第 11 期，1926。

在教育和政治领域积极行动，仿照国、共两党建立各级组织并拉拢军事武装。但常乃惪从投身实际的教育改造很快就转移至舆论领域，通过报刊宣传该党主张。他用联省自治对抗武力统一，用生物史观对抗唯物史观。尽管同样是高举"革命"旗帜，同样是利用"历史法则"，常乃惪的主张更像是借激进手段以行其渐进的改革。

中国青年党的元老余家菊和陈启天都曾经回忆，1925 年 8 月在太原举行的中华教育改进社第四届年会上，他们与常乃惪交流了国家主义的观点，并获得他的赞同。① 这一时期常乃惪还接触到中国青年党的另一位灵魂人物——李璜，后者正在北京大学任教，并暗地里扩充青年党组织。入党之后，常乃惪开始参加实际的政治活动，比如 1926 年初的反俄援侨大会。这年夏天，他辞去燕京大学教职，就任青年党创办的"爱国中学"校长一职。一年后，他转向文化思想宣传，专心为《醒狮》等刊物撰稿。自 1927 年中国青年党（时称"中国国家主义青年团"）第二届全国代表大会起，几乎历届大会宣言皆出自常乃惪之手，他很快便被视为青年党的理论家。

入党初期，常乃惪仍然主要关注教育问题。② 随后发表大量政论，批评时局中各党派、人士，尤其是国民党的表现③，抨击共产党的理论

---

① 参见余家菊：《怀常燕生》，《常燕生先生遗集（八）·哀挽录》，15～16 页；陈启天：《寄园回忆录》，25 页，台北，台湾商务印书馆，1965。尽管余家菊和陈启天正式加入中国青年党的时间并不比常乃惪早多少，但二人对该党在巴黎成立和在上海立足产生了重要影响，并且在 1925 年 7 月参与发起了标榜"国家主义"的"国家教育协会"。

② 例如 1926 年发表在《国家与教育》杂志上的十几篇文章。

③ 例如，惠之：《时局将来之推移与吾人之责任——在爱国青年同志会北京分会讲》，《醒狮》第 126 期；惠之：《吾人所希望于实行清党以后之国民党者》，《醒狮》第 134 期；惠之：《新时势之创造》，《醒狮》第 144～145 期；惠之：《时局之隐忧与其解决之道》，《醒狮》第 146～147 期；平生：《汪精卫辞职与今后之国民党》，《醒狮》第 149～150 期；惠之：《国民党之统一与分裂》，《醒狮》第 151 期；平生：《宁汉战幕揭开以后》，《醒狮》第 160 期；惠之：《吾人对于自由之意见》，《醒狮》第 161 期；惠之：《杨杏佛与东南大学》，《醒狮》第 162 期；平生：《算不清的国民党和共产党的一本糊涂账》，《醒狮》第 164 期；惠之：《为上海学生总会南京学生的纠葛告宁沪青年》，《醒狮》第 164 期；惠之：《国民党之所以自赎于国民者》，《醒狮》第 165 期；平生：《云南护国纪念日我们的感想》，《醒狮》第 168 期；惠之：《反抗骄奢淫佚的国民党政治》，《醒狮》第 171 期；惠之：《国民党人之新生命》，《醒狮》第 172～173 期；平生：《国民党不配压迫共产党》，《醒狮》第 172～173 期；惠之：《我们对于国民党第四次全体执监会议的总批评》，《醒狮》第 174 期；凡民：《新革命党产生中之两个歧路》，《醒狮》第 174 期；凡民：《怎样制止共产党势力之复活》，《醒狮》第 176 期；惠之：《所谓"第三党"的运动》，《醒狮》第 181 期；惠之：《奉安与帝制》，《醒狮》第 201 期；惠之：《编遣问题与国民党今后的生死关头》，《醒狮》第 202 期；惠之：《项城局面之再演》，《醒狮》第 226～233 期；惠之：《论国民党之大借款》，《醒狮》第 226～233 期。

和政策①，分析苏俄、日本等国对华政策。② 他认为国民党是当时中国最大的势力，但内部被共产党挟制（清党以后是影响），同时遗留着旧军阀的特点。他似乎曾有"挽救"、"团结"国民党的企图，密切关注其内部变化，说服国民党与国家主义者合作。但清党以后，国民党的屠杀手段、不民主治理、腐化堕落等等表现引起他日益强烈的不满。

常乃惠曾提出八点国家主义与非国家主义的区别，关键之处，就是要根据民治的原则、依靠全民的努力、采用革命的手段建成新国家。③ 他认为青年党同仁提出的"联省自治"是一个有效办法，因为中国人有省界观念，"以地方的感情，团结民众，以当地的苦痛，激动感情"，自然全体民众都会加入革命，不需要更多的宣传，例如河南的红枪会。④ 在他看来，北洋军阀与国民党统一中国的努力都失败了，或将要失败，就是因为他们没有正视中国人的地方观念。在很大的区域里实行革命，民意无法团结也无法表现，没有监督革命的力量，从而使革命变成单纯的军事行动，即武力统一，结果造成割据势力和无穷的国内战争。青年党要发动人民自己行动，对于"有觉悟的军阀"，同意其跟随；对于"无觉悟的军阀"，要让他"倒在我们的前面"。⑤

具体的步骤是：首先鼓吹联省自治，使其成为政治上的"中心思想"⑥，同时组织信仰这一政策的有力政党。⑦ 其次是对抗共产党及军阀。在他看来，理想的自治省将为民众谋利益、保障思想言论等自由，表现民意，而且能在政治经济上有所建设。⑧ 对此，常乃惠提出"联省自治，联县自卫的以静制动以逸待劳的战略"。这个战略的实现，需以

---

① 例如，惠之：《共产党的末路穷途》，《醒狮》第 163 期；惠之：《勇敢的广东人何不起来实行人民自卫权》，《醒狮》第 169 期。

② 例如，平生：《满蒙问题与吾人之抵抗力》，《醒狮》第 148 期；惠之：《对俄绝交后国人应注意的几种隐忧》，《醒狮》第 168 期；惠之：《朝鲜惨杀我国侨民的因果》，《醒狮》第 169 期；《野战抗日》，《常燕生先生遗集（五）·政论与时评》，1～7 页；《中国的解放与对日根本方针》，《常燕生先生遗集（五）·政论与时评》，8～18 页。

③ 参见常燕生：《国家主义与非国家主义之区别安在？》，《新国家》1 卷第 2 号，1927。

④ 参见常燕生：《联省自治与中国革命的新战略》，《醒狮》第 152～157 期，1927。

⑤ 参见燕生：《联治救国的步骤》，《醒狮》第 162 期，1927。

⑥ 曾琦提出，为青年党人所通用。

⑦ 参见燕生：《联治救国的步骤》续一，《醒狮》第 165 期，1927。

⑧ 参见燕生：《联治救国的步骤——怎样建设自治省》，《醒狮》第 166 期，1927。

安定人民生活为前提。可惜各省当权的军阀官僚为便于自己剥削，阻碍人民自卫自治，因此推翻军阀官僚成为先决条件。① 根据各地当权者不同的性格与其对待人民的态度，对付手段可以不同。例如忠于民众、赞成省自治的当权者，可用说服的办法；无真心但表面上赞成者，可以一边表面敷衍，一边公开或半公开组织民众；在那些不同程度压迫民众的省份，需要组织和训练民众，尤其是建立"民众武力的组织"（例如民团、商团、工人义勇队、青年义勇队、军人义勇队、体育协会、秘密会党、土匪）、"正式军队的组织"、"民众经济事业的组织"、"农工的组织"、"民众教育事业的组织"等等。② 这一过程，需要充分联络"各种实力"，并且同时从事于小规模的经济建设。待时机成熟，便发动暴力革命推翻省政权。成功后，革命军需还政于民，通过"自行节制"权力以促成"真正政府"出现。③ 然后经过消极的休养时期、小规模的培植时期、大规模的开发时期，自治省建设成功。④

在常乃惪看来，实践需要勇猛积极的精神支撑。因此，政治固然重要，民族精神或者民族精力更需培育养护。⑤ 他认为当时思想界的状况极为"恶劣"，充斥着三种类型的言论："教授名流们摆臭绅士架子的臭美"，"含有刑名气太重的阴险卑劣的无聊东西"，以及"公子哥儿们北京饭店式的舞曲"。比较像样的出版物只有《狂飙》，因为它带着"直捷豪爽"的素朴气味。⑥《狂飙》夭折，反映了"自由批评"精神的衰减。⑦ 他评论《阿Q正传》体现的精神是机巧，是一种来自绍兴的地域特点和职业特点，而非全中国民族的恶根性。事实上，"中国民族"还没有成熟的思想，还处在"幼稚的，素朴的，不开化的，半原人状态"。因此作家应当"将消极的怀疑的中立态度，改变而为积极的勇猛的前进态度；将冷酷的批评，变成了热血

① 参见燕生：《联治救国的步骤（四续）：怎样建设自治省》，《醒狮》第 168 期，1927。

② 参见燕生：《联治救国的步骤（五续）：怎样建设自治省》，《醒狮》第 169 期，1927。

③ 参见燕生：《联治救国的步骤（六续）：怎样建设自治省》，《醒狮》第 170 期，1928。

④ 参见燕生：《联治救国的步骤（续）——怎样建设自治省?》，《醒狮》第 172～173 期，1928。

⑤ 参见常乃惪：《中国民族与中国新文化之创造》，《常燕生先生遗集（七）·蛮人之出现》，36～50 页；《民族精力与文化创造》，《常燕生先生遗集（七）·蛮人之出现》，100～109 页。

⑥ 参见常乃惪：《因读狂飙想到中国思想界》，《常燕生先生遗集（七）·蛮人之出现》，31～33 页。

⑦ 参见常乃惪：《挽狂飙》，《常燕生先生遗集（七）·蛮人之出现》，34～35 页。

的呼喊"。①他把西北与江浙进行对比，前者是"志士仁人"一天天减少，故"一天天地恢复了荒原的面目，剩下来的都是原人"。他模糊地设想，政府有替国民找饭碗的责任，开发西北能够增多饭碗，那么"抢饭吃的赤化黑化"冲突不就减少了吗？在他笔下，文化是循环变迁的，是从"原人"到文化灿烂，再到文化老衰，最终复变为"原人"的过程。②后来他用"蛮人"代替了"原人"一词，形容"蛮人"是具有"实际头脑、为他心、乐观和希望心理"的人，他们的出现将拯救濒于衰亡的民族、给予其无限的精力。不过"蛮人"怎样才能重现呢？有几个办法：更新血统、改变环境、得宜的训练或者猛烈的刺激。③他认为当时的文化运动应以唤醒民族精力为目标，民族精力一旦恢复，就能够在中、西文化之间找到真正的平衡。④换句话说，"我们所缺乏的不是文化，而是野蛮，一个能熬得住风吹雪打的野蛮体魄，和知进不知退的野蛮精神"⑤。

文化与民族精力在常乃惠的言语间有着复杂的相互关系，甚至显出些矛盾。但其论述目的很清晰，就是追求"实际头脑、为他心、乐观和希望心理"。他把消极破坏视为五四以来思想运动的特点，在这种精神支配下青年们误会并误用了唯物史观、经济决定论等外来理论，模糊地把经济侵略联系到阶级斗争，于是造成无穷的屠杀与牺牲。在他看来，"只有积极能产生积极，只有建设能产生建设，而且也只有创造能产生创造"。今后的思想运动要促成"民族自觉意识"的发展，以积极建设的精神替代消极破坏，其中最紧迫的任务就是"忠实地介绍全部的世界潮流的真相到中国，依据充分理智的判断使真理不为主观成见所隐蔽"。⑥在这篇文章里，常乃惠提到了种族发展与个人发展的类似性，不过此时他还仅仅是利用这一社会学观点证明中国民族自觉意识仍欠发达，作为他宣传国家主义的理由之一。不久，常乃惠把它扩充发展，形

---

① 参见常乃惠：《越过了阿Q的时代以后》，《常燕生先生遗集（七）·蛮人之出现》，87～91页。

② 参见常乃惠：《荒原的梦》，《常燕生先生遗集（七）·蛮人之出现》，95～99页。

③ 参见常乃惠：《蛮人之出现》，《常燕生先生遗集（七）·蛮人之出现》，111～114页。

④ 参见常乃惠：《民族精力与文化创造》，《常燕生先生遗集（七）·蛮人之出现》，100～109页。

⑤ 平子：《文化与野蛮》，《国论》第1期，1935。

⑥ 参见常乃惠：《前期思想运动与后期思想运动》，《常燕生先生遗集（七）·蛮人之出现》，62～77页。

成了一套解释国家主义的宏伟理论。

为国家主义寻找理论依据是青年党内持续进行的一项工作。李璜①、程中行②、何炳松③曾经从感情、精神、伦理、责任等方面解释国家主义，并以欧洲国家主义运动的历史激励国人。曾琦认为，要讲信仰国家主义的理由就得从国家是怎样发生这个问题说起。在"神权说、权力说、契约说、实利说、有机体说"五种观点里，曾琦选择了"实利说"，认为国家产生于实际利益。因为人类在知识发达后组成国家，使人民得到政府扶助、有法律的保障，这与无国家的混乱状态相比，利弊自现。在他看来，有机体说可以让人知道国家与个人之间的密切关系，让人明白互助的道理，但有一不当之处，即"有机体的生长变迁纯是自然的，没有意识。国家社会的生长变迁，全是人为的，是受意识支配的，二者虽相似而实不同"④。

国家主义者的理论建树似乎成效甚微。邱椿在 1926 年抱怨道："有些自命为好学深思的先生们，对于国家主义好像赞成；但总不肯加入我们来共同奋斗。你要是问他们为什么采取这种消极的态度，他们便说国家主义没有高深的哲理不能使智识界'起信'。"有意思的是，刺激邱椿的第二个原因是：又有朋友把国家主义与唯心主义联系在一起。或许邱椿没有意识到这两点之间似有矛盾："唯心主义"算不算"高深的哲理"呢？总之，邱椿采用了一个"唯物主义者的人生观与国家观"，来解释国家主义的哲学基础。⑤

李璜指出，"国家主义的产生是原于实际事变来的……这并用不着高深哲理来作支柱才站得稳"，就像唯经济史观的哲学那样。不过，既然"智识界要有哲理才能起信"，因此他也在邱椿之后，要谈谈"国家主义的哲理"。他所说的偏向于心理学和社会学，故自称为"国家主义之科学基础"。实际内容与他早前所讲相差不远，包括求生本能、感情需要等方面。⑥

---

① 李璜：《释国家主义》，《醒狮》第 1～2 期，1924。
② 程中行：《国家主义的历史观》，《醒狮》第 38 期，1925；《古栩国家主义之历史观原序》，《醒狮》第 43 期，1925。
③ 何炳松：《现代西洋国家主义运动史略》，《醒狮》第 86 期，1926。
④ 曾琦讲、曾解记：《国家主义三讲（在大夏大学讲演）第一讲》，《醒狮》第 91 期，1926。
⑤ 参见邱椿：《国家主义之哲学基础（一）——根据唯物主义》，《醒狮》第 98 期，1926。
⑥ 参见李璜：《国家主义之哲学基础（二）——根据近今心理学与社会学的原则》，《醒狮》第 99 期，1926。

陈启天对这个问题也相当感兴趣，他解释说："国家主义可以浅说，使人人易于明了，然不必为浅薄；也可以深说，构成一种哲学理论，然不必为虚玄。"在他看来，"国家主义的真实哲学根据，不是惟心，不是惟物，而是惟实"。因为"物质与精神不可分，个人与社会不可分，但依相对定律与波动定律而进行，构成一切历史的原动力"①。国家主义的科学根据则可以从生物学、心理学、社会学的研究中找出来。比如用生物的竞争、互助现象解释国家的形成，用"本能的发展和习惯的养成"有赖于"刺激与反应"来解释爱国心理，用社会进化与国民性的形成来解释国家主义的产生。② 此外，还有刘庄③、胡国伟④等人也讨论过国家主义的理论问题。

常乃惠起初并没有意识到或者触及这些"高深哲理"，他撰写的《国家主义小史》只是最近数百年民族国家的建国历史。⑤ 大约作于1930年的《生物史观与社会》成为他对国家主义理论建设的一大贡献。这本书批评了包括唯物史观在内的十几种历史观念，试图证明生物史观才是解释历史的合理工具。其内容也许受到过陈启天的启发，但根本想法在常乃惠早年发表的文章中已露端倪。⑥

常乃惠提出，人是生物的一种，历史是人群的活动，生物演化的趋势决定了人类社会演化的方向。他认为生物演化的根本趋势就是"组织化"，从无组织到有组织、从简单组织到复杂组织。因此生物有"单细胞—复细胞"、"低级复细胞—高级复细胞"、"组织简单的低等生物—组织复杂的高等生物"的进化，人类有"家族社会—部族社会—民族社会—国族社会"的演变。那些没有循这个轨道前进的，一定出了问题，这些问题也是生物演化中的自然现象，比如生长、分裂、吞并、融化、复兴、联合、蜕变、衰颓、死亡等等。⑦ 不过，人是生物发展的高级阶段的产物，自我意识在人类中发展得最为明显和完备。尽管人类在原始时代，和蜂、蚁等下等动物一样，是依靠本能的关系营建团体生活，但

---

① ② 陈启天：《国家主义的科学根据》，《醒狮》第 152～157 期，1927。

③ 刘庄：《国家主义之自然史》，《新国家》1 卷第 2 期，1927。

④ 胡国伟：《国家主义通释》，《醒狮》第 183～186 期，1928。

⑤ 《国家主义小史》共十一篇，刊于《醒狮》第 134～149 期。

⑥ 例如《爱国——为什么?》一文附记里提到生物进化的法则，《国民》第 2 卷第 1 号，1919。

⑦ 参见常乃惠：《何谓生物史观》，《常燕生先生遗集（二）·生物史观与社会》，503～513 页。

后来言语、风俗习惯、宗教等形成，表明人类逐渐有了民族意识。尤其是宗教，继同类意识、图腾象征意识之后出现，在民族集团分合斗争中产生了很大的威力。当宗教的神秘思想不能应付人民需要时，便有新信仰取而代之。这种信仰去除了宗教的神秘部分，直接对自己民族集团中的一切文化发生爱慕保护的观念，从而促成王国的出现。从"王权组织"再进化到"民权的国家组织"是最近时代才开始发生的，民族意识也开始了新的进步。① 常乃惪把"国民性"称为发展到较高阶段的人类社会的"集团性格"，是遗传、自然环境与社会环境的共同产物。国民性一经形成，"就变成了整个社会进化的原动力，具有规定全体文化形态及性质的能力"。② 他从政治、经济与宗教三方面来证明此点，推翻马克思派唯物史观关于经济是决定力量的理论。

常乃惪充分考虑到了意识的作用，但他把人的能动意识纳入到一条演变的线索之中，使它带有一种"只能如此"的色彩。贯穿这条线索的灵魂就是"组织化"。而这条线索指向的未来，是在多数国家完成了有机体组织后，将会出现的"世界联邦"。在他看来，这种"世界联邦"的产生，犹如高等个体生物联合而成立互助的家庭生活一样自然。③ 因此，生物史观展现了一种带有点循环色彩、等级色彩、永远前行无止境的进化。

许冠三曾评论常乃惪的理论是"以比论代实证，在作类比时又只见自然有机体与人类社会之同，而不见其异"④。常乃惪早已意识到这一危险："将社会有机体与高等生物有机体比拟得过于近似，未免有时失于牵强附会"，但他辩解说，其根本原理"是大多数社会学者所承认的"。这个根本原理就是一种真理：生物演化的方向是确定的，社会一定会向着国族发展。尽管现今世界上没有一个国家真正达到了国族的水平，"国家的心理组织和生理组织都还没有进化到统一完备如人类个体所已达到的程度"，但未来方向却已经决定了。与之相反，"由经济史观所演绎的剩余价值，阶级斗争诸说"，则为"不合真理的学说"。因为经济史观建立在经济欲望为人类唯一欲望的基础之上，但事实证明经济是

---

① 参见常乃惪：《民族意识的构成与发展》，《常燕生先生遗集（二）·生物史观与社会》，514～535 页。

② 参见常乃惪：《国民性》，《常燕生先生遗集（二）·生物史观与社会》，536～541 页。

③ 参见常乃惪：《何谓生物史观》，《常燕生先生遗集（二）·生物史观与社会》，511 页。

④ 许冠三：《常乃惪：生物法则支配一切》，《新史学九十年》，349 页。

"社会的儿子"而非相反,"经济欲望的发展受民族性支配",所以同样是开发美洲,会有南北的区别,同样是资本主义国家,会有英、德、法的特色。[①]

常乃惪勾勒了一条简单的"生物——社会"进化线索,里面决定未来发展的因素是"民族性"或"国民性"。前者的重心在于说明"国家"这种人类社会存在的必然与必要,后者的重心在于承认各个民族与国家自身特点的合理性。这个集中了法则与适应精神的模式实际指向一个简单目标:鼓动人们尽量在既有社会基础上迅速建设一个团结有力的国家。

以这个目标为准绳,常乃惪批评家族主义、个人主义和阶级主义,这三样东西破坏了国家的团结,是目前的"三害"。十几年前,陈独秀曾发表同名文章,指责军人、官僚、政客是中国的三害。[②] 常乃惪的文章同样提到了官僚,却是阶级主义可能产生的官僚。在他看来,马克思的学说根本没有包括中国社会的特殊情形,如果用阶级斗争的办法来处理中国的政治和经济问题,只会造成大批集权的新官僚。[③] 可以发现,按照常乃惪的理论推想,中国最需要改变的似乎是实行政治民主。

然而,这一重要主张在常乃惪的理论表述中还不太显眼,他强调更多的是法则[④]、是斗争。[⑤] 他曾经认为,19 世纪末自由政治主义为干涉政治主义所战胜,自由主义经济学被干涉主义经济学战胜,国家主义的新发展就是从自由向统制转变。[⑥] 中国应该实行统制经济,由国家统一管理全国国民的生产、消费以及对外贸易。[⑦] 他提出"常识政治"的说法,以与民主政治相区别,前者承认人有智愚、强弱、贤不肖等等不

---

① 参见常乃惪:《经济的根本动因》,《常燕生先生遗集（二）·社会科学通论》,738～741 页。

② 参见陈独秀:《除三害》,《独秀文存》,392～393 页。

③ 参见常乃惪:《除三害》,《常燕生先生遗集（二）·生物史观研究》,899 页。

④ 例如,他提出研究历史科学就是"要从历史的事实中归纳出一条或几条法则来,要从历史的现象中找出它的背后深沉的意义来",以指导生活、改良社会。见《生物史观研究》,《常燕生先生遗集（二）·生物史观研究》,848 页;平子:《历史铁则所告诉我们的》,《青年中国》1 卷第 8 期,1937。

⑤ 例如,平子:《我们的时代》(青年的路之四),《青年生活》1 卷第 5 期,1935;《从奴隶到主人》,《常燕生先生遗集（二）·生物史观研究》,960～966 页。

⑥ 参见常乃惪:《十九世纪以来国家主义在学理上之发展——国家主义小史之八》,《醒狮》第 138 期,1927。

⑦ 参见常乃惪:《文化与国家》,《常燕生先生遗集（一）·历史哲学论丛》,396～397 页。

同，后者则建立在人生而就平等这个"谬误原则"之上。① 结合他在十几年前就提出过的"士权"来看②，他仍未认同那种"少数服从多数"的民主政治。③ 尽管在联省自治的设想里，他也说要动员所有民众，让民众自己觉悟和组织起来，但重点却偏向于建设各级各种组织。直到抗日战争期间，他转变了看法，认为统制政策不比自由政策更好④，那是他最强调民主的一个时期。⑤

三、抗战前后：从"真理"到"暂理"

常乃惪很快就意识到生物史观在党派斗争中的重要性，并试图以此出发，创造一个更具普遍意义和作用的理论体系。⑥ 但在他的生物史观中，人的意识与群体精神都是生物发展阶段中的产物，是不断进化或者变化的。那么生物史观或者更具普遍意义的宇宙观、人生观到底能获得什么样的位置呢？

1920 年代末，常乃惪曾以轻蔑的口吻提到，相信"真理"的人是那样多，以至于屠杀不断。并且说："大约自有真理以来，世界上就无所谓真理之一物，有之，或者就是'没有真理'这一句话罢。"⑦ 这提

---

① 参见常乃惪：《老生常谈》，《常燕生先生遗集（七）·老生常谈》，9～11 页。

② 参见常乃惪：《附常乃惪书》，《独秀文存》，642～644 页。

③ 这一倾向在当时中国或许是普遍的，参见张东荪：《贤人政治》，《东方杂志》第 14 卷第 11 期，1917。直到晚年常乃惪仍然有这样的看法，例如：《论中庸之道》，《常燕生先生遗集（七）·蛮人之出现》，315～329 页。

④ 例如：《恭读蒋委员长为实施粮食管理告川省民众书书后》，《新中国日报》1940 年 9 月 15 日；《管制物价问题之关键》，《新中国日报》1942 年 12 月 17 日；《现阶段中国的经济问题》，《新中国日报》1945 年 6 月 11 日；《中国社会之史的发展》，《常燕生先生遗集（一）·历史哲学论丛》；《为民营企业呼吁》，《新中国日报》1945 年 7 月 26 日；《自由经济与平抑物价》，《中华时报》1946 年 6 月 27 日；《善保政府的威信》，《中华时报》1947 年 2 月 18 日。

⑤ 例如，燕生：《送别贝奈斯总统》，《国论》第 3 期，1938；惠之：《应该让老百姓讲点话》，《国论》第 6 期，1938；燕生：《下层民意机关设立的必要》，《国光》第 2 期，1938；燕生：《三论国民精神总动员》，《国论》第 17 期，1939；以及收入《常燕生先生遗集（五、六）·政论与时评》中的文章：《我对于国民参政会的认识和期待》，《民主运动者应有的风度》，《民主政治与政党》，《纪念五一要实现经济民主》，《立即实现民主措施》，《告从事民主运动的人们》，《自由主义者联合起来！——拥护〈白鲁塞尔宣言〉》，《民主政治需要独立的人格》。

⑥ 参见常乃惪：《国人对于中国共产党运动应有的认识》，《常燕生先生遗集（五）·政论与时评》，78 页。

⑦ 常乃惪：《关于真理问题的一些话》，《常燕生先生遗集（七）·蛮人之出现》，57～61 页。

示了一条线索，即常乃惪后来把生物史观表述为一种"真理"，可能是出于政治斗争的考虑，而非他的真实想法。

他的青年党同志（同辈者）大约也没有把生物史观看作"真理"。李璜就认为中国知识界的传统太偏向于文字、文学，忽视非书本的实际训练，结果二三十年的科学教育仍然没有对知识界的思想方法产生影响。因为"中国人的思想太着急于立刻有所得，结果所得便太有限"，他希望思想界"不要着急去寻求一种思想，以图立刻的受用，还须先从思想方法入手，忍耐而深入"，将来才会有可靠的收获。① 那么，是继续训练、等待"真正的思想"出现吗？常乃惪不是这样理解的，他把思想纳入到生物史观所说的流动变化的社会之中，点明它的时代性。②

同样，史观也具有变化的属性，即它是"一种社会观"。但常乃惪回避了把它放到随时间而演变的社会中去观察的问题，他说："至于所谓历史法则是否必须阶段化，则又是一个问题，此处不必讨论。"讨论到的，是因果与法则之所以仍然成立的问题。他说："所谓史观，当然不仅是要了解历史事实的真相，并且要就此众多事实上建立起正确的因果和法则来。史观之集中于支配历史动因的研究，乃是当然的。""所谓因果……不过是说两者之间有一种时间上必然连续发现的关系而已"，因果关系是一种盖然性的假设。不过任何科学定律都是假设，是在实证上尚未发现错误的假设；所谓法则，是"一种大量的概括"，事物的个别性不会妨碍其构成重复出现的法则，因为法则的单位是类而不是个别事物。只要未经事实反证其错误，我们就可以认一种法则为"相对的真理"。③ 这里充分体现了常乃惪在法则与真理问题上的矛盾处境。显然，常乃惪不想得出史观的相对主义结论，有意维持某种法则的可靠性。

可是，如果思想与史观都是"生物——社会"演化流程中不断变化、具有社会属性的产物，又怎样判断同一时代产生的不同思想与史观之间的优劣呢？他似乎曾想把"学说"的地位抬高。他说王国维的学问比梁启超深刻得多，"就一时言，他的影响之广大自然远不及梁任公，如果把眼光放远些，则王静安先生的人格和学问，其不朽性远非梁任公所能及"。但他立即意识到，学说与思想、史观一样，根据生物史观推

---

① 参见李璜：《关于思想问题》，《国论》第 1 期，1935。

② 参见常乃惪：《关于思想》，《常燕生先生遗集（一）·历史哲学论丛》，286～292 页。

③ 参见常乃惪：《史观的意义及其可能性》，《常燕生先生遗集（一）·历史哲学论丛》，247～251 页。

论无一不在演化流变之中，所以"世界上根本无所谓不朽，只不过是时间上比较的长短而已，因此价值判断也不能以不朽与否为标准"。然则以何为标准呢？常乃惪称，梁启超"曾经抓住了一时代的思潮，煽动过若干青年的热诚"，这就是他的伟大之处，无论其学说思想本身如何浅薄，他是"最有活气的"。他批评相信世界之外另有不朽真理的那些人，把"理"和"事"分成了两橛，以为学问的发展只是一步步走向不朽真理的探索。然而"世界上根本就无所谓永久不朽的真理，只有为此时此地此人此事方便起见而设的暂理"。因此，学说本身无所谓高下，只以其"影响的大小"而定高下。①

青年党的另一大鳄魏嗣銮曾经讽刺胡适的实验主义，说他标举的"世间莫有绝对的真理，真理只是相对的"这一原理，从逻辑的角度看自相矛盾。魏嗣銮认为我们不可以因为"真理认识"的变迁，就推到"真理自身"的变迁。② 魏嗣銮曾经评价常乃惪是"在任何立场立论，均能言之成理，持之有故，自圆其说，可谓为文字上之'辩士'"③。这个评论对于代表一党的宣传家言是赞扬，但以科学家的立场看，就不见得好。常乃惪似乎没有提到过魏嗣銮，但他显然比魏嗣銮更同情"真理只是相对的"这一说法。他在抗战前后开始的新哲学与新宇宙观、人生观的建设里，纳入了物理、数学等知识，其中一些正是魏嗣銮也讲过的，或许常乃惪从中看到了更明晰的理论线索，用来疏通已渐入绝境的生物史观。

他把哲学思想视为支配一切学术和事业的基础，包括支配历史学。"没有哲学的历史根本不配称为一部历史，没有哲学的民族根本也就无法完成一个独立的民族。"④ 旧日的哲学与科学分道扬镳，新哲学却要与科学结合起来。⑤ 他认为 19 世纪生物学、心理学的发展，使有机主义支配了部分思想领域，20 世纪物理化学界的革命将有机主义观点扩充到更广阔的领域，从而"建设了一个与已往崭然不同的新宇宙系统"。新人生观、新信仰与新的政治社会运动将由此产生，"最后是一个新的

---

① 参见常乃惪：《老生常谈》，《常燕生先生遗集（七）·老生常谈》，23～24 页。
② 参见魏嗣銮：《读胡适实验主义后杂感之一》，《醒狮》第 91 期，1926。
③ 陈善新：《常燕生先生精神永在》，《青年生活》第 19 期，1947。
④ 常乃惪：《介绍一部完整的历史杰作》，《常燕生先生遗集（七）·蛮人之出现》，247 页。
⑤ 参见燕生：《哲学与近代科学》，《新中国日报》第 4 版，1939 年 1 月 7 日。

人类组织出现在陈旧的地球上"①。

常乃惪的新哲学完全把历史与其他科学熔为一炉，不承认李凯尔特所说的历史与一般科学分野的问题。他的理由有三点：一、时间属性不是历史学独占的。二、根据相对论，时空区别根本不存在。三、科学忽略事物个性而处理事物的一般关系，历史同样如此。历史也有重演的现象，"最根本的理由……是由于历史本身的发展即是一种有机的生命现象，不但作为历史的主体的个人或人群社会本是有机的，即由此等人物的行动交织而成的历史之流也是有机的。凡有机现象彼此之间关系越密切者，其相互的类似现象也越显著"②。常乃惪不能同意李凯尔特的原因，恐怕就在于对法则的信仰。

这在他不久以后发表的《哲学的有机论》一书中表现更为明显。他首先承认19世纪末年新康德派中的玛堡学派和西南学派修正了康德哲学中的"机械"意味，开始加入"思维创造实在"的观念，到文德尔班、李凯尔特尤其是意大利新黑格尔学派的克罗奇等人那里，更把理性当作一个"自己创造自己的活东西"，成就了现代人更乐于接受的观点，即"宇宙是一个过程而非一个实体……已经创造，正在创造，时时刻刻去创造，也许永远没有完成的一天"③。在这个新思潮里包含了关于进化的观点，如柏格森的创化论，把宇宙的进化比作是烟火，一冲之后四散而各有许多新花样产生出来。但是，常乃惪接着说："宇宙如果只像一架烟火一样，盲目地一冲而散，岂不是毫无条理，又何能谓之为进化。持这样见解的人，势必如叔本华的意志哲学一样，认宇宙只是黑漆一团，乱冲乱放，人生更无任何价值可言，其结果多流于悲观厌世，与进化论的原意恰好相反。"因此，他提出在"突创"的概念旁，必得加一"层进"的概念。④ 事实上，他把宇宙观改造成了一个大型的生物史观，万事万物均处于这种"层进"的过程中，只是这一次，他反复强调每一层新事物会突现从前事物完全没有的新的性质。

常乃惪认为，宇宙的进化应该是树枝形而非宝塔形的，既不是直线的进化，也不是直层的进化。但因为"宇宙普遍的现象只有一个，便是

① 常乃惪：《有机主义新福音的降临》，《常燕生先生遗集（一）·哲学的有机论》，36页。
② 常乃惪：《历史重演的问题》，《常燕生先生遗集（一）·历史哲学论丛》，262～267页。
③ 常乃惪：《机械的进化与创造的进化》，《常燕生先生遗集（一）·哲学的有机论》，89～91页。
④ 参见常乃惪：《突创与层进》，《常燕生先生遗集（一）·哲学的有机论》，92～95页。

有机的现象……所谓层进，只是说有机组织的程度由低级突进到高级"。他设计的整个宇宙"突创层进论"图形，最底层是"空时单位、太极等假拟之元素"，向上依次包括了光量子、电子、质子、原子、分子、胶状体、单细胞……一直到最顶层的"尚未出现的未来有机进化阶段"。但是常乃惪在文章的末尾加上了一个条件，即这个图形是"以有机组织程度为坐标而画出的，如另选一个坐标，则其层次的划分应又不同"，例如以体积大小为标准。①这个补充条件的出现，表明常乃惪的法则观里相对主义所占据的空间越来越大。

他认为最新的自然科学尤其是数学和物理学的发现证明了所有定律都不是绝对的：真理的标准"不是存在于另一绝对的理型世界，而是随所在环境的配合而定"，比如欧几里得几何学在区域空间内是真理，到了广大空间中，就失去了真理的价值。"真理之是否真理，只看它所建立的几何体系能否自圆其说而不发生矛盾"。空间中的物体都是变化的，包括尺子，所以没有所谓客观的绝对测量标准。②宇宙之所以能够思议，乃因"事事物物都可以各自为出发点而思议之"。③但他同时又从宇宙在膨胀、时间有始与终等观点里发现宇宙也是有机体的证据，并得出结论："演化不仅是生命特有的事实，也是贯穿整个宇宙的主要原理。"④

一方面整个宇宙的必然趋势是演化，一方面人类在所有科学上的发现也在变，从前被视为真理的东西，由最新科学发现看，却是有限的真理，仅仅在某一空间时间内有效。常乃惪不能不面对法则的时间性问题。他从事实、史料、史实形成的三个阶段看出"一切历史均属于现代的，创造的，过去者早已过去，决不能还原"。"任何历史均为相对的，均为历史家个人及其种族社会集团心理之反映，故必有伟大的生命力者始得为伟大之历史家。"⑤当史学家把零碎的材料组合起来的时候，"他已经不是发现过去的事实真相，而是创造了他自己以及他的时代和民族

---

① 参见常乃惪：《突创与层进》，《常燕生先生遗集（一）·哲学的有机论》，101～103页。
② 参见常乃惪：《空间的性质》，《常燕生先生遗集（一）·哲学的有机论》，146～151页。
③ 常乃惪：《宇宙——有机论的宇宙观与人生观之漫谈》，《青年生活》第16期，1947。
④ 常乃惪：《有机论的社会观》，《常燕生先生遗集（一）·哲学的有机论》，187页。
⑤ 常乃惪：《历史的本质及其构成的程序》，《常燕生先生遗集（一）·历史哲学论丛》，252～261页。

的哲学了"。因此，常乃惪提出历史研究的方法是"采用发生学的态度，把整个历史的构造进程，从原始事实起，经过种种演化的阶段，以至变成了我们眼前所见的历史为止，一层一层剖析起来"。要让历史学生知道，"一部历史是怎样构成的，其中含有多少主观的成分"。① 在常乃惪看来，这样的历史学与哲学距离相当小，都要"兼通天地人"，都要为"立国指导原理"做贡献。②

常乃惪曾自述抗战爆发后他的学问进路是"从生物史观进展到哲学的有机论，从历史相对论进展到历史认识论"，二者逐渐结合。③ 他把生物史观扩充发展，成为一种涵盖整个宇宙与人生的信念；同时也修正了线性进化的目的论色彩，使之处于相对主义的控制之下。他的哲学的有机论承接了生物史观的精神，而历史认识论则终于坦率地接受了"相对主义"。

四、"理想"的理想距离

如果说"理想"是一个褒义词，"空想"、"幻想"或者"乌托邦"便带着贬义。史家追寻现代中国长期混乱、战争、贫穷的原因，一部分就归罪到那带着贬义的理想上。④ 民国初年，理想被视为政治革新的催化剂，尚未有褒贬之分。直到常乃惪亲身经历过 1920 年代，他才意识到有必要进行区分，只有切合于"当时此地"情势的有用智识，方称为"理想"。不过，即使在常乃惪最关注理想的 1920 年代初，他设计的未来社会与实践步骤之间仍是有距离的，人的有意努力不一定会成功，反可能欲速不达。

实践的出发点是现象，决定了实践只能一步步进行，这正是常乃惪所持的渐进改良的态度。但是他也体会过唯物史观的魅力，受过大同思想的诱惑，深知要吸引青年，必得在世界观、人生观与历史观上有一套合理的说法。于是他试图把渐进改良的办法描绘成一种必然法则，是所

---

① 参见常乃惪：《历史与历史学观念的改造》，《常燕生先生遗集（一）·历史哲学论丛》，234～235 页。

② 参见常乃惪：《历史与哲学》，《常燕生先生遗集（一）·历史哲学论丛》，219～220 页。

③ 参见常乃惪：《自序》，《常燕生先生遗集（一）·历史哲学论丛》，212 页。

④ 例如张灏和余英时曾经指出"乌托邦主义"或者裹胁了阶段论的历史法则，促成了思想界的激化与反传统意识。张灏：《五四与中共革命：中国现代思想史上的激化》，《"中央研究院"近代史研究所集刊》第 77 期，2012；余英时：《中国近代思想史上的激进与保守》，《犹记风吹水上鳞——钱穆与现代中国学术》，199～242 页，台北，台湾三民书局，1991。

有生物的进化史乃至宇宙演化揭示出来的法则。尽管相对主义的观念在常乃惪的论述中日益突显，这套理论仍然试图维护对"暂理"的支持。

张学书曾将常乃惪与梁启超、何炳松等人同列为近代中国相对主义史学的代表。[①] 但他没有注意到，常乃惪的相对主义思想中蕴涵了对终极真理的留恋，这是常乃惪短暂的一生中所经历过的政治斗争的遗痕，也是他对存在一种未来理想社会信念的保留。他对历史学与自然科学的关系的思考，与上述两人均有差异。而他对最新自然科学成果的了解与运用，使其建立的历史认识论体系更具有独创的性质。

这本选集依循常乃惪思想变化的轨迹，展示其一生持论之关键。以支撑价值判断的史学与哲学论文为主，兼收涉及现实政治与社会的思想评论。他撰写的关于具体事件与人物的政论时评数量庞大，本编仅择其比较得意的作品数篇作为代表。在民族史、思想史[②]、文化史、政治史等方面，常乃惪的论著尽管都相当简略，却也有值得注意之处。例如他在燕京大学的授课讲义，1926 年曾以《中国史鸟瞰》为名初版，1928年改名《中华民族小史》再版。不仅以"中华民族"为名，避开论古史而用今名的误区[③]，并且吸收了当时史学界的最新成果，放弃民族西来说[④]，采用上古无大一统、族群林立竞争的观点[⑤]，乃是民国时期古史多元论中的先驱。[⑥] 这些作品不受制于理论，平实畅达，至今仍有重读的价值。本集仅选择《中华民族小史》作为代表。至于常乃惪创作的诗词、翻译编写的世界史著作，虽在民国思想史上有其特别的风格与贡献，亦因限于体例和篇幅，未能收入。

实践的出发点在于现象而非理想，这或许是常乃惪发表的诸多言论能够平实而有生命力的原因之一。这位曾经中国第三大政党的健将，随着他所在党派势力的消亡，在人们的记忆中消失了很长时间。这一现象或许值得我们深入地去思索，上个世纪的中国人到底怎么了？

---

① 参见张学书：《中国现代史学思潮研究》，317～337 页。

② 参见葛兆光：《思想史研究历程中薄薄的一页——常乃惪和〈中国思想小史〉》，《江海学刊》2004 年第 5 期。

③ 参见缪凤林：《评王桐龄新著东洋史》，《学衡》第 60 期，1926。

④ 参见缪凤林：《中国民族西来辨》，《学衡》第 37 期，1925。

⑤ 参见顾颉刚：《答刘胡两先生书》，《古史辨》第一册，96～102 页，上海，上海古籍出版社，1982。

⑥ 参见王汎森：《一个新学术观点的形成——从王国维的〈殷周制度论〉到傅斯年的〈夷夏东西说〉》，《中国近代思想与学术的系谱》，263～282 页，石家庄，河北教育出版社，2001。

东方文明与西方文明
（1920）

　　在四五十年以前，中国人民不晓得世界上还有和自己一样的国家，以为所看见的所听见的都是些蛮夷貊貉之邦，并没有什么东西可以当得起文明两个字，因此就觉得世界上只有一个文明，在这个文明以外四周的民族都不过是受这种文明的感化，因此把自己起名叫做"中华"、"中夏"、"天朝"等等名词。这些名词都是表示文明的主源地的国家的。到了经过几次惨痛的失败以后，西洋文明的价值渐渐的有些认识了，从前以为不过是枪炮制造可以取法的，现在觉得除了这些以外也还有别的东西应当为我们所知道的了。兼之邻国的日本从前原是中国文明所造就出来的一个徒弟，现在自从接了西洋文明之后，几天之间居然面目一变，现在转来要做我们的老师了。我们这才知道西洋文明的价值是怎么样，有许多地方不是向来固有的那种文明所可及的。然而一方面总还不肯低声下气完全承认人家西方文明的完全胜利，总觉得我们固有的文明也还有可以与人家的文明起来抗一抗的价值。于是"东方文明""西方文明"这两个名词居然成了学术界上的一个问题。这两个名词的起源或者也许是从日本来的，因为日本的许多许多的思想家学术家现在正在脚踏两只船的时候，满心里想做一个东西洋文明的调和者，于是不得不先造成这个东西文明对抗的局势，好做他调和的目标。但是我觉得目下中国的知识界里边的确也有许多人是这样想，并且自从世界的大战争爆发之后，西洋文明渐渐显了许多破绽，因此就有人觉得这种破绽或者也许是等我们东方的文明过去才能给他补上，因此也竟有许多人想做这种补绽的事业。但是，东方文明和西方文明的关系究竟是怎么样呢？根本上是不是可以对称的呢？在今后的世界，西方文明固然渐渐失败，东方文明是不是可以有与君代兴的资格和能力呢？在这几个问题没有解决以先，我想就来谈东西洋文明的调和，实在是一件很危险的事情。

我们这一次去日本，听见许多许多的学者，政治家，教育家，和青年的学生；他们对我们所说的话，差不多"异口同声"都是说中日两国应当互相提携，共同维持这个东方的文明。这固然是他们的一种手段，可以显而易见的，但是除了这种手段的门面话以外，我觉得这东方文明四个字的确在他们的脑筋里头有很深的印象。我觉得他们里头上至学者下至学生，的确有许多人是相信东方文明与西方文明有对抗的能力。我用这个见解去留心观察他们的政治，教育，思想，言论，出版物，越发觉得处处都可以证实我这个观察是不错，越发觉得日本虽然接受西洋文明已经五六十年，但是骨子里依旧含了许多东洋的气味。他们用西洋文明作他的表面，他们还用东洋文明作他们的里子，试看二十年前的政治，是不是依然套着《战国策》远交近攻的老法？他们的大政治家，如伊藤大隈、桂太郎等，是不是还脱不了战国策士的派头？军国民教育是不是武士道的变形？忠孝节义是不是依然还作国民教育的基础？社会上女子的地位是怎么样？非人秽多等下级民族的位置是怎么样？再转过头来看一看学术界的现象，试问四十年来日本的学者除了一个功利主义的加藤弘之、一个进化论的互浅次郎之外，有几个人敢大播大吹地主张西洋学术，攻击东方固有的文明？许多的哲学博士文学博士还不都是打着"新理想主义"、"唯心论"、"理性派"的旗号去发挥他们的东洋式的哲学。一直到现在，还有许多的中国人、日本人仍旧一相情愿拿着"良知学说"当作他们的"万应妙方上独一无二的灵药"。但是"良知"是个什么东西？在心理学上找得出来吗？他们不知道。这便是东洋文明的根本精神了。

因为这个，所以我们不得不特为提出这个题目来讨论讨论。

假定以日本人所对我们说的话作为主张东西文明对立说的理论的根据，则我们分析他的话可以作为以下的数层——

第一，世界上有两个文明：一个是西洋，一个是东洋。

第二，这两个文明的根本精神正相反对。

第三，西洋文明的发源地是欧美，东洋文明的发源地是中国和日本。

第四，前世纪之末，是西洋文明极盛的时代，目下他的破绽渐发现了，应当请出东洋文明来补救他的流弊。

我们且看他这四条理论是否一一都能成立。

第一，世界文明是否只有二元的问题，我们但从历史上逐一考察一回，便可证明他的是非。在太古的时代（3000B. C. 以前），世界的文明诚然只有二元，一是埃及，一是加尔底亚。但这两国不见得就是后来东方、西方两个文明的始祖。倘若勉强附会，或者也可以说埃及是西方文明的远祖，加尔底亚是东方文明的远祖。但事实上是否如此呢？近代西洋文明的两个渊源，我们晓得一是希腊文明，一是基督教文明。基督教是犹太思想的结晶，犹太民族曾经在埃及作过俘虏，他们的思想〈学〉说是受埃及文明的感化，还可以说，——其实他们因为自己的思想与埃及人冲突，才致被送出来，可见所受埃及的影响也很微。希腊民族本是从黑海里海之间搬过去的一种游牧人种。他们的文明倘使不受外来的影响便罢，如果要受外来的影响，自然一定是受加尔底亚的多，埃及的少，我们由此可见西洋的文明，只可以说上古两种文明的混合，不能说专是承受埃及的文明。至于所谓东洋文明发源地的中国，倘若在汉族西来说未确实证明以前，我们尽可以说与上古的两大文明都不生影响。由此我们可以得到一个结论，就是在 3000B. C. 以前的时代，并没有东西文明对峙的局势。

再看 3000—1000B. C. 的时代，那时希望的文明腓尼基的文明还都没有兴起。世界文明的国家在东方只有中国和印度，在西方仍然就是埃及和加尔底亚。倘若勉强把文明分作几元的话，也只可以说是四个独立各不相涉的文明，不能说是两元。因为现在所谓东方的文明，并不就是中国印度两个文明的结晶体，而西方文明也并非就是埃及和加尔底亚的文明。况且倘若加上西半球的墨西哥文明，岂不成了五元了吗。

纪元前一千年以后，西方的巴比仑亚述衰灭，希腊腓尼基犹太波斯几个国家继续兴起。他们每个国家都有自己固有的文明。虽然彼此之间未尝没有相互学习的关系，但我们不能武断就说他们的文明都是一样。所以那时的文明也还是多元，不是二元。

等到纪元以后，三四百年之间，罗马代希腊而起，统一欧洲，吸收古代诸国的精华，造成一种混合的文明。倘若拿来和东方中国汉代的文明对举，似乎是二元了。其实当那个时代文明的国家并不止是这两国，东方的大月底［氏］承受印度佛教的文明，西方的安息大夏承受希腊和波斯的混合文明。他们的程度都不在中国和罗马之下。那能一笔就轻轻抹杀呢？

九世纪以后，欧洲正在中古黑暗的时代，并无文明可言。中国经过三国六朝的纷乱，到了隋唐，文明复兴，那时西方文明与他可以对抗的，不是垂死的拜赞廷王朝，和沙里曼帝国，乃是新兴的阿剌伯文明。回教文明受希腊的影响诚然也不少，但这二种文明并非全然一致，这是显然可见的。

文艺复兴以后，欧洲的文明忽然从死灰里复活。不但复活，并且挟着超越前古的势力蓬蓬勃勃往前进行。一直到现在，不但把欧洲数点的锦上添花，并且影响及于全世界。回看并世诸国，阿剌伯印度埃及波斯的文明固然都没有了。中国的文明又在那里？试看近百年来的思想界可找得出几部代表思想的著作？几件表现精确的美术技艺品？几个伟大的人物？几桩不朽的事业？我们诚然记得周秦的学术，汉唐的文章，宋元的技艺，都是文明界上伟大的出产。但这是过去的，过去的文明只应和过去的文明并论。汉唐宋明的文明，纵然在当时超越一切，但现在已经不是汉唐宋明的那个时代了。陈年的流水账，救不了现在的饥荒。我们怎么就能拿汉唐宋明的老牌号来遮掩目前的丑态呢？

以上历史的追溯，使我们得到一种结论。就是从有史以来，除过埃及加尔底亚不算，没有一个时代是二元对峙的文明。所以使我们认成是二元的缘故：一者由于读史的粗心，忽视当时西亚诸国的文化。二者忽视时代的差别，强要拿过去的东方文明和现在的西方文明相比论。三者国拘的蔽过重，因而生出观察的错误。倘使我们拿超然事外的眼光来看，现在中国思想界的程度何尝有胜于埃及印度。埃及印度古代的文明既然不能算在现代的文明里头，中国的文明为什么就能充数呢？

我们假定退让一步，承认现在中国的文明还算存在，还可以同西洋现代文明来比较比较。那么且看这两大文明中间的关系差别是怎么样呢。现在一般讲东西文明比较论的，都说东方文明是精神的文明，西方文明是物质的文明。他这个话的是否，我们可以暂时搁过，留到篇末再讲。但他们所举两大文明的特质，颇有可以供我们采取之处。今撮举近来几篇论东西文明的文章里头所举的几点不同之处，列为下表：

东方文明的特色	西方文明的特色
重阶级	重平等
重过去	重现在
重保守	重进取
重玄想	重实际
重宗教	重科学
重退让	重竞争
重自然	重人为
重出世	重入世

因为没有参考书在手底，以上所举，不免有很多的挂误，阙漏，重复。但我们可以大致看出这个趋势来，就是一般人都以为西洋文明是动的文明，而东洋文明是静的文明。这种观察是否确实呢？我以为他们所以为是东洋文明的几个特质都没有说错。因为东洋文明从古以来并没有改变。我们现在所勉强可以叫做东方文明的一点东西，仍然就是几百年几千年以前的那点东西。所以古代文明所有的特质现在仍然保存。至于他们所谓西方文明的特点就大谬不然了。他们第一的误点，在误以近代文明的特质当作西方文明的特质。因而也就误以古代文明的特质当作东方文明的特质。世界上有一个静的文明，还有一个动的文明，诚然不错。但这两个的关系是前后的，不是对峙的。我前头所以苦苦的辩明历史上没有二元对抗的时代，就为显明并没有一个静的文明和动的文明对抗的时期。我们想要证明这话的是非，但看古代西洋诸国人民的生活是怎样，便可知道。

为省事起见，仍然用图表来表明古代西洋诸国的文明精神——

埃及（重宗教，僧侣的权柄最大，社会上分好几个阶级。）
加尔尼亚（没有详细的考据，但知道当时的宗教和君权都很重。）
犹太（重宗教，重保守，重退让，本族和异族间的阶级也很严。）
腓尼基（君权神权的观念也很重。）
希腊（神权亦重，阶级亦严。）
罗马（重君权，神权。）

以上一表，解释前漏，恐读者看不大明白。但倘若稍有点历史知识的人，一定可以相信所谓东洋文明的几种要素，往往在古代西洋诸国里边都可以找出来。就如宗教的观念，是古代民族所同有的。君权时代，也是社会进化必经的阶级。西洋东洋全是一样，并没有分别。故此我们可以断言，一般所谓东洋文明和西洋文明之异点，实在就是古代文明和现代文明的特点。不过西洋文明已从古代超入现代，而东洋文明还正在迟迟不进的时候，所以就觉得东洋的空气是如此，西洋的空气是如彼。其实在几百年以前，欧洲的所谓思想界，何尝也不是顽固迟钝萎缩矫诈诸习并存，岂止现在之中国为然？

至于为什么古代文明是如彼，现代的文明就是如此呢？我想用孔德的学说来证明他。孔德分社会进化为三个阶级。最初是神权时代，其次是玄想时代，最后是科学时代。在神权时代的社会，万事听之于神，阶级的区别最严。到了玄想时代，哲学上是崇拜自然，主张出世，政治上是君权代神权而兴贵族的阶级原则。僧侣的阶级，为维持人事起见，不得不崇拜祖先，因此就不免趋于过去和保守。在君权压制之下，奴隶的道德最好，所以重退让。这几种的性质，都是相因而来的。东方诸国如中国印度都是早已进到这一时期，所以所含的这期的特质最多，容易被人误认作东洋文明的特质。至于西洋古代诸国脱神权的霸［羁］束最迟，而近代文明认识科学的价值又最早，所以对于第二期的特质所含较小，其实并非绝对没有。大概古代的人民，知识未开，科学不发达，对于自然的恐怖最深。到了知识渐渐开发，自然的压力也渐渐减退。一部社会进化史，不过就是人类与自然抗争的历史，而人当终久得了胜利。从空虚往实际里走，从静止往活动里走，这是人类历史一般的现象，西洋如此，东洋也如此。

由此看来，我们就晓得现在一般所谓东洋文明，实在就是第二期的文明，而西洋文明却是第三期的文明。社会的历史倘若不是进化的便罢，如果还是进化的历史，那么文明的趋势只有从第二期向第三期进行，没有从第三期倒退着往第二期走的道理。我们不满意第三期的文明，应当往前找出一个第四级，不能带着第三期向反对方面走。

至于第三，所谓文明发源地的话，我们既不承认文明有所谓二元，当然世界文明是以世界为发源地。或者因为各地的风俗习惯不同，影响于文明的也各自另加一点色彩。但这是在地球上所有各小区域都自有面目的，并不能概分之以二元。然而这还是在古代交通不便时代的话，到了现在交通大便的时代，凡有轮船火车所到的地方，决没有不同的文明。所谓世界潮流之不可抗者在此。

我们既然知道所谓东洋文明就是第二期的文明，而西洋文明就是第三期的文明，我们应当晓得十九世纪的末年，西洋文明是在第三期，而中国方面却才从第二期觉醒过来。这一次的大战，西洋文明诚然显了许多破绽。将来的变化，是否要舍去第三期的文明，开拓出个第四期的文明，我们也不敢预定。但我敢说他决不是要往第二期的文明方面走。将来的变化只有从科学里边出科学，实际里边求实际；是要比从前的文明更加普遍，深刻，确实，活动，完善；是要战胜自然，不是要归伏自然；是要发展人性，不是要抑制人性。战后一部分道德的堕落和自然生活的压迫，我承认是一时反动的现象。没有极大的压迫逼不出雄深的创造力。我们看了现代社会的种种困难，我们就可以预料将来一定有一个庄严璀璨的文明在后头。但这个文明决不是所谓东方文明也者。

但是一部分的中国人一定还不甘心，以为现在西洋文明只是物质的文明，将来补救其弊的方法只有提倡精神文明，然而精神文明的发源地舍我中国其谁。这句话不但国粹的先生们是以为如此，就是崇拜欧化的人也未尝不以为精神文明为中国所特产。但是我曾经从中国历史上详细研究了一回，觉得中国人实在是个实际的民族，对于精神方面发达的很欠完备，要想证明这句话，有底下的几条佐据：

第一，中国人对于精神的观念很薄弱，上古所祀诸神如勾芒、后土、祝融、蜡之类，没有不是与民事有关的。可见他们的神祇是实际生活的代表，不是精神生活的代表，与希腊诸神代表抽象观念的大不相同。

第二，中国的哲学最古如《洪范》五行，《周易》八卦，都是言人事的书。周末诸子，如孔、墨、农、法都是实际的学问，只有老庄偏于出世的玄想，然而老子也还说将欲取之，必先与之，他的学说仍然是要用世的。两汉儒学更重实际，魏晋清谈遂为当时、后世所讥。到了佛学输入，在印度本是极重思辩［辨］的一个宗教，到了中国也都趋重实用，于是三论，唯识，都不发达，而最盛行的反倒是一个直指本心的禅宗，一个念佛的净土宗。宋明理学虽然受了佛学的影响，颇谈空理，然而比竟脱不了实用的本色。可见中国思想界处处离不了实际是他的特色。

第三，中国人对于求真的思想最不发达。所以论理学不能成立，物理学也不能成立。上古的哲学，讲到名言，不是因是因非，便是白马非马。佛教到了中国，便把在印度的那种激烈争论的态度失了。一般人所晓得的佛学，只是非有非无，不落言论，"色即是空，空即是色"的思想，反到助成了中国人笼统含混不耐思辨的习惯。这是中国思想界的一大特点。

第四，中国人对于审美的观念也很薄弱。中国的美术实在不算发达，历代的绘画音乐虽然不绝，但是不能算作普遍，因为中国固有的美术都是贵族的。抽象的中国的绘画以写意派最高，写意派是代表一种高人隐士的意境，不是一般庸众所能领会的。音乐方面，只有历代帝王的国乐，没有民间的民乐，琴瑟的中正和平之音，也不是一般民众所能懂得。假如不是印度佛教的雕刻建筑绘画输入，恐怕到现在还没有一般人所赏鉴的艺术。假如不是有羌笛胡琴之类，恐怕到现在还没有一般人所娱玩的音乐。这也是中国民族性的一大缺点。

第五，中国人没有为真理拥护的决心，也没有搜索真理的毅力。历史上只有为国尽忠，为父尽孝，为宗教舍身的义士，没有几个为真理不屈而死的殉难者。只有目不窥园的干禄家，没有目不窥园的理学士，清代汉学家的研学态度要算中国民族的一大进步。

由以上的话看起来，我们就晓得中国固有的文明，并不够被称作完全的精神文明，因为他的文明是偏枯的，局部的，发达不完全的；是偏于实际的，功利的，是偏于善的，不是真善美三者平均的。议和西洋文明比较起来，无论和近代真善美三者俱备的西洋文明不能比较，就是希腊时代的学术，虽然初期颇偏重于美；但到苏格拉底起来，辨善的学说便发达；亚里士多德起来，求真的法则便成立，毕竟总比较的完全，不似中国的文明，到老只发达了一方面。

我不是说实际主义功利主义不好，我是信仰 utilitarianism 的。我相信功利主义是人生唯一的正鹄。我相信中国人幸亏功利主义才维持这个民族到现在，不致步灭亡古国的覆辙。但同时也因为功利主义太甚的缘故，养成一种苟且，因循，浅短，萎靡的国民性。他们以为人生如朝露，所以诸事最好听其自然；他们以为万事无往不复，所以不肯前进；他们以为强梁者不得其死，所以置身甘处其下流；他们以为生为尧舜，死亦枯骨，所以不肯作有益的事业。黄老的学术，便是代表这一派功利主义算计最深的中国民族的思想。但是算计最深颠倒变了浅短，就因为看得事过于透了，所以一件事作不出来。中国人所最缺的是一股傻气，救治的方法就是要培养这种傻气，古语说"大巧者拙"，中国人若真正是大巧，便应当努力往拙里学。这不是非薄功利主义，正是大大的应用功利主义。真正的功利主义，不是浅薄的肉体享乐主义，乃是灵肉一致发达的人格圆成主义。

以上的话，或者不免轶出了本文讨论的范围。如今总结一句话，就是我们大家要晓得世界上只有古代文明和近世文明，没有东方文明和西方文明的区别。现代西洋的文明，是世界的，不是一民族的；是进化线上必经的，不是东洋人便不适用的；是精神物质都发达的，不是偏枯的；是科学的，不是非科学的。诚然大战之后这种文明也起了许多破绽，但我相信补这种破绽的，是未来的第四期文明，不是过去的已死的第二期文明。我们不满意十九世纪的文明，应当往二十世纪的文明走，不应当退向十八世纪以前去。倘若初民的生活还可以保存，那么现在的世界也不会出现。讴歌太古，讴歌自然，是诗人的无聊思想，不是科学家的严明态度，我们只相信一个进化，相信一个科学。也许将来有一个超出科学的东西，但我敢说绝不是已死的宗教和玄想。眼看着进化的线程是从个人往社会，从小我往大我，那种绝对的个人主义，自由主义，已经不适用了。我相信社会的组织，是渐渐的趋向有机方面。有机的组织是以团体为本位，不是以分子为本位。现在的社会组织，固然有许多缺点，但他总算是有组织；有组织总胜于无组织。中国现在正是徘徊歧路的时候，往前进的道很多，我们应当走那一条，这是不可不仔细审考，万一走错了方向，向着反进化的方面走，不但误了文明史上的决赛，并且牵累了世界文明全体的进行。世界总人口四分之一的民族的行动，不是轻易可以随便的。我相信现在世界的新思潮里面，也有反进化的趋势。这种趋势是与往前走的趋势并存，选择那一样，听我们各人的意思。我只奉告大家一句话，不要忘了社会是有机的进化。倘若有一天中国民族往破坏里出来在想选择建设的标准的时候，我是第一个要拿着银装的号筒站在街上大声呼叫："反对自然！反对个人！反对无组织！"

《国民》第 2 卷第 3 号，1920 年 10 月 1 日

反动中的思想界
（1922）

四月二十三日晨报副镌上，仲密先生有一篇《思想界的倾向》，我读了颇发生几点感想。一种思潮流行之后，继起者必为一种反动的思潮，这已成历史上的常例，且可用社会心理学来解释，是无容人怀疑的。两三年来报纸杂志上也有许多人警告说：反动思潮快来了，大约大家都感到这一种不安的情兆，不过反动潮流究竟是什么一个性质，却终于没有人明白说过；这似乎总还是大家对于晚近新思潮的趋势不曾精细研究过的缘故。仲密先生在这篇文章里，他指给我们"学衡"、"古学厄言"一类的东西，便是这类反动思潮的代表；又告我们说："国粹主义"便是反动潮中的唯一倾向。我对于国粹主义固认为是反动思潮的出发点，与仲密先生的意见相同；但觉得他所举以代表反动思潮的几件事实，却还不尽赞同。我以为这一类浅薄的东西似乎还不足代表反动的主潮，若求真正雄伟的反动潮，还须求之于这些事件以外。大凡一种思潮盛行以后，继起的反动思潮若能成立的话，至少必具有两种条件：第一，凡以前新思潮所具体攻击过的东西到这中间都没有了；第二，凡这种反动潮流所含的缺点都是以前新思潮所没有直接具体攻击过的。因为人们虽是不长进的东西，但表面上谁也不肯承认自己是不长进；眷恋骸骨虽是人之通性，但没有一个人肯自己揭破自己所眷恋的是真正骸骨——此所谓人们是指受过新思潮一番洗礼的人——若是经过明白攻击以后而还要重抬出来的偶像，没有一个不立刻便会跌倒的，张勋的复辟便是一个好例。试看现在的某杂志出版以后，对于新智识阶级中果然有多少影响呢？晓得这种照抄老卷的旧法子是不会成功的，我们也就不必太杞忧了。

然则真正的反动潮流在那里呢？我以为恐怕要在新思潮内部去找才

行。我们要晓得这个道理，大可以拿民国三四年间的政象来看，继元二新潮之后而起的反动复古运动，主其事者并不是食古不化的遗老，而反是崭新的维新人物。劳乃宣、宋育仁辈的复辟并不曾惹起多大影响，而制礼作乐的大业反都出在一般革命党、立宪党、东西洋留学生之手，这其间的缘故大可以深长思了。大凡一种反抗旧思想而起的新潮，断不是一下子就能成功的，几千年来支配人们脑筋根深蒂固了的固有势力，仅仅靠几年中的口纸宣传便希望可以彻底澄清，这差不多是出乎人类能力以外的事情。凡是一种新潮初起，如果与社会环境的变动相应，有发育成功的可能性，则必能蒙一时的欢迎；这是因为社会中幼稚的细胞富于感受变动的力量，故每能顺应新潮的趋势，新思潮之所以能骤起而即流行者赖此。但是我们不要忘了一件事情，凡是新起的一种思潮，在社会分子思想中所占的成分必定是极少数的；大部分固有的习惯权威宰制了几千年人类的心理，断不是短少时间所能奏肃清之效的。旧思潮的偶像虽然打破，旧思潮的实质仍然存在。初时慑于新来的势力虽然暂时屈伏，但根蒂是在人心里的，一等到时机到来，乘着这种"压故喜新"的人类心理弱点仍然是要出现的。然而这种出现决不是简单的一往一返，若只是一往一返，那么人类的思想便永远没有进步的可能了。故新出现的反动潮，必定与新思潮未出以前的旧思潮有许多不同之点，最初的不同点大约就在名与实这两端上，反动的最初式样大约都是把虚名让给新思潮，而旧思潮则居其实际，以后经过几次的"反动的反动"之后，实质才会慢慢变化的。我们欲求反动的主潮，还须于这种"挂着新招牌卖旧药"的潮流中求之。

老实不客气地说，这几年的思潮改造运动的结果，真正能彻底了解西洋文化的真面目与它的需要的，我觉得除了极少数一部分人以外，仍然是很少见的。即是那极少数一部分人的思想也显然不是受新思潮所造成的，故新思潮运动的结果竟可以说影响微末之极。此外如主张东方化的梁漱溟先生倒确是认识一部分西洋化的面目的，即如他说西洋化的根本精神是在"大家都要争权夺利"，换一句话，便不是现在一般挂着"人道主义"、"大爱主义"、"无抵抗主义"招牌的新学士们所能了解的。我常常想，欧洲的思想变动可惜走的太快了些，于中国实在不见得有什么好处。中国人本是从十八世纪以前才觉醒了的人，一睁开眼便看到十九世纪的光华灿烂的世界，还未曾到下床学走步，人家已经揭过一篇又走到二十世纪上来了。恰好新揭开的这一篇又颇有点投合中国人的习惯心理。人家是工作完了才想休息的，中国人却只看见人家现在的休息，而看不见人家从前的工作，因此别人的睡眠是劳动后应有的休息，中国人却是只有休息，没有劳动，结果便弄成睡了又睡长眠不醒的懒汉。这样的学外国人，可谓外国人之不幸了。若推求他的根本原因却不好怨外国人，只是中国人懒惰的旧根性太深了些，只想拣自己合脾胃的事来做，结然〔果〕当然变成了新招牌底下的旧货摊了。

这样新招牌底下的旧货摊，我们试就现在流行的新思潮中举个例来看看，好在我们是讨论学理，并非攻讦个人，谅该不至于得罪人的。

就政治方面看，现在新人物中流行的一种态度是"不谈政治"。打破政治救国的迷梦而从事社会事业原是好现象，不过"惩羹吹齑"，结果连政治二字都视为与己无关而绝口不谈，这却只有东方人是这样的。本来因为政党的私争而遂厌恶政党，已经是很好笑了，甚至而厌闻政治，那简直想不出是什么理由。民八五四以来的学生运动确是国民改变态度的一种好现象，不幸到了现在，这种精神也被"安心向学"四个字渐渐压下去了。我敢说大部分自命为不谈政治的人，他们的动机出于懦怯之一念——自然极少数的真觉悟者不是如此——因为谈政治是要与现实社会接触的，即使用不着奋斗牺牲，至少也必下种种实际观察的工夫才能发议论；至于文学，哲学，艺术，科学，却只要坐在房子里读几本书，甚至一本书不读便可以凭自己的天才杜撰出来的。中国的社会主义者也是如此，谈社会主义可以远想将来的美满社会，但是怎样达到这种社会，却不见有人贡献妙策。大家谈社会主义都是坐着等奇迹光临的态度——自然也有少数真正实际奋斗的人，即使是驱使别人去奋斗的，也总比高谈而不动的人强。——西方的社会主义是不得已而大家抢饭吃的手段，中国人的社会主义却只有几个书生吃饱了饭没事做的梦想，不懂得"争权夺利"的真精神而谈社会主义，那只好请三皇五帝为我们划分井田，请列宁为我们分配面包，永远造不成自己下手抢的机会。总之，"不谈政治"的态度实是中国人漠视现实精神的一种表现，这是几千年专制政体下养成的结果，与西方人的民治精神相去不啻天渊。中国为什么被称为爱和平的民族和世界主义的先进国呢？我敢说因为中国人是懦怯的缘故。这岂不是挂着新招牌卖旧药的一种么？

再如学术界或哲学界的一般思潮，除了"准遗老""准遗少"的旧式哲学家宗教家不算外，稍为致力于西洋哲学的人自然都不肯承认自己是挂着新招牌卖旧药，但是真正不拣合中国人脾胃的东西来介绍的又有几个人呢？罗素可以说是西方化——分析的精神——色彩最浓的一个哲学家了，但是他到了中国一年，却只听得"灵性生活""创造冲动"等吵得不可开交，"社会改造原理""到自由之路"等翻译出好几本，但是一部"数理哲学"的名著却连找一个胜任翻译的人都得费许多力量。西方近代的哲学家像柏格森、罗素之流没有一个不是在数学物理上用过功的，中国人却只晓得介绍他的"直觉"、"冥证"、"灵性生活"，虽欲谓为非由于逢恶护短的心理，不可得也。

再转过头来看一看最时髦的文学潮流。写实主义提倡了几年，没有看见产生出几篇写实杰作，而差强人意的创作，却都脱不了"爱好天然"的色彩，这便是中国人懒惰和懦怯的精神的一种表现。自然界也许是可爱的，但是我不信社会上的罪恶会被自然美遮得那样一点看不见。明明是臭水满沟的街市，却硬要说是有真朴的趣味；明明是做了十几点钟一天的汗血工作还不得休息的贫民生活，却偏要羡慕他们是快乐的天使。这纯是中国人和自然融乐的精神，然而表面上却扯的是欧化文学的旗号。据我看来，因为文学在现代中国思想界最占势力的缘故，故反动的潮流在这里边也愈看的分明；如近来俞平伯先生的"诗的进化还原论"以及由此产生的"云皎洁，我的衣"一类的诗，以及郭沫若先生的"古事剧"，都可以代表这种反动潮流的见端。俞郭二先生的思想固然是很前进的，这几本著作本质的好坏，我不是文学批评家，姑且存而不论，不过从这一派入手的学者不善学之，必有入于纯粹复古的一日，却是难免的。因为既承认"云皎洁"等三字四字一句的押韵诗是音节铿锵，则旧体诗词的格律声调当然无庸反对；既承认改本西厢是有新文学的价值，则照谱填词的原西厢又何尝不可以仿作？这都是国粹主义将来的预兆，或者已经来了。

此外呢，许多琐屑的事情也可以看出新智识阶级眷恋骸骨之情来。鼎鼎大名的晨报副镌，却舍不得把那古气盎然的"镌"字去掉，换上一个又好写又好认的"刊"字；许多新文化出版物封面上总要请书家写一笔好魏碑的大字；作惯了白话的人的私人通信总还要加上几个"之乎者也"的语助词——我也是犯这病的——这都是不胜眷恋故旧之情所表现出来的态度。

再进一步说，四五年来的新思潮所以能勃然而风行者，未始不是大有藉于这种"旧式的态度"。因为中国的精神向来是笼统的，调和的，决没有极端地拒绝任何一种思想的事情。近几年来输入的西洋化是偷生在这一种态度下的。根本的态度不变，自然建筑在表面的一切新思想都是靠不住的，目前虽然是轰轰烈烈的思潮，反动力一来，便只有冰消瓦解了。

总之，仲密先生的杞忧我是承认的，不过他所忧的几件事却未免有点真是"杞忧"了，可忧者还不在此。"着古衣冠，用古文字"虽然是不会有的事，而好奇之情一变而为人家不懂自己也不懂的未来派表现派文学，却是难免的。"参禅炼丹"是只有同善社一类的人才去作的，但新智识阶级却另有他的"直觉"、"冥证"、"精神生活"；骈文、律诗的复兴想来也是不会有的，然而有了目下一般"风花雪月"、"哥哥妹妹"派的新诗也就很可观了。这都是可以杞忧的事情，而且也还不仅是杞忧呢。

民国十一年五月九日《学灯》

师范教育改造问题
（1922）

第七次全国教育会联合会议决的《学制系统草案》，只有大纲，没有细目，一切详细的学科及分配法等尚须分头研究；本篇即是对于师范教育一部分的科目内容加以讨论，顺便再谈一点我对于现今师范教育澈底改造的一点意见。这次议决的《学制系统草案》，本来在我们看来，不能算是澈底的解决，但是若退一步想，拿旧日部定的单调的学制和这种新学制比较比较，便晓得这个新学制确有几点较从前进步的地方。这一种进步是七八年新教育界全体的努力所造成的，不是十几省区几十个代表在会场上便能制出的；所以在目前的环境底下，产出这样的新法，我们承认是当然的结果，故也自有他相当存在的价值，就今论今，我们认师范教育的内容有讨论的必要。

本篇所讨论的师范学校，兼括"初级师范"，"高等师范"而言；此外对于"师范讲习科"等临时变通的制度也附带讲讲，因为他们种类虽然不同，共同的目的却是一样的。

又新学制系统草案虽然将来实行的程序尚须待各省区自己讨论，但照大势看来，大约总有实现的希望；故本篇凡谈到与学制有关的地方，全都依据新学制为张本。

在未讲师范教育的内容以前，我们先谈谈师范学校的地位问题。本来这个问题，既经联合会讨论过，新学制里已竟规定好了，经过多少教育专门家研究的结果，自然较一二人的空想为愈；不过我对于这一次学制系统草案中关于师范教育的说明，终觉稍有点怀疑。因为在这个学制草案出现以前，好几年来曾有许多人主张过师范教育是没有独立存在的必要；他们主张高等师范可并入大学，初级师范可并入中学。这种主张我觉着是完全不懂师范教育性质的人所说的话。这次议决的结果，虽然勉强说高等师范仍旧独立，但又说大学得设师范科，又说高等师范毕业后得入大学研究院；虽然勉强说师范学校得办六年完全科，但又说师范学校的六年是前三年普通，后三年师范，又说师范学校可专招初级中学毕业生授以三年师范科，又说中学校可兼办师范科。这一种纰缪杂乱，自相矛盾的系统，不像是细心研究的结果，显然是受了反对师范教育独立的言论的影响，而想出来的弥缝调停之法。这种制度初看似乎是八面圆通，其实往细里追究追究便见出实在只是几句空话，其中一无所有，因此我个人对于这一段的说明实在不敢满意。

我的意思，大学只能设教育学科，不能设师范科；高等师范若想增加程度，只能延长学习年限，自设研究科，（此处研究科系借用名词，我的意思，高师的研究科完全与大学的研究科性质办法都不能相同）不能毕业后以大学研究科为升学的地方；初级师范的功课若是认为三年可以学习完足的话，则老老实实定作三年便是了，所收的学生或是小学毕业生的程度，或是中学普通科毕业生的程度都可以的，不必规定六年；若认为师范教育非六年不能完足的话，则六年中便应当全授以师范的功课，不应前三年仍为普通科；而且师范教育只能让完全独立的师范学校去办，中学校决没有办师范科的权力。（中学为应升大学分科的需要，而设立教育学科这是可以的。）

以下我们分述这几条的理由。

为解决师范学制及其内容的问题，我们应当先研究研究师范教育是否有独立存在的价值的问题。关于这个问题，赞成反对两方面的文章都已经发表过许多，我只见过几篇。以下我们先将反对师范教育应当独立的理由，分列于下，再一一加以评判。所举的理由有些是根据反对者的文章中所提出来的，有的是我自己添出来的。

反对师范教育可以独立存在的理由，列举起来，大致不外以下的几种：——

（一）师范学校的程度太低，不足应高深学问研究的要求。

（二）师范教育独立，经济上很不合算。

（三）师范学制是抄自日本，现在不应仍袭此制。

（四）现在师资缺乏，应付中学大学以养成师范人才的责任。

（五）师范学校太专门了，与普通文化智识不能接近。

（六）师范毕业生的成绩与普通学生并无差别，何必多此骈枝机关？

（七）独立的高等师范，初级师范，设备必不能完足，如归并大学，中学，则可有完满的设备。

（八）有志上进的青年多不愿入师范，如改为普通性质，则必可多收集人才于此途。

以上所举八种理由之外，我一时想不出还有什么理由可举；只就以上的八条而论，就件件都不能成立。（二）（三）两条自然毫无理由。一种制度只能问他的本身价值如何，不能问他是来自何国；日本的制度未必全是不好，美国也未必全是好的。这虽然是浅而易见的理，但我总疑心这一次议决的学制草案，不能不受这种不合理的理由的影响。因为这次的草案是大部分根据美国的学制，关于师范学制的一部分难保也不受这等影响，以为美国的师范科大多是附属在 Academy，College，University，里边的，我们何妨也附属在这些里边呢？这种理由当然我们不能承认。至于费用多少也是毫无理由。这种学校如果没有存在的必要，则一个钱也不能不算多花；否则，无论费用多少，只要有效果，总不能算是白花的。故（二）（三）两条理由不足讨论。第（四）条是另外一个问题，我们以后另外再讨论。第（五）条的理由，与我的意思恰恰相反；我觉得现在的师范教育实在并没有太偏于专门，实在是太普通了。试问现在一般师范教育的功课，除了多加几点心理学，教育学，教授管理法之外，有什么与中学校大不相同的地方？甚至于高等师范学校的课程，也是分科分部，除了几点教育学教授法心理学等之外，仍然是与大学分科毫无差别。难道师范教育与普通教育的区别点就在多上几堂教育学，教授法，心理学之类吗？那么，无怪乎许多人主张只要中学大学中添几点教育的功课便可以养成教育的人材；无怪乎师范学校造就出来的人材，实际从事教育的时候，也和普通学校毕业生没有什么特别的地方；无怪乎受过师范教育的人也一样的要求要跑到大学里去研究高深的学问了！故我的意思师范教育应当极力的表现一种特别的色彩，应当把一切关于方法的学问，如教育学心理学之类极力提高增多，而一切关于内容智识的学问，如各种科学之类，不妨搁在次一等。这种详细办法，以后再细讲。我的意思并不是轻视智识的传授，但是我以为师范生对于智识的态度与普通学生的态度应当完全不同。普通学生的学习智识是学来为自己用的，师范生的学习智识却不能不时时刻刻记念着我这学习智识是为传授给别人用的。许崇清先生有几句话说得最好，他说："现在中等教师底职分，不惟传达专门学科的智识，更须了解现代的文化，以指导改造。则徒具专门智识的若干分量，必不能尽其责；还须要具研究的精神。而所谓研究者，又非独科学的研究，并且要是教育的研究。质言之，就是立于教育者的见地，以从事底科学研究。"（许先生原文我没有见过，以上所引的话是根据我友余家菊先生《论师范学制书》中所引。余先生的原文登载《平民教育》第三十期（?），及《北京高师教育丛刊》第二卷第五集。）从这一段话分析起来，我们可得两个概念：第一是师范学校的研究注重在"立于教育的见地以从事的研究"；所以师范教育应当养成一种愿意立于教育者的见地以从事研究的信心，并且应当晓得怎样立于教育者的见地的工具方法。第二是教师的责任不惟注重传达智识并且要"了解现代的文化"，要"具研究的精神"；所以在师范学校几年内所授得的智识，无论怎样丰富完备，都是不中用的；因为社会的需要是时时变迁，死守着一本旧账，不能不闹新饥荒的。因此，师范生的学习智识，不重在学得多少分量，而重在学得自己找寻智识的方法。（其实无论何种教育都应当这样，不过现在的师范教育尤其应当这样罢了。）因此，师范教育对于智识内容的减少是不关紧要的。以上都是就许先生所说的一段话引伸出来的几个意思。由此看来，师范学校特别加重教育的功课于智识内容并无妨害。而且如第五条所说，现在师范生不能与普通文化接近的毛病，并不在学得的智识太少，实在都由于没有学得找寻智识的方法；在校时是这几本书，出校后还是这几本书；五年十年之后，社会的潮流进到不知甚么地方去了，而师范生还是老守着他这几本书；这是所以不能随着社会潮流走的缘故了。因此，倘若师范教育能按着以上的两点注重教育的功课，注重找智识的方法方去改造，则不但第（五）条所举的弊病可以免掉，而且第（六）条的理由也因之连带取消；因为师范毕业生与普通学生并无差别的缘故，乃是由于现在的师范教育不曾置重这两点的缘故，补救的方法正应当极力提倡这种特别的色彩，如何反可以"因噎废食"而主张不要师范学校呢？至于第（四）条只能作为普通学校可以兼办师范科的理由，不能作为取消师范独立的理由，这本是一时救急的办法，并无完全的理由根据，不足讨论；不过即以救急而论，如果照本篇所陈的师范改造办法实行以后，这层理由也可不攻自破。此外第（七）条也是不足讨论，因为只要承认师范教育有独立存在的必要，则用全力来完全设备，也并非不可能的事；而且照我们看来，师范教育若绝对与普通性质不同，则绝不能利用普通学校的设备以为研究的工具的。第八条诚然是现代谈师范教育最困难的一个问题，但这全与改为普通性质与否无关，因为教员的位置若不改良，无论独立设置或是附设于普通学校之中，总之没有人愿意学师范的；反之，若单独设立师范的学校，反可以藉环境薰习的力量，增加一点对教育的兴趣，减少一点改就他途的野心。根本的解决法，是在教育界的自身。中国目前这个问题似乎还不甚急迫，因为目前教员生活比起一般社会来，还占较高的位置，不像资本主义发达的国家，教员的待遇比工人还坏。

因此，以上的七个理由，都解决不能成立了，所剩的只有第一条理由，就是说师范学校不足应高深研究的需要的问题；这是以上各条理由一个中坚，师范教育是否有独立价值的问题，全看这条理由能够存在与否；换言之，即是如师范学校真是如其余一般学校一样，真是为授与学生多少智识，或是训练以若干技能的话，则师范学校真无独立存在的价值，真不如归并入大学专门或普通中学内的好了。但是我们若从普通学校和师范学校的来源上各自考察一番，便知这两种学校的目的实不相同。师范学校的建设本是最近世才有的事情，古代一般学校虽也早已发达，但他们不感觉有设置养成教师的处所的必要。

这个缘故，一则因为古代社会事情简单，故不需要分工的事，这是各种职业都是这样，故教师也是人人能当的；二则教育的起源本在家庭，家庭之内凡是父母都有教育子女的权力和责任，到后来虽然变为公共的学校，但还不过是家庭之扩大而已，故他们认为凡人都可以从事教育的，不必另设养成的机关；三则古代的教育本只限于僧侣和贵族两阶级的人，僧侣教育的目的是为养成虔敬的宗教心，故只要由大教士来作教育者最好，贵族的教育目的，是为求得智识，他们的求智识是把智识当作奢侈品随便学来玩玩的，故也只要请一位博学的学士来把他一肚子学问都倒出来便完了，他们看教育本不当作是造就全人生的事——或者他们的人生观也不是完全发展的——故也不感教师训练的重要，第四一层还有因为古代教育及一切有关的学术，还没有发达到含有科学意味的时候，故他们把教育看作是家常便饭人人都可以不学而能的，用不着专门家来担这个责任；以上四层，大约就是古代师范教育所以不发达的原因。到了近代，教育一变而为全人类必需的权利，不是一阶级的专利品，故他的目的也同时改变，不能仅以传达智识或训练品格各偏于一方为满足，教育的目的乃是发展一个全的人生——虽然人生的目的和需要各派教育学家也解说不同——教育乃是综合教授训练两部共同而成的事业；加以近世心理学，生物学，社会学都有长足的进步，教育的事业早已不是那些仅有常识的普通人所能担当得起的了；因此一般进步的国家便都感有设置专门培养这项人才的处所的必要，师范教育所以忽然发达，便是由这些原因。至于目下还有不专门设置师范学校的国家——大都是一部分——大约一则是历史上惯习遗下来的残型物，二则有些对于中等教育的目的还未十分明了，故小学教师的养成各国都晓得注重了，而中学教师则多半还以为只要受过大学教育有专门科学的智识的人便可胜任；这种错误也是历史上传下来的。小学教育自一七六三年弗勒得力大王（Friedrich der Grosse）强迫施行以来，便已脱离古代贵族僧侣的范围而变为普遍的人人应享受的性质；而中等以上的学校则到现在还不免带有贵族时代的遗习，他们的目的总令有求智识的意味居多，故对于这项的教师专门人才不认为必要。观现在教育的书籍，讲到教授法等项总是小学的居多，而关于中学以上的极少。可见一般的观念还是觉得中学以上的教育不必研究什么方法的，——换言之，即是不必要专门的人才才能胜任。——只要有学问可授与便行了。这种观念虽然目下已经渐渐打破，观于杜威一派的社会学派的发达，学校的工厂化的盛行，可见中学以上专注重智识的那种谬论已将渐渐失败；不过在中国这样向来以读书为学问，以读书为教育的国家，这种观念似乎还有提醒的必要。总而言之，我们只要认清教育的宗旨不是专在传授智识，是要发展一个完全全地的人，是要智识，感情，意志，行为，都完全的一个人，则便可以明白教师这件职业不是单单自己有满腹学问的人所能胜任的了。从此看来，我们便可以晓得反对中第一条所举的理由，完全是不懂师范教育的性质的外行话，理想的师范生不是自己装一肚学问便够了，是要训练成一种晓得怎样可以把智识传给别人，怎样培养被教者的人格，怎样使被教者得了他所需要的东西，养成他所需要的能力的才干；所以拿师范学校的学问程度不高来主张不要师范，是不对的。况且即以传达智识而论，难道照普通学校目下所具备的功课程度，便够一辈子的教师生活的用吗？即使够用，难道师范学校不会照样提高程度，与普通学校教授一样的功课吗？又何必一定要取消呢？

以上八条反对的理由分析完了，都没有存在的价值；故反过来，我们便可以肯定师范教育有独立存在的理由。但是，还有更进于此的一层，不可不晓得的。普通反对师范独立的人，主张师范的目的只要学习丰富的智识，至于传达智识的方法不必管他，这固然是错了；然而若主张师范可以独立的人，却也只说师范学校是一种专门职业的养成所；他的意思便是说师范学校不但要学得智识，还要学得传授知识于别人的技术；这话固然较前说稍为进步，但还不是澈底了解师范的性质。我的意思，以为师范学校固然不仅是一个学习智识的处所，却也不仅兼是练习技术的地方，他是于这两种目的之外，还要注重一种人格的锻炼，养成一种对于教育上的信心。因为教育虽是一种职业，但他与其余职业实稍有不同的地方。第一，普通职业直接的影响是在局部的范围之内；教育的直接影响是普及于全社会全人生的。第二，普通职业的对象是物品，他所要养成的技术也只是怎样把这些物品颠来倒去由生制熟便够了；教育的对象却是许多活泼泼的人，人是活的，自己有主张的，不能由教者随便捏扁搓圆，教他怎样他便怎样。——从前的教育便是这样机械的办法，但是失败了。从第一个异点，便晓得教育的影响，非常重大；从事于此的，不能不有十分自信心，自觉心和牺牲的精神。从第二个异点看来，教育的对象既是活泼泼的自由自主的人，不能由教者随便摆弄，则一般职业上所用的机械的办法，到此全不适用，只有人格感化的力量最为有效；所以师范生人格的锻炼，比求智识学方法还要重要。从前的教授训练是打成两橛的，所以学校教师只管有学问智识便够了，而人格的感化力付之于宗教家的身上；到如今这两个重担子都搁在学校教师身上来了；现在的教师，一方面要具有科学家研究的头脑，一方面又要具有宗教家献身的热诚；像这样伟大的责任，超绝的标准，在现代社会中，恐怕除了教育家以外，也再找不出第二个要负这样困难的使命的了。明白这个，便晓得师范教育的责任，绝不是普通学校所能分担的了。这个理由，从前也有人论到，前所举余先生的文里，也曾讲到这一层养成教育者的精神，品格，和兴趣的重要；而最讲得透澈的，还是我的朋友常道直先生在《对于主张废除师范学制者之质疑》一文中（《平民教育》30 期（?）及《北京高师教育丛刊》二卷五集）所说的，现在我引来如下：

"……大学文科的学科是富于弹性的，因为他的目的是在养成向各方面发展的个人。大学文科的学科，包含教育的学科，社会的学科，文典的学科，外国语言，有时并有自然的学科，如天文地质等学科。我们选择课程时，各种学科都想学一点；要做全知的人。脑筋中有时想做教育者；有时想做政治外交的事业；有时又想在交通机关如邮电事业；有时又想在商界做一番事业。弄得心中全无主见，结果只好拣那最容易的，最简单的，或报酬最多的事去做。这是因为文科所要养成的人才不同。……还有一个实在的例子，某省立学校的学监，是一个大学的毕业生，任职不到一年，遇见省议会选举议员，他就跑回本县去运动选举；后来失败了，便又跑回来当学监；不久又听见举行文官考试，他又去试一试，不幸又落第回来；后来不知怎样做了某中学的校长。这实在是余君所说他校毕业生多不愿以教育为终身事业的实例。……鼓动人终身'专心致志'去做某事业的，就是一个人心中所存的理想，这理想决不是一朝一夕之功所能养成的；必须日渐浸染，才能造成。师范生既入了师范学校，就是这师范的名词，常常在他心上，就足以时时暗示他终身所要从事的职业。于是对于他所研究学术，就不得不专心致志。老实说，他自己知道如果不如此，在教育界便不能立足；便要受'天然淘汰'。在这种条件之下，所养成的理想，最是固定的，而且是可靠的。至于在文科大学中或理科大学中，这种空气当然稀薄。他们所学的不是专供教授之用；做一事失败时，可以'顾而之他'。照这样情形，能不能引起他们以教育为终身的事业之决定心，也是一个疑问。……"

常先生是先入大学文科，后来才入高师的；此文的前段，是叙他自己在大学和高师的两个不同环境中所生不同之感想。他虽只说大学和高师，但我们可以引申到一般师范学校与普通学校中间的区别上。平心而论，他所说普通学校毕业生不安于教育界的情形，在师范毕业生里不是没有这种思想。高师毕业生还有考文官考试被驳了的呢。因为人类总是不能纯为他人而无自利心的，教育界这样穷苦，他界那样华贵，除了极少数的人以外，谁能真正永远死抱着这个傻理想呢？目前政治界已经破产，实业界还未代兴，教师的地位也暂时可以认作是较为安乐的地位，故目前这种现象还不至大现。——智识阶级的人只有教师一条出路。——再过三五年之后，等到资本主义大兴，发财的机会多了，教员的薪水抵不住一个工人的时候，要想在教育界中，找第一流的人才，比现在还要难哩。这种补救的方法，本着重在外部的待遇改善问题上，单靠内部的人格训练是为效很少的。不过即以此一层而论，受过师范教育的人毕竟比他校出身的教师改行的心思淡一点。若再就常先生第一层所举的对于功课见异思迁的毛病，则在师范学校中可以说绝无仅有的了。

所以师范教育假使真正只有第一个目的——学习知识——的话，则师范学校真可以不要；如果兼有第二个目的——练习技术——的话，则师范学校便有单独存在的必要；如果于前二目的之外更兼有第三个目的——锻炼人格——的话，则师范学校不但有单独存在的必要，而且除了师范学校之外，也再没有第二种学校敢有权利主张也可以负担这个养成教育者的大任了。然而师范教育确是有这三个目的的，这三个目的缺一不可。普通的学校只能养成饱学的博士，不能养成真恳的教育家；只能养成熟练的技手，不能养成保育众儿之父；普通学校里不妨产出风流放诞的人才，师范学校却不能不个个都是规行矩步的道学先生；这个异点认明白，我们便不能闭着眼胡乱主张普通学校可以代替师范学校了。我不是说现在的师范学校果能尽了这个责任，现在的师范生果然比普通学校的学生对于教育有特别的心得。我自己也是个师范生，但我自己晓得我对于教育除了在校时几本纸上谈兵的讲义之外，丝毫不懂。许多的朋友，对于教育有特别心得的，多是自己研究的结果，不是从学校讲义上得来的。大多数的同学也多是同我一样，并没有甚么明了的教育观念，和熟练的技术，但他们对于校课却不是不曾留心。学校里所给我们的一点益处，只是图书馆，阅报室，而不是教室。在没有图书馆，或是有若无的学校，这点益处还得不到呢！可怜可怜！图书馆，阅报室的教育已经不是真正的实验的教育了，却连这一点非实验的教育的好处也还享不到，那么，造就出来的人才，要求其达到原来希望的目的，岂不是妄想么？这倒不是单单我们住过的学校是如此，我眼见过的学校个个都是如此。我们现在也办学校了，也教育人了，果然便能免掉这以上所说的毛病么？现在的所谓著名的学校，充其量也不过办到一个图书馆的教育，然而图书馆的教育便是算完满的教育么？"纸上谈兵"的学问在普通学校都不能有用，在师范学校更是文不对题了。现在的师范的毕业生，莫说本来就不曾留心的，即使自己热心研究，读过几本杜威的《平民主义与教育》，孟禄的《教育史》，桑戴克的《教育心理学》的，试问到了实际办事，实际教授的时候，谁能够把这些书上所说的道理——应用到实际上呢？要知道这些学理不过只是给我们实际办事时一个参考，断不能拿来整个应用到问题上去。他的作法也不是为我们应用到实际而设的。学理是呆板的，实际是活动的；学理是片段的，实际是整个的；学理是一个米面油盐具备的杂货铺，但是家常便饭里却用不了这许多东西，而且即使用得了这许多东西，也决不是把一座杂货铺搬到家里来便算完了，还须要懂得些烹调配合的方法。好的家主妇是要熟练这些异样烹调的作法，至于用的材料则只要记住几个杂货铺的门面方向，临时用着的时候再取用便够了，用不着把材料都买来堆在屋子里，更用不着熟念会白面几钱一斤，香油几文一两。好的师范生也只是要熟练这些实际教授的方法，至于根据的原理，则只要晓得几本教育书的内容大概便够了，用不着都拿来堆在脑子里，更用不着一节一节都背得烂熟。我们朋友里边，有许多是长于理论的，有许多是长于实际的。长于理论的，虽然门罗杜威桑戴克一气乱看，但是实际上毫不能应用，仍然不得学生的欢迎，这样的人只能说是对于教育学有研究的学士，不配作实际的教育家。倒是有些朋友，他们对于教育的理论倒也没有多看过些甚么，但是实际做起来，却处处有精神，使学生敬爱如同父母一般，这样的人我确实见过几个。我们纵然想偏袒理论的研究，而对于这些实际成功的努力者，也不能不从内心里称赞一声："这才真是理想的教育家啊！"

但是要造就好的家主妇，必须先有好的家庭；要造就理想的师范生，必须先有理想的师范学校。照目前师范学校的办法，连认识杂货铺门面的家主妇也造就不出来，只不过靠几个殷勤的仆妇零碎买回材料替他煮煮把了；这是当千金小姐时的阔架子，一旦出阁以后，要自己主中馈了，这些仆妇一个不在跟前便不免要手忙脚乱起来。可怜平素在家肯留心点的，也不过从仆妇口里打听过一两家杂货铺的地址；再好一点的，也不过亲自走到那些铺子门口张望过几回；再更好一点的，便是连杂货铺里所堆的货色价值都问得清清楚楚，或者甚至仗着娘家有钱，竟一鼓气都买回来堆在家里；但是怎样烹饪得法，怎样调和合胃，却一点也没有练习过，纵然读过些《随园食单》也全不济事，何况不留心的连这点智识都没有，那就只好瞪着眼喝桨〔浆〕糊了！主中馈而至于弄出喝桨〔浆〕糊的现象，那就无怪乎丈夫要生气，儿女要叽咕，一座家庭要弄得不成体统，但是追原祸始，却不能不怪她的娘家太娇惯了些，不曾教她从小就亲自洗手下过厨房。一般的师范生啊！我们不可不觉悟我们现在都是些喝浆糊的把戏。一般的师范学校啊！你们也不可不觉悟造就出这一般喝浆糊的人才这个责任还只在你们身上。我们固然不能因为娶了喝浆糊的主妇便说可以废止结婚罢，但我们却不能不设法对于这些娇惯女儿的家庭加以劝告，警戒，和改造①。

由此看来，师范学校没有可废止的理由，他种学校也没有可以代替师范学校责任的理由。所以照学制系统草案中所说明的师范教育，依然承认师范学校前三年是普通科，依然承认中学校大学校有兼办师范科的权力，并且误认高师毕业后的目的是要入大学研究院，这种错误观念下

---

① 以上所说主中馈一段话，不过是"徇俗说喻"，我不是说女子应当以煮饭为天职的。

产出来的制度，我们自然不能满意。不过这种草案是个空洞洞的，他是一个八面圆通的和事主义。他虽然没有限制别的学校不准办师范，他却也没有限定师范学校取消独立的资格。他虽然规定师范学校是六年，他却没有一定指定你这六年内应当学什么功课。既然积极方面没有什么重大的障碍，所缺者也就是消极方面的制限，我们也就可以姑且认为比较可行的制度了。况且就目前师资缺乏的现象看来，普通学校兼办师范科也不能就怎样驳斥；三家村的阿猫阿狗都有小学教员的资格，何况堂堂受过科学训练的学士呢；不过要明白他不是正式应当的办法罢了。

所以我们目前所急需做的事情，不是反对这些草案中的规定，却是要急急研究这个空洞洞的草案，摆总的说明，他的正当解释应当怎样。这个草案正如罗特氏的几条原则一样，顾维钧可以解"开放门户"为"取消特权"巴尔福便可以另外解作是"许外人到处经营"的意思；这其间确有我们"舞文弄法"的余地。师范学校虽已有大致的说明，但其内部详细的组织，合宜的办法，还待讨论。我们正好趁这个机会，把这些内容详细研究研究；免得到临时实行的时候，茫无头绪，依旧不免要照抄老法，那便费气力改了的制度还是同不改一样。"一误岂可再误"我们现在说这话还不为迟呢。

内容的改造办法是怎样呢？这不是一句话可以了的。我上面"博士卖驴"似的，说了一大段题前的废话，竟好像一篇"师范学制存废问题"，不像是"师范教育改造问题"了。剩下了不多的篇幅，自然讲不完正文的意思，只好暂时停一停，等下期再讲。我现在可以说的，就是我自己对于教育并不知道什么，无论学理及经验两方面，都不免是外行。这里所要说的，只是凭个人空想所想出来的话。空想是应该反对的，在提倡科学提倡实验的时代，这种毫无根据的空想更应当极端排斥。不过空想有时也能助实际学理的发见。科学家的发明，于归纳事理之外，也还须用一番空想的"假说"的功夫，这是一般所知的。这个空想在我虽仅是空想，但是倘若被研究学理的或实际经验的教育家拿去，或也许识作可行的资料。至于我的意见或者不免太激，那是牵于事实不得已的办法。在目前的教育制度底下，让步来谈办法，已竟不为过激了。至于实际上能够实行与否，那倒不成问题，因为如果能改造一部分旧式的观念，即使不能实行也不要紧的。

如今让我们仍然引来前面所设的比喻，以当这个改造原理的说明罢。理想的中馈主妇第一固然要晓得那些米面油盐的各色，和杂货铺的位置；却也要晓得烹调的作法；而尤其要紧的是对于丈夫儿女的爱心。能养出具备这三种条件的女儿的家庭便是理想的家庭。怎样能适合这三种条件，便是家庭改造所应持的方针。我们改造的问题便是怎样能够向这三个条件的方向走的问题。家庭如此，学校如此。

目下的师范教育既有不能不独立的理由，又有不能不改造的理由，都经前段说明了。如今便是要提出一个具体的改造的方案，以供主持师范教育者的研究。这里所提出的方案，自然不能尽得人的同意，大约不免多要被訾为过于理想；不过在著者的本意，却是想力求顾及实际的情形，将一切纯理论的幻想力求避免，至于终久能避免与否，那便待诸公论的批评了。

关于具体方案一节，我想分三部来讲：第一部讲到高等师范的改造问题；第二部讲普通师范学校的改造问题；第三部对于旁系的师范教育如师范讲习所之类附带着讲一讲。至于拟案之大旨，是：对于高等师范的改革稍带有理想的彩色，因为以人才，经济，及在社会上的地位看，高等师范都应当有容许近于充分的理想的改革的可能。不比一般的师范学校，因地位等限制只好拣实际上极寻常的改革着手，不能过于激进。

如是以下依着各部的顺序分段来讲。

（甲）高等师范学校

高等师范学校我们既认为有充分的理想的改造之必要，则这种改造之着重点应该在甚么地方呢？据我们看来，欲定高等师范改造之方针，必须先对于高等师范本身所负之使命确实认识一下。照目下国内的几处高等师范的内容组织看来，大约他们所采取的不过是两种型式：一种是教员养成所的型式，一种是大学教育学院的型式。前一种大约是学日本的高等师范的——这不过是概然的话，其实日本高师的组织比我们对于普遍的教育事业还注重一点。——后一种大约是学美国的 Teachers College 的。专以研究教育学为目的的师范教育，我们于前半篇已经驳斥过，认为非师范教育之本旨，此处可不必再说。至于专以养成教员为宗旨的师范教育，我们也当排斥。我们觉着高等师范是应当负有全国"教育"的责任；而不当仅负有全国"教员"的责任。高等师范的责任应当照顾到全部的教育事业，不应当仅仅自限于学校的范围以内，尤其不当限于学校的课堂以内。目下的师范学校不但对于学校以外的教育的使命未尝留意，即对于学校以内除了教科以外，如学校行政等方面的训练也毫无准备。结果产出的教员，除了上课讲书以外，便连做一个学校的庶务会计之类也不免要"捉襟见肘"，更无论要担任教育行政等学校以外的责任了。因此我们认为高等师范的改革首先便应当着重在这一点。应当打破"教员养成所"，"教育学院"的型式；而别创一种"教育者养成所"，"教育实施练习院"的型式。便是要把全部教育的发动机搁在高等师范的使命上。如果确定了这一个前题〔提〕，则以下的具体方法才好提出。

对于高等师范的改革方案，就目下所想及的，应当分作好几方面来讲，以下挨次的说。

（一）入学资格问题

入学资格问题本来可以不必讲到。不过目下因为有两种主张的趋势，故不能不提出研究研究。照普通的高师入学资格，大都限于中学毕业生，——师范毕业生自也在内——这是无问题的。不过如南京高师的教育专修科之类，有规定必须在小学校实际从事过一年以上的才能投考，因此有人便主张此法较好。我的意思以为照理论说来自然有过实际经验的，再入高师，比较领悟多一点；不过实际行去，却也有几点不便的地方。第一，普通人求学的心理，总愿意接连着一气赶完，倘如中学毕业之后，非有一年以上的实际经验不能入学，则急于升学的必多改就他途；不升学而投身教育界的，既有固定的职业之后，而又肯舍去求学的，也在少数；故如此资格而升学的颇难多得。第二，如照此处所拟的计划，将来高师改革之后，对于教育的功课虽特别注重，而对于普通的学科即不免忽视；故入学以前的普通教育训练应当力求满足；现在的小学教师虽亦有从中学出身的，但多是师范生及无学校经验的为多，将来的普通师范照我们的意见，也应当置重教育学科，即对于普通的学问难免减色，至于未入过学校的更不用说了，故比较下来，以完足普通教育的条件而论，与其求之于小学教师，不如求之于中学毕业生。第三，教育者负有传播及指导社会文化的责任，前已说过。故教育的事业与普通的专门科学及职业均不同；不但是一种专门技术，抑且要于专门的训练之上而加以普泛的了解。故与其限资格于一阶级——大凡学师范而为小学教员的，总是家属贫寒的居多，少数的例外自然别论——不如公之于全社会。第四，师范教育虽是终身事业，但也不可太狭隘了，如高师入学必须收有小学教师经验的人，而小学教师的出身又以师范毕业生为多，通两师范学校及小学教师之经历计之，是单受师范教育便要十年，而普通的根柢却一点也没有，未免偏重。因此入学资格的限制，我们认为可以不必要。不过目下的高师入学资格，必限于中学或师范毕业生，也太狭隘一点。最好是：

1. 中学毕业生
2. 师范学校毕业生
3. 中学普通科修业完足者
4. 曾有一年以上经验之小学教师
5. 其他教育事业曾从事有一年以上之经验者

有上列五条资格之一者俱可应入学试验。其第 4、5，两项须有该从事职务之证明书自不必说了。

（二）分段问题

讲到高等师范学校的内部组织上，最要紧的便是怎样划分段落——或不分——的问题。照目下的高等师范办法大约总是分为预科（一年）本科（三年）两段；如北京高师则又于本科毕业之后再加以研究科（二年）一段。这其间年限的规定，自从高师独立为大学的呼声起后，已竟发生问题；至于各段的内容组织在我们看来也是有问题的。原预科本科的划分，本是照一般专门学校的办法，依样划葫芦下来的。预科便是普通教育的补习，本科便是到了专门研究的时代。这种办法本来不免是"叠床架屋"，预科里所学的功课，仍然还是中学内所学过的何苦如此白费光阴，故如北京高师自去年起已经将预科废止，而统统改作四年的本科了。至于这一次新学制实行之后，中学后三年还要分科，大学和专门的预科当然站不住，高等师范更不用说了。然则便如北京高师的办法，统统四年不分段，何如呢？我以为如照旧时的分科及教授法，自然不分段也未尝不可；不过我们所主张的是高等师范应以实习为主，于是在实习期之前，对于普通的教育原理便不能不有相当的训练。——实习的问题看后文。现在的高师把教育研究科搁在最后的两年，或者把教育专修，专攻，等科列作旁系的科目，真是无理极了！高等师范的本科毕业生而可以对于教育没有一个专门有统系的智识，其与大学及专门学校相差几何？抑且教研、教专等名词在高等师范中独立一科也太可笑。高等师范内而特设"教育研究"，"教育专修"，"教育专攻"等科，可见其余的各科一定是不"研究"不"专修，专攻"教育的了。这种名词实在贻误于办学人的观念不少。因为教育要特别研究的话，故本科中对于教育一科全不注意，一切分配课程，聘教员等事都让在各部的专门主任手里，这些专门家对于他所学的专门智识是精通了，却是对于教育功课就未免要自然的忽视了。我们看各高等师范的章程，没有一部不是专注重本部所学的功课，而关于教育的学科没有一部占到全部钟点十分之三以上的。至于聘教员，配置钟点，及教授环境等布置的畸轻畸重更是显然的。所谓高等师范者实在即是一个缩小大学而已！这样对于教育学科的轻视，我们认为大失师范教育之本旨。欲矫正此弊，必须对于教育的学科特别加以注重。我主张在高等师范的六年之中——新旧学制虽然规定高师修业期限，俱是四年，但目下高师升格的问题，已竟有实现的趋势；大约六年说将较四年说占优胜，故我们这里姑假定以六年为限，好在年限的长短，在我们这个拟案内不成问题，看后文自知。——应当分作两段：前二年为一段，专注重培养普通教育原理的智识，姑且仍叫他"预科"；后四年为一段，乃进于专门的研究，并注重实际练习，姑且叫他作"分科"。这个办法与从前的办法有甚么两样处呢？就在从前的办法预科和本科是打成两橛的，预科所学的功课有到本科后全用不着的；譬如预科所学的三角、几何，到了本科的国文等部便全无用处。全无用处，自然终久要忘记了，那么初学的一年岂非白费时间？其实这些功课，在中学程度满足的人都已学过，更用不着再去学的。至于本科和研究科的截断更不用说了。我们这种划分的好处就在前后阶段是接连的。预科与分科有进展的关系，而无截分的关系。预科的功课应当注重于教育基本原理方面。其必不可少的科目，想起来的有下几种：——

第一期（预科第一年）

1. 教育学。2. 一般教授法。3. 教育史。4. 心理学，社会学。5. 生物学。6. 论理学。

第二期（预科第二年）

1. 教育哲学。2. 教育心理学。3. 教育史。4. 儿童学及青年学（包生理、心理两部）。5. 教育制度。6. 教育测验（智力测验等）。7. 普通哲学及伦理学。8. 教育统计学。

此外如一种及两种之外国文也可列入必修科之内。至于分科的办法，等下节再讲。

（三）分科问题

关于分科问题，第一便要打破旧式普通中学教授的科目为标准的分科制度。因为这种分科法，只能养成中学教员，而不能养成教育者，前面已经说过了。而照实际的情形看来，其弊还不止于此。因为分部的关系，故各部主任只能以专门学者充任。专门学者只对于他专攻的学科有兴味，而对于教育的学科却不能必其有兴味。因此无论有形的设施，无形的感化，总之使学生自然地趋重于所学的专门功课而忽视教育。一个高等师范毕业生出来比起一个大学毕业生来，智识方面差了许多，而教授的技术方面却不见得强了好多。这真是师范教育的大失败了！故我们如果不承认中小学的教授技术还有特别须训练的话，则我们何不爽爽快快请专门的理化学者作理化教师，专门的文学家作国文教师，岂不比半通不通的师范生强；若还承认中小教员有研究教育原理的必要的话，则现在大学式的师范教育便不可不澈底改革。改革中最首先重要的便是分科问题。因为照目下高等师范的分科实在是"名不正言不顺"。因名不正的缘故而影响于实际上学生的心理的实在不少。就我个人的四年高师生活回想起来，眼中可看见的这类误谬便很不少，最显著的便是大家同学只晓得对于本科所学的功课努力要求改良要求进步，但是从来没有对于教育科目发过不满意的呼声。没有不满意便是忽视的证据。虽然这些教育科目也都是书本上的老生常谈，引不起人的注意，因而启人忽视；然而最大的原因还是在于各科的区分以专门学为主，因而对于教育科学自然不免视为附带的枝叶了。为解决这个问题，首先的一着便在"正名"。把从前以中学教授科目为标准的分科制度根本撤销，而代以实际各种教育事业为标准的分科制度。理想的一个科目完备的高等师范应当有以下的分科。

一、教育行政科——养成教育行政机关的专门人才。

二、学校行政科——养成校长，庶务，会计，舍监等专门人才。

三、中学教学法科——养成中等学校的教员。

四、小学教学法科——养成小学教员。

五、师范教育科——养成师范教育的专门人才。

六、职业教育科——养成职业学校的指导者。

七、社会教育科——养成从事社会教育的人才。

八、教育指导科——养成视学的人才。

九、教材编纂科——养成编纂教科书的专门人才。

十、教育书馆目录科——养成图书馆的人才。

十一、幼稚教育科——养成从事幼稚教育的人才。

十二、演讲科——养成专门演讲的人才。

十三、美育科——养成美育的教员。

十四、体育科——养成体育的指导者。

以上所列，未免太简陋；此下一一再详释之。

（A）除了上列十四科以外，倘若再求完备，则如新闻，戏剧，民众文学的编纂，也是师范生所应负的责任，也有列为分科的理由。

（B）以上所列都是关于教育的实际事业，其理论方面，如教育的专门学理，以及指导教育的言论等也不可无人研究。师范学校虽是以实际的活动为主，但实际与理论方面也不可过于分别打成两橛。故高等师范的设科如有余力，则关于教育学，心理学，以及教育言论科——如编辑教育杂志等——也应当设有专科。不过这种科目在大学中也可分设的，不必一定是高师专负的责任，故此处可不列入。

（C）上列十四科，是以极完备的科目而论，普通的高师限于经济人才自然不能全设，最好国内各高师互相联络起来，各分担一部分的科目责任，不致疏漏，也不致重复。

（D）就目下情形看来最主要应先设的科目恐怕还是学校行政，中学教学法，及教育书馆目录三科。前两种的需要自然人都知道，图书馆人才的养成也是现今最要紧的事，因为要采取自动的教育方法，非先将现今学校的图书馆大加扩充大加改良不可。

（E）因此联带又想起一件事来，就是科学仪器的管理法也应当特设一科。因为欲求打破书本上的教育第一便先应当有一个完备的科学仪器馆，而这种管理人才又不可不预先养成。

（F）以上的分科法或不免有过于狭隘的毛病，譬如当校长的人对于各科教授法也不能不先有一番研究，则学校行政与中学教学法的划分似属不可能。但是我们的分科并非要彼此互不相涉，凡他科内容为本科学者所应知道的，都不能不学。不过一主一客，地位不同则眼光也就不同。譬如当校长的人对于各科教授法的观察法与当教员的人的观察当然不同。

（G）本节所列的都是大致的分科，至于各分科中应当学些什么科目，那须要专门负责的人去研究编制，此处不能详述。

（H）此等分科其中最惹人异议的，恐怕是中学教学法科。因为目下的高师分科实在就是中学教学法科一科的扩大，如今把全部的高师组织缩到一科里头，这其间怎样的分配却是一个难题。譬如中学科目有国文有理化，二者可说互不相涉，但是都要在一科内学习，应当怎样分配呢。我以为在中学教学法中所主要研究的只是中学学生的心理，及一般教授法，至于特殊的教材及教授法可以因学生的嗜好令他们分组去专门研究。在我们这篇计划里边，希望多能废止讲演式的教育而代以自动的研究——在高师尤其要紧——如果采用自动的方法，则此点困难可以无虑：因为学生除普通科以外，可以分头因个别嗜好去找寻自己所要担任的科目教材等等，这种办法等以后讲到教授法一节中再详细说。此外我们既然希望以实习作为分科研究的主要方法，则当实习之时自然各生就本组所担任之科分实地练习，在校时练习有素，出校后当无不胜任之弊。这话也等后节再讲。

（I）这个困难还有一层我们不可忘记的地方，就是新学制中的中学是前后两期的。后三年是分科制度，教员自然不必限于高师毕业生，如大学毕业生及专门学者都可以请。前三年则非师范生不可。现今中学普通科的课程问题尚无人谈到。我的意思以为中学普通科只要授以普通常识便可，不必定要系统的智识。关于这点，可参看吴淞中国公学的现行学制（本志本年第一期舒新城君《中学学制改革问题》文中所引）。如果仅以常识为主，则高师分科，对于专门学术的高深研究忽略一点，似乎不要紧的。

（J）上列各科没有列入女子教育者，因为目下男女分校的界限渐渐打破，以后当更没有反逆潮流的事项，故特置的女子教育科可以不要。男女心理生理上的差异，应当分别研究，这是必要的，但这是各科皆然，自无专设的必要。

（K）现今高师教育是专以养成中等学校教员为目的，故对于小学教育，没有顾到，但我们既希望高师成为全部教育的发动机关，则对于小学教育似亦不便除外，故小学及幼稚教育均列入高师之分科中。

（L）师范教育如照我们的计划，则应当与中学校的组织一切大不相同，决不是于中等学校中再加上几点教育的功课便算尽师范学校的能事。如此则师范教育不能即以研究中等教育的人来主持，必须专设一科研究。

（M）教育指导科不是以养成现在各种督查式的视学便已足，若果如此，则于教育行政中附设一门便够了。我们所希望的教员指导员乃是能尽指导教育进行的责任的，有以身作则的责任，山西省的模范示教便是这种性质。将来最好将视学废掉而代以这种指导员。读者可参看《平民教育》第四十四、四十五两期合刊的实际教育调查特号中孟禄博士的谈话，便知指导员与视学的分别。

（N）美育体育本是中学校的一科，本可归并中学教学法科中；但因为这两科过于专门了，不是普通所能学习完足。兼之我们所希望的美育体育是要有普遍的民众化的效果，不是仅限于学校内的，故当另科研究。

（O）现在教育制度上最大的毛病便是过于看重学教育而忽视社会教育。从事学校教育的人必受训练这是大家承认的，从事社会教育的人也非受过特别训练不可，这事便无人注意了。我们为矫正此弊习起见故对于社会教育中所属的各科如演讲，图书馆之类都认为有特设专科训练之必要。

（P）社会教育所属甚多，除演讲，图书馆等外，尚有一时想不起来的，或目的还不甚发达的，姑且归并入社会教育一科，将来大家眼光转到注重社会教育的时候，自然社会教育中所属各科会慢慢蜕化而为独立的分科的。

（Q）本节所说都是就分科而论，至于分科毕业以后，应当另外有没有研究科，以及研究科应当怎样组织，俱俟后节提出。

（四）教学方法，时间表，关于教科之设备

孟禄博士这回参观中国教育的结果，他只告诉我们一句话，便是说教育制度无论怎样改来改去还不要紧，最要紧的是教授的方法。这几句话使我们听了要发一个深省。我是承认教育制度的重要的，但是这是就根本问题上说，若仅仅那些四年改六年，普通科改专门科的改革无论怎样改来改去，倘若教授法不改良，终久是徒有改革的虚名而已。孟禄博士这回的调查还有一个批评，便是说小学的教授还可，中学的教授太坏。他并且推论中学教授法所以坏的缘故，是由于这些中学校教师大半都是从大学专门等学校——自然包含高等师范——出来的，他们在校时受惯了讲演式的教育，自然教别人的时候也不能想出一些别的好法子来。从此我们便可以晓得中学教授法所以坏是由于高师等校的教授法坏，要改良中学教授法，必须先改良中学教员所出身的高等师范学校的教授法。我们纵然不承认高师学生还有用那些五段教授法，问答法，启发法的必要；难道还不承认高师学生有自动研究的必要吗？我以为到了高等学校的程度，教室内的讲演式的教授大可以完全不要。——中学还要不要，自然是另外一个问题，此并不是说中学便必要的意思。高等师范的教学法只有两种：一种是"研究"，一种是"实习"。以下分别讲去。但本篇所重在学校组织方面，关于教授的事项有许多是临时活动的事情，不能一概而论，故只能就大纲说说。本节单论研究问题，下节再论实习问题。

我们假定把高师学生每日求学时间为八小时。这个标准并不算多。若单拿上课作为求学时间，自然这个标准便太多了。若拿旧日上课以外的自修及研究时间合计起来，每日有过于八小时而无不及。这八小时中假定划六小时为研究期间，而二小时为实习期间。自然，这种比例要有伸缩，如年级高的，实习期间应渐加长，而研究期间缩短，至二者相等止。在预科之中，则只有研究而无用实习。单就研究而论，则最先要设备的便是一个极完备的图书馆。其次便为各科的研究室。研究室的形式自然很琐碎，此处不应讨论，不过我以为总千万不要用那教室的形式，教师的位置高高在上，而学生一排一排地坐在底下。这种排列最易引起学生的懒惰心，不负责任心，而自觉是被动的人。最好是如家人团聚一样，大家围着一张大团桌坐下，其次用寻常研究会的方法，一张长桌子，两面并排坐下，也甚好。凡关十本科应用的书，在本研究室中应当尽数陈列，且置于容易取携的地位。这一种环境令学者一进去便觉着自己是一个研究者而不是一个被教者了。

研究中应采的方法，我们目前想来只有这几种，姑且写下，再想起的时候再加入。

第一，是由教授（或任何同学）提出一个问题，把应当参考的书——这纯粹是教授的责任——指出篇目页数来令学生自己去参考。下次聚会的时候，大家研究问难。

第二，是拟出若干题目令学生自己去研究，到聚会的时候或演说，或作论文宣读，将意见发表后再令大家作一种批评。我觉得中国旧日的书院制度确有许多可采取的地方，如课艺的方法比现在讲堂的教授好得多。如津贴膏火的制度在师范学校中也大可实行，这个问题等下节再讲。

第三，是令学生分组协力来编制几种书籍。

第四，是取现在出版的书报令学生来批评。

第五，是拟定几种关于实际事项的问题令学生去调查。调查完了必作一报告。

第六，令学生将参观所得的结果作一个批评。

第七，关于实验的科学，每次指定一二人令作实验。

以上几种不过就一时所想到的而说，自然有许多遗漏的地方，要实际的教育家指导。这样办法，或者有人要说太偏于空谈了。有人又要说在文科的功课照这样还可以，若是预备将来作理化或博物教员的，仅仅这种桌面的研究便不够。这话不错。旧时书院课艺制度所以坏者，就在他只有纸上的空谈事业。但是我们这个办法却不是这样；大家不要忘了研究只是我们的教学法里的一部分，那一部分重要的职务还倚在实习上头。研究是理想的，实习是实际的；二者不可偏废其一。我们所拟的师范学科，大部分是注重在教育的课目，教育一科，原是一半可以从理论学习的。至于理科的实验等等，那既有实习的功课，自然可在实习中间去实习了。

在这样的研究方法之中，自然最需要最不可少的设备便是一个完备的图书馆了。现在中国学校的图书馆的设备，说起来真是伤心。我总归一句话若是没有一个完备的图书馆的学校总不算是真正好的学校。"少聘教员，多办图书馆"这是我奉劝办学人的一句话。至于照我们这种办法的师范学校，那图书馆的设备更是不容缓的，是不用说了。

（五）实习问题

实习问题是师范教育的生死问题，也是一切教育的生死问题。没有实际练习的学校简直可以不办；没有实际练习的师范学校尤其更可以不办，因为越办得多，也不过越多造就出些误人子弟的教员罢了！现在师范学校的实习制度说起来比图书馆还伤心。我敢说无论在那一个师范学校里头，每一个学生四年之中平均实习的钟点没有过两点钟的！而且就是这有限的两点钟也不过是敷衍门面而已。这样的办法，实在没有达到理想的师范教育之一日。我以为现在要办师范学校，万事可以不办，而实习万不可以不办。照我们所拟的分科看来，实习自然不是仅仅教室内的事情，故对于实习的办法尤有特别研究的必要。

照我们的分科制度看来，实习的办法大约可分两种：一种是实际的，一种是假设的。实际的练习之中又可分为校外的，校内的，两部。校外的实际练习又可分为固定的，活动的两类，以下分着说去。

实习的事情自然越是真正的越好。因为真的事情可以使实习者有负责任的心，因而才能引起研究的趣味；若是假设的场所，则学生自始便已存一儿戏的心，自然难望其能真正十分卖力气了。不过事实上若全用真的场所去供实验，也有许多办不到的地方。如教育行政便难得真正官厅去实习。至多不过能常到那里去参观参观，至于平常的实习还得在假设的场所内实行。好在需要这类实习的科目并不算多——大约只有教育行政一科——而且这科目的教学法还不妨多注重在研究上，故也不甚重要。譬如教育行政所能实习的也不过写写公文，做做统计表之类，都是不用特设场所而能实习的；其余的功夫大部分注重在调查，小部分注重在研究。教育行政科的调查便是他的实习。

除了必不得已的科目须用假设的实习之外，此外凡能从实际事业去实习的科目还是从实际事情去练习的好。有几种科目是在校内可以练习的，如学校行政科即可在本校学校行政部中作练习生；图书馆科即可在本校图书馆作助手之类。这都是可归入我们校内实习的一部。不过校内实习有几点不如校外实习的地方：第一实习生只能作助手，不能独当一面，因此不能有充分练习的机会；第二实习的期间不能很长，容人也不能很多。第三学校行政等实际机关平日办事本是自有系统，一旦插入几个不相干的学生茫无头绪地乱动；两方面都不很便。而且能够校内实习的这几科也都是同时能在校外实习的，如学校行政科学生便可在特设的实习学校中作职员，图书馆科学生便可在校外特设几个图书馆，比较便当得多。现在师范的附属学校实际上实是一个独立的学校，不过每年将近毕业的一学期横插入一般实习生去扰乱他们的系统罢了。这种办法，三方面都吃苦，而学校也没有甚么便宜。实习生方面平日漫无预备，一旦到这个学校中教上几点钟课，前文不接后事，固然痛苦得很；那附属学校的学生平日很顺当地听惯了老师的功课，一旦插入几个面生，话生，又是初登台的脚色，也不能不吃苦；而附属学校的教员受这种无端的打搅，其为痛苦，是凡做过附属学校教员的人都知道的，也就不必说了。故我以为矫正的方法必须将这两种学校的性质分开，专门请教员来教的，给师范学生作模范的学校是一种；专门让在校学生办的，给学生作实习场所的，是另外的一种；这两种办法决不相同。换言之，即是师范的附属学校应当有两种，一种是为学生参观用的；一种是为学生实习用的。前一种姑且不提，单说后一种的实习学校。但是要注意的，我们的师范分科既不专限于培养教员，则实习的场所自然也不能专限于学校。故我们把校外实习分作两种性质。一种是活动的实习场，如演讲科便可这样。不必有一定固定的地方，随时随地都可实习。一种是固定的，这种中包括最多，差不多除了不要场所的教育行政，教材编纂等科，以及活动的演讲科之外，其余各科都应当需要有特设的实习场——演讲科也可设固定的演讲所。这类的固定场所大致分起来又可分为两类一种。是属于学校教育的，凡学校行政，中小学教学法，师范教育等科属之。一种是属于社会教育的，凡社会教育，图书馆，演讲等科属之。这两种场所都应当由学校拿出钱来设备而完全交给学生去办，教员仅仅可做指导者而已，每一个高师的附属机关，至少总应当有一所师范学校三四所以上的中学校，两所通俗图书馆，两所讲演场。但是这些设备的钱从那里来呢，我是主张废除师范学生的给膳制度的，省下了这一笔膳费拿来办实习场绰绰有余得很。而且还有一层办法，就是借地实习。譬如北京城内有七八个公立中学，几百个公立的小学；中学每天不过六点钟课，小学就只有四点钟，余下的时间就都是空的；则利用这空暇的时间和场所来办我们的实习，实习生也可以自己组织一个教务机关，自己招生，自己办学，不过借借他们的地方。这样在实习者方面既得有充分的负责任的实习机会，求学者方面又平空增加一倍的不要钱的求学机关，在师范学校方面则除了实习生些少的薪金——我主张实习生给薪制度，看后节自知——及杂用以外可省去许多的设备费，这是一举三得的事情，不妨试试办的。

实习的组织如何，这也是应当详细讨论的。我以为无论是学校抑或是图书馆之类，其一切组织都应当交给学生自己去筹划。在未实习以前应当将人数多的科分作若干组，每科的一组再和别科的一组连合起来共同组织一个团体而分任其事。如一个实习的学校，其职员由学校行政科担任，教员由中小学教学法及美育体育等科担任，图书馆的管理即由图书馆科担任，其所用的书籍或即由教材编纂科担任编辑。这样各科的一组合拢来可以组织一个教授团，而同时每一科中又可分为若干组去同别科的组来组合成许多的教授团。每团人应很少，每科目的完全责任应当交给一个人去负，不可更换他人，致使担任者生"五日京兆"之心。每团的人越少即是可以组成的团越多，亦即是可以举行的教育事业越多了。

若实习的事情完全交给学生去处理则高师教员还可以做什么事呢？自然比较现在的高师教员的事可以省了许多，故教员可以少聘，然而亦不是完全用不着的。高师教员所做的事即在指导这些实习的进行。每一个实习段应当分作三期，第一是预备期，在实习以前，教员应当把实习中应做的预备功夫完全告给学生，让他自己去准备，——如本课中应参考书目之类，——第二是实习期，教员应当随时在旁视察，第三是批评期，在一回实习完了之后应当开一个批评会——假定每周开一次——批评他的错处而加以改正；此外如学生自己有困难的时候也可作他的被质问者。倘若实习团多了，恐怕需用指导的教员也不在少哩。

在这种指导里应当注意的，便是教员对于诸事都应当令学生自己去办，万不可越俎代庖。譬如理化的实验，事前可以指定讲实验法的几种书令学生自己去看，看懂了自己去实验，实验如果不成功，则可以告他以错处何在，再教他作第二次第三次的实验，教师不必动手替他作的。

（六）废除给膳制，改设给薪制

在本制度中还有一个最要紧的点，便是实习生给薪制。原来现在师范教育的最大缺点便在学生时代同教员时代的界划大隔绝了，平时在校漫无教员的经验，一旦毕业以后便要猛然负起全科乃至全校的指导责任，这种阶段的变化未免太骤了些，所以纵然在校时对于教育十分有研究的人一旦初出任事也不免要昏头昏脑。最理想的制度是打破教学的阶级使人人常在半学半教的时代，但不是本篇所要说的。我们所举出来较近于这个理想而比较的实际能行的，便是在毕业以后使他还有求学的机会，还可以常常试行而不致忘记学生的生活；在未毕业以前却要使他老早便练习一切教师所应有的资格，先尝尝这教员的滋味。前一件等下节再说，后一件便是我们所主张的实习制度和给薪制。这两种制度便是要把毕业前毕业后两种中间骤变的关系，化为六个年头之中渐渐蜕变的关系。实习制度前已说了，现在说给薪制。

除了初入学的预科时代以外，到了一入本科有了实习便连带而有了薪金。实习时间本是按年递加的，故给薪数目也应当按年递加。假定最高额以实际小学教员平均数之半而计，约为每月十元，则最低额可定为最高额之四分之一即两元。入本科第一年时由最低额每月二元起，至第二年可加为五元，第三年七元，第四年（毕业前）即达最高额十元——或取学期递加制亦好。此外亦可兼取旧日书院膏火制度对于成绩最优的学生另加以奖金。

但是这一笔较大的经费从那里支出呢？我以为把现在师范所普行的给膳制度废掉便足够了。照给薪制度的平均数看，每人每月约在六元上下；现在的给膳制度，以高师学生论每人每月膳费亦在六元以上，仅以此而论已足相抵。但是现在的给膳制是通四年之中一律的，而给薪制却是省去预科两年的。这笔省下的款留来作附设实习场及奖金也可够了。给膳制本是毫无理由，而反生恶果的制度，不妨径行废掉无所用其顾惜。师范学校最低的限度是免除学费，膳费是必须学生自备的。或者有人对于给膳制的废除有生疑问的，即是不免使贫苦学生越发没有上进的机会；我以为有一个补救的法，即是对于家世贫寒的给以一种补助金。又学费既不收，单有膳费——宿费似可不收——本有伸缩余地，没有钱的吃较贱一点的饭未为不可，没有必须六元钱一月的规定。

（七）与毕业生的联络与全国教育界的联络

学生一毕业后即与母校断绝关系；这实在是现今一般学校的大弊，而师范学校尤其应当设法补救。师范生毕业以后一在实际社会作事，即感有从此再不能求学的苦痛。有求学的机会与勇气的人往往舍弃事业再去求学，但是求学总不是长久的事。无勇气无机会的人就不免一天一天地志气衰堕变作时代落伍的人。补救这种毛病的方法自然要改良中小学教员的待遇——其实根本应改良的是学校组织及教授法——这是另一个问题，他日有机会再讲；但是师范学校对于他的已离校的学生也不能不兼负一种拯拔的责任。而且高等师范是全国教育的发动机，故对于全国教育也应当负一种指导的义务，如今把这两件事合到一处说。

在高等师范学校中应当设一校外指导部，聘有高等教育学识及专门经验的人主持其事。校外指导部中应包含下列的几科：——

一、巡回指导科。每学期中应分派若干教员往各地游行对于该地的毕业生及一般教育界服务状况加以指导。这项教员或即以服务年限已多例应休息一年的教员充任亦可。

二、调查科。对于各地教育状况及毕业生情形加以详密之调查，并编为报告以作校内外学生之参考。

三、职业介绍科。对于无事之毕业生代为介绍职业。

四、活动图书馆科。本校的图书应分出一部分为流通之用。远地毕业的学生可以随时借出。

五、假期研究科。于假期中开研究讲习等会，俾毕业生可以补习。

此外办法想还很多，只好请专门家去研究了。

以上高等师范的改革问题，略略述完了，还有几句话趁着说说罢。现在的全国七个高等师范我以为应当除去各人的分功以外，彼此还应当连合起来有一种大规模的组织最高的教育研究院。在这个研究院中应当有一个大规模的图书馆搜罗一切关于教育的书籍；应当有一个大规模的仪器馆，陈列一切关于教育测验、心理测验等等最新发明的教育器具；应当有几个大规模的实验所，尤以心理学实验所为最要。——参看《平民教育》第三十一期拙著《对于教育博品馆的希望》及北京高师周刊的十二周年（民国九年秋）纪念号特刊中《一个提议》。——应当特聘世界上极有学问的教育家常川住院作为顾问。研究生入院的资格应取极端人才主义，由各高等师范学校每年各保送数人，经过极严重之考试后始得入院研究。保送的资格不但注重在校的研究，并当有实际上之教育经验。考试的标准除了科学及外国文字以外，如身体的健康，等也须完全及格才行。研究生应当每年给以津贴，以中学教师俸给之最高标准为度。研究的年限无一定，方法无一定，并且许有自由游历的机会。这种组织倘能采用，对于中国的教育前途一定有发展的大希望。

石岑先生因我做这个文字，送我一篇经子渊先生的《高师改革问题》给我做参考。我从前竟没有见过这篇文章，看过后觉着有几点与我们相同的地方，如今且引来他的一段作本节的结论罢：——

"高师制度种种不良，实在指不胜屈。我先具体的举出流弊最大的有二种。就是：

分部制

给膳制

从这两种制度，内含着'束缚人才''堕落人格'两种抽象的影响于教育更大的流弊！高师分部从前是什么意思？想来为便于中等学校教课分担。这一点就把入学高师的人，自由剥夺了，明明表示高师是教员制造场。这句话一定即刻有人责备我，高师不是教员制造场是什么？咳！我说这句话的意思，是很有一种感慨！这种高师制度养成出来的人，只有教室内的各科教师；没有社会上的教育者！我认为手订这个制度的人，本有这个存心。专制政府不愿从事教育的人多事，特地想出这种束缚人才的办法，共和国家断不相宜的，大家还没有看到。教育者和教师不能说没有区别。不是师范出身的人去做教师，还有活动的自由的；师范生做教师，简直是机械化的了！……"

"只有教室内的各科教师；没有社会上的教育者"这是我们对于现在的师范教育根本不满意之点，因此不得不想法改造。

（乙）师范学校

关于高等师范学校的改造方案，上面已略略陈述一个大概，因占得篇幅多了，兼之有许多话是可适用于任何师范学校的，故我们讲到一般师范学校上便只就与高师特异的地方来说，一切重复的话，务求避去。

在普通师范学之使命上我们认为与高师所负相同，不过范围略小罢了。即是师范学校应当负有指导本地方全部教育事业的责任，而不当仅以供给小学教员为足。一切改革都应当抱定这个宗旨去行。

关于分段的问题我以为师范学校与高师稍有不同，应当有一个补习普通功课的预科。因为师范学校的投考生至高不过高小毕业的程度，对于普通常识不能即认为充足，故有再加补习的必要。大约师范学校如也照中学的制度改为六年，则或者索性也将前三年作为普通科专预备普通学识的基础，而后三年始专办师范科。或者即单办三年之师范科而专收普通中学的毕业生亦可。这个办法与新学制草案中所规定的无大差异；但草案中关于师范科的科目课程如何未有明白之规定，故我们即从此点研究，至于普通科的内容办法自然可准照一般中学的例，此处不必详述。

师范科的组织应当取分科的办法呢还是取不分科的办法呢？这是一个问题。按理论说自然能够分科学习较为专门，容易有效；但实际上恐怕做不到。我的意思，最好折衷的办法，采用一种选科制。将一班学生按志愿分作若干组，凡关于教育原理等一般都应当学习的列为必修科，其余为选科任学生自由选习。师范科应具的科目大约如下：

（A）必修科　（1）教育学　（2）教授法　（3）心理学　（4）论理学　（5）哲学概论　（6）教育史　（7）社会学

（B）选习科应以组为单位——（1）小学教学法组　（2）教育行政组（3）教育指导组　（4）图书馆组　（5）演讲组

以上必修科里如音乐体操之类，似乎也是师范生所必不可缺的；其余各科若嫌过繁重，则合并为少数的科目亦可。研究的方法可准上节所陈高师的办法，似无甚不同之处。惟研究内容似乎尤应当注重实际的问题，至于学理方面不妨就研究问题时随时灌输，不必特别提出。至于实习方法也可与高师的办法参酌，但是我以为师范学校的实习比高师还更要紧。因为不但就学生修业上有实习的必要，即就普及教育方面着想，师范学校提倡实习亦可对于这个问题有所帮助。现在谈普及教育最大的难关一个是师资一个是经费。倘若师范学校提倡长时间的实习，则本地面上可以同时便增加一倍的教师，即是儿童方面增加一倍求学的机会。而且请这些教师用的钱一定比较少；一师范生自然也要给薪——而因为教师还有教师指导的缘故其所收的效率一定比较还要大；这是一举三得的事情，我盼望热心普及教育的人，努力促进这种方法的实现。

此外毕业生联络一项，也有与高师办法出入之处。普通师范学校所辖的学区既小，则与各地学校及教育机关联络自较为容易。我以为在师范学校中也应当设一个校外指导部，办理巡回指导，活动图书及调查，讲习等事这是不用说的。此外尚有一种"分校"的办法，这是我捏造出来的名词。譬如一个师范学校所分布的学区大约有十县左右，则除了在本校以外其余的几县每县各设一个分校。这种分校的办法并非如普通的办法只是由本校分支出一个独立的团体便完了。我们的分校不是纵的分法乃是横的分法。即是在三年师范科之中，前二年的学生在本校修业，而将近毕业一年的学生分派到各分校去。——大约最好取地域主义，本县的人派到本县去。在分校里应当特别注重实习功课，在研究方面则注重实际的调查。大约原理的功课在前二年已竟有了基础，则所缺的必是实际方面。在分校里面实习生是处在教师的地位，而负有教育儿童的责任。师范学校只要委一两个教员作为指导者。因为研究方面既注重在实际情形，则在各地可以请本地的实际教育家常常来校开讲演谈话等会，便不必用学校里派去许多教员。学校里所供给实习生的只是常常过来的巡回指导员，以及极便利的活动图书馆。每过若干日期也可特别迎实习生回校来团聚团聚。这样办法于实习生方面可以多接近地方实际的状况，而且真实的练习实际教育生活，将来跳入学生界跳入教育界的时候不至骤感苦痛。而藉此机会对于已毕业的学生在附近地方服务的也可给以求学的机会。因为分校所在地虽只一个，而附近的学校都可以此为中心而互相联络。实习生种种研究的机会也可分与其他小学教员享受。彼此更可常开研究谈话等会对于地方教育的实际情形加以促进及改革。这种办法似乎美国有几个学校实行过的，但名字记不得了。至于分校既多经费自然要增加，其实这是不成问题的。因为住宿地方即可假各县的县立小学校，一切实习功课俱可乘下午一般小学已休业之后去作，则地点不致冲突。上午时间正可利用为参观研究之用。教员则每处只有一二人指导便够了，用不着多委人，因为本地的实际教育家都可请他费心指导。

（丙）师范讲习所等

师范讲习所，国民师范，等速成的设备原是为普及教育不得已的办法。倘若上节所陈师范学校的分校实习法实行以后，至少可代替讲习所等一半的功用；因为从前师范生是不教人的，现在师范生是要实地教人的，那么多招一班师范生便是多聘一班费钱少而收效大的小学教员，而且既利用分校之法则各县亦得分沾其惠不致使本校所在地独占权利。若如此办去则公家最好拿办小学的钱来扩充师范学校，一个师范生实习的学校比寻常的学校费用可以少一半而成绩一定还要加倍——因有教师的指导及学校中种种关于学术上之设备故。故师范讲习所等机关以理论说大可不设，只要把师范学校极力扩充便好了。若恐小学教员不明教员原理，则莫如一面改良指导的视学制，严厉的考察再加恳切的指导，一面则利用活动图书等制度藉以提高小学教员的智识。分校实习的师范生对于该地的教育状况也应当有批评研究的必要，师范生倘不惜为恳切的批评，则小学教员自必有观摩而兴起者。要之，提高教师程度的方法，正不必专恃学校的教育，只要于图书馆，博物馆，讲演会等社会教育方面多加注意则影响自可及于小学教育，否则仅仅一年半年的师范讲义终是无济于事的。

　　以上关于"师范教育改造问题"据我想到的意见略略陈述如右。本文主要的宗旨便是要使师范学校不但仅备教师养成之用，而须以全部教育之发动者自居，所有各种枝叶的办法，都是从这个根本主张生出来的。篇中所拟办法，有的是根据已有人采取过的制度，有的是个人的私见亦不复一一指出。我们没有丝毫办学经验的人说出来的话自然不靠的很多，结果究竟能行与否，须俟实际教育家的批评和试验。

《教育杂志》第 14 卷号外，
1922 年 5 月

全民教育论发凡
（1926）

在进入本文以先，应当先说几句不相干而又必要说的说话。

我坚决地信仰着吴稚晖老先生的一段话，就是说："文艺信仰之学用大胆的情感什么都造起空中楼阁。玄哲之学用着论埋［理］慢慢将一座的空中楼阁能升天入地去求得假设。于是把假设了得到反应至信的一部分叫他独立了，别起一个名目叫做科学。"这样把情感学、玄学、科学三段分立，各还其本来的真正价值，实在是至公允的裁判。我虽然十分主张盲目的情感不如论理的玄学，而空想的玄学又绝对比不上实证的科学，然而科学的实证不能不先有待于玄学的假设，与夫引起论理假设之兴味者必先之以盲目的情感冲动，这却也是事实上必不可少的阶级。无论是信仰或者怀疑，是奇异或者烦闷，总之一座科学的坚城其最初发轫的情形，必离不了是受盲目的情感的驱迫。哥白尼的太阳中心说也许是起于对教会旧说的怀疑，达尔文的物种原始，也许是受了世界上万有种类的复杂趣味的引诱，牛顿的万有引力律不用说是见了苹果落地而引起的奇异之情所驱迫出来的；自然科学已竟如此，社会科学更不必说。因此我们凡倡一说立一论，其背后自然不可解的盲目的情感为牵引，是无容为讳的。不过我们万不可学那些不长进的宝贝，永远把含有成立科学的可能性的真理，使它停滞在情感或者玄想的地位上罢了。因此我们倘若有了一种不可驱迫的情感的话，我们第一步的责任便是要责成玄学鬼带着论理色采［彩］去假设成为大胆的玄谈，第二步我们便又应当责成科学神带着证据的法宝来证成这个玄谈的真实性。我是很狂妄而且不知羞愧，敢大胆地宣言，区区这一篇似通非通的文章里面，也是自然从情感进到科学中间所必不可少的一种阶段。我敢坚决地发誓，在中国今日成千万的师范生之中，我也是差不多自十年以来久已倾心信仰教育大神的万能，而且志愿在他面前作永久的牺牲者殉道者的一个人。这个心情到现在我自信还是不曾改变。理想的学校，新的学校，模范的教师，热诚的教育者，这样美妙的甜蜜的天鹅绒似的沉醉的迷梦，在我的脑中也和在许多知道的不知道的朋友的脑中一样，不知作过多少次数。简单一句话，在未出学校门以前，未脚踏于实际教育者的地位以前，对于教育怀疑的见解发誓也没有在脑中浮过这么一瞥，然而空想到底是空想，而实际到底埋没不了实际。五年首尾的教师生活，南北东西几个学校的奔走，在于我是不幸而又幸的，得以站在旁观的地位仔细经历了几次大大小小的学潮。我自信因为我是赋性怯懦的缘故，却使我在这好许多的学潮经历之中得以始终保持冷静的观察力，不曾被阶级的意识潮席卷了去。我假如是站在学生的地位，我始终地承认凡在一切学潮之中，学生固然是未尝错的，而教员却也不能便说他是有什么大错的缘由；反过来我现在是站在教师的地位了，我却又坚决地主张不但教师在学潮中不曾做过有错的行为，即学生也同样的不能算错。我很大胆地卑视那些被阶级的意识席卷了的人；我根本上怀疑为什么自己站在学生的地位曾经攻击过教师的不德的人，而到了自己站在教师地位上的时候，却仍然要照样抄袭自己所攻击过的人的墨卷。尤其奇怪的，是一面做教师，一面做学生的人，在那一方面把教师的人格看得不值一钱，在这一方面却又要求学生尊重自己的人格。

然而我们却不妨加以原谅的，因为这不是他自己愿意如此，也不过是阶级意识在那里作祟。是谁使这种阶级意识得以发荣滋长，这样一问，便不得不归根到教育制度的问题上了。因此五年以来，我这种对于教育制度的怀疑的信念伴着自己的年龄经验逐渐增长，五年以来，我还不曾找到一件可以打消我这种怀疑的信念的证据。

自然，这种怀疑只是出于盲目的情感的驱迫，我是不必替它掩讳的，然而情感便不许使它有带上论理的色采〔彩〕，找到真实的证据的要求吗？这话似乎任何人都不能说的。至于我自己呢？只因为在反对这种情感的方面始终找不到安心立命的地方，我已竟决意为这种盲目的怀疑大胆去尝试着开辟一个实际的领土。若是自己替自己吹一下，或者也可以说是秉着无所为而为的精神，来做这个差不多劳而无功的事业；其实呢，完全不是那么一回事，不过人生在世不可无一事以安其心定其身，我们虽然尚够不上乡下老头儿的资格，也不妨在柴积上日黄中闲来无事瞎嚼一阵罢了。"告人此路不通行，也使脚力莫枉费"；在成千上万的师范生之中，派出一个旁逸斜出的探路者，似乎尚不为不经济的办法。至于在本篇之中，我们至多的努力也只能做到带着论理色采［彩］的玄谈而已。若是欲想替它装上科学的金漆招牌，那便拿证据，找材料，须要跳出书房门外，脚踏实地去做去，克己一点说也要十年的岁月，夸大一点，那便皓首穷经也未见得真能成就。然而此事虽未可必，此心却不妨有，我们且拿着这一片妄想之心，来做了一步做一步罢。闲话少说，且表正文。

一总说　重新创造教育学

现今学术界有一件最可奇怪的事，即是教育事业在人群中发达了若干年，尤其是现在一般社会，把教育是看作最神圣的事业的时候，却始终没有产生出一个真正的，完全系统的教育学。诚然我们也晓得，从古到今，关于教育的著作，多至不可胜数，差不多要汗其牛，而充其栋起来，尤其是自海尔巴脱以来，大家公认为是教育的科学，已经成立，因为他曾根据了心理学所显示的原则，创立了许多特用的方法，这是把科学的方法，应用到教育上的第一声。我们尊敬海尔巴脱对于教育方法所贡献的成绩，我们尊敬自海尔巴脱以后许多学者，对于这方面继续努力，所得到的可惊的结果，我们尤其愿意承认，这确是把科学方法应用到教育上的好现象之一，但我们却终免不了有一点怀疑，像这样便可以称得上教育学这个名词吗？照字面上讲起来，教育学是研究教育的学问，这句话，若往前分析，至少总应该包含教育是甚么，或者教育是如何一件东西，这两个问题在内。就实际上看起来，姑无论物理化学生物等自然科学，其研究之对象，皆止为学问之本身，即各种社会科学如社会、经济、政治、宗教之类，也渐渐都脱离了应用的范围，而进入于本身的纯理的研究，某种事物的科学之正当的解释，即研究某种事物之现象及理法之学问，已成为一般之常例。至于应用方面呢？虽不必定为科学家所不愿谈，然即谈而不必占全体重要之位置，则非惟科学系统之所本然，抑亦其所当然。故不只声、光、电、化之学与留声机、照像镜、无线电、绿气炮之内容毫无关系，即其应用较多于纯理之学问，如社会、经济之类，亦断不是专谈些社会主义、社会政策、共产、集产、公有私有等问题便算解决。不过应用必先于纯理之研究，却是事实。观星术必先于天文学，炼金术必先于化学，农林园艺必先于植物学，其他一般学问，也多是如此。所以学术有专以应用为目的者，此不足为悲观，惟留滞于应用之地位，而永不思再前进，乃足为悲观。由应用之地位，诱掖之使进，入于纯理的科学，这正是专门学家的责任。现今所谓教育学者，其实只是研究怎样教育的问题，而并没有研究到什么是教育的问题。这充其量，只能叫做教授法，或教授学，怎样能叫做教育学。一般人未尝不知此义，不过他们多以为教育只是应用的技术，别无理法可言，关于这个问题，我们下文再细讲。总之我们觉得应用与纯理，并无根本的区别，凡应用之科学发达到极点时，自然进入于纯理的研究，一种学问只有应用方法的研究，乃其未经进化之证，况教育事业，乃社会制度之一种，其本身发展递嬗之迹，岂无一二理法可寻，谓其绝不能有成为纯正科学的可能，未免过于武断了。因此我们不满意于现今通称的教育学，而想别寻一个以研究教育之现象及理法，为目的之教育学出来。

或曰：现今除了专讲应用方法的教育学以外，并不是没有更高深的研究，我们不是还有所谓教育哲学之一科吗。倘欲超出应用的范围以外而有所研究，那么求之于是，便已足了。这也是似是而非之谈，姑无论教育哲学现今所研究之内容仍不过是天性、本能、刺激反应等等生物学、心理学上的问题，对于教育制度之本身，并无关系，即使有时根据社会学来研究到教育的目的、理想、一类的问题，也并未应用纯粹的科学方法来整理，只是照例的玄谈，空想，有何用处。从已往教育的进化情形看来，这些玄谈空想却也未始不稍有用处，有许多教育制度、教育理想的改进，受这些玄谈空想之影响很多。然而这种影响，是好坏兼全的，那些哲学家的主观空想，给教育事业以谬误之结果者，也不在少数。这样情形，可以证明教育学尚在未进化之地位，他尚脱不了哲学的迷笼。从古以来的教育学家，大约可分两大类：一类是专究应用方法，而不管根本理法的，这种可命之为实际的教育学者；那一种则专事空谈，而不管有无科学的根据，这一派可命之为玄学的教育学者。前者是已发达而非纯正的，后者是甚纯正而未发达的。我们对于前者，不必反对，只求补充；对于后者，却应当设法改造，使应用科学方法，成为真正之科学。我们倘欲使教育学完全发达，必须使教育与哲学家分家，无论从卢梭海尔巴脱一直到斯宾塞杜威他们的议论，我们一样要敬谢不敏。教育上，必须要澈底、从主观的这个主义，那个主义，这个理想，那个理想中拔出来，才可以确然有所树立。这是现今创立教育学的第一要义。

于是我可以姑且大胆的胡乱武断的替真正教育学下一个确切的定义。大凡一种学术的确切的定义之出现，必须待本学已竟发展到差不多有了完全系统以后，才可用归纳法归纳出来。教育学既是现今尚没有这么一件东西，它的究竟有否成为科学的可能，亦尚是一个待决问题，那么确切的定义之描述，自然不但我们这样浅学，即高深博大之教育学者，亦恐难以断言，因此在确切的定义之前，必须加上一个大胆武断的冠词，乃是不得不如此的办法。不过在我们想起来教育制度，为社会各种制度之一种，是似乎无甚问题的研究，教育的学问，与研究其他社会，各种制度之学问，可以同等看视，俱为社会科学之一，似乎也尚勉强说得下去。然则教育学虽尚不发达，而未尝不可不准照其他已发达之社会科学之定义，为教育学借来一个相当的帽子，若果如此办法，可以通得下去，则我们姑且假借社会学的定义。因为社会学，似乎较为更概括一点，与教育更可接近。来替我们的教育学也下一个定义。那就是说：

教育学是研究教育的组织，和演进之状况及理法之学问。再详细一点，则可以说——

教育学是研究教育事业的起源、发展、构造、功用及理想之学问。

教育学与社会学，在一方面看起来，似乎是不能相提并论的，因为就字根而论，社会是一个名词，而教育——则是一个动词，这无异于说社会是一件东西，而教育只是一件事，东西可以作科学研究之对象，而事若不附离于东西时，是否有作研究对象之可能，则是一个问题。故此有许多人以为教育本身并无可研究的价值，它不过社会内附属的事业之一种，它没有单独研究之可能。然而这话，似乎也无足深辩的。我们现今所有的社会科学之中，那一种不是事业？经济不是事业吗？政治不是事业吗？宗教不是事业吗？那一种事业又离得了组织，组织与事业，譬如物质与能力，一样是不相离的。譬如社会虽是一件东西，然而除了它的组织以外，我们却也还可以把它的演进状况来研究。那么反过来说：教育虽是一件事业，却是除了它的演进状况以外，难道不许再过到它的组织。至于教育的组织，或者可以说较经济政治宗教等组织略为简单，——然而在未经详细研究以前，亦尚未可断定——但简单便是有的，便不是不能研究。故此拿社会来比拟教育，并不算大过。

但或许人又有一种驳难。在过去的现在的教育，有特设的机关之时，特别提出研究，或许是可能的事情，但足下不是主张将来的教育是全民的吗？是即社会即教育的吗？倘若到了那个时候，教育事业已不复为特别的组织，我们又何从而提出为特别研究之对象？这话虽也似乎有一部分理由，不过我们要知道组织是一件事，我们所理想的未来教育制度，是不要有特别的组织，而不是不要有特别的机能。就社会一般的组织而研究，其对于教育方面所贡〈献〉的机能，这正是教育学最重要的目的之一。譬如现今政治上，也无政府的运动，难道到了那个时候，便不需要政治学了吗？

本篇的目的，既不是专讲创造教育学的问题，又不是预备作一个系统的教育学之雏形，因此关于这些定义及内容，种种可不必在此讨论，在此处只是想提出一个教育研究的新方向使大家注意。我们在教育史上所最为诧异，而又引为羞辱的一件事，即是数千年来，所谓教育的专门学者，无一不是社会上治者阶级的走狗，所办的教育，无一不是替治者阶级宣传的教育。他们的思想行动，无一能超现行教育前制度之上。而比较的大胆高识的议论，反多出在教育界以外的哲学家。——如卢梭斯宾塞尔等。这些专门的教育家，美其名曰专门实际，不事玄谈，殊不知教育的根本理想，不曾解决，你们所辛苦造就的成绩，究竟有无价值，这还一于①个问题。所以我们觉得除了实际方法的研究以外，也须有对于根本理想的研究的一部分。而这种研究，是决不可委之于哲学家之手的，是决不可但凭主观的空想来解决的，我们必须要从教育制度的演进方面，寻出它一贯的理法，然后凭之以解决一切，才是正理。这样的事业，必须委之于教育学家，而这样教育学家，却决不是受雇于一阶级，为他作宣传的教育学家所能胜任的。

为什么教育学必须注重于教育制度方面呢？第一，是就理论方面，我们的教育学既然是注重在研究教育的本身，而足以当教育本身而无愧者，非制度而何，故无论从组织方面，或演进方面，教育制度都是主要的题目，因此他可以当教育学研究之对象而无愧。第二，是就应用方面，教育学虽不必以应用为目的，然其间接之影响，未始不可以促进应用之改良，若就此而言，则教育制度之研究，亦殊重要。近来所谓教育学家者，往往有不问制度只谈方法的倾向，甚至有鄙变更制度为不足道的。我们诚然也看不起那些三三，四二升格改部，种种无事自扰的行

---

① 疑有误，原文如此。——编者注

为。我们诚然也很愿意看见科学方法，充分应用到教育方面，使教育学，成为心理学的应用科学。然而仅此一部工夫，是不够用，那是显然的。至少在于施行方法以前，所据以施行方法的环境如何，是值得注意的。倘若制度不良，纵有良法美意，也难保不事倍功半，况在我们的根本理想未确树以前，我们何据以为施行方法的标准。若就广义讲起来，方法也就是制度之一种，故方法有了改良的需要时，也就是制度有了改良的需要。譬如杜威所提倡的实验教育法，其实便已根本打破旧教育制度的束缚，乃是受了经济演进的影响，不知不觉而发出来的适应现状的主张。一切方法，皆可作如是观，因他除了个人的理想以外，背后都有社会的需要作背景的缘故，至于不以社会需要作背景的学说、思想未始没有，然其不能发育光大，见于实际，是可断言的。已往的教育学说及方法因其终有一二分主观理想在内，未能尽向客观的社会中去采取至当的标准，故其主张终未能完全符合社会的需要。我们现在直接从教育制度中去采取理想，岂非至必要之事。因此除了从个人心理，从生物演进上采取教育的理想及方法以外，我们也需要从社会环境上，采取同样的理想的方法，这不但在纯理的教育学上应当如此，即在应用的教授法上，也应当如此的了。在现在真正教育学未能出现以前，我主张先立一个比较教育制度学，——现今虽有比较教育制度一门，但全非其旨，——仿照比较宗教学一样，从古往今来，各种的制度上，比勘出他们的异同来，这是创立教育学的第一步。只有用比较的方法，才能打破人局促的眼光，不至于为一阶级的制度所拘。在目前大家只知道死守一种制度，认作神圣不可侵犯的时候，这种比较参稽的工夫，尤其是不可缓的。

本节的意思，并不是要详谈创造教育学的问题，这个问题，果然要重，也有特别另讲的必要，但不必在此处讲起，我们此处只是提起一个历史的比较的研究之端绪，为本文先站下一个脚步，即本篇也并不是要完全作一个教育学的系统的雏形的叙述，因为我们现在还不敢断言一个完全的教育学的系统究竟应当是怎样，因此我们只是一种普通论文，不足当作科学的叙述，这是在题前也已经说过的话，不过总想尽我们所能应用的科学智识，拿来充分应用到本文里边，以求其稍能站得住脚罢了。

二　教育制度之历史的考察

从历史上考察教育制度，自然是必要的，而且是可靠的，但却也有好些难题，首先应当提出的，便是"怎样才算做教育制度"的问题。这个问题，看来似容易，其实颇难。在我们现在的社会制度之下，一般人只认学校为教育制度。然而这话，是说不通的。不必远追往古，即就现代而论，我们除学校教育以外，也还有社会教育，及家庭教育二种，我们难道不承认图书馆、讲演会、戏剧、电影等等是教育制度？我们倘若承认了这些社会教育的设施，算做教育制度之一种，那么我们对于家庭教育，又应当持何种态度？在一般人看起来，家庭教育似乎算不得一种制度的，所谓制度者，自然是以有所设施为主，家庭的教育，大多数在无形之中，不用说，没有特具的设施，抑且几乎可以说，没有特行的举动，那里可以说到制度二字。这话原本不错。不过我们倘若编人类教育史，而遗去家庭之一章，这怎样能见出它的完全面目。由此看来，家庭教育，似乎不能因为它没有特具的设施，便略去不讲。我以为解决这个难题，须要把教育制度的定义，看作有广狭两种，狭义的定义，我们说：凡有为教育目的而特备的机关，才算做教育制度之一，那便学校、社会兼包而家庭在外，甚或可以说，凡有教师，有受教者地方，才算做教育制度，那便社会教育也须退避三舍，只有让学校教育，惟我独尊，像这些定义，都可以因人因地，便宜制定。至于广义的呢？我们拿教育制度，这个名词，只当作教育之质地方面讲，与它的机能方面相附而行，因此凡能具有教育机能之处所，我们便可都叫做它是教育制度，这种讲法，虽然似乎自我作古——在我浅学，是如此说，——然而却也不大悖乎理，且可尽包乎事，故我们便采取这个定义，若如此讲去，则不但从文明社会的游艺、社交到野蛮社会的跳神、踏月，一概可算做教育制度的内涵，便连猫犬群嬉，猨狙族聚，也不妨替它加上一个教育制度的美称，如此说来，才算圆满无漏之义。

不过这种定义，在头脑清利的科学家看起来，终竟是不妥的。充此定义之所至，岂不是盈天地万物之繁，都应当包入教育制度之内，那么一部教育史我们又从何处说起？我以为这是无妨的。教育史之所研究者，虽在制度，而其着目之点，则在机能。同样的制度，不妨具有异样的机能，我们只着眼在它的对于教育方面所贡献的机能，对于其他方面可不必顾。同一家庭，一方面为政治之单位，一方面为经济之单位，一方面又是教育之单位。我们的教育学，只管它作教育的单位的事实，那些政治经济的机能，可以让给政治学家经济学家去研究。换言之，我们只要在普通制度中，找出它的含有教育的意义的方面，作研究的资料，这便是教育学研究之正轨。如此说来，似乎科学家之所疑，又不算做真可疑的事。不过这里，却连接着又生出第二个难题出来。究竟"怎样才算做具有教育的机能"？究竟怎样才算做含有教育的意义？换言之，即教育之定义，究为如何，这也是个值得讨论的问题。这个问题，粗看似乎不甚繁难，因为差不多任何一种教育学的著作之中，都有几句替教育学下的定义，我们若是将它们搜集了来，比较参稽，大约总可以得出一个较为妥切的定义。不过这种比较参稽的工夫，却是很不容易的。所搜集来的资料，比较起来，不是彼此相差太远，便是彼此相差不远。相差太远者，孰去孰从，令人无从捉摸，自然是很棘手的了。相差不远者，则又表示其受一时代的暗示所成，令人怀疑其所言之确实价值。我们要明白教育学说，和教育制度一样，也都是随着时代而演进的。在太古之时，教育出于无意识的行为，故无所谓教育学说。等到社会上渐渐认识教育的价值的时候，才渐渐有教育学说产生出来。社会越演进，生活越复杂，教育的价值也越被人重视。所以教育学说的演进，大可以分出三个时代，我们给它起个名字，叫做无意识时代、半意识时代、全意识时代。落实说起来，即在我们现在，也还脱不了半意识时代的束缚，我们的学说，一半也还受着时代的支配。若在唯物史观家看起来，没有一个时代的学说不受环境的支配的，教育学说，也不能独为例外。我们要晓得教育的目的，只在要养成社会上所需要的人，在贵族社会的时代，社会上所需要的，是雍容揖让的绅士，人故有所谓文雅教育（Culture Education）的主张，到了国家主义的时代，社会上所需要的是纠纠〔赳赳〕桓桓的军国民，人故所谓军国民教育的主张，再到了资本主义的时代，社会上所需要的，又成了逐什一之利的商人工人了，于是职业教育的主张，乃又应运而生出来。时代的变迁，影响于教育学说者，即如此之巨，因此便给我们叙教育史的以一个难题。因为教育是应时代而产生的，在某一时代，有特别的需要方面，即有其不需要的方面。在那时代中的学说，一定是只认能达到所需要方面的目的的，谓之含有教育的意义，而对于达到所不需要方面的目的的，则不认之为教育，譬如贵族社会的教育家，一定只认雍容揖让的绅士教育为教育，至于那些终日里踢拳弄棒的武夫生活，与夫磕算盘掉戥子的商人生活，背斧拖镰的工人生活，农人生活，都不在他老爷们的注目之下。到了后来，这些被压迫的社会，渐渐伸起头来，也出了几个咬文嚼字的书生，才把他们自己阶级的教育，抬起来，和这绅士们，得以分庭抗礼。既然古往今来的教育学说，是这样趋时附势，那么我们若据以为典要，而采入我们的教育史里边，岂不是要埋没许多当时所不注意的方面的事实。若是完全撇开古人的绪论，来自己另创一种定义，这原也是一种痛快的办法，不过便令人连带的想到，我们自己的学说，是否也受时代的支配的问题。在我们比较的相信，唯物史观的人，颇以为这种情形，是无论何时，不能免的。我们只能努力在我们的时代思潮之下，创造一种比较的认以为圆满的定义，这便是较妥当的办法，至于若求万年保险，那不但是不可能，简直是梦想。说到这里，我们便不妨替教育下一个粗疏的，大胆的，而又认为是确是适当的定义了。诸君切不要误会，以为我们在题前扭扭捏捏说了无数不相干的话。将军欲以巧胜人，盘马弯弓故不发。我们这样盘马弯弓半天，似乎都为的是这一个巧字，那么结穴到这一句话的时候，一定是穿杨贯札，一字千钧，那就错了。我们给教育下的这个定义，只是一句极肤浅极平常的老话，从斯宾塞到杜威以来代代相传的老话，叫做"教育即生活"。或者稍着一点痕迹道是，教育之目的在发展完全的生活。诸君不要看得这句定义太肤浅了，话虽是老之又老，若是详细追求起来，却也有无限花样。什么叫做生活？什么叫做完全？怎样才叫做发展？像这些问题，都不是一句两句话所能弄清楚的。好在我们底下还有一章书，要爽爽利利把这件问题还它个来龙去脉，那么我们在此处便不妨索性省事一点，少说几句。简而言之，单而言之，并它做底下的几句话：

就人之一生，说完全生活，是澈始澈终的，因此从小到老，都算做可以施教育的时代。

就人之职业说完全生活，是不拘一格的，因此不仅读书作文算是教育的事业，便引车卖浆，只要它经过这一番造成，引车卖浆之才的手续，便算它做含有教育的意义在内。

就人之素质说，那自然精神，肉体，社交，三者缺一不可，都可归入教育的可能范围之内。

就人之活动说，求学做工和娱乐，三者也是缺一不可，因此决不可单拿求学的事业，算做教育，而把其它二种，置之度外。

想得到的，只有这四项，想不到的，一齐归入下节去补叙。那么我们的都教育制度之历史的考察。这一节书的范围，大约就可以如此定了。不过史之阙文久已如此，我们若欲求堂而皇之的钦定教育制度，到〔倒〕还可以找到三五分〔份〕资料，若欲求引车卖浆之流的教育方法，那便翻遍五车书，也未见得有一二行可靠。因此在我们这一节书内，只得就一时代常权阶级的教育制度，略为叙述一下，至于搜逸补漏，则须待之于专史。我们要知道当权阶级的教育制度，是有意识的，有组织的，而被压迫阶级的教育制度，则纯是出于天然的发展，且支离破碎不成统系，依靠这一点分别，则我们撇下其他阶级，单将一时代当行出色的教育制度略为叙述，似乎也不算过分。

从教育制度演进痕迹考察起来，大约可以分作以下的几个时代——

第一：是教育制度，未独立时代。

第二：是宗教教育，未分时代。

第三：是贵族时代。

第四：是农业社会时代。

第五：是国家主义时代。

第六：是资本主义时代。

第一个未独立以前的教育制度，我们为什么，叫它做未独立的呢？就因为这时代的教育，纯是出于天然的要求，并没有人为的意思在内。他们的目的呢，也老老实实为生活而生活，而且多半是为直接生活而生活，那些雍容揖让周旋折旋的虚花头，还都没有出现，虽然装饰先于实用，斯宾塞老先生已首先说过，而且差不多已可认为可信的真理。所以澳洲土人之花面文身，美洲红人之披毛插羽，当其乐育后，进未尝不以此为最先学习之要务。然而毕竟打鱼猎兽，其为学习，更为重要，这是我们生当数万年后的人，可以据理推知的。因为数万年前的野蛮老祖宗，毕竟比不得我国春秋的君子，欧洲希腊的哲人，那样舒服写意，他们没有舆台皂隶，为之服役，工虞农贾，为之供养。一样的两肩承一口，生下来便有自己为自己找饭吃的义务。试问这些找饭吃的本领，不从学习，又从那里得来的呢？因此纵然也许有一二乡党，论齿的长老、大酋论功行赏，得以安坐而食，但这都是积资得来的，当其幼时，却也一样的经过，自谋生活的苦功。林中逐鹿，水底摸鱼，父以是诏其子，兄以是诲其弟。腾赶跳跃，越涧翻沟，不必有志于体育，而体育自在其中。解衣推食，敬老恤幼，不必有志于德育，而德育自在其中。观星授象，测影知时，则天文学自在其中。排阵点兵，诛茅分赏，则数学自在其中。避水患之频临，而掘沟壑以御之，则几何学自在其中。逃风雨之侵袭，而建宫室以御之，则建筑学自在其中。刳木为舟，剡木为楫，则航海学自在其中。弦木为弓，剡木为矢，则军事学自在其中。依故老之传说，谈洪荒之往迹，则历史学自在其中。辨土脉之肥瘠，察地形之亢湿，则地理学自在其中。鸟兽虫鱼，博闻强识，则生物学自在其中。水火工虞，触类旁通，则理化学自在其中。甚或毁瓦画墁，图物象形，击土块以为声，操羽毛而为舞，则艺术自在其中。又或迎神奏曲，集众陈辞，怀古兴歌，哀吟写怨，则文学又在其中。凡此种种，俱不必待兴学校，崇师儒，粉条黑板陈于前，记过扣分督于后，而自然按步〔部〕就班，相观而善。何也？以其迫于生活所需要也。

我们也知道学问愈进，则愈专门，社会愈进，则愈复杂。数万年前野蛮老祖宗，粗枝大叶的生活，断非我们数万年以后的子孙所得而仿效。因此举古人之生活即教育，断非以此即示范鹄于将来，而谓羲农黄尧之古，可复于二十一世。不过古人亦有他古人之长处。他们的教育，纯是出于生活的需迫，虽无后世人为之精巧，却亦无后世人为之矫揉造作，故如卢梭所极口称赞的自然教育，虽非尽合于事理之当然，却也不无一二可采之处。古人的教育，如茹毛饮血，虽然朴僿，却是真的。后人的教育，如粉墨登场，虽然工妙，却是假的。苟知此意，则取古人真朴之精神，而傅以后人工巧之设施，岂非相得益彰。我们所主张的未来教育制度之真意，不外乎此。

第二个宗教教育，未分时代的教育制度。教育在原始社会中原是不独立的，我们若欲追求它的独立的起原〔源〕，应当托始于宗教制度大成以后。教育与宗教在神权社会中原是一物。我们在他处曾经说过，教育只是附属于那些家庭宗教部落族团职业之下，"聊备一格"的。那么说它是和家庭部落族团职业等原是一物，也都可以，为什么要专与宗教扯在一处呢？这其中有个分别：如家庭部落族团等，本身并不足作教育之目的，则附属于其下所学习者也，不过是维持生活之方法，这都可以归入职业之类。而在原始社会中，生活简单，职业之地位既不重要，且亦无精密而统一之组织，其影响于生活者，决不如宗教之重要。宗教在半开化社会中所占的地位，不但凌驾职业而上，抑且凌驾政治而上。每一个上古的文明国中，宗教师总占首席。在政治经济教育等，没有特别组织以前，宗教已有了很精密的机关和仪式。在古代社会中，宗教负有很多的义务。它代理着政治，代理着经济，并且代理着教育保存固有的文明传授，已得的智识维持，传统的信仰，而尤其在造成一个统一的人格。像这些，现在都是教育所负的责任，而那时都在宗教的手中。试问在古代能够专心研究学术的，是那一种人呢？保存图书及一切文明的产物，以传之后世的，是那一种人呢？自悬一种理想的人格之标准，而强后进以赴之的，是那一种人呢？可知现在所谓教育的重要精神，已一多半含之于那时的宗教里边。再单就制度方面讲，则其递嬗之迹，尤为显然。就我国而论，宗教之"教"与教育之"教"，二字本出于一源。三代教育所重，惟在礼乐音乐，本即宗教之副产物，其目的在极神人合一之致礼，则五礼之中，祭礼最要，此外婚丧嫁娶之节，在凡有宗教的国家，都是宗教家的职务，可知中国古代教育，即由宗教递嬗而来，详观《礼记》中，礼器祭义诸篇，其义自见。而后世崇师重儒之大典，所谓临雍释，奠养老乞言，其实都是宗教的仪式。甚至于二千年后，七八岁的小学生，上书房也还先要向大成至圣先师位前奉三个揖，而天地与君亲师，并列为私书房崇拜之对象，在我国以外之各国，则历史上的教育事业，无不先操之于宗教家手中，直到十九世纪的末期，教育与宗教分离问题还在德法两国引起重大的纷扰。直到现在，属于宗教团体的教育事业，还占世界教育的一大部分。可知教育与宗教之渊源由来，非一日了。

第三个是贵族时代的教育制度。贵族时代与神权时代大体上常是相伴的，其不同之点，即在此时代人权已超过神权而占第一位。社会上显然分作数个阶级，而优胜的阶级为维持自己阶级的地位及信条起见，乃有教育制度之创立。这种制度的内容，显然离直接生活——即衣食住等——相距甚远。因为贵族阶级，是不要萦神于生活问题的。我国春秋的卿士大夫，常有其分得之采邑，希腊罗马的贵族，亦有奴隶为之服役。因此，其教育之目的遂非为生活的，而成为奢侈的。它的目的乃在造成所谓受社会上尊敬的君子人。这是现在文雅教育一派的起源。在这种教育之下，礼自然是最要紧的，因为不懂礼节，便要失了他们的身分〔份〕的缘故。此外音乐及其他科学智识，也有许多要晓得的，但所以需要的缘故，都不外乎为虚荣起见。在这个时代，智识的传授已与品格的陶冶同被看重，不似在宗教教育时代对于智识的轻忽了。对于技能方面呢？则除了交际所必要技术如舞踏〔蹈〕、竞技之类，别的简直没有。到了这个时候，教育便成为一种独立的事业，有了独立的组织和专门人才了。为什么要这样的发展呢？这正是基于贵族社会的特殊情形。贵族们的生活是很高贵，又很安逸的，决不耐烦纤尊来从事于教育子女的事业，而且他们所需要的教育，又是较专门的，不是随随便便，不教而能的。因此不得不发展一种专门以教育为目的的事业，有专门的组织，专门的机关，专门的人才。这种教育的机关，从历史上考起来，大约有两种形式，一种是国家或社会公立的，一种是私家成立的。前者如中国古代的国学及希腊之公立学校，后者如中国的家塾与希腊罗马的私家教师教仆等。大约就历史的痕迹考来，公立的反较私家的恒为先起，这因为古代政府，乃自神权政治递进而来，神权时代政治及教育，恒为一的，故贵族政治之初期，亦承此趋势而统一的教育制度。但自贵族阶级完全发展以后，渐渐王权下移，政治有分化的趋势。贵族阶级所需要的教育，亦渐复杂，有非公立学校所能全具其内容者，因之私家教授制乃日发达，自此种制一成立，而教育遂全变为传授智识之机关，离人格陶冶之义，愈趋愈远。同时教育亦遂变为优胜阶级的附属物，为之作宣传的器具，无复与宗教未分时代的尊严地位了。

老实说：贵族社会，实在是一个畸形的社会，因此他所产出的教育制度，也定是个畸形的教育制度，不过这种畸形时代却是各民族所共同都曾经过的，因此我们才有注目它的必要。如今我们且翻回来看看，那时代普通的社会下产出来的制度，即农业社会的教育制度是如何。本来贵族阶级，也是农业社会的产物，它的教育制度，也是间接受农业社会的支配，不过只是农业社会中一畸形的组织，我们若专研究了它，最容易忽略了农业社会的本来真面目，若欲究普通农业社会的教育制度的真面目，最好是择贵族制度已竟消灭的时代，一为考究，这种时代在西洋史上的，差不多找不出来的，——除了罗马帝政的末年，有一时代是如此，——因为西洋的贵族制度，消灭最晚，而机械工业又发达最早，两时代几乎相衔接，而农业社会之真面目，遂被湮没。但在东方，如中国及印度，则俱可考出这种情形的。因为中国自秦汉以后，贵族阶级即已铲除，印之喀私德（Caste）虽至今尚存，但因其平和时代较多而农民之生计较裕之故，阶级之区别遂不致阻碍民间教育之发展，故从此两国考察，大可见农业社会下教育制度之真面目。大约农业时代，最普通的教育制度便是私塾、村塾等制，决难产出大规模的近代学校制。这因为农业社会的基础是站在分散的农村上面，彼此联合的力量是比较薄弱的。他们也不需要有更大的组织，与更大的效能。故这种浅陋的村塾，恰好应他们的需要，在印度天气炎热的地方，则露天教授更为合于农民的脾气。在中国则各种学塾，有似乎专为应科举而设的。其实并不尽然。大约上一点的书院，乃是一种专门的科学教育，——广义的科学。——这自然是稍有文化的社会中所同具的，与农民无多大之关系。

至于下一级的学塾，这才是真正农业社会的教育制度。它的目的在授平民以简单的智识。读书习字，自然是最要紧的，算术也有时为附属科目之一，此外尚有关于常识的科目，三字经、四言杂字，再进则龙文鞭影，幼学琼林，一类的教科书，便是这种求知的需要而出现的。这种学塾，自然不会有更大发展的，因从农民的经济力，从农民的需要上都不许他为再进一步的要求。中国的科举考试制便恰可调剂这种不平等现象之一部分。此种制度，虽然就目的内容两方面论都无可取，但能使农民社会不阻碍其上进之路，却也未尝无片面之长。故实际上，仕禄之途虽仍然以地主、贵阀等有力求学之家，子弟为较易登进，但如农民能刻苦不辍，亦未尝不可一旦平步登云。这是现在资本社会中之教育制度所断难希冀的。这种制度，也是农业社会的产物，现在非此时代，自然不必作复古之想。不过我们若欲见农业社会中教育制度之真面目，便应当往这一类制度中去求，而前节所举之贵族教育，不过一时的畸形现象，且是从游牧时代过渡来的残余现象。真正健全的农业社会，如——中国——这种现象是不会常存在的。

我们且再看一看，另一种的畸形制度便是所谓国家主义——或军国民主义——下的教育制度。这种制度的发展期，是很短的地域，也并不普遍，但因他在现行教育制度中，尚占有多大的势力，故足以引起我们的注意，这种制度是站在农业社会与资本社会中间的一种畸形的发展，亦犹之贵族制度是站在游牧社会与农业社会中间的一种畸形的发展一样。在这种制度之下，所要求的，乃是一个简单的背枪的机械，目的是纯一的，方法是单纯的，所以最适宜于大规模的教育制度。本来自人类知有争斗以来，这种制度便已不绝地存在，我们在农业社会或工业社会中都能看出兵是四民以外的一种特殊阶级。不过从附庸蔚为大国，从偏邦进为正统，却要算从这时才起的。这种制度，当然是不甚合于人类生活的本性的，故非有特殊的铸造所不行。落实说起来，国家主义，本是一种变形的宗教，本是代宗教而兴的一种新信仰，故在此主义下蔚成的教育制度，恰如在神权时代的教育制度一样，负有代天宣化的责任。但它这个"天"，已不是那虚灵不昧的上帝，而换了实际的国家。它的教育的目的，不是要造成一个顺自然本性发展的人，而乃是造成它理想中的人。近世大模范的学校制度，本是应这个需要而起的。在这种制度之下，教师对国家与官吏的地位相等，对学生与军队长官的地位相等。其余一切组织，均与此主义相应，这是显然的事实，不必细渎。总之，这种制度既不合人情之自然，又无必然的经济的基础，现在眼看就要衰落殆尽了，我们还要重嘘已死之焰，也就不必了。

最后便到了我们现在社会所实行的，而且是方兴未艾的教育制度，便是所谓资本主义时代——或称大工业社会时代——的教育制度。自农业社会，一变而为工业社会，人类生活的各方面，都起了绝大的变化。从平静变为活动，从单纯变为复杂，从分散变为集中，这些都非牢守旧目的信条所能应付。而尤其可令人注意者，即直接维持生活之方法，变为许多专门的技术，非经过特别的训练，不足以应用，因此教育的内容和形式，便不能仍旧保持曩日简单的状态。漫说卢梭的离开社会，纯任自然，复返于原始社会的学说，要算妄想，就退一步来说，我们只求恢复到农业社会的农村学校也是不可能的事。在表面上看起来，国家主义的主要教育制度，是学校，资本主义的主要教育制度，也是学校，两者似乎没有甚分别，但实际上，是绝不相蒙的两件东西。我们试把日本和美利坚两国作个榜样。或者把我国第七次全国教育会联合会所议决的新学草案和已往旧学制作个比较。一个是整齐划一，一个是活动复杂，一个是绝对被动，一个是相对自由，一个注意在养成头脑简单而勇于实行的人才，一个注意在养成头脑伶俐而善于应变的人才。这些区别，有人说是日耳曼民族与盎格鲁撒克逊民族因民性不同之故，有人说是旧教育思想与新教育思想不同之故。在我们看来，这些解释虽然都有些理由，但终不是取根本的理由。它的根本理由乃是两国不同的社会组织影响到教育制度的自然的结果。我们现在的学校，不能不练习作工，不能不练习自治，不能不注重于实际的问题。但同时他一方面，我们的学校也不能不征收学费，不能不恭维资本家，不能不利用广告方法，来替自己招徕生意。我们的学校功课不能不繁多，组织不能不复杂，内容不能不扩大，运用不能不灵敏，理想彩色不能不打消，实际彩色不能不浓厚，最要紧的，是不能不设法与社会接近。这都是我们的社会制度需要如此的缘故。虽然现行教育制度有种种不满人意之处，虽然我们不惜大声疾呼，来与此种教育制度作战，但从它逐渐与社会接近的这一点看起来，我们终认它为较有希望的制度，为进达于理想制度的过渡桥。现在虽然有许多人，仍然梦想把学校变作古庙，变作山林，变作私塾，变作兵营，但我们可以断定，这终久都不过是些梦想，只要我们平地上的烟筒，一天比一天加多，我们学校，决没有再因于古庙、山林等等的希望了。而且我们也正不必作这样的梦想。我们只希望我们的学校扩大了，将古庙、山林……和锅炉、汽筒……同列为学校内容之一物。我们不希望将学校缩小了，只变作古庙、山林……的专用品。我们将来的学校，不希望收功于拿一个伟大的人格，感化的教育家，而希望收功于拿全部环境互相影响的社会，脱离了以个人为中心的教育而进入于以环境为中心的教育。这些并不是可悲的事情；可悲者，在一方面有停滞于现在地位，不思再进的人，他方面又有追怀古昔的人。虽然复古思想也许就是革新的先导，但就我简单的头脑看来，我始终主张在反对资本社会的教育制度之先，不能不更坚决地反对那些比资本制度更顽旧的资本社会以前各种社会遗留下来的教育制度。

三　理想的教育观

我们在上篇第二节中，已经从历史方面把教育制度已往的发展变化之迹，给大家指出，如尚有未详尽者，可与《毁校造校论》一篇参看，自能得其要领，至于此种发展之结果，将到何地步，我们从教育制度之历史的考察，能否发现其所以演进之一般理法而使我们得以根据此既往发现之理法以推测将来，这些问题都让我们在下篇理想的教育制度节中讨论，此处不必烦渎。我的本意以为只有根据这种历史上显现的事实而归纳出来的理法是可靠的，因此我们余外更用不着再有讨究。但是如果采用这种办法，则一部分喜欢用玄学的辨证的朋友，便不免有些不满意。何以呢？历史上显现的事实，只能证明为什么是如此的问题，并不能证明为什么应当如此的问题，难道不许我们于必然的演进以外，矫以人为的努力吗？难道不许我们打破了历史的轨道而自发挥其理想上的教育制度吗？像这些都是免不了的责难，而我们在此处为避免自由思想家的责难起见，想另从别一方面入手，建设一种理论上教育理想的系统，换言之，即是本文关于教育哲学的一部分。但是即在本节之中，我也想处处拿历史的事实作理论的基础，决不敢凭个人的意见，以妄发议论，这是要请读者注意的地方。

本节所讨论的，既系理想的教育观，换言之，即理想上之教育应当具有若何条件，则推论上之所应讨究者，实有二事：一是理想，一是教育，然二者实无分别之可能，盖理想系用以形容教育者，并非谓将举教育问题以外之理想而一一讨究之，则可知本问题之中心，仍在"教育"一端。故本节之责任，即从理论上把教育的涵义，弄得十分清楚，还它一个本来面目，则理想上之教育应具有若何条件，自可不辨而明。盖凡一事一物之出生于世间，自必有其所以出生之必然原因，此必然原因，即是该事物真正的价值，盖苟世间不需有此事此物，则此事此物自然断无出生之余地，此事此物既已出生，则自然在世间必有其相当之用途，此用途即可谓之为该事物之本身价值，虽环境是时时变化的，到了需要变化了之时，则以前因应旧时需要而出生之事物，至此或因需要变化而停止进行，（灭亡）或转变而别呈他种之效用，藉以自存于世，皆属事理之所应有者，然苟此事物不至中途灭亡，则无论其继续发展因时势之需要而变出许多不同的花样，呈出许多各别的效用，吾人苟就此许多不同的花样，各别效用，综合起来，一为研究，则该事物本来之涵性自见，而其价值，亦自然易明。根据此事物之正当价值，而发展之理论系统，始得谓之理想，否则仅空想而已。理想与空想之分别，即在一能施之于未来之实际而吻合，一则仅成为不合于实际之理论耳。我们现在谈到理想的教育观，便也应当如此下手。我们应当首先看教育是因何发生的？换言之，它的出生的必然原因是什么？这个问题似乎颇好回答。现在一般学者讲教育的起源，往往要追溯到动物时代的类似的行动，虽说在动物时代它们确是纯粹出于本能，并非有意地晓得要如此行动，但就其行迹而观，我们不能不认为也是教育行动之一种，然而其所以发生如此行动的原因，在何处呢？老猫为什么要教小猫以捕捉之术呢？老犬为什么要教小犬以撕斗之技呢？这显然容易回答，无非为着生活上需要有如此的训练罢了。乃至于野蛮部落中，林中逐鹿，水底摸鱼，父以诏子，兄以诰弟者，亦无非都为生活起见，才有此无意识或半意识的教育行动出现。盖生物一生唯一的目的，只在对付环境，——消极的叫做适应，积极的叫做改造——这是无庸解释的事实。越是低级的生物，它的对付力越小，只有顺从着环境的束迫，逆来顺受，更无多少自由活动的余地，因此它的生活，便是简单而又简单的，只有依着本能如常地生活着，那自然用不着教育，教育也不会在那时代出现。到了稍微高级点的动物，如同猫犬□狙的时代，它们的生活，不能像从前那样简单了，所以不简单的缘故，就因为它们的生活力渐渐加增，对付环境的能力，便随之增大。它们于环境不能像从前的那样老老实实一味逆来顺受了。它们不免多少要施点适应或改造的手段来对付。对付环境，虽说它们仍然在本能生活之中，未必便真正有意懂得对付环境的意义，然而经过几千万年受着这种逐渐加增的生活力和环境挣扎的经验，幸而逃得过天然淘汰的种族，便自然依着保存种族，——维持生活——的需要，于各种复杂的本能之外，产生一种教育的本能出来。各种本能，譬如前线的兵士，教育本能，便是指挥官。它的责任是在补助或矫正前线兵士作战的行动的不足或错误，使各人对于前敌的目标——环境——更加清楚些，有了教育的本能，才有了修改各种本能的器具，才有了由本能变为智慧的机会，才使生物对于环境的关系，有由被动进为主动的倾向。所以我们说教育的出现，乃是生物对自然抗争大胜利的第一章。因为从此以后我们的生活，才有了自己主张的能力。我们以后才是"对付环境"，而不是"环境对付"。自此后到了人类社会，生活力越发展对付环境的能力越大，所需要教育的效用便越多，盖因生活力之发展，其与环境之关系愈加复杂，则一切应付之行动，有非仅恃本能所能济事者，非经过长时间的训练不可，而此种训练——或学习——之需要，遂使教育之价值，在社会中日益增高，由此观之，我们对于教育是因何发生的这一个问题，研究结果所得的答案，当然便可以说教育是因训练生活而生的，它的出生必然原因，便是生活的需要，求它的真正价值，便也在这个能补助生活对于环境抗争的能力上。

说到这里，我们还应当补着解释一段。我们说教育是为训练生活而生的，或者便难免有人指摘说生活不过是教育目的之一种，除此以外，非生活的教育目的，也何尝没有。我们有的是宗教信仰的教育，有的是为心灵高尚的教育，有的是为社会荣誉的教育。像这些都不是单说训练生活所能包括的。便是在野蛮社会中装饰，先于实用也是显然的事实。可见单说为着生活，是不够的。这话应当如此回答，我们所说的生活，不是单单指穿衣吃饭的生活，此外关于精神的部分，关于社会的部分，都在我们所指的生活范围之内。譬如贵族时代的习礼学乐，当然与穿衣吃饭性质不同，然苟人而不具备此条件，则必不能在贵族社会中立足，即此习礼学乐，便也自然变为生活必需条件之一，而为教育所不容不注意者了。□□问题，且待下文谈到什么是生活之时，再来详细研究，此处只提明此点，以免□□者的责难。

从上文看来，我们便自然可以明白事实上教育的目的，只是"训练生活"四字？但"训练"二字，较为狭义，容易被认为只是被动的受人教导，才算做教育，事实上老猫犬教导小猫犬的行为，固然要算是教育，便是老猫老犬，从日常经验中学习改良，或促进自己生活的方法，也何尝不是含有教育意味的，所以要把"训练"二字改作"发展"二字，才能充分表示出他的意思来。至于这"发展"二字，用得到底得当不得当，那且搁在后文再议。我们现在依理论的顺序，自可以替教育得到以下的定义。

凡生物发展自己生活的行为，都叫做"教育"。

或者取狭义的解释，将动物时代一切本能的类似教育的行动，都撇开不算，只把成为有意的行为，以后的一段，才算做教育事业，那么我们的定义，便可以更严格点，这似乎更容易使人了解，教育的本来价值便是：

凡生物有意地发展自己生活的行为，都叫做"教育"。

依前一定义，则教育应当从动物时代数起，依后一定义，则只有在人类社会进化以后，才有教育出现。我以为两个定义，只有宽窄的不同，并无根本的冲突，故此可以任意采用的。

但是无论采取那一种定义，在或者看起来，不都觉得有点太广泛了些吗？若是果然把"发展生活"当作教育的定义，则实际上生物的行为，那一件不是作发展生活用的，我们又何以别教育于其他行为？为回答这个问题，我在这里应当先提出一件事实请大家注意。我们要晓得事实上的教育和学说上的教育截然是两件事，事实上教育机能的发展和学说上教育定义的发展，并不是相伴而行的。我们在上文中已经指出在动物社会中类似教育的行动，早已存在，但在动物社会中它们自己并不懂得什么叫做教育，这一个意义，假如它们也有学术名词大辞典，我敢保你在这个辞典上一定找不出"教育"这一个名词。所以我们才把它叫做无意识时代，因为它们事实上虽有了教育，而学说上尚无教育的缘故——动物时代本无学说，此姑不论。便是在人类社会的野蛮人中，对于教育的意味亦尚未十分捆到，不过略知学习的必要而已。然而略知比较起全然不知来，便高明得多多，因此我们便替它另起个名词叫做半意识时代，以别于全然本能的无意识时代。这种半意识的教育学说，从野蛮人社会起，慢慢地一步一步发展，这便是伴着人智进步的。我们人类对于教育意味之认识的逐渐发展，严格说，我们现在也还在半意识时代，不过在我们是认识的，这一半已经比不认识的那一半多，而在野蛮人方面所认识的只有那一点点罢了。我们既然晓得人类对教育意味的认识是逐渐发展来的，便可悟事实上教育虽自始已与生活纠缠不开，自始已负有发展生活的全付责任，而在学说上我们认识教育与生活之关系，却只是近几十年来的事，或者可以说既现在也还未完全认识。那么，我们乍听见这一个定义，并不为甚过。我们在前篇已经说过机能与组织是两件，我们现在扩大来也可以说机能与行为是两件事，同样的行为，不妨有许多各别的机能，凡发展生活的行为，都具有教育的机能，都可以算做教育的事业，但同时也不妨都具有别项的机能，都算入别种事业之一，这原可并行不悖的。因此我们这个定义并不算过于广泛，只有其中用字是否确当，我们且待下文另行分别讨论罢了。

我们既然承认这个定义尚不为无据，则要知我们所描述的这个定义，只是事实上的定义。我们由这个事实上的教育定义出发，便可以渡到我们理想的教育的定义上去。因为我们已经明白了教育的本来面目，和正当的价值，则就此已知之事作根据而树立我们的理想，是可以免除空想之讥的。我们这种理想的教育观仔细说起来也非一日两言可尽，现在姑且笼统下一个简单的考语，然后再依次解释下去。我们的理想的教育观的笼统考语就是要：

"发展理想的生活"。

单就这句话看，似乎总不至于惹人挑眼的，至于什么叫做生活？什么叫做理想？怎样叫做发展？理想的生活是什么？发展理想的生活又应当怎样？这些问题，以下分讲：

我们先看什么叫做"生活"，这个我们在前文也已讲过。生活便是生物来对付环境的事实，心理学家拿一个刺激一个反应来说明生活的意味，和我们的意思大概相同。我们在这里且撇开一切关于生物与环境的主从关系的争论。我们不管他是生物来自动的对付环境呢？还是环境强迫着生物去想法对付呢？总之：生物的对付环境是一件事实，这一件事实，我们便把他起个名字叫做生活。既然生活的意思是指生物对付环境的事实，则可知生活的意义，决不止限于衣食住等直接问题，因为饿了要吃饭固然是一种对付环境的事实，而喜欢了要唱歌却也是一种对付环境的事实，感无信仰之苦而祈祷，于宗教也是一种对付环境的事实，学繁文缛节以求周旋于社会，也是一种对付环境的事实，因此我们前面说关于精神的部分，关于社会的部分，都在生活范围之内，也是不能算错的，生活的性质，我们把它分作两种，一种叫做无意识的生活，或本能的生活，他一种叫做有意识的生活，或理智的生活。我们可以说无意识的生活，是环境为主动，生物为被动的，到了有意识的生活出现以后，生物才渐渐地从环境对付的地位，升到对付环境的地位。因为到了这个时候，生物才有补足或纠正自己有为的能力，才得自由以对付环境。这种补足或纠正的能力，便是教育。所以教育的出现，是生物有了意识生活的一标征，所以我们说他是生物，对自然抗争大胜利的第一章。到了教育的能力十分发展，我们的意识可以完全左右我们的生活的时候，这才有理想生活的可言。所以教育又是发展理想生活的必要的手段。

我们再看什么叫做"理想"。我们说理想是生物脱离了本能生活以后才有的，这话大概不能算错。生物从"环境对付"的生活，进化到"对付环境"的生活，他的唯一的标征，便是有了理想。我们不必把理想用作是只有系统的主张才算数，凡是有一种目的悬在那里而想设法以达到者，在我们都谓之理想。因此我们所谓理想的界限是甚广的。不过正当的理想，须根据于事物之正当价值而立论，始有可实现之希望，否则便只能算做空想，所谓事物之正当价值者，有两个条件，一个是合于事理之真，一个是实际有用，能根据此两种条件者，始得谓之理想。

我们底下再看"发展"这个词的意义。我们先要了解生活的真价值，并不在一成不变，它的真意义，正在这个"变"字上。从简单的生活，到复杂的生活，从本能的生活，到理想的生活，从被动的生活，到自发的生活，这些都是慢慢变着来的。这样的事实，便叫做发展。生物的发展生活，大约有两种方式：一种是无意的发展（被动），一种是有意的发展（自动）。前者是顺环境的逼迫盲目进行的，后者自己先有一个目的而后向之进行的。这两种方式的区别，自然便在一个是无理想，一个是有理想上。自从生物进到了有理想的生活以后，教育便与发展成了一件事。因为达到理想生活的方法，只有一种便是教育，所以教育之意义，便与有意的发展之意义，成为一致。我们用有意地发展，作为教育的定义，便是这意思。但是因为向来人类对于教育意味的认识，是极为狭隘，把教育当发展讲，总有觉得不甚合式，他们替教育下的定义，是预备生活，而不是发展生活。他们所以采取预备这个名词的缘故，一是要把教育的时期，限于成人以前，二是要把教育的方法，限于特殊的行动以内。这都是受了时代思潮的暗示，把眼睛太束小了的缘故。他们只看见在现行学校制度之下学校与社会截然是两件东西，学校的分子，与社会的分子，截然是两种人。在学校受教育的，不许他有同时在社会活动的权利，在社会做事的，又无须再有入学校的必要。学校成为少年人的专利品，少年的生活在一般人看起来，是专为做成人生活的预备用的，那么自然不得不把教育当作预备的意义讲了，他们却不曾从已往教育制度演进的历史上看一看，学校制度并不是唯一的教育制度。学校制度是军国主义的社会下产品，他的一切组织方法，都多少带点军国主义的色采 [彩]。军国主义下的社会所要求的人，乃是一个背枪的机械，这种机械，不是顺人性的自然发展所能达到的，因此不得不牺牲一部分的光阴去专做预备的工夫。同样在贵族社会中，私家教师的发达，也是因为贵族社会中所要求的生活的条件，多有非顺自然发展所能达到，非假以预备工夫不可的缘故。我们并不是说发展的意思，便全不含有预备的意义在内。一个人学习骑自行车，还得费一天半晌的预备工夫，才能见效，何况学习着堂堂地做一个人。只是把预备的工夫和生活，截然分作两段，把预备的方法，和实际截然分作两种，这却是很不妥的办法，（所以不妥的理由在下篇再讲。）尤其是把教育的意义，仅仅的限于预备的意义，那便是万讲不通的事。所以即在现行的有限时期的学校教育之下，也还另外有无限时期的社会教育发生，在现行的有特殊方法的学校教育之下，也还另外有无特殊方法的家庭教育存在。由现在学校教育之尚不能全尽了教育的责任的情形而看，可知以预备一词代表教育的意义，是极不妥当的。反言之，我们拿发展来表示教育的作用，却是没有语病。这个缘故，且等我们下文把理想的生活，解释清楚，自然可以晓得。

底下我们看到理想的生活是什么。这个问题可就多了。我们在上文解释理想的时候，已经说过真正的理想应当根据于两个条件，一是是否合于事理之真，二是是否实际有用。然而即使有了这两个条件，也是很难入手的。所谓真与假，所谓有用与无用之分别，难道果然就都是一成不变的吗？自实际主义的哲学家看起来：所谓真理本即是有用的别称，而事物之有用无用，又是时时不同的，因此强欲悬一理想以范围百世，本是绝对不可能的事。即使在非实际主义的哲学家，虽承认有客观的真理存在，然所谓客观真理之标准者，亦言人人殊。况且教育本是社会事业之一种，不能如自然科学所研究的一样，但以求真为旨，归它必须兼顾到是否实际有用的方面。因此我们谈到理想的生活，这个问题，便不能但凭主观的这样想那样想算了事。我们必须一方面参酌生活的本来意义，一方面按之现在的实际情形，两者不至矛盾抵触，始得有真正可靠的理想之可言。

但是我们一方面不要忘了一件重要的事，在人类社会中，我们自己认识自己生活的意味，实在是很迟而且很窄的。人类生活了数十万年，而对于自己的生活发生疑问，发生研究的心理，却是极近极近的事。便是在现今的社会中，也还有十分之七八的民众，他们对于生活的意味依旧日用，而不知依旧不求甚解地混了过去便算。只有几个聪明好奇的朋友，他们才肯发生疑问，才肯对于这个说大又不大，说小又不小，说要紧又不要紧，说不要紧又要紧的问题上瞎用心。他们第一次用心去找生活的来源，但是吃亏在所凭藉的智识太缺短了。他们只看见环境势力的伟大，于是不知不觉便把自己的价值无端缩小，反拿什么自己以外的神呀佛呀胡乱崇拜，倒好像自己的生活是别人所给的一样。这便是宗教时代的生活观。这一说，未免把自己的价值太贬小了。到了社会稍稍进步的时候，又换了一班朋友，他们看从前所说的那些话，太不像实在了，为什么要把自己的生活，纠缠到什么神呀佛呀上去，这似乎有点岂有此理，于是他们才第二次用心去找生活的真意义，但是又吃亏在他们没有找到相当的地方。他们只知道凭着自己一些简单的脑筋去上天下地，胡思乱想，你创一个方式，我变一个系统，闹得来呀呀乎，实实不清。问他们主张的证据在那里，他们是难得回答得清清爽爽的。这便是玄学的时代生活观，这一说又未免把自己的地位太蹈虚了。于是到后来才有第三班的朋友出来，他们晓得前两班朋友的错误，只在一个不肯从实际去找证据上，于是才变了从前的老花样，另辟一个新奇而又平正法门，定要寻根究底，把生活弄成他大削八块，然后一块一块找他的真正的原形。他们于是：

从各种生物的比较形态上，看出生物是逐渐进化的，我们人类的生活，不过是生物生活之一种，也是从进化而来，而且还有更往前进化的趋势。——这是生物学上的生活观。

从各种生理组织的解剖上，看出人只是一个细胞的集合体，一切思想言动，不过都是各细胞所组织成的神经机关，血液循环，消化，机关……交互发作的机能，并无神奇不测之处。——这是生理学上的生活观。

从心理的研究上，看出人类有各种的精神的机能，这各种精神机能，统合起来，便成为完全的人格，我们的生活，便是这种统合的精神机能于环境的刺激之反。——这是心理学上的生活观。

从群己的关系之研究上，看出个人是不能脱离社会而独立的，个人的思想、言动，无一不受社会环境的影响，而且欲判断个人之价值，亦非以社会为标准不可。——这是社会学上的生活观。

此外如同从天文学上看出人只是太空中一片浮沤上微末的生聚；从

化学上看出人只是几十种原质的混合体；从物理学上看出人的一切生活也都是受着物理势力的支配的。……像这些举起来，可以举不胜举，我们此处不必细说。

以上各方面的研究，虽然论点不同，然而有一点相同的地方，便是这些结论都不是凭空杜撰的，都是辛辛苦苦从实验得来的，你要问他证据何在，他能给你一个真真确确的证据，因此我们才认为与以前的那些宗教的生活观，玄学的生活观不同，我们叫他一个名字做科学的生活观。

就我们现在的智识而论，科学上所发现的生活观，是比较的可靠的，因为他有实在的证据。我们要描述一种理想的生活，万不能于些科学所发现的结论以外别寻根据。

我们现在的责任，只是要把各种科学上发现的不同的生活的涵义，统合起来成为有系统的组织，这或者就是现代哲学家所应做的事罢。

由以上各种科学对于人（生活的主体）之研究之结论综合起来，我们可以得到一个对于人格之完全的涵义。晓得了理想的人格是什么，才晓得理想的生活是什么。

第一：我们从生理学上晓得了具有五官百骸神经肌肉的才能算做人。因此我们理想的人格的第一个条件，便是应当使生理上各种机关成为平均的适度的发达。——体育。

第二：我们从心理学上晓得人类具有感觉知觉的机能；从生物学上晓得这些机能的发展确是生物进化的标征；又从社会学上晓得感觉和知觉的充分发达，又确是现今社会所急需要的，因此我们理想的人格的第二个条件，便是应当充分发达这些感觉知觉的机能。——智育。

第三：我们从心理学上晓得人类的精神作用，除了关于知识的方面外，又还有关于感情的方面；我们又从生物学社会学伦理学美学诸方面，晓得了这种感情的作用，也是人类发展所不可少的，因此我们理想的人格的第三条件，便是应当使这些感情的机能也有适当的发展。——情育。

第四：我们从心理学上又晓得除了智识和感情以来，还有一种意志的作用；我们又从生物学社会学上，晓得这种意志的作用，也是生物发展上必不可少的，因此我们理想的人格的第四个条件，便是应当使这些意志的机能也适当的发展。——意育。

以上都讲的是个人方面，我们又从生物学上晓得人类之所以战胜其他动物者，就在这个能合群上；我们又从社会学上看出个人与社会之关系至密切，决无离群索居而能生活者；我们又从伦理学上晓得惟一判断事物之善恶价值者，便在社会的需要，（先天价值说是哲学自欺欺人的话头不足道的。）因此我们理想的人格的第五个条件，便是应当使个人了解社会之需要而有献身于社会之勇气。——群育。

第六：我们又从社会学上晓得社会的生存，全赖多数人的工作互助的；我们又从伦理学上，晓得不工而食者谓之掠夺阶级，掠夺是最可耻的，而且终必淘汰的，因此我们理想人格的第六个条件，便是应当使各个人都具有相当的技能，有自谋生活的能力。——技育。

由以上人格之各方面涵义统合起来，我们便可以得到一个理想的完全人格之涵义，理想人格是有个人及社会两方面的，个人方面应当使身体与精神一律发达；精神方面，知情意三方都当有适当的发展；社会方面我们一者应当成爱群的心理；二者应养成为群效力的技术。苟能具备此几种条件者，则我们谓之为理想的人格。在教育上养成此理想的人格之作用，便谓之德育，是统合完全人格而言的，我们通常把德智体三育平列，是不对的，试问智识愚塞，身体衰弱的人，怎能谓之为全德。

我们依上述的系统，可以列表如下：

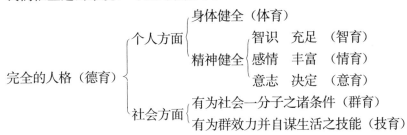

但以上一表，不要看得过板滞了，须知个人与群众是分不开的，所谓个人方面身体知识感情意志等，其标准皆视社会而定，所以理论上，最好是把群育作为总纲，以代德育，像那些体育、智育、情育、意育、技育，都不过群育的一种内涵罢了。

这些枝词姑且不必多说。我们以上既然将理想的人格之涵义晓得了，那么所谓理想的生活是什么，自然不待烦言。理想的生活，只是要把这些理想人格中应具的条件，一一都让他充分发展到适度的地位而已。至于如何而后可以达此目的，那便是教的职务。能尽此职务者，便是理想的教育。

我想以上的说法，是很平淡的，我们的教育，决不至有人反对此种解释。他们的意见与我们不同之处，只是在承认，在现行教育制度之下，可以达到这个目的，我们的见解，却有些不同，我们根本承认，现行教育制度不是发展理想生活的利器，非重新改造不可。我们在下篇中，将有一节专讨论现行教育制度，乃至教育理想的不合之处，关于我们所认为理想的教育制度，也另有一节专述之，在此处我们姑且搁下笔，让诸君仔细思索思索，再来谈以下的问题。

四　现代教育制度之弊害

我们在前篇所叙述之理想的教育观之内容，都是极平常极肤浅的意思，凡研究教育的人，都能懂得而且也不至于引起多大的反对。但我的意见，所以与当代教育学家不同者，乃在一般的议论，虽承认理想的教育观大致不过如此，而却以为就现行教育制度之下，自能达到这个目的，而在我们的管见，则以为现行教育制度根本上，有几种缺点，若不澈底改造，恐难符我们所预期的效果。因此我们在这一节里，不得不将现行教育制度之几种缺点一一指出兼考察及其缺点之原因，以及此后改造之大略、趋势以供留心教育制度之参考。最要紧的，是平心静气将一切成见扫除，则现行教育制度之本来价值自见。

我们所谓现行教育制度者，大部分当然系专指学校制度而言。因为学校制度在现今社会中所负的教育责任最大，而位置亦最高的缘故。至于学校教育之界说，则我们在《毁校造校论》文中也曾略略提过，此处不必繁述，因为它乃是大众共知的一种事物，用不着画蛇添足来越外解释，若欲求详细之定义，则不妨俟之于将来我们有力成为专书之时，此处尚无须此。至若学校教育之外，如家庭教育，社会教育之类，我们也有时要谈到它们，不过主要的着眼点则在学校罢了。

我觉着现行教育制度的最大的缺点便是在它将儿童及青年时期专划为受教育时代，将成人以后的时期屏除于教育范围以外，两时代的界限太得分明，且各有偏重之弊。原来学校制起于贵族的私塾，而大成于军国主义时代，它本是一个畸形的教育制度，这是在篇的第二节以及在《毁校造校论》中我们都已说过的。在这两个时代，——贵族及军国——他们所要求藉教育之手养成的，并不是完全的人格，而是一种畸形的人格。贵族时代所要求的，乃是会摆阔架子的绅士，而军国时代所要求的，则是一个背枪的兵。这两种人格，都不是顺人类本性自然的发展，所能达到的，这是显而易见的事。试问我们人类初生下来的时候，谁又知道头是怎么一个磕法？枪是怎么一个放法？因此他不得不划出一个时来，专为学习这种花头之用。这便是我们青年的监狱——学校——之所以出现的原因。而也就是学说上把教育的功能，仅限于学习，更误认为仅限于预备的所以然之故。在贵族时代他们要请一个先生来教他们的弟子，学作揖学打躬学吟诗学绘画，因为这些事情都是非学不能会的。到了军国时代要教弟子们怎样成群结队去杀人，那自然更非学不可了。所以学校制度之出现，乃有其不得不然之原因，我们本不必怪他，所应怪者，乃在时代的要已过而犹不思为改弦易辙之图耳。就理论而言，所谓完全人格者，当然包含全人生而言，断不能谓只有成人才能算人，而成人以前之儿童时期，便不能算人。但历史上的事实，却与我们的理想并不一致。人类认识自己的意义，是逐渐展开的，不但横的方面是如此，即纵的方面也是如此。在野蛮社会中，只有成人才算做人类，成人时期以前的儿童，以后的老人，都不算做人类。儿童的被忽视，自不必说，即老人的待遇，亦极悲惨，有的部落中，甚至人一到老年便被同伴杀食，或者活埋，这是最极端的。到了开化社会，人类智识稍进，对于人类认识的范围，也逐渐扩大，老年人便渐被人尊视，敬老养老之观念，渐发达，这虽仍然是不以平等待遇之一种，但比较上已经十分好了。只有儿童的待遇，许多年来，却不曾有甚进步。无论古代，或是近代，法律上儿童都被认作是父母的所有物的，——到近来又被认作是国家或社会的所有物了。——都是无独立的人格，与自由的意思的。无论生活权财产权参政权以及其他等等成人在法律所享的权利，儿童都无分参预。在我们社会中，自然都习以为当然，恬不足怪。但我们倘使对于人类社会进化史上所有争权利的历史想一想，则我们在今日提出这个"童权"的问题，似尚不为过分好奇。最切近比例，如同妇女问题，五百年前若有人说妇女也应当和男子一样享有种种平等的权利，一定要被人骇怪的，但是现在呢，男女平等却成为一般的原则了。儿童和成人的比较，自然不能说便与男子和女子的比较一样，但儿童也应有他天赋的权利，这是理论上所不能否认的。我们往常都以为儿童时代是为成人生活的预备时代，因此便忽视了儿童时代的独立价值，种种强儿童以就成人所谓"揠苗助长"的行为，都出现在教育以内。殊不知儿童与成人的关系，正如成人与老人的关系一样，他不过时代的次序有先有后，先一时期种种活动与后时期有很大的关系，原是不错，但若因此遂以先一时期之生活，乃专为后一时期之预备者，则无异于谓成人之生活，乃专为老年生活之预备，或谓人之生活，乃专为死后之预备一样的不近情理。我们要知道人的生活是活的，是发展的生长的，并不扎纸人儿一样，未扎成以前，和既扎成以后，有显然的区别。儿童成人与老年，皆生活发展过程中之一形式，我们把他分为三名称，——或者再加上几个名称。——是谓称呼便利起见，在生活发展的本身，却是混然一个体的。通常人以为儿童的身心两方面，都不如成人成熟，因此不认为有平等的权利，殊不知成人中间彼此也有身心的差别，有时成人与成人之差别，且较儿童与成人之差别为大，何以我们在理论上仍承认凡成人均应享一样的权利。盖身心的差别，是事实的，平等的权利，是伦理的，两者原不能并为一谈。从前人曾以事实的差别来反对女子的权利，平民的权利，劳工的权利，但到现在这些说话，已都慢慢地不攻自破了，只有儿童的权利，还被这种事实的差异说所障碍，不能发展。直到近代才有几个敢替儿童说话的人，如爱伦凯女史蒙台梭利女史都是。蒙台梭利在他的 Advanced Methods 书中，说得尤其痛快，她说我们人对于儿童的一举一动，不肯尊重，往往加以呵叱禁止，我们假如设身处地，一旦走入大人国里，他们的桌子有我们的房高，床有我们的楼大，我们要爬不能爬，要坐不能坐，而且时时还有比我们强悍的大人，过将我们敲击几下，呵叱几声道，"不要如此胡闹"，你想我们所感的苦痛是怎样。现在儿童在我们成人社会中所受的待遇，便是这样。她这话真是痛快淋漓，虽不曾明白提出童权的问题，然而这种不平等待遇之何等悲惨，从她的话中，我们已可想到了。这个问题，应当是现代社会的一个重要问题，尤其是教育家所不可不参预的一个问题。我们想将来另辑"童权"一书，来专研究这个问题，此处无须多赘。我们在此处只要晓得理论上儿童生活也是全人生活之一部分。我们应当尊重他的自由独立生存权，但是在实际上我们却全然没视了这一层我们从来不想到儿童也应有自由独立的权利。然而事实上这种情形终久是不能常存的。第一呢，因为儿童是成人的先一时代，我们在这个时代所给予他们（指儿童）的种种矫揉造作的教育，对于人种全体遗〔贻〕害甚大，这中间不知屈没了多少天才，这是心理学家及自然派教育家所曾经告诉过我们的。我们现在既然智识进步，懂得了其中的利害关系，则即使仅为我们成人社会打算，那儿童也有解放的必要，因此现代所谓新的学校，便都有趋于自由活动之趋势。第二呢，因成人生活之日益复杂，非比贵族时代及军国时代之一模型可应用于多方面。因此强迫儿童以就成人之范围的，非惟不应当抑，已成为不可能的事。因此近代教育的学说便抛弃了智识本位说而注重于能力本位说。教育的目的，是要使儿童具有自己辨别思索及学习的能力，而不仅仅是死记许多公式定理了。因此我们敢大胆断定，即使不用人为的鼓吹，循以上两种自然的趋势走去，也自然会使现行教育制度完全变形。这个问题，我们在下节另有讨论。此处我们只承认这种划儿童时期为专受教育的时代的现行教育制度，是不合理的制度罢了。反过来说现行教育制度之另一不合理方面，便在将成人生活，完全屏除于教育生活之外。原来教育事业之起源是由于生活上的需要。这是我们已知的事实。古代生活极为简单，故教育之应用范围亦因之而极狭。逮后来虽因生活之进化而逐渐扩张，其教育范围然终未能澈底明了，全人生都需要教育的道理。我们现在大多数人民之中，还是承认成人时代无受教育之必要的。因此成人时代也是一样的缺少一件权利，他们便是缺少教育的权利。我们以为教育是全人生中必不可少的东西，因为学习是全生活中时时刻刻都必须要的事件。我们前面非难儿童时代预备说的不对，并非是轻视学习的重要，我们是以为复杂的生活是应当向复杂生活中去学习的，矫揉的规板的生活中，断不能学得适合真正社会的方法。因此我们主张以学习的意义参人〔入〕实际社会生活之中，我们的口号是"教育社会化"，和"社会的教育化"。现在的儿童是专门生活在非社会化的教育制度中。现在的成人是专门生活在非教育化的社会制度中。这两项都是我们所应当排斥的。单就教育一方面说，这种非社会化的教育制度，将成人生活和儿童生活划然分作两截的制度，不能不认为现行教育制度最大的缺点。事实上现在社会教育的逐渐发展，成人教育的为人注意都可以证明，无教育的成人生活是不够用的了。我们现在正需要一种另外的新生活，而首先的便是需要先出现一个新的教育制度。

现行教育制度——特别是学校——的第二个大缺点，是教者与被教者间的阶级太分明了，弄成一个两橛的小社会，因此种种的弊病都随之而起。原来现行学校制本专为儿童而设，而教者之权为成人所操，成人与儿童既毫无平等关系之可能，则在学校中自然不能不成为两种不同的阶级。抑学校制本托始于贵族时代之私家教师制，在那个时代儿童如同父母的器物一样，而教师即是请来改制的工匠。父母把儿童交在教师的手中，正如把玉石交在玉人的手中一样，教师对于儿童爱怎样的切磋琢磨，有全副自由的权柄，也正如玉人的对于所治的玉石一样。到了军国时代不过把儿童的主人从父母手中夺到政府手中，关于托付教师以改制儿童的全权的一件事，还是和贵族时代一样的。在这种情形之下，当然不容有撤废阶级的思想存在了。然而这种情形是好是坏呢？我们平常的思想总以为受教者的程度低，教者的程度高，断没有平等的可能。殊不知事实上并不是如此。在任何学校之中断没有教师比学生样样都高，学生比教师样样都低的，教师比学生所长的不过是一二科目，而其他的科目中学生亦有比教师特长的。教师所以能安然据在教师的交椅上者，不过是因为他年龄比学生大者，曾经从某种学校毕业已经得到一种资格。然而这两种都不足教学分级的理由，年龄的区别不足为程度高低之标准，是显而易见，不必细说。即以资格而论，我们在学校中所学得的都不过一种或几种专门的知识，故有此资格仅足证明其此数种专门学识，比未得资格者强，不能谓其事事都比未得资格者强。盖人类生活方面极为复杂，智识极为繁多，虽以四五十岁之成人与四五岁之儿童比较，亦必有成人所不及知，而为儿童所习知者，故严格的以程度区别阶级，绝办不到，故可知现在学校制度中，教学阶级的划分并不是依于严格的论理，或依于天性的不同。——如男与女动物与植物——他所依据的，乃是历史的习惯。历史上不承认儿童是一个人，极少说不是一个自由独立的人，因此才另设一种阶级来管理他的，这种阶级的不合理在较高级的学校中，更容易看出。譬如此处有一个中学，——不必更说大学了。——那中学学生私下又办一个平民小学校，——这是很平常的事。——那中学学生在平民学校中，很有阶级的威风，不但能自由自治，而且能管理别人，但是一到中学里，便被人认为是没有自主能力的了，必须听之于上面教师阶级的管理了。因此这一大团的中学生，在一方面是极无能力的，须待别人管束的，同时在他一方面却又是极有能力的，并能管理别人的，而且有时也许这些中学的教师他们同时是他大学的学生，在他们大学之中，他们也是被上面的教师认为是无自治能力的，非管束不可的。反之即平民小学的学生之中，也许有回家之后，对于他的小弟弟小妹妹施行保护之权的，这样如同唱戏一样，换一个地位，便换一个态度，诸位请想这是何等滑稽的事呀。诚然在学生地位若不加以管束往往有逾越范围的举动出现，但这是谁之过呀。人类的恶根性时时刻刻要发作的，但是有一个救治的方法便是使他自己对自己负责任。我们时常听说学生在受课时有偷懒的举动。但从没有听说他在教别人的时候也一样的偷懒。这便是负责与不负责之不同。无论那一个团体开会，无故不到的总是会员，从不听说有会长无故不到的。这便是负责与不负责之不同。在平民学校之中，那中学生是负责任，在中学之中，他们是不负责任。这便是因为所处地位不同的关系。由此可见学校中教学阶级的区分，无论在教授方面或管理方面看起来，都没有必要的理由。我这些话叫现代教育界的人看起来，一个个都不免要大骂我大逆不道，但是良心逼我不得不说这些话，奉劝诸位教育家，还要平心想想。我们反对学校中阶级的阶级的区别，并不是不要管理我们的意思。只有把管理的权柄完全交在被管理者的自己手中，才能养成真正的好自治习惯。这个道理，近代的教育家也都知道，而且他们也已采取学生自治会一类的组织，以应付这个需要了，不过没有澈底主张而已。现在学生自治的种种毛病，诚然不少，若把学校完全交给学生自己去办，诚然难免乱七八糟，但这并不足为反对自治的理由，请问在成人社会里采用民治政体的国家，还不是也时常闹些笑话吗？为什么我们不主张取消民主改为君主。要知道真正自治的能力必须从真正自治中学得，自治虽一时紊乱，然积久经验自能改善，被治虽表面稳当，然其实暗地坏处更多。在现今学校制度之下，那一个学生不是在校中紧守规矩，出校门后即为所欲为。若说人性本是坏的，只有充分压制之一法，那么政治上便不必采取民治的主义，还是专制较好，但是专制与民治究竟孰好孰坏，已有历史为之证明，不必再来辩护。而且即使我们承认恶人非被人管理不可的一句话是真的，那么请问谁又配有管理别人的资格呢？是不但学生不能自治，即教师的治别人及自治之权，我们也应当一律否认才是，那又何取乎现在这种不澈底的办法呢？现在的教学分级制，无论从那一方面看，都不是合理的，必要的，它不过是基于古代否认儿童人格之恶习，而遗留下来的一种制度而已，此我们所以认它为现行教育制度的第二个大缺点之故。

现行教育制度的第三个大缺点，是专重在传授智识一方面而忽略了其他全部生活的发展。原来学校制之起源，即仅为传授智识起见，在贵族时代已是如此。古代人把教育与学问混作一谈，即在现时也是如此。他们只承认学问智识有教育的必要，教育的责任，也仅在传授智识学问上面。但这话是不合理的，我们前面已经知道教育的目的应在发展全人生，所谓全人生者，包含知情意精神肉体个人社会诸方面断非仅智识方面的发展所能代表。自有人类以来所有的活动，皆是全人生的活动，断非智识一部的活动，特古人以为他种活动不需要，与教育发生关系，只有智育一部分，才有教育的需要，因此教育便仅成了智育的代名词。到了近代社会生活日益复杂，各方面活动都需用教育的事实日益显著，于是理论合实际两方面，教育都不得不有除旧布新扩小成大的趋势。杜威一派的社会的教育学派，及美国近来许多新学校的运动，都是应此需要而起的。有的学校甚至以刷牙列为学课之一，可见教育的观念已有大变迁了。所以我们说现代教育应当包含"学习""工作""娱乐"三方面，不可以仍限于学习智识一事，这原不患无人赞成。只不过我们以为若欲这个主张完全贯澈，非将现在学校制膨胀得挤破了不可。只有教育的完全社会化，才能达到这个主张的真正目的。这恐怕就是与当代教育家主张的不同的一点了。

现行教育制度的第四个大缺点，便在不以人类社会中最切要的两性生活为基础。我们知道性的本能，是人类本能中最占势力的一种，我们社会中种种制度，种种活动，都很受它的影响。撇去两性生活，而欲了解人类社会的真相，是绝不可能的事。学校制度既然是预备为适应社会生活而设，姑无论此说的是否，要之学校中对于此种为社会基础之两性的生活断不能全然无视。然而最可骇诧者，现代教育制度竟全不顾及此一点。这个也有缘故。原来教育自始即认为专为儿童而设的，儿童又是公认为无性欲之可能的，自对此问题不加注意。然而我们知道儿童时代，并不是全无性欲，他的性欲只是转变一种形式，由两性之爱，变为亲子之爱，这种亲子之爱，对于儿童一生性格的影响非常之大，然而学校中竟没有一些适应这种本能的设备，这真是现代教育制度极大的缺点。现代的学校因专为传授智识的机关，故对此责任都委之于家庭方面，因此家庭教育遂于学校教育之外另树一帜。我们的社会所以不致[至]于全然变为干燥无味之生活者，赖有此制。然而教育与家庭分离，终是很不方便的。尤其是受高等教育的，不得不抛弃家庭来作独居的生活，这损失实在太大。我们以为理想的教育制度，断不能舍家庭生活而不顾我们以为理想的学校，应当包含亲子的生活夫妇的生活在内。然而这非现行学校制度所能胜任，也是明明看见的了。

现行教育制度的第五个大缺点，是全然缺少经济的基础在内。现在人都知道经济的需求是社会演进的最大——即使不是唯一的——原动力。较之性欲的要求犹有过之。然而在学校里却全然忽视了这一件事。儿童从初入学以至卒业，对于经济的意味，全然不能领受，学校中全然不曾有供给这一方面经验的设备，——那些假工场假商场不算的。我们假使承认学校教育是为预备将来入社会生活用的，请问这样为社会最大原动力的经济生活，不曾有一些经验这还算什么完满的教育。原来学校制托始于贵族时代，贵族的子弟是无庸萦心于经济问题的。到了国家主义时代，教育的目的是养成军人的生活，军人生活是受俸给的，当然也无萦心于经济问题的必要。这是我们学校教育所以完全忽略了经济问题的主因。然而到了目下已入资本主义的社会，生活的竞争是非凡剧烈的，学校中不管这个问题是不行的了，于是职业教育生活教育之声轰然而起。然而单只这个是不够的。社会上的经济生活不仅是须有专门的技术，而是兼须有对付的能力。现在的学校职业教育，充其量，只能养成专门的技术，以供谋生之用，而怎样的谋生度日应付生活，却是学校所办不到的，这样学校便不能算已尽了生活教育的责。所以然的缘故：盖由于现代教育家尚不承认儿童有经济生活的必要，犹之乎不承认他有性欲生活的必要一样。然而我们即使撇去儿童本来应有完全生活之享受，——即连经济生活也应当享受——的问题不谈，专就为将来成人生活的预备立论，试问在预备时代无此种经验，则至成人时代如何能应付此种繁复之生活？因此我们不得不认这也是现行教育制度的大缺点之一了。或曰：现在成人社会的经济竞争，乃是不得已之事，成人受这种经济的压迫的苦，已经够了，儿童社会无用萦心于此问题，得以安心求学，正是他们的幸福。你必要指此为不合，难道定要牵率数千万的儿童以入此苦海才快意吗？答道：正是如此。假使儿童将来与成人社会绝不发生关系，那么成人自成人，儿童自儿童，成人所受之苦，自无强儿童以必受之理，然而儿童是要预备入成人社会的，成人的生活迟早必有加于儿童身上之一日，苟不于儿童时代预先获此经验，岂非正中了"以不教民战是谓弃之"的老话吗？况如果以现在成人社会的经济关系是不合理的，那么，不妨使儿童社会的经济关系成为合理的，不合理的经济生活是苦痛的，合理的经济生活不但不苦，而且可以促进奋斗的精神，我们何惧而不为呢？

以上五种，我们所为指为现行教育制度之缺点者，不过荦荦大端，若就此五端详细分析之，尚有无数弊端包括在内。如因求学年龄的限制而有所谓毕业的制度，使学生视学校生活如传舍，不以真正生活视之，对于教育的效果损失极大。又如因学校中无经济生活之经验，于是学校乃成为社会的寄生品，恒仰社会为之供给。每年人类社会对于教育支出多大的金钱，固然为文化起见，不能谓之损失，然以较之我们理想的教育制度，使教育能得包含经济生活在内，不复赖外界为之供给者，则不得不谓之损失了。这些弊端详细说来，很多很多，暂不必烦述。

以上这些弊害若综合观察起来，有没有一个总的原因呢？答曰：有的。这个原因便是在教育制度的非社会化上面。根本一句话，现在的学校是孤立在社会以外的。因为他的原形本是一种特殊教育的机关，如今硬要把他拿来作具备各种教育机能的总机关，他是不配的，就譬如拿着瓦罐当锣敲的一样，自然要左支右绌了。我们相信教育的本旨是发展生活的，无论这个发展的意义解作是训练也罢，学习也罢，预备也罢，总之，只有在实际生活中才能学得实际生活的方法。现在的教育制度——特别是学校制度——是不配负这个责任的，因为失却了实际社会几种必具的素质。实际社会是生于斯，长于斯，终于斯，不许人随便混过去的。学校制度却是仅仅几年间的过渡生活，人可以随随便便混过去的。实际社会是民治的，大家都有权利的，都有义务的。学校制度却是有划然的两种阶级，不许有自由参政的机会的。实际社会是多方面活动的学校制度，却是仅束缚于学习一方面的活动的。实际社会上是父子夫妇共同生活得以满足本能上各种欲望的。学校制度却是强迫许多正在生长的青年抛弃了爱液灌溉的生活，来度那种干枯的无味的生活的。最后，实际社会是立于实际经济的基础之上的，而学校的生活，却只是一个阔大爷的游息玩乐之所，抛弃了经济的基础，我们还感得什么实际生活的意味。学校制度既然如此，而回顾学校以外的二大教育系，家庭教育与社会教育亦不足满我们的希望。家庭所贡献的教育的机能，本来很少，现在的家庭制度还不足以负很多的教育责任。至于社会教育则许多制度不过刚刚发生正在需要培养灌溉的时期，目下也还不能全副我们的希望。因此我们不得不说现行教育制度是不够用的，因为他是非社会的，即使在极力模仿社会的学校，也不过仿到拟社会的地位而止，但我们主张只有在真正社会中有达到真正教育目的的机会，只有在实际社会中，才能教育出实际社会的人才来。因此我们不得不主张打破"非社会的"及"拟社会的"教育制度，而建设"即社会教育的"教育制度，我们的口号是，"教育的社会化""社会的教育化"：欲达这个目的，只有根据历史的事实，顺自然演化的趋势，大胆推倒本来是系出偏邦而多少年来无赖地僭窃在教育制度的正统宝位上的学校教育制度，而用全力以扶起真正天潢贵胄而现在困在草野年轻幼小的社会教育制度来承当这个大统。关于这些复辟的具体计划的说明，留在下节再讲。

五　理想的教育制度

　　现在的社会是一个过渡时代的社会，凡百事物都在重新蜕变之中，教育自然也是如此。凡在过渡时代新理想的出现最多，人人都想拿自己的新方案来代旧有的弊病百出的老招牌，现在的教育界也是这样。我们看见现在关于教育上的新方案新理想也多得很了，单就教育事业方面说，这个法，那个法，这个制，那个制，这个计划，那个计划，实在多得不得开交，虽然在我们看起来，这些计划多半是舍本逐末迁就现行制度而设的，然而这些新计划之纷纷出现，总可以表明一种教育上改造的新气运，足以表明现行教育制度已经不合时势的需求，有了改造的必要了。我们这一篇意见自然也是许多改造方案中之一种，是否有一得之愚可取，抑或尽属扣槃扪烛之谈，那要待将来教育学者的评判，此际不必多所顾虑，我们在这里只要表明我们这个方案所取的态度是如何的，因为这是一个方案有无价值的根本条件，所以有预先说明的必要。

　　凡是一个理想，大半是凭主观方面的见解居多，尤其是在现在未脱离哲学的迷笼的教育上主观式的理想尤多。我们并不反对含有主观分子的教育理想，因为教育毕竟是一种人为的事业，是人类战胜自然的工具，那么它的本身当然不能不许有超乎客观的理想掺杂在内。但理想毕竟不能不依于事实的背景，这也是我们所应当承认的。尤其是一种制度的演化，它的发生所待的条件是很重要的，倘若条件不具，虽有多少高尚的理想，未必能济甚事。我们本着这个意见，在本节中我们便不欲提出许多具体的计划来描述一个幻化的理想教育制度，这样的描述，并不是不可能，然而与事实是无补的，你不能从事实上证明这个完美复杂的理想教育制度有成立的可能，这理想便不免仍是空想，因此我们在这里便只是想从教育制度演化的实际中指出它的一种必然的趋势，然后审查它这种趋势是否与我们的主观相合。质言之，我们所努力的是欲实现理想的当然论与事实的必然论之调和。而在我的意见上，这种调和是很容易办到的。因为我相信正当的理想，便是完全与实际的要求相合的意见，而倘使这种意见果然完全与实际的要求相合时，那么事实上自会有应乎这种要求的事物出现，即使不用人为的鼓吹。因此在本节中，我们仍想以实际演化的趋势为主，来叙述未来教育制度的几个特点，这便是我们所认为是理想的教育制度，而不是一般人所期望的从个人幻想中虚构出来的一个理想的教育制度。

我们在前节中，曾经指出现行学校制度的几种弊端而概括之，以弊害之总因为学校之非社会化。又曾戏言现行学校制度之得估教育制度正统的地位，乃由篡窃得来，资格不配。这并不是故意周纳的罪名，实在学校制度之所以不能应付社会上教育之要求者，即在此二端。理想的教育制度是为发展全人生而设的，而学校制度当初却是为造成贵族的一部分的风格而设，这个范围的广狭已大不同。到了国家主义时代，依然不过从造成一二贵族的机关扩充到造成多数兵士的机关，从狭小的绅士家塾扩充到广大的国立学校。说到应付全人类全人生的需要，依然是不够的，因为教育的起源，本是为应付人生需要教育的要求而生这种要求是普遍的，不单是贵族和兵丁有要求教育的必要，便是贵族和兵丁以外的全社会全人生，都有要求教育的必要。因此，从古以来教育制度之发展，并不止一种，各级各业的人民中，都有他们自己的教育制度，都在进行他们的教育事业。然而我们数千年来的教育学者，却只认那看得见、想得出、有机关、有场所、堂而皇之的钦定学校为教育制度。他们却不肯回头来看看几万年来无形无响之间，在全民社会中进行的许多不曾有特别组织的教育事业原来也都是教育制度之一种，学校不过是这许多种教育制度中的一种。它有机会，有运气，因为它所依附的阶级是贵族，是军国主义的政府。因此，它便可以爬到教育制度的正统地位上去。然而凭它的本身性质，是不配应付这一切社会上教育的需要的，因为他并没有具备社会上所有的要素。现在在许多进步的社会里，社会上要求的条件日益复杂，学校教育的左支右绌之形，便也日益显著。教育家左一个新方案，右一个新方案，连续的提出，虽然内容花样各各不同，然而有一个共同的趋势，是很显而易见的。他们不过都是想要作扩大学校的运动，——从年龄短缩的学校扩充到年限延长的学校，从活动单简的学校扩充到活动复杂的学校，从容积狭小的学校扩充到容积广大的学校，——不过都是感于学校教育之不足以应付广大繁复的社会要求，而欲应此趋势以为改造而已。然而头脑清利的教育家，便应当赶快悟到这一步。我们所希望扩充的学校制，倘充其扩充之量至于极，那只有将学校制涨破之一日。我们只有将学校年龄扩充到全人生，将学校活动扩充到任何事业，将学校容积扩充到全社会；换言之，以全社会全人生的全活动，为理想学校之极致，才可以应付这广大的社会的要求。这虽然滑稽地说也可以仍叫它做"学校"之旧名，——此毁校造校论之所以谈造校之故——然而这毕竟是有点近于诡辩的。试问不要毕业年龄的限制，不要专限于求学，不要有特定的场所和设的机关，这还成什么学校。所以我们与其呼它做学校，到［倒］不如呼作"教育化的社会"之为切合了。这种教育化的社会，正是我们理想的教育制度完全实现时的形状。照现在教育家在实际教育上所努力的趋向看来，——即是扩充学校的趋向——这种理想迟早必要达到的。我们现在的责任，只要努力的揭开这种趋向的最终点，使大家认清这个目标，好快快地想缩短路径之法，使这种理想得以早些实现罢了。

我们在现今各种关于教育的新方案上，很容易看出这种演进的一般趋势来。这种演进的趋势，可以分作三方面：第一是教育年龄的逐渐延长，如同幼稚教育的发达，早教育的提倡，优生学的进步，成人教育的渐为人注视，补习教育的通行于各国，这都可以表明旧日限制年龄的学校教育已经不够应付社会的需要，而必须延长的了。这是第一种趋势。第二是教育活动的逐渐复杂，如同各种新学校中对于工厂的设备，钟点制的打破，科目的渐趋于琐碎与复杂，学生自治之发达，学校对于社会之中心运动，各种娱乐事业——如戏剧电影等——之加入学校范围，这都可以表明旧日专限于读死书的学校教育已经不够应付社会的需要，而必须复化的了。这是第二种趋势。第三是教育范围的逐渐扩大，如同学校面积之扩大，职业教育之普及，社会教育之日渐增高其地位，这都可以表明旧日局促狭小的学校已经不够应付社会的需要，而必须扩大的了。这是第三种趋势。这三种趋势，总起来只是一个趋势，便是教育的逐渐趋于社会化。因为教育是应社会需要而生的，现在的教育制度太不能应付这个需要了，这是各种新花样所以应时发生的缘。"教育的社会化"正是应付这个潮流的惟一法子，也就是我们理想中教育可能达到的惟一方向。

但不但"教育"有"社会化"的需要与趋势，即"社会"也有逐渐"教育化"的需要与趋势。现在的社会离教育的理想太远，所以弊害百出。我们在上段所举的诸例中，可以看出教育的逐渐接近社会的趋向，也可以同时看出社会的逐渐接近教育的趋向。近代有名的"花园都市运动"便是促进这个"社会的教育化"的一种利器。我们须知"社会的教育化"的真意味，并不是指全社会的人从早到晚都抱着本书去死读的意思，那只能叫做"社会的书本化"，或者"社会的学术化"，并不能叫做社会的教育化。只有全社会中造成优美良善的教育环境，使处其中者一举一动自然有教育的意味发现，这才是我们所谓"社会的教育化"。

现在的社会，因为科学的发明，对于"教育化"的帮助着实不浅，最显著的如同留声机及活动电影的发明，使我们的教育界得到莫大的恩赐。现在这些发明在教育上的利用，不过初试其端，还不曾有过甚大的贡献，但我相信不过数十年之内，许多科学的发明，将逐渐尽数利用于我教育界，到了那个时候，我们谈教育的才有真正的理想可言。

从以上各段的举例看来，我们理想上的教育制度是如何也就不烦言而自解了。我们不承认现行的学校制度为理想上的教育制度。我们虽承认就现行学校制的演进的趋势看来，终必有达到我们理想的鹄的之一日。但到此时候，学校的原始特点，实已破灭无余，非复与今日之所谓学校制者，根本同是一物，强被以学校之名，实属无谓。且即使这种自然的演进可以完全达到我们理想的鹄的，然而自然的演进是着实缓慢而且难十分确定的，与其萃数十百年全世界大教育家之心力来改良学校，使应付自然演进的趋势，以逐渐达到我们理想上的鹄的，则不如趁早不要把眼光局促于学校制度之内。我们且撇开学校教育的正统观念，来看同时的学校教育以外的教育制度，有无可以供我们奖掖诱进以能达我们理想的鹄的的。我们寻找结果的答案，便是"有的"。这便是一向人所不注意而目下渐渐要伸出头来的"社会教育"。本来社会教育的涵义甚广，便是学校教育也不能不算社会教育的一种，不过学校教育因机遇好的缘因，乘势利便爬上教育正统的宝位，于是遂妄自尊大，忘记了他本是社会教育手下的一公子，而竟以自己与社会教育及家庭教育鼎足而三，而且隐然以自己为正统，目其他二者为旁枝起来。我们的趋炎附势的教育家，也跟着随声附和，一味替学校教育瞎捧，——这自然是因为大多数的学者都吃着是学校教育的饭的缘故喽！——可怜那越在草野的社会教育，数千年来被人视为引车卖浆的同类，我们的教育学者，从不拿正眼来看一看，直到现在社会日益复杂，那顽固学校王爷应付不下这革命的潮流来，弄得手忙脚乱，朝下一道变法上谕，夕纳一个改善条陈，终久是难得使人满意，才不得已拉出这个社会教育，叫他们作议事大臣来帮一帮主子忙，可怜那沉沦了几千年的社会教育，到此才稍有出头之日，然而这样的待遇便算已满足了吗？我们以为决不然的。我们相信从原始教育发生的意义，从社会上对于教育事业的需要的理由以及从历史的演进看来，这把"教育正统"的交椅，总是社会教育的家里的。学校教育只是半途跑出来的一个三花脸。他得到正统的位置，是徼幸来的，是暂时的。现在当此革命潮流汹涌之日，我们的稍明白事理的教育学者，应该明白承认他学校教育不配作教育的正统。我们应该承认社会教育是我们真正的主子。我们应当借历史的证据和社会的要求这两件法宝，把现在龙位上的假国王赶走，而从八角琉璃井中请出那个真国王来。我们应当明白现在的教育所以弊害百出的缘故，都是这位假国王本身的毛病，无论他怎样宣布改良，宣布立宪，总是不中用的。我们只有请出真的国王来，才能医治了这个大病。我们并且须晓得我这位真主子，是十分共和的，十分大度的，能够包纳许多不同的主张在内，——便连学校教育也可包括，——不像那现在站在龙位上的学校教育的度量那样狭窄，什么东西都容纳不进。因此，我们要大胆地作"复辟"的运动，只有明目张胆地承认社会教育是教育的正统，而且与我们未来的理想鹄的是最容易接近的，用全力来促进他的势力，扩张他的地盘，改良他的组织。这才是我们的现代教育家所应当做的一件事。至于那学校教育，我们纵然不去澈底推翻他，也只有任其自生自灭罢了，而且假使我们这个"勤王"的社会教育国组织成功之时，那不能应付时势需要的学校教育，断没有不来投降在我们旗帜之下的。

我们理想的社会教育国是这样的。

在一个广大的社会中，这社会被许多科学的发明所帮助，得到了紧密而连接的关系，感到了彼此无比的亲切，在我们的这社会中到处都充满了教育的意味，——环境的教育——我们可以随时在一里半里之内，得到一个丰富的小图书馆。我们可以在十步五步之内，找到一块甜美的小公园。我们在每一个村落间，都可以找到有科学家在小小的实验室内工作。我们在每一个街市间，都可以找到有艺术家在窄窄的艺术场内表演。我们可以藉无线电话的力量，不出门而听到大音乐家的奏技，大宗教家的说道，大学者的讲学。我们可以藉无线电报或其他交通利器的力量，于半分钟内得到了万里外世界公立大图书馆内我所需要的珍藏的书籍。我们可以藉光学的发明，在天空中看到了当日的全世界新闻。我们可以藉电相与影剧结合的新发明，在每家的墙壁上看到了万里外所欲看的大戏剧院的舞蹈。我们不要热闹翻天的大都市了，全世界便是一个大都市。我们不要乌烟瘴气的大工厂了，全世界便是一个大工厂。我们的农田同时便是我们的校园。我们的街市同时便是我们的博物馆。我们的人每日里有正当的工作，正当的娱乐，也有正当的学习，——自然也有每人应得的正当的面包喽。——我们的学习机会是随时随地都可得到的。那什么简陋的补习学校，简直是博物馆里的标本。我们的小孩子，也不要进什么牢狱的学校了。他可以从到处听得见的谈话中得到了正确的言语智识，从到处看得见的标志中得到了正确的文字智识，——自然只有文字中基本的二十八个字母，（以世界语来说。）十六条文法是需要人教的，别的都可以从习惯中去学习了。——从丰伟广博的博物院或大影戏院中，得到了正确的历史智识，从半点钟内环游地球的飞行中，得到了正确的地理智识，从随时随地的田园中，得到了正确的博物智识，从随时随地的艺术生活中，得到了正确的审美智识，此外如同伦理道德以及算术几何之类，自然更易从日常生活中学习的喽。我们倘若对于某一种学术意欲为精深的研究呢？那么或者坐上飞艇立刻到某地的研究室中，随着某大学者去行作实验，或者更舒服一点坐在家中随便打个无线电话，自有世界公立大图书馆藉极快的传达器，替我们送来，所要用的书籍仪器，或者随手拨一拨墙上的电话机，便可以与千里外的某大学者谈话。倘若是从事于职业的呢？那自然某一种职业即是某一种的职业学校。我们在工作中随时可以得到学习的意味，这样学来的智识，才是确实的，不像现在学校的样子，一出校门便什么也忘记了。到这个时候，我们自然不需要什么学校了。我们的全社会，便是一个大学校。我们从受胎到涅槃，生于斯，长于斯，死于斯，工作于斯，娱乐于斯，学习于斯，我们一辈子过得是学校生活，也就是一辈子过得是教育生活。但这个学校生活，却不是现在那样背家庭、离乡里、埋头书本、干燥无味的学校生活。

从上文看来，我们所理想的教育制度是容易明了的，他只是把现在的学校制度一方面扯大延长，使他的年限和容积都与全社会全人生相等，一方面将学校制度所有种种缺陷——如缺少性生活的经验之类——都除去了，使较接近于社会一方面，也将社会制度所有种种的缺限[陷]——如缺少教育意味之类——都除去了，使更与学校相近，一方面可以谓之为"学校的社会化"，他方面又可以谓之为"社会的学校化"。这两方面努力接近的结果，便是社会与学校全然合为一致。这种全然合为一致的境地，我们将何以名之呢？则名之曰"社会教育"。现在的学校制度是只顾了教育而忘了社会的，——结果也就不成为理想的教育了。——现在的社会制度是只顾了社会，而忘了教育的，——结果也就不成为理想的社会了。——具此二者之优点而无其缺点者，只有社会教育。现在的社会教育制度虽然简陋，然只是具体而微，并不是根本有毛病。那么，倘使我们的教育家把已往改良学校教育的力量都拿来用在促进社会教育上，其前途一定不可限量，可想而知。

我们在前段中所描写的理想教育制度，是很浅近可笑的，因为只有诗人艺术家及科学发明家才有伟大的想像力，我们既不是诗人，又不是艺术家，又不是科学的发明家，当然不能对于一个未来的教育制度想像得十分真切，不过我总相信这个描述决不是空想，是确可以达到的，而且到了真正达到的时节，必比我这想像的描写更伟大，更复杂，更真实些。但我们从这贫薄的想像描写中也可以略看出一二我们所理想的教育制度，是古已有之的。我们只要翻开上篇第二节，"教育制度之历史的考察"文中未独立以前的教育制度一段，便可以明白我们所理想的教育制度是与我们几万年前老祖宗所曾有的教育制度是一样的，都是想从环境中获得教育的效果，而不用那些畸形的设备的，不过所差者一个无意，一个有意，一个纯任自然，一个以人为为主罢了。——这两个区别很要紧，这是我们理想的教育制度所以根本与野蛮时代不同的缘故。所以就表面上说我们也可叫这个理想教育制度的主张，做"教育的还原论"。我们的"教育的还原论"，便是要扫除尽这些自贵族社会以来因特殊阶级的特殊生活而产生的特殊教育制度，老老实实还到他本来的为生活而教育的面目。这个本来面目只有在浑浑噩噩的野蛮社会中可以找得出来罢了。

但这个名词若用起来，或许易使人误会以为我们是倾向于自然的教育说想打破人为的羁绊，纯任天真的，这并不然。我们虽亦主张从自然生活者去获得教育，但所谓自然生活者意义甚广，并非不包含社会生活在内。我们的主张乃是一种"环境的教育"，只有改良环境使人于日常生活中得到真正的教育效果才是确实的方法，那些人为的注射是不成功的。我们觉得于社会以外别设学校，无论如何决容纳不进全社会全人生的人的。只有使社会变为一个大学校，自始至终，自西至东，教育的泽才能无所不被，对现在教育制度的偏枯而言，——偏于少年的，偏于学习的，偏于经济充足的，——我们理想的教育制度，是包含着全社会、全活动、全人生……的，这是"全民教育论"所以成为标题的缘故。——因为此问题非成为专书不能讨析究尽，本篇不过发端而已，故赘曰"发凡"。

"但你这个理想的社会教育国之描述，不太有点偏于幻想了吗?"小心谨慎的人一定要这样地问，我坚决的答道：不，不，我相信我所描述的事实，只有太不及了的地方，决没有太过了的地方。我可以从两方面来证明我的理想有成立的可能。

第一，我先从学理方面证明这样的理想，是可以达到教育的效果的。我们的理想教育制度的根据，便在"环境"与"教育"的这一点关系上。我们承认环境是影响于人本性最大最强的势力。一个人生下来固然有善恶智愚等不同倾向，但好的环境能使善的倾向日益发展，而恶的倾向被其阻抑，智者愈趋于智，而愚者亦较为变得智了些，恶的环境则恰与此相反。这是我们一般可以承认的。一个人生在贪懒的社会里，他能够凡事卖五六分力气，已经算很勤奋的人，但他若生在一般都勤奋的国里，他必能卖出十二分的力气来。教育的效果，不过在变化气质上，但先天的气质，我们是很难得变化的。我们只有在环境上面努力，使他好的气质得以尽量发挥，而恶的气质不至发荣滋长，这是我们所可以努力的地方。不但社会同自然界的一切装点算是环境，就是我们应用了优生学的方法改良种族，也算是改善环境的一法。人是活的，不是死的，是逐渐变化的，不是立刻造成的。无论是品格或是技能，是智识或是体力，只有从日常生活中习惯得来的，才是确实的可靠的。便是在现在社会中，视学校为唯一的教育制度的时候，试问我们一生的品格技能智识体力是靠在学校中所获得的多呢？是在学校以外的日常生活多呢？是学校中所获得的确实呢？是日常生活中所获得的确实呢？我们的小孩子并不曾受过一点半点课本上的言语智识，但他长到五六岁的时候，自然会说得很流利的中国话，然而我们的大孩子在学校中读了七八年英文，有时还达不出一段很清楚的意思来，这是人为注射与环境习惯的分别。我们在地理课上读过了多少大都市的情形，不如我们到上海游历一次所认识的亲切，这是人为注射与环境习惯的分别。我们在伦理课上读过了多少接人应物的礼仪，不如我们去到交际场中走过这么一次，这是人为注射与环境习惯的分别。现在的新教育学说，新教育方案，都渐渐知道实际去做，比空谈学理容易得益的多。因此，如设计教学法，如格里学校制，便都注意于实验的方面。这可以间接证明我们"环境教育说"的非属空想。但我们却想更进一步。我们以为现在新学校的注重实际经验，虽似较从前空谈学理者为好，但仍然是不够的。他只是实验的方法，而不是自然习惯的方法。实验是有意的人为的，习惯是自然的环境的。譬如学化学，在化学室中作实验虽较教室中课本的讲授为较易获得确实的智识，然而不如他到化学工场中做技师的时候所得的智识更是确实。又如学商业，虽然在学校设的实习商店中较教室中纸上的空谈较易得益，然而假使他去到普通商店中去作一个学徒，他所获得的智识必更确实。这犹就智识方面而言，若以品格及技能的陶冶而论，则真的日常生活与假的实验生活之差别，更为显著。我们在学校自治会中所学得的公民道德，断不如我们在真正民治国家下做一个公民所学得的那样真实。我们虽可以在学校演剧场中练成演戏的技术，但到了市场上大剧院中在千万的观客之前奏技的时候，我们便感觉到不能像学校中同学面前奏艺时那样可以随便了。这因为实验的行动，无论如何，总是"拟"真实的，不是真实的，使人不能感到真实的意味，则于此事物之实际内面，必不能真实捆到。譬如我们在学校的家事课中，尽可以装成父母子女的完备家庭，但是实验一终，你东我西，父母与子女，毫不相干，这样的关系，即使在正实验时，也感不出父母对子女的真爱来，感不到真意味的，做作便不过依着教师书本的指导，照样画葫芦而已。但我们若去到真实的家庭中去参观一回，便知道父母对子女的爱，是决非假扮所能领略的。因此我们觉得只有环境，才是教育的利器，只有日常的真的生活，才是理想的学校，只有习惯，才是理想的教授法。固然自然的环境与教育目的相冲突的地方多得很，然这时，我们的力量，便可都拿来用在改善环境上。我相信一个人，从小到老，倘若生在一个到处都是李白杜甫弥儿顿摆伦的空气的社会中，即使他没有受过半点钟的文字教授，他也必能诌出几句诗来。因为我们有了环境教育说为根据，故此我们相信，我们的理想教育国，是确实可以达到我们所理想的教育效果的。

但是怎样才可以达到呢？假使你不能证明这个理想有实现的可能，则这个空想岂不终于是空想吗？因此，我们的第二步便要从实际方面证明这样理想确有成立的可能。说到这里，我要请读者翻回头去将上篇"教育制度之历史的考察"一节重新看一遍。我们在那篇中只叙述一个教育制度在历史上演进的大概，还不曾进而讨究其演进之一般理法，但我们从那里便可以看出来这演进是依据于他所处的背景的，在什么社会中方能产出什么的教育制度，而最大的决定教育制度演进方向及形式的原动力还是经济。我不是马克思的完全信徒，但比较上是赞成唯物史观说的；即使我们不赞成唯物史观的说法，而经济情形对于社会各种制度的影响为极重大，我们总不能不承认的。我们对于教育制度的演进的理法很容易拿经济情形来解释的。为什么在游牧的社会中不会有固定的学校出现，因为那时代的人都生活在一种"迁徙往来无常处，以师兵为营卫"的社会中，当然不能有固定的学校发生。这是情理所必至。为什么在中国及印度这样广大的农业国中，便有类似私塾的制度发生，这因为在农业社会中生产的单位都是分散的。他们没有近代那样大都市，那样几百万人集合的大处所。他们的欲望是简单的，生产力是微弱的，社会统制是散漫的，在这样的社会中只能产出一个个以农村为单位的小学校，决产不出近世规模闳大的大学校来。这也是事理之当然。到了我们现在的大工业社会中，生产的原动力都集中于大都市，这大都市中人口是众多的，生产力是丰富的，统制是精密的，有了这种集中的经济制度，自然会有集中的教育制度与之相应。所以在我们现代为经济中的几个大都市中，其学校之伟大闳丽，决非往古农业社会的私塾教师所能梦到。我们现在的学校不但形式上受了工业制度的影响，即精神上也受了工业制度的影响。我们现在的学校已脱离了人与人的关系，而进为制度与人的关系。我们的学校只是一个大工厂大商店，学生是它的原料，教员是它的技师，上课是它的作工，课室是它的工场，粉条黑板是应用的斧凿，分数成绩是品类的标志，我们的学校既不是以大多数的学生为主体的，又不是以较有智识经验的教师为主体的，它的主体只是一本薄薄的章程，几条疏疏的规律，全学校的人成天到晚受着这章程规律的支配，碌碌地转个不休，正譬如受汽力发动而旋转的轮机一样。这样的制度，好的方面是能应用科学的管理法，以较少的努力产出较大的效果；坏的方面则埋没了人对人的关系，而成了规律的奴隶。但纵然不满意这种情形的呼声很多，然而要改变是很难的，因为它背后有必然的经济基础在那里。我们现在虽然有意恢复个人的讲学制度，是万办不到的了，因为我们的科目，我们的教法，我们〈的〉组织都太旧了，不能应付这样经济社会的需要了。

从以上看来，我们对于教育制度的演进的理法的解释也就很容易回答了。教育制度的演进也和其他社会制度的演进一样，是被决定于经济制度的情形的。我们倘若理想未来的教育制度是怎样，我们必须先了解未来的经济制度是怎样。

说到未来的事是怎样，自然是一件很危险的事。我们不是预言家，不是先知，怎能知道未来的情形是如何。然而我相信社会的演进也同天体的进行一样，是有理法可寻的。我们现在虽然不能明明确确预言一千九百五十年的社会是怎样情形，——我相信这是现在社会科学未进步之过，——但从现在一般的事件内未始不可找出一点半点线索来。我们也许凭这一点线索找到未来的环结，但也许不幸而找错了，所以说是很危险的事。

我们在现代社会一般情形中所找出来的一点线索，是看见现代社会因科学的发明而使都市与乡村逐渐接近的事。现代关心世道的社会学家都忧虑大都市的发展过甚，致影响于农村之减灭，这是不错的。但我们可以想像一个几百万人口的大都市决不会丝毫不依赖农业生产的供给，这是无疑的，那么农业决不会因大都市的发展而消灭，这是无用杞忧的事；假使有一天农村全数消亡，而农业也决不会消亡的，——除非将来工业的发明可以全数代替了农产物的功用，——因为有供给与需要的经济关系在那里。人类决不是傻子，决不会看见大利不往那里趋，白白地饿死的道理，那么大都市的发展就不过是农村的灭亡，而决不是农业生活的灭亡。他不过将从前分散在各地的农村都收集来圈拢到一个大都市里面罢了。我们假使想像这样大都市的无限制的发展，它的结果将到如何地步。假使北京这一个大都市算它有百方里的面积，然而北京城外四周以种田种菜为生的农村与北京市民发生交易的关系，至少也当在四百方里面积以内。这个四百加一百的面积，才是北京这个大都市的真正面积。假使北京膨胀到日本东京那样大，有它的三倍，那么连它的供给区域合算在一处，便应当有千五百方里的面积。再若膨胀到英国伦敦那样大，有它的七倍，那么它便应当有三千五百方里的面积。在现在的情形，都市的主体与它的供给区域是分离的，显然可以看出两者的不同点；——一个是人多而地少的，一个是地多而人少的，但这并不是都市的本来性质如此。这全是受了生产器具和交通器具的影响的缘故。我们现代的生产器具主要是汽力，以汽力为生产的器具者，必需要集中的人力，集中的场所，集中的制作分配机关，这几种需要，便决定了我们现代大都市的性质。在现代的大都市中，生产者与生产所的距离是不能很远的。而况我们现代的交通器具也尚不能有超过我们都市的面积的速度，我们还不能于一小时内从天津走到北京，再远的地方更不用说了。因此我们的工人必须挤在几百方里以内的一个小区域内，才能达到早出晚归的做工目的。而尤其更要紧的，是许多消费者非住在都市上不能得到他所欲求的消费品，这是我们的人口集中于都市的原因，也就是都市不得不与四围的供给区域分离的原因，也就是都市不能无限制地发展的原因。但这并不是都市本来的性质是如此，是显而易见的。假使我们能将生产器具与交通器具改良，这种情形立刻要变的。假使我们的生产器具有了分散的倾向，我们的人口就可以不再集中于都市；假使我们的交通器具更加神速，则都市可为无限制的发展，而乡村与都市亦自然无隔离的必要。现在这种倾向并不是没有；日本的学生每天从横滨到东京上学的很多，中国假使有了日本那样便利的交通，则住在通州往北京来做工亦不是办不到事。我们看了现在交通器具的日益进步，觉得想像一个无限发展的大都市并不是幻想的话。我们现在坐飞艇几分钟内可以飞过英法海峡。我们从大西洋到太平洋藉长途电话的力量可以随便谈话。我们的无线电报几分钟可以绕地球一周。那么，假使中国的科学有了超越这个以上的建设，则把二十二行省拢合作一个大都市并不是不可能的。我们现在的都市到那时如同家屋一般，我们的农村便是我们的隙地。从北京到上海不过需骡马市大街走到正阳门那样的时间。我们现在一刻钟内从英租界可以走到半淞园，那时也许以同样的时间可以从成都到西湖游一下。如果这个理想可以达到的时候，我们还要现在集中式的大都市做吗？然而这并不仅是泛泛的理想，我们从现在科学进步的情形看来，不过几十年中这种情形自然会达到的，——其实就以我们现在这一点科学成绩而言，如果社会组织有了合理的变动以后，这种理想也很容易实现的；我们现在并不是不能于几点钟内坐飞艇到西湖一游，只是没有钱买不起票罢了。这单就交通器具的进步而言，已使我们对于前途很有乐观的希望。倘若生产器具因电力应用的影响不必定集于一个场所，那么山拗水泊，有风景即有工场，这样，我们的工人便不必望［往］都市里跑，而那种杀风景的煤烟炭雾自然永不会见。我们的诗人也就不必慨叹于科学的讨厌了；——我对于电力工业的内容知道得很少，但我相信它与汽力工业必有不同之点，而二十世纪必为电力支配之世界，如十九世纪为汽力支配一样。我们研究教育制度改造的人，对于此事不可不注意。我想倘若将来有到美国学习的机会，对于此事必当加以充分的研究，如其他同志能对于此点予以帮助自更好；——这岂不是更有希望，更可乐观的事么？到了这个时候，我们的人口无集中的必要，我们的教育制度当然也无集中的必要。但却不是恢复于旧日农村学校的陋态。我们是有比现在学校更伟大更雄阔的教育制度。我们是把全社会变作一个大学校。我们可以到更大的图书馆中阅书，更富的博物馆中游览，更精的研究室中研究，更多的运动场中体操，更复杂有趣的日常社会的讲堂上学得立身应物的真正智识。我们并不是毁弃学校，我们是把现行学校制度的劣点除去，而单采用它的优点，且把范围推广放大便了。我们倘若晓得现代有名的大学校比旧日的私塾有大至几倍的，我们便不必惊异未来的学校定要比现在的学校大至几百倍几千倍……了。到那个时候倘若我们的经济组织也有了合理的变动，——照现在的一般变化看来，这自然也不算空想，——我们应用科学的原理与教育的原理去配置一切社会上的事。我们的农田，我们的家屋，我们的工作方法，我们的社会生活，我们的政治生活等等，都依着科学与社会的原理去配置好了。那么"环境教育"的理想有何不能成为事实之理？你定说这是空想么？那么请看几百年以前那样狭小的农村怎会变成伦敦纽约这样的大都市，那样局促固陋的村塾怎样会变作哈佛耶鲁这样的大学。一个人只要肯从历史的比较的方面去用一番心，他必能分别事实与空想之不同的。

六　如何促进理想制度之实现

本节之中单讨论怎样使这种理想的教育制度实现的方法。大凡一种制度的演进不外乎两方面，一种是循自然之轨道以进行的，一种是加以人为之努力的。人为的努力虽不敌自然势力之伟大，但若善用之，总可以促进或缩短其进行之路。本节的意思，即欲研究我们生在此时，苟表同情于此种理想制度而欲促其实现，当采取何种态度，换言之我们现在盼望改造教育制度的教育家应如何下手？在研究人为努力的方法之前，对于自然演进的道理也不妨看他一下，因为我们承认教育制度的演进是有理法可寻的。我们即使丝毫不用有意去鼓吹，也会自然达到这个境地的，不过来得或者缓慢一点罢了。

为什么晓得不用有意的努力也可以自然达到理想教育制度出现的境地呢？这其间有两个解释：——

第一个是就现在生产和交通方法的进化方面看出来的。我们在前节已经看过，决定教育制度演化的方向的，是生产和交通的方法。我们现在大规模的集中的教育制度，是大工业社会下必然产出的教育制度。我们又看出从现代生产和交通方法进化的趋势看来，这种集中的大工业社会，其范围必一天比一天扩大，必有一天将全世界合为一大都市之一日；但这种扩大从反面看起来也就是分散，因为我们到处都是都市，所以不需要一个特殊的人口集中的都市，因为我们在都市以外再没有田园，所以我们的都市便是田园。在这种社会之下，我们的教育制度的容积要比现在大多少倍，但用不着集中了。因此，从工业演进的趋向看来，我们教育制度的演进趋向是不会走错的。

第二个是就现在社会组织的变化方面看出来的。我们现在的社会制度是大工业生产方法底下必然的制度。我们的资本集中的情形，引起阶级不平的呼声，是人人所知的。但这种资本集中的将来究竟伊于胡底，却没有人能知道。只有社会主义的祖师马克思曾告我们这种资本集中的结果便是社会主义国的出现。我相信他的话是不错的。因为无限的集中，结果便是分散，无限的不平均，结果便成为平均。这并不是什么玄学上鬼名词，乃是事实上当然如此。所以大工业的发展，并不是社会主义之敌，而正是社会主义之助手；我相信只有在工业十分发达之国家，才能产出真正的社会主义国家来。像俄国和中国这样工业幼稚的国家，结果只能产出伪的社会主义国，决产不出真的社会主义国。所以虽以列宁之坚忍雄毅，也不得不让步而采取新经济政策。但工业的发展乃是自然的趋势，虽在十分幼稚的国家，虽在一般妄想以农业立国的国里，大工业制度也终久不能不随潮流而建设起来，——但是自己建设抑或待人家来替我们建设却是一个问题了。——因此社会主义之出现乃是迟早间必然的事。我们现在的主要教育制度，——学校，——实在是资本阶级的教育制度，非有钱的人不能完成全部的学业。就这一点看来，此种制度已不配称我们的理想制度；但假使社会组织不能变更，则此种制度亦不会消灭。我相信只有在社会主义的国里，这种理想的教育制度才能充分应用，但社会主义国是可能的，而且必然达到的，所以我们的理想教育制度也是可能的，而且必然达到的。我相信每一种社会组织之下，都有他特殊的教育制度，譬如农业社会有村塾制度，工业社会有学校制度……那么，未来的社会主义的社会之下，自然也需要一种新的教育制度了。我们的理想教育制度便恰好补了这个缺，——关于理想教育制度与社会主义之关系，此处不能细讲，留待别论。从社会制度的演进的趋向看来，我们的理想教育制度也是自然会达到的。

晓得了自然演进的趋向如何，我们对于人为的努力便应当更有了信心，更添了些勇气，因为我们相信在这件改造的工作之中，我们是必操胜利之券的了。我们现在所要作的只是研究应当采取的改造的手段有些什么罢了。

我以为我们应当采取的手段大别只有两种：一种是促进社会使实现教育化的手段，一种是促进教育使实现社会化的手段，后者是我们教育界中人所独任的，前者呢，虽非教育界中人所能独任，而我们教育界的人也不可不参加于此工作的。

怎样可以促进社会的教育化呢？有两件根本的工作是不能不预备的：

第一是促进科学的发明以为社会教育化的利器。我们既知道科学的发明可以影响于生产及交通的方法，而生产及交通的方法又可以决定社会制度以及教育制度的性质。我们又知道我们所理想的未来的教育制度有许多地方是非藉科学发明的帮助不可，因此我们现在有志改革的教育家，应当用全力赞助科学的事业，或者直接加入科学界，——尤其是自然科学界，——作一个研究者、发明者；或者间接鼓吹科学的信用，培养科学的人才，以及用其他方法帮助科学的发展等等。尤其在我们这样科学程度落后的国家，愈有用全力来赞助的必要。

第二是促进社会制度的改造，以除社会教育化的障碍。我们前面也看过社会制度与教育制度是相应的。我们所理想的教育制度只有在社会制度改造到较美善以后才能有充分实现的希望；因为现在是阶级的社会制度，所以教育制度也是阶级的。我们要希望有全民的教育制度，不能不先希望有了全民的政治制度，全民的经济制度……所以社会制度的改造是不可缓的。我们的教育家应当直接投入社会改造的总运动中，或者社会上一部分制度——如政治制度、经济制度……改造的分运动中，作一个分子，或者虽不加入其他运动，而对于他们的运动应当加以赞助和同情。

以上两个手段是促进社会的教育化的根本的手段。此外就目前现状而论，有几件事业也不妨去作的。

第一是改良都市的运动。现在的都市因为纯任自然发展的缘故，不满人意之处甚多，所以改良的运动也因之蜂起。如花园都市运动（Garden City Movement）其最著者。我们都市的教育家应当赞助这个举动，或改良旧城市，或建筑新城市，总之以利用科学的发明使乡村的美质逐渐加入都市内为主。此种美善的环境对于教育大有关系。在我们中国都市尚未发达的国家，对于这个问题尤当"未雨绸缪"，自必"事半功倍"。

第二是改良乡村的运动。乡村所以比都市好者，在与自然的环境接近，其不如都市者，在物质的享受较缺。我们现在的乡村的教育家对于乡村的改造应当加入赞助，务使与都市逐渐接近，得以享受与都市同等的物质生活。倘若在乡村能够享到与都市同等的物质生活，而又无都市的局促狭湫的弊病，那么我们的人口决不会集中到都市去，而我们的普遍的社会教育制度也就可以成立了，但这非藉科学发明之力不可的。

我们再看怎样才可以促进教育的社会化呢？这个问题是我们现在教育界的人士立身行事最重要的问题，不可不加以注意。据我的意思想来，我们所可采取的手段大约有以下几种。

第一是就学校制度为改革的运动，将学校以内种种非社会化的特点除去，使逐渐接近于我们所理想的教育制度。这是在现行制度之下较易采取的办法，也是一般所已经无意中采用过的办法。但我们必须注意，学校制度有几个根本的不可逾越的非社会化的特点，如教师学生阶级的区别，毕业年龄的限制，缺少亲子爱情及两性爱情生活的内容等等，是很难得除掉的，所以就固有学校为改革的运动似易实难。不过现在学校制度在教育上的权威是很高的，倘若在学校的名义之下为这样的运动，也许可以免除一般的疑虑。

第二是以乡村为根据，建设一学校式的模范乡村。我们的理想的教育制度是"即是学校即社会"的，但以学校制度为根据而采取一切社会的特点是很难的，不如以社会为根据而采取学校的种种优点，较为容易；因为社会大而学校小，社会能容纳了学校，而学校不能容纳尽社会的缘故。我们现在若欲使全社会为教育化，是非全盘改造后不能的，但一部分的改造却并非不能做。我的意思，目下的农村为社会上一小单位，我们倘欲建设理想的教育制度，不妨先从这里起实验。我们可以创立这么一个团体，或以学校名，或不以学校名，——为免除社会的怀疑起见，以学校名最好，为表示特殊性质起见，不以学校名亦好，——但无论如何，主其事者必须明白我们的团体与学校有根本不同的地方。以这个团体为根据，逐渐吸收乡村的青年少年和儿童，凡加入这个团体的，——循俗之名亦可叫他做学生，——在团体内部得到许多富有教育意味的经验。同时对于团体以外的乡村自治，也应当以友谊的或一份子的态度来设法促进。一个乡村是很小的，人口是不多的，只要十几年工夫，使全村的人都了解而习惯于我们的新生活，则我们的理想教育国便可以建设起来了。倘若这种运动逐渐推广于各农村中，则接近的农村自能彼此联合而大的教育国也可以出现了。但农村的规模太小，力量太薄弱，所以充分的实现我们的理想是较困难的，只要差不多便算成功了。

第三是以都市为根据而为社会教育的设施。这个与前段农村中所采用的方法当然大同小异。都市所以胜于农村者，在能力充足，可以充分经营；困难者在情形复杂，较难运用自如。非先有努力的宣传运动，使大多数了解此种教育政策之需要，是不能成功的。

第四是以全力来促进社会教育的前进，加增它的内容，提高它的地位，推广它的面积，使它一跃而为教育制度正统的地位，我们的改造教育家对于此事总应当用全力来做的。

以上四种方法是就一时所想到的而言，自然不免有缺漏之处，好在实行方法非本篇主要所讨论者，且其实亦随时随地方法不同，不能预先固定，故不必再说。但我们以上所说的方法都是就我们的主张已经有了相当根据为一般教育家所承认之后而言，至于在目下，这种主张仅是一种粗枝大叶的纸上空谈，既不为一般教育家所注意，——承认与否自更不必说，——又其未来之生命如何亦尚难保，——或者竟不过成为一种文章的游戏而已，——在这个时候，我们喜欢对这个问题加以注意的人，——尚不敢说赞成不赞成的话，——应当取何种态度呢？

我以为我们所应取的态度是这样：——

第一步自然要先"研究"。凡注意于这个问题而欲看它的究竟的教育学者，都应当把他们一部分或全部分的工夫花在这个研究上。我们一方面就已往教育先哲的书籍中看看是否有与我们相同或者正反对的理论，而审查其是否。一面就历史上为精博的研究，对教育制度之演进发展之痕迹十分明了，且从事而发见其当然之理法。一面就现在各种教育上的新运动为精密的调查，看它有无大致的趋向，及这个趋向是否与我们的主张相合或相背。一面就各种社会制度的内容为大体的认识。再就专门家的判断而看其对于教育制度现在及未来的关系为如何。一面就各种形式的学校教育与各种形式的社会教育为比较的研究，看其彼此之优劣如何。对于这些研究所得的资料，我们都应当以极审慎极公平的为真理而求真理的态度判断之，既不可有依赖旧习的心理，又不可有武断和回护自己主张的心理。倘若经过这样的研究之后，如果站不住，自然会自己取消，如果站得住，再为第二步的进行。

倘若第一步的工程做完而此说尚站得住的话，便应当进而至于第二步的态度，便是"实验"研究所得的，无论如何征实，如何精密，终是理想的空中楼阁，它的真正的价值总应当从实验的结果去判断。我们不妨如前文所举，先就一个乡村或一个都市为这种教育即社会的生活的实验。实验的结果许我们的主张成立，或者不许我们成立，或者部分加以修改，都是可能的。倘若经过这样实验及修改之后，我们的主张有确实成立的可能，然后我们再进而执第三步的态度。

这态度便是"宣传"。我们或者著书立说，或者组织团体等等，这都是人所能想到的，可不必细说。

于是我们才可进而为第四步实际的运动，这便是前文所已举的几种办法了。这种办法同时并进之后，再加以自然的演进，我们的理想的教育制度自然会建设起来。

到了那个时候，我们才从"必然的世界"踱到了"自由的国家"。我们才有了与自然抗争的大利器。我们才可以用教育的力量改良我们的人种，——我们以为优生学也是教育的内容之一——改良我们的生活，发展我们的前途。我们才可于地球上实现了理想的天国；——这天国是几千年的宗教家所朝夕盼望来到的，也是我们几千年来的教育家所朝夕盼望来到的。但是我们的教育家已经抢了先着了，已经摸到了开天国之门的钥匙了，我们的钥匙上面刻着两个光耀的大字，叫做"教育"；我们这一篇文字的目的，便是希望把这个钥匙能够分给人人使用，不要专便宜了少数人。倘若这个希望可以用任何方法达到，无论它与我们本篇的主张冲突与否，我们都要叫它做"全民教育论"。

[附言] 本篇最后的几节，因为赶民国出版的期限起见，未免有未尽详析之处。现此文及其他同性质的文字数篇已汇为一书，由学术研究会出版，在本书中，著者将别为后论一篇；专就本文所解说未尽易□疑问之处，引申而补论之。但此问题甚大，以著者之□陋，所见必不能甚当，我们中国素以重视教育为传统的思想，现在国内智识阶级无不多少与教育界有点关系，倘若肯费些工夫来对此问题或其他同样的问题来考究考究，其收获必然可观。我以为我们的教育倘若要真有效果，不但需要有实际的教育家，也需要有伟大的教育学者出现，——别的事业自然也一样，——我们必须希望在我们中间有了海尔巴脱和杜威这样伟大的教育学家，我们的教育才有了生气，才不是纯粹抄袭的作品，在这伟大的学者出现之先，我们应当先尽驱除的责任，我们希望有美丽的花枝出现，也须先有几个肯做盆中泥土的人，我们基督要来了，但为他垫平道路的施洗约翰是谁呢？我盼望大家起来做垫平道路的运动，好预备我们的基督降临。

商务印书馆，1926 年 5 月。

初刊于《民铎杂志》第 5 卷第 3 期，

第 5 期，1924 年

与友人论办理想学校书
（1926）

某兄足下：

日前晤谈未尽所言，归后细思，觉欲言者甚多，因复函陈之。

今日中国教育之危机人人知之，然其补救之法则未闻有人建议，弟窃以为当今日教育受政治牵涉，风雨飘摇朝不保夕之际，一线生机，惟在私立学校。何则？国立学校今日已成垂死游魂，以云经费，则积欠数年，以云设备，则毫无布置，而最可痛心者，则循官厅之恶习，以学校为噉饭之所，以教育为养老之地，冗员数百，朝夕摇膝而坐，生数徒千，相从饱食而退，其黠者则更假政治化之美名，行结党私争之实，捧一校长，则饭碗数十，驱一政敌，则津贴数百，文妖政蠹，相与结纳，牛李纷更，蔚成怨府，偶有大刀阔斧，思欲一清积弊，非为众人排挤而去，即掩袂而就不洁之名，是今日之国立学校，无论无钱赡养，即令有钱，其纷争恐更烈也，其为无望，已可决矣。至于各省县地方，则有公立学校，其腐朽溃败尤有胜于国立学校，其经费竭蹶则亦相同。地方教育长官，不过军阀之侍子，颐指气使，惟命是从，其受命办学者，则皆资以为终南捷径耳，其无望盖亦可不卜而知也。其他如外人所办之教会学校等，姑无论其用心如何，成绩如何，即令果符于吾人之理想，然仰外人之经济，而令其代为培养吾国国民，稍有血气者当未有能甘于此者。然则谓今日教育之一线生机，惟在国人自办之私立学校，其言虽夸，然而非诞也。

然今日之私立学校其能负担此大任者几何？此又吾人所不可不审择者也。以吾人所知大多数之私立学校不过以招学生，卖文凭，营利而已，真能为教育而办教育者百不一见，其真能有确定之理想，精密之计画，牺牲一切以赴其所期者，则更千中而不能选一也，是故今日欲谈整顿教育当自整顿私立学校始，欲求整顿私立学校当自自办一理想学校树之模范始，此弟所深信而不疑者也。

然办理想之私立学校其难有数倍于办其他学校者，盖理想之私立学校其始发动必有一团人焉，共同怀抱一种理想，而对此理想欲发挥之使见诸实际，而又能亲身加入个个牺牲，则其学校始有希望。若此一团人之理想不一致，则其结果必致无所适从，若虽一致而不能个个牺牲，则不能不假手于外聘之人，则结果亦将反于所期。夫教育至艰苦之事也，起而行之事非坐而谈之事也。苟其始即无对于教育之诚意的兴趣，而又不能牺牲一切以从之，徒欲假手他人以实行其理想，则结果必无可言。再如受聘者与创办人之意旨本无十分之了解，而欲假机会因人以成事，结果亦必失败而去。此两者皆私立学校之危险也。是故弟得为之结论曰：私立学校者需要理想之学校也，需要自身实行其理想之学校也。若理想者与实行者判而为二，则其学校必不能达其所期，若发动者之理想与实行者之理想不一致，则其终必龃龉而去。是故为事者当慎之于始。

至云理想，则其说更繁。有超绝一世之理想，有蹈袭陈言之理想，有当时此地之理想，有俟诸将来之理想，此其在书生空想，固无施而不可，然苟欲施诸教育，以人之子弟为鹄，则不可不慎也。吾人今日之理想自当以救国为鹄，以养成救国之人才为主。所谓救国之人才者，必其体魄雄健，意志刚强，识见机敏心地光明，而又能对于实际事务多所观察，留心于经济之学者也。在此种目的之下吾人所首当注意者在求锻炼其体格，端正其品性，修养其胆识，而学问智识次之，以言智识学问则亦不贵应有尽有之常识，而贵在能适合其本性，发展其天才，而又确切能效用于今之国家社会者，换言之，即吾人所希望者在造成政治社会领袖之人才，而不贵造就一般之凡民。准此目的以行则其办法应有以异于常法者，请得为粗陈之。

吾以为今日而欲造就国家社会领袖之人才，则官板正字之学校章程绝不能胜任，何也？今之学校章程，一摇铃上课，按绩计分之章程耳。彼上课者，非为有研究兴趣而上课也，为摇铃而不得不上课也。彼读书者，非为自身有目的而读书也，为博分数而不得不读书也。彼其自始不过以科举荣进之观念来读书，而办学者亦即以毕业之奖励诱之，退学之刑章恐之，是举教育而入于科举之途也，如此而欲养成自觉有用之人才，吾未之能信也。夫数年以来，学者误于放任自由之名，恣为狂荡不羁之行，此稍有识者所同忧也，然忧之而求所以补救之道可也，必谓非官板正字不足以拯时弊，则吾犹有惑焉。

比年以来弟窃端居深虑以为拯教育之弊，求人才之盛，当自养成学者自觉之志气始，而养志之道，求之于今之学校，犹不如求之于古之书院也。夫书院之与学校，相去一间耳，然其间有大不同者。今之学校疲神于摇铃上课之事，尽终日之力以从事者智识也，学问也，而道德志气不与焉。夫一日之内，智识又智识，学问又学问，而讲论道德发扬志气之时间不过每周一小时之伦理学耳。此其欲造成宏通强毅之领袖人才，殆无术以达之也。若夫书院之制，则学者终日优涵游泳于其间，其终日之时间皆可为讲论道德之用，苟有岿然师表领袖其间，作之坊率，发其志气，诱其兴趣，使知其国家之危亡如何，民生之凋零如何，学者之责任如何，则必油然有澄清天下之志发于其心，此志一生，根本即立。学问智识皆自动而赴之，初不必以过扣分之术绳其后也。此志不立，则虽督之绳之至于再四，不过尽学校时代之数年耳，出校之后，所学即终归画饼，何则，彼其自始即未尝为有责任而求学问之心也。如是而办学校，虽生徒万人犹之无一物也。

是故为今之术，当自以书院式之办法为模型而创立模范学校始。此学校当自高中办起，以高中以前学生犹系不识不知之小儿，无天下国家之念识于中也。（初中以前当适用家庭式之管理，严加督责，以亲密遇之，此事另谈。）至于高中以上则学生已有相当之智识，志趣亦渐能审择，导之以正途，犹水之就下。设有一国之人个个怀抱此种理想，则可以教师之名义群处于学校之中，而不必升堂授一小时之课。其所用以感化学生者有二，一则无形之行为，二则有形之谈论。讲说谈论，茶余酒后，花前月下无不可以行之，不限时，不限地，不限人，亦不限题目，然其效较之有限者必大，以及非虚应故事之谈，而真情之谈也。至于智识学问则不妨仍为之分诸科目，每科指定应读之书若干，使学者退而潜玩之，周有问，月有试，年终有考，研究有论文，讲说有笔记。行为不饬，有督之者，体魄不强，有导之者，举校之内师若生，朝夕警惕于国亡之无日，自强之急待，经济实学之不可不讲，发愤励志以自赴于学，暇则导之以旅行，参观，服务社会，以及音乐戏剧文学之属，以养其容德，发舒其积郁，而正确其观念，登长城之山巅，临黄河之涯，寻黄帝之故丘，而旷观天下之大势，于此而犹有不屹然自树其志，以励学而救国者，未之有也。苟如此也，何必摇铃上课而始得为学哉。

弟愚见如此，世或有复古反动讥之者，弟不敢辞，然窃愿今之教育家一审百年立国之大计，无以成见横梗于胸，倘有毫末改良之机，窃愿竭其心力以赞助之，毋使人笑今不如古人也。

《国家与教育》第 18 期，
1926 年 5 月 22 日

联治救国的步骤
（1927—1928）

中国今日时局非联治不能解救，这是我们一向所坚信不疑的，而一般好讲究字面的人，看了"联治"二字，便以为有破坏国家统一之嫌，在他们心目中以为中国国家本来是统一的，何必更唱什么联治呢？北洋系首领如袁世凯，国民党首领如孙文，都是怀抱这种统一的迷信的，所以到今日其孝子顺孙仍然继承这种意见，竭力贯澈其武力统一的迷梦，而反对联治的主张。殊不知中国的国家自始就没有统一，十六年来纵横割据的局面，更证明中国眼下还没有统一的希望，袁世凯，孙文，段祺瑞，吴佩孚，张作霖，蒋中正等相继的失败，更证明武力统一之绝对无望。我们向来主张，"内求统一"，自然绝不会反对国家的统一而希望维持分裂的局面，但我们以为求国家的统一自有其正当的途径，决不是现今的卤莽灭裂的武力统一政策所能成功。中国的真正权力本来建筑在地方上，近数年来因中央政府威信之丧失，军阀之割据，这种现象更是分明。譬如治水一样，我们只能顺着水势，用"导"的法子，使之各行其相当的水道，决不能用"抑"的法子，去蛮来横做。已往的医国手，都是吃亏了不懂得真正的国情，以为国事可以凭着自己的见解去硬做，殊不知这种大势不但非一二豪杰所能挽回，抑非一党一系之力所能改变，我们鉴于勉强的统一决难成功，所以才主张用各如其分的联治政策求一个真正的统一。现在的国事犹如一个大的家族，兄弟们成天价争产夺业，闹得鸡犬不宁，有些人贪图"九世同居"的美名，明知道家事到如此地步，总不肯公然承认分家的话，但是真正明白的人，看了这种情形，一定感觉到与其博同居的虚名，而大家受尽了无限的闷气，倒不如痛痛快快，采取新式家庭办法，实行小家庭制度让每个子女自己管理自己的家庭，不必你争我抢，到那时兄弟们的感情反要和好一些，这个道理用在家族制度上大家便都赞成，一应用到国家政治上去，便有许多人要反对，真是知二五而不知一十的了。

诚然，目今中国国民并未有反对统一的趋向，现在国事之不统一，全是由于几个野心的军阀在那里作怪。我们对于军阀早已深恶痛绝，不应当更为他们造成理论上的立足点。不过要请大家明白的，政治上正当的主张是一件事，为人利用与否又是一件事，联省自治固然有被人利用的可能，武力统一又何尝无被人利用的可能。"两害相权取其轻"究竟武力统一被利用后的害处大呢？还是联治主张被利用后的害处大呢？且政策原不怕被人利用，苟使有人能诚意照政策去做，则此种利用我们将欢迎之不暇，如其不然，则真假自能有辨之者，又何怕人之利用。讲到军阀割据，诚然是中国目前的大患，但军阀的割据并非因先有联治政策之鼓吹始成功，数年以来，一般思想界常受武力统一政策之支配，结果并不能将军阀割据的形势打破一些。可见军阀割据自有其真正的原因，与我们的联治主张毫无关系，而我们的联治主张却正是针对这种现象的一付治疗的良药。夫军阀割据形势之造成，军阀个人之野心固为其原因之一，但这并不是唯一的原因，倘使仅有个人的野心，而环境不容许他发展野心，则此种野心亦终无实现之机会。可见军阀之野心是果，而此外还有引起军阀野心和造成他的发展机会的客观原因。这种客观原因，是我们值得研究的。依我们看来，造成今日军阀割据的形势的客观原因约有数种。

第一，由于中国人民的地方观念已经坚固，很容易造成割据的势力。我们通常可以将军阀的性质分作两类，一是武力统一的军阀，一是地方割据的军阀，地方割据的军阀又可分为两种，一本地人占据本地方的，一外来人占据本地方的。凡主张武力统一的军阀，当然是势力较强的，但结果无一不失败，其失败的原因或由于征服地方而败衄，或由于征服虽成功而征服之地旋即为其部下顺应地方民意而占据，结果仍成割据，这两种原因必居其一，结果武力统一的军阀遂非失败不可，地方割据的军阀凡是本地人办本地事的，除非他的政绩大〔太〕坏，或者外敌太强，或者有本地的另一势力与之竞争，则比较上多能永久，如阎锡山治晋十六年，所以不致失败者，虽其他原因尚多，而利用晋人治晋及怕外兵侵入之心理，得有地方势力的援助，则为其最主要的原因之一。如果是外省人来割据某地方的，则此军阀如欲在某地势力巩固势不得不竭力联络地方的民意，消灭主客的感情，从前卢永祥之在浙江，孙传芳之在江苏，均懂得这种心理，故能比较的站得稳些。奉直鲁军之所以三下江南二下河南而均终失败，就因为他们始终蔑视这种地方的感情。要知这种地方的感情，虽然表面上似乎无力，其实暗中潜势力极大。不但社会势力息息与地方民意有关，即政治势力及军事势力亦受地方民意之影响极多。军阀欲想在地方立足，自非利用军事势力不可，他所利用的军事势力倘若是本省的，则此种兵士之家族亲戚皆属本地人，倘军阀而过分暴虐，为民意所不能堪，则怨声终必展转而传入兵士之耳中，谁无兄弟谁无家产，兵士们岂有不起而自卫的道理？因此一切暴政必受地方军人之反对而失败，这次何健部下的反共运动，正是这个军人顺应民意而自卫乡里的一个好榜样。由此可证明地方民意影响于军人势力之大。假如军阀所利用的军事势力是外省的，则也有两种分别，如这种外省侵入的军队绝对不能与地方人民融洽，而且帮助军阀作许多罪恶，则地方人民自难对之心服，这时地方上如还有本籍的军队，则必因卫护乡土利益起而为抵抗外兵侵略之运动，酿成军队中主客之争。这种例近数年来多得很，不必我们细举，结果总是外兵失败的多，盖外兵如得罪了地方的民意，则其一切行动，必均受牵掣，势必趋于失败。即使本地无一兵可用，然其人民之公意亦恒能感动邻境的援助，或挑拨敌军的分裂。如从前张敬尧作恶于湖南，经湖南人公意反对，四出乞师，结果遂有吴佩孚之衡阳回师，而张敬尧终于失败。可见即使无一兵一卒，而地方的民意终是不可忽视的。如果这种军队已经消失原来侵略的性质，与地方人民水乳交融，则军阀更不能作恶于地方了。军事势力之不能不顺应地方民意既然如此，故军阀之较聪明者，决不敢悍然得罪地方民意，否则必终归失败。因此凡谨守范围，不好大喜功的军阀，多能得地方民意的赞助而比较站得住脚。这种民意当然是利于地方割据的小军阀，而不利于武力统一的大军阀，盖小军阀类多谨守范围，用本省兵（或与本地融洽的兵）守本省地盘，不致为民意所反对，大军阀则多好大喜功，用此省兵，征服彼省，结果引起被征服地方之恶感，而终于失败。试举一个最显明的例，如奉军之本身，势力之雄厚，后援之充足，恐怕全国军阀无一能及，以此实力宜乎统一中国，绰若有余，然而每下江南，动必失败，即在黄河流域，亦几度败于直军，冯军等之手，此无他，主客之形势不同耳。逮郭松龄利用奉军实力，倒戈东上，眼看沈阳指日可下，然而大凌河一战，全军覆没，身败名裂，为天下笑，此亦无他，不过以奉军攻奉军，蹂躏奉天地方，为奉天人民及军士所不愿耳。可见这种地方民意是绝对不可忽视的了。所以我们说地方观念是造成军阀割据的第一个原因，而且是最主要的原因。除了这个主要原因之外，其他的次要原因，如中国地方之广阔，交通之不便，也都足以造成小规模的军阀割据，而不足造成大规模的武力统一。我们通常看见欧洲各国的革新运动，都是一呼百应，短期间之内可以成功，如同基玛尔将军，一战胜了希腊，便可统一土耳其而复兴旧业，因此以为中国的国事也是如此简单易决，殊不知中国全国大于英法德意土等国不知若干倍，意土等国不过类似中国之一二大省，如果中国国境也只有那么大，则中国国事或者早已可以解决，有一二英杰出世，凭藉武力，也早已把中国统一，然而中国国土如此之大，交通如此之不便，在已往专制时代，力征经营尚须三五十年始能统一全国，况今日地方民气已经发扬，国外的势力又纷纷侵入，这种情形最利于地方的割据，而最不利于集权的统一，故于此时而犹作武力统一之梦，殆真可谓为梦想。我们既然深知这种梦想之决难实现，故绝对主张应从根据实际国情，能解实际困难的联治政策下手去谋真正的统一。何以联治政策能解决目前实际的困难呢？理由有以下几点：

（一）联治能销弭无谓的国内战争。这一点理由很浅显，原用不着多解释。有意义的，为争自由争民权而起的国内战争，我们原不反对，但今之国内战争，多半属于无意义的，其损害于国民的精力非常之大。原因都是由于野心的大军阀不安本分妄想武力统一全国而起。倘使联治政策成为国内政治上公认的主潮，则野心军阀轻举妄动之战争必多少可以减少，这种无谓的内战之减少，换言之即是为国民储蓄实力，为国民储蓄真正有意义的内战力量之准备。

（二）联治能使人民注意政治。中国人民大多数对于政治素无修养，故对于广漠无边的国事很难引起兴味。其实这也难怪中国人，即使在已有政治素养的欧洲人，试问有谁西欧的人能对于东欧政治注意，南欧的人对于北欧大事关心呢？中国国家之大，等于全欧，广东人之视奉天，较之意大利之视瑞典挪威又何常有什么比较近的地方，加以近年来中国政治中心分裂，地方割据之势已成，北京政府的一切发号施令，简直与云南人民的实际生活丝毫不发生影响，试问如此情形，怎能望人民之注意政治。假使实行联治政策，大家分疆而治，某省之政治设施，直接与该省人民有关，政治而良，人民身受其益，政治而不良，人民身受其害，如此，虽欲禁止人民之不注意政治，又怎能够呢？

（三）联治能养成真正的革命势力。在地方广大之区域行革命，结果每易变成变相的武力统一。盖革命事业以人民为基础，则其革命为真正的革命，其武力亦为真正之武力，若地方广大之区域，其民意无法团结，亦无法表现，即无监督革命之力量，结果革命变为单纯的军事行动，武力与民众日渐隔离，革命遂成为军阀之包办品。若在小区域之内，民意既易团结，武力亦比较小些，故以武力压制人民之事较难实现。譬如在一村镇之中，虽有武装警察，亦不闻有恃势作恶如军阀者，苟有之则村民不难以赤手空拳驱而走之，此即地域愈小，人民愈能监督武力之证。其原因即由于地域愈小，武装势力愈微，则赤手空拳之人民结合，即比较的足以监督武装势力，所以虽有军人容易受民众的驱使，而不容易作民众的敌人。又因小区域的民众容易注意政治之故，故亦容易起为自卫的运动，而野心家之妄想得以少戢。

（四）联治能建筑真正有力之政府。今日之政府无论南北，皆属软弱无力，人皆知之，但其原因何在，则无人注意。大凡一个政府之能够稳固，必须其背后有实力为之后盾，无论是军力，或者财力，或者外力，总之非有一种实力作后盾不可。至于我们所希望的理想的中央政府，自然是要以全国民意作后盾的了。然民意在广大区域中之难以集合表现已如上节所述，故此时求一坚固有力而代表民意之中央政府实决难实现。假如联治政策实现，则一省之民意既优足以监督野心军人，创立民意政府而有余，而政府如有民意为后盾，则又可逐渐统一一地方之军事财政，树立集权的地方政府。盖地方之内，军事行动容易，故跋扈军人负隅抗命之举较难实现。则地方政府之威力较易养成。逮真正有力之地方政府已成功，然后联数省或全国各省而建设联省政府，此种联省政府既有地方为后盾，则必较为有力，如此才能进而求真正的国家统一。

（五）联治能使政治趋于建设之途。中国今日因内战不绝之缘故，一切建设事业俱无从说起，甚至已有之些微成绩亦逐渐破坏无余。此种情形真可忧虑。苟非丧心病狂者，无不希望有和平时期之到来。倘联治政策实行，无谓之内战既可制止，则野心军人不得有对外侵略之机会则必移其虚荣心于他途。使地方政府为真能代表民意者，固更可以乘此实行建设，即使不然，仍为军阀割据式之伪自治，亦较之今日军阀内战之时代为稍得平和休息之机会。在此平和期内，人民一切事业可逐渐发达，而军阀之爱好者亦不能不迎合民意为之点缀点缀。如此下去，社会事业之发达，即人民实力之增厚，倘政治能从此走上轨道，一劳永逸，固然甚好，否则人民亦得凭藉其建设之实力与军阀相周施。盖真正之革命事业亦非赖社会之基础为后盾不可，在百业俱无基础之时代而谈革命，则势必如某党人之利用军阀土匪及流氓而革命。其所谓革命，非吾人之所谓革命也。

联治政策之能解决目前国内之一切困难，既然已经解释明白，现在留下的惟一的问题，便是怎样去促成联治政策的实现。我们虽然天天高喊联治政策的如何高明，如何有效，但假如目前的一切野心军阀政客，官僚，党人，乃至一般国民，都仍然在那里给你个不瞅不睬，甚至实际去反对联治的进行，压迫联治的主张，我们又将如何呢？不错！这却是个当前的最主要的问题，比解释联治政策的本身利害还重要。已往的联治论者，就吃亏了只懂得提倡联治，却不懂得怎样去促成联治的实现。他们只晓得用沿门托钵的方法去向实力派乞怜，求他们钦赐宪法，御定联治，用这样妥协的态度去促成联治，当然不会成功，而且还要失败。我们现在不是这样。当然实力派的觉悟我们是不拒绝的，但这是要逼迫实力派去就我们——指人民——的范围，不是强我们去就实力派的范围。要把联治运动放在人民的基础上，要人民自己去鼓吹，组织，运动，实行，有觉悟的军阀，随在我们的后面，无觉悟的军阀倒在我们的前面。这才是我们的联治运动，不是那些苟且妥协乞怜献媚的联治运动。

怎样促成我们的联治运动，让我把一步步的步骤写在下面：

今后的中国非采用联治政策不能促成真正的统一，我们在上面已竟讲得明白。看了最近政局的变化，更可以证明我们的理论不错，最近的变化是什么呢？就是大军阀的失败，和小军阀的增多。蒋介石为什么会下野呢？唐生智为什么失败呢？无非因为部下将领的离心作用罢了。这种离心作用以后必然会更多的，因为天下事最怕没有例，只要例一开，不怕没有跟着走的。倒戈之风自马二先生一开之后，这几年纷纷继起者不知有几，以后这种例只有一天比一天多的。倒戈之事从一方面讲起来虽然有似乎不道德，但就我们人民对军阀的地位看起来，则小强盗赶大强盗，无所谓道德不道德。我们倒宁可以欢迎这种强盗火并的风气之普及，因为火并之事越多，则强盗的立足越不稳，大强盗越容易失败，剩下了些小强盗他们的实力必然越分越小，小到我们平民可以操挺而逐之的时候，我们的全民革命便成功了。我们的联治救国政策，由这种实际上的政治变化，便越发证明其可能性了。

我们既然坚信联治政策足以救国，并且舍联治政策以外也决难救今日之中国，则我们就当进而研究怎样以联治救国的步骤。

我们可以把步骤划分如下：

第一是预备时期。又可分为以下两段：

甲．鼓吹联治政策使成为政治上中心思想。凡一种政治的主张欲求其实现，不能不先作宣传的工夫。中国的联治主张本来鼓吹已久，清末政论虽不以集权分权为论争之中心，但已有提起此问题者。拳匪之乱东南保境自治，就是一种变相的联省自治，这种自治对于制止慈禧太后的作恶上，也不无多少功效。清末各省开了谘议局，做请愿立宪的运动，这是以地方为基础而做公开的政治运动之第一幕。这种和平的运动既然失败，地方人民的意思遂因愤激而趋向于革命。恰好四川又有铁路国有的风潮出现。这件风潮可看作是中央集权论者与地方分权论者之斗争。盛宣怀、赵尔丰等以当时糊涂无力的□清亲贵政府，妄想施行有力的中央集权政策，所以引起地方有力的反抗，而终归失败。辛亥革命实际的意义就是以地方权力反抗中央而终于成功的表现。辛亥的革命和法俄等国大革命的性质不同之点，就在不是以中央为基础，而是以地方为基础，不是集中的革命，而是联合的革命。中国自有历史以来也没有一回是集中的革命，自中华民国成立以后，更没有所谓集中的革命。武昌起义以后，因有地方的响应，故实力较之中央为大。□清亲贵无法抵抗，乃不得不请出袁世凯来为最后的抵御。袁世凯手练的北洋军，本是清朝用以实行中央集权政策的一个强有力的后援，至此遂公然拿出来与地方势力对抗。然因当时地方实力业已强大，汉阳虽然失守，江宁旋又克复，孙中山遂以地方代表之推荐而就临时总统职，故中华民国之成立可以说是由地方意思产生出来的，与美国之立国相同，与法英等国则不同，这是我们中华民国国民所应认识的一件事。到袁世凯打倒国民党之后，表面上似乎中央集权已经轰轰烈烈，其实即在袁氏盛时地方权力仍然不可轻视。到这种反动时期一过，袁氏便终于被地方势力所打倒，不但蔡松坡的起义是凭籍地方势力，即冯国璋等亦何尝不是有地方实力作后盾。袁氏之失败是根本证明地方权力之战胜与中央集权政策之终归失败。嗣后段祺瑞、吴佩孚等相继沿用集权政策而相继失败。故到民国十一二年之际，联治思想遂盛极一时而几乎成为国内的中心思想。可惜那时鼓吹联治政策的人，并无积极的计画和大规模的组织，只是苟安乞怜于军阀之门，所以不为国人所完全谅解，也不能真正造成改造中国的势力，然就当时而论，一部分舆论势力，已可以左右军阀的行动，如江浙的和平公约，便是受了这种思想的支配的。这一期的联治运动结果是失败了，我们不必讳言。失败以后接着便发生了第二期的中央集权政策的反动，这便是国民党的一党专制政策。国民党在民国初年本是主张扩大地方权的，到民六国会恢复，当时为制宪问题起了绝大争论，国民党仍是站在分权论的方面，不幸这种主张并非出于诚意，只是因为国民党当时并未握得中央权力，所以便主张分权，犹如进步党之主张集权也是因为与中央政府勾结的缘故。再者，国民党中对于这个问题本有两派意见，宋教仁一派主张分权最烈，而孙逸仙一派则倾向于集权。民六国会中民民党议员非吴景濂褚辅成等之益友社派，即谷钟秀张耀曾等之政学会派，这两派都是倾向于分权的，到后来广东政府归到孙逸仙一派手中，对于联治的倾向便渐渐淡了。孙逸仙本人是个富有权力欲的人，他最喜欢集权专制，虽用心与袁世凯不同，然两人之性格颇相近。加以与陈炯明分裂的结果，连带的恶及联治政策，所以国民党自民十二以后便完全倾向于中央集权政策。又因共产党之加入，集权政策更添了一有力的后援，于是不知不觉地国民党遂走入与中国现势与当代潮流反抗的反动路上去。以后因为国民党党势的发展，联治政策遂一时受压迫而停止运动。然近一年来国民党施行一党专制之结果，虽天天口唱"党外无党党内无派"之口号，而自身之分裂仍日甚一日，政府威信扫地以尽，武力统一已决无成功之希望。于是一般有觉悟的国民党员也有渐渐打破集权之迷信的。如最近李石曾发表其"分治合作"之主张。据报载李氏谈话，谓："余主张分治合作，原因有三，（一）以地理计，中国地面广阔，交通不便，版图之大，等于二倍之欧罗巴洲，故欲建设一中央集权政府，实不可能。（二）以历史上言，自古至今，中国似归一统，实则不然，即如在前清时代，亦各省分治，历朝以来，中央集权之专制政府，仅有秦始皇之一世……亦即为集权政体，此种政体，因专横过甚，其失败也最速。兹举例言之，周朝分九州而治，历八百年始衰，秦始皇不及二世而亡。再言民国，十六年来，在袁世凯时代，曾有一度虚伪的表面上之统一，其后段祺瑞，吴佩孚，张作霖及最近之武汉共产政府，均以武力统一政策，而施其专政集权，卒无一不归于失败。（三）以世界潮流言，专政集权政策，已全不适用，平民政治早起而代之，平民政治，即趋向于分治之一途。（四）我国民党素以自由平等为精神，均权为主义，分县自治为方策，可见国民党之政策，实亦趋向分治之一途也。就事实而论，目下之中国□四分五裂，无可讳言，除北方军阀及南方共产党所遗留之少数军队，应该以武力解除歼灭外，余者皆当出以和平手段处理之。愿吾人今后毋望以武力统一，而求达到专政集权政体之幻想，余之主张分治合作，并非欲使中国成为分裂之势，亦非含有反对统一中国之意，试想分治而有合作，其非统一而何？……"李氏此种言论，虽不免多少含有替无政府主义宣传之意味，但大体上甚为正确。国民党人而有此觉悟，殊不可多得。惟具体计画如何，李氏并未谈及，吾人不知李氏心目中所谓分治合作究竟以何种方法实现之。若在承认军阀的前提之下，来实现分治合作，则亦不过等于张一麐之割据提议而已。和我们之所谓联省自治，当然还有差别。不过无论如何，国民党此后也不得不投降于联省自治主张之下，或者从李氏开其端罢。由此我们总说起来，可以说二十年来中国的革新运动就是一部联治潮流反动的集权潮流对抗的历史。第一期清末亲贵的贵族集权，被武昌起义各省响应而打倒；第二期袁世凯的总统集权，被云南起义，各省响应而打倒；第三期段祺瑞、吴佩孚的军阀集权，被部下将领的分裂而打倒；第四期……国民党的政党集权，又将因自己党派的分裂而自行打倒了。这四种反动的集权潮流——贵族集权，总统集权，军阀集权，政党集权——都一一经过试验之后，终于不得不承认联治原理之正确，可见我们的主张到此已完全战胜了。国民党这次的集权试验，大约可以算是最后一次集权的试验了。——如果共产党一定要来试验阶级的集权，我们也听他试验试验看。国民党重要党员如李石曾氏乃不得不提出"分治合作"之说以为该党政治最后之救济，可见国民党已将被联治论所战胜了，孙逸仙的半明半昧的集权专政思想已经不得不为真理和实际所征服了。经过这一次最后的集权试验之后，联治救国的主张才算成熟，从此虽使无言论的鼓吹，但使任事实自然的演进，也非走上这一条大路不可，若再加以有心人言论之鼓吹，和实际之运动，则联治政策在最近之将来便可变成政治上中心思想。近十余年来中国国事之败坏，皆由于国人对于政治无一致之信仰，此意我们的同志曾愚公已经屡次论过，今后欲救中国于危亡，仍非先有举国一致的中心思想不可，而以本身理论之充足，事实要求之迫切，可以当中心思想而无愧者，则舍联治政策外莫属。联治！联治！中国未来惟一的生机，就在你身上了，其勉之，其勉之。

乙．组织以联治政策为中心思想的有力政党。单是言论的鼓吹，不能成就什么事业，非有实际的行动继之不可，这是人人所知的。欲有实际的活动，非先有严密的组织不可，此理人虽亦不能不承认，但真能了解其意义之重大者则仍甚少。其实这是最要紧的一件事。已往联治运动之失败，其最重要之原因即在此一点。已往联治运动之方式，不外两种，一种是个人闭门造车的条陈式，一种是许多乌合之众漫无组织的呼喊式，这两种方式都不足以作真正联治政策的后盾。原因是联治政策是以地方民意为依归的，然民意非群众不能代表，群众又非组织不能有力，第一种方式有个人而无群众，第二种方式有群众而无组织，结果都没有力量为主张作后盾，既然没有力量，所以就不能保障主张的必行，和行后的不至中废，同时也不能保障实行者之真有诚意，和实行的步骤内容完全不错，既然是这样，所以他们的主张是建筑在沙基之上的，是经不起雨打风吹的，所以国民党的反动压力一来，就自然会连根都倒了。现在我们既经过这一次的失败以后，就应当增长些经验，鉴于以往联治运动之无有力的组织为后援，我们便应当从组织下手。说到组织这一件事，便有一个问题应当首先提起的，便是：联治运动既以地方为单位，则组织是否也应以地方为单位呢，抑或仍需要一个笼罩全国的大政党呢？我们以为运动尽管须从地方入手，但统一全国的大组织仍不可不有。因为第一联治运动既以地方为基础，倘专门鼓吹地方意识而忽略了国家意识，则倘一不慎，必致反煽动各地方彼此的仇视心，有促成国家分裂的危险，至少也恐有专顾本省利益而侵害及他省利益的地方。第二运动倘无普遍的组织为后援，专为孤立的运动，则在地方实力薄弱的省分［份］做运动，恒有为强邻破坏的危险，故非有全国一致为后援不可。第三我们既承认联治是达到救国目的的一种手段，则在实行上自然有种种步骤，倘若专任各地方去自由运动，则结果必致步骤零乱，彼此冲突，难以有成，故非有全国一致的指挥方略不可，不过所谓全国一致的指挥方略者，乃指彼此运动须呼应一致的意思，并非说必须都完全相同的意思。因为以上三种原因，所以我们主张非有一个全国一致的大规模组织为后援不可。这个组织而且必须是政党式的，不能仅仅是学会式，公团式的。必须有干部，有党员，有民众，有实力，不能如已往的联治运动专靠几个各［名］流学者去作作文章便算尽其能事。在现在军治党治的双层专制反动压迫之下，我们的政党还要是秘密的，迅速的，纪律严密的，而不是公开的，迟□的，纪律松懈的，如今之国民党一样。有了这一种统一的组织之后，还要有各地方的地方党部组织。这里便又发生一个问题，我们所需要的地方组织是否要完全当作大组织的一个分支呢？

抑或是要具有特殊行动的能力呢？我以为这两种都须兼顾的。照联治政策的精神看来，地方组织是个实际运动的机关，而中央干部不过仅仅是个居中策划的机关，故论性质的重要地方党部或较中央为超过之。各地的情形不同，联治运动的方式和时机也不同，我们不但不能希望定于某月某日全国一致实现联治，我们也不能希望全国一致都用一种手段去运动联治（这个道理底下讲运动方法时再细讲），因此地方党部就不能不稍赋以特殊行动的权力。但这决不是讲地方党部可以去自由乱动。我们的行动仍当有一致的规定，受中央干部的严格指挥，但中央干部可以按全国之缓急先后难易为之制定各种不同的运动方略，而这个方略同时又是彼此呼应一致的。因此归纳起来，我们可以说我们的联治运动，必须需要一个党，一个严密组织的党，一个全国统一严密组织的党，这个党有他的大小支部分布到各地方去，党的中央干部可以按照各地方种种不同的环境，同时也照顾到全国的大局，为各地方支部制定种种特殊的应付环境的战略，战略是不同的，而目的却同，目的同是要求一个真正的地方自治，要求联省以建国，要求达到"内求统一""外求独立"的目的，要求实现国家主义的精神。要由联省自治以达到救国的大目的，就非先有这么一个党不可，非先有照这种办法去实行的党不可。现在好在我们已竟有了这个理想的党了。我们的中国国家主义青年团在几年以前已竟认联省自治为救国的唯一大道而且竭全力以进行之了。现在大势所趋，逐件〔渐〕证明我们的主张之正确，虽在极端迷信集权政策的国民党，也不得不感到"分治合作"的要求，"分治合作"是什么，还不就是我们向所坚信的联省自治政策吗？李石曾不过是碍于"先总理"的面子，不好把"联省自治"四个字轻易喊出口来，然而大势所迫，迫他也不得不避其名而取其实。我们则不然，我们硬要高呼"联省自治"，我们绝对信仰联省自治是最高尚、最神圣的名词，是救国救民的唯一大道，像那些"一党专政""党化教育"等才是丑恶不堪的名词。现在我们要起来打倒那些丑恶不堪的反动名词，用"联省自治"四字，将中国从危亡中拯救出来。

有了以上两种的准备，我们才可以谈到以下的建设自治省，和联省建国的两种步骤。

怎样建设自治省

在预备期的工作已经相当成熟以后，我们便当进而研究怎样谋联治实现的方法。在这里我们提出两层步骤，第一层是先建设自治省，第二层是联省以建国。

我们现在紧接着第一个预备时期的完了之后，便先论到怎样建设自治省的工作。

第二建设自治省时期。联治政策的唯一要点，便是不主张从有名无实的全国统治去下手，而主张先从名副其实的地方统治去下手。因为空说统治全国，而就真正实力讲没有一派够得上统治全国。结果徒增纠纷，无补于大局，到［倒］不如脚踏实地去从小的地方下手。故我们主张，现今国内无论何派，凡是真正抱有统一中国的大愿的，无论他的目的是好是坏，倘若想成功，非从一个小地方去先建筑坚实的基础不可，至于我们所主张的全民革命，是要希望全体民众加入革命的战线，由人民自动的去实行革命，故尤须注意地方基础。因此我们的革命运动，是主张先从建筑地方的革命基础起，然后再谈全国的运动。

讲到地方的革命基础这个问题，第一要研究的，是地方单位的大小问题。有些做地方运动的，主张以一村一镇为单位，有的主张一县或一道，有的主张一省，有的主张数省。依我们看，以一县一乡作基础的，只是一种下层的文治的地方自治事业，若想当作全国中一个独立的政治势力，就非有更大的区域作单位，方才足供展布。大约此种单位，至小为一道，至大为两三省，而酌中合度最便民情者，莫如省的单位。现今中国的行省制度，有些地方是不合实际，这是不必讳言的。譬如淮水流域各属，民情风俗都相同，而却分划于河南，安徽，江苏，山东各省，汉水流域各属之分划于陕西，湖北，河南各省也是如此。反之江苏的江南江北，浙江的浙东浙西，民情风俗，截然不同，而却共隶于一省。这都是不合实际情形的。但大体上说来，省的区划都甚合于天然形势，即有不甚相合者，因为有五百年历史的陶镕，也渐渐造成一种固定的同省意识。故现行行省区划之不良之处，也许待全国政治统一之后，可以用行政的命令去重新划分，但在目前，我们却只能以省为政治的单位。因为省的区域不算很大，在现今交通不便的中国，省政府的势力是可以支配到全省的。普通的省分［份］，由省会到省中各地，至远不过十天，倘若交通稍稍整理，则至多不过五六天可以全省互通消息，故中央政令，决无不通之虞。地方一有变乱，省政府也可立即出兵平定，不至有旷日持久之虞。而一省的财赋收入，也优足以供给一个稍具政府规模的省治。一省之中，民情相近，意识相通，一面容易使政府领导人民，一面也容易使人民监督政府。有以上的许多利益，故我们认为以省作地方自治的单位，是最方便不过的。因此我们的联治运动便是要先以省为单位，来建设许多自治省。

既然认定建设自治省是中国统一运动的第一步，底下就讨论到建设自治省的问题。在这里有两个前提是要先决定的。第一是我们要建设一个如何样的自治省？第二是我们建设自治省的方法的根本原则是麽么？

关于第一个问题的回答，国家主义青年团的政策大纲已竟逐条写明，现在概括起来，我们可以说我们所理想的自治省应当备具底下的几个条件。

第一是为全体省民谋利益的，不是为某部分人民谋利益的。现今的各省政治，或为军阀，或为官僚，或为党人所把持，所谋者皆某一部分人之利益而非全体民众之利益。又如一省之中更有地方主义，省政全为某地方人所把持，也不是谋全民的利益的。……或谓人民职业不同，利害彼此冲突，所谓全民的利益毕竟是空话。不知若谓为绝对平均的全民利益，诚无论如何，绝难办到，即如……所唱的阶级的利益，严格讲起来，全阶级绝对一致的共同利益，也毕竟是一句空话。中国有句俗语，叫做"同行是冤家"，正可证明阶级的共同利益不能存在。但如将说法放宽一点，只求大体上的利害一致，则不但一阶级有共同的利害，全体民众又何尝无共同的利害？在我们所主张的职业代表制之下，使各种职业的人民，俱得有平均的参政权，则政治不至为特权阶级所把持，而全民福利的精神可以依法律的保障逐渐得到，又何必一定不要呢？

第二是能使全体人民得到法律上的自由保障的。我们绝对相信争人民的思想，言论，信仰，行动的自由权，是自法兰西大革命以来，人类最光荣的事业，最正当的途径。……现今中国的一切反动势力，军阀，官僚，国民党……都是和自由作对的，我们倘若建设理想的自治省，必须十分注意这一点，只要在不妨及全体民众的实际利益时，只要在不与保障全民福利的法律相冲突时，只要没有危害全体民众的行动时，我们应当尽量地给予各级各派各党各种人民以法律内的自由。一党专政之思想绝对要排斥，这样才可以逐渐发展国民参政的能力，不至因受压迫而萎缩或横决。

第三是真正可以表现民意的。我们所要求的政治不仅是良好的政治，而且要是人民自动建设的良好政治。我们并不希望仅仅得到"开明专制"，"贤人政治"，"一党专政"等结果，即使这种政治的结果是绝对良善的。因为凡是政治的发动力自上而下，结果人民的自治力难以发挥，即良好政治的基础决难稳固。这种政治的基础是筑在沙基之上，一旦"人亡政息"，政治必然仍归于黑暗，况人类本有恶根性，倘无有力的民众监督，则虽圣人君子，一旦执政以后，也难免做出营私利己的事来。故我们理想的自治政府，是要完全筑在全民政治基础之上，绝对反对违反民治的一切专制政体。诚然过度的全民政治也许流入众愚政治之途，但这其中自有调剂的方法，而根本基础，仍非置于全民之上不可。

第四是真正能有建设的。中国年来实力派之此起彼仆，表面看起来是因为受环境的压迫，其实根本都是因为自己没有真正坚固的实力的缘故。因为大家只知道武力财力是实力，而不知政治上的建设才是真正的实力。国民党从前在广东之时，外间宣传谓军事如何统一，财政如何整理，政治如何安定，故一出师北伐，各地便纷纷响应，都是受这种宣传之故，到了江浙定后，政治的建设毫无，才失了人民之望。可见建设是唯一的实力了。现在人民水深火热，无法安生，所需要的唯一是建设，我们的自治省如果成功，第一也应当从建设入手，才能慰人民之望，完革命之功，而造成真正的实力。尤其是……的潮流之中，对于经济的建设，更应当首先注意的。

以上这四条标准既然定好，我们便可以进而讨论怎样实现这种理想的手段，在讲到手段之前，我们应当把我们的手段和一般联省运动者所取的手段的根本不同点，预先讲出来。

这个根本异点，也有几条。

第一我们所采取的手段是革命的。同一省自治运动，有革命的与不革命的两种运动的方法。已往的省自治运动，大半是不革命的。只想用和平的手段，制定出些法律条文，便以为大功告成。我们并不说和平的方法绝对不可采用，但和平的运动也须有实力作后盾，才能生效，才能对所制定的法律条文加以保障。这种实力当然不是军阀的实力，而必须是民众的实力。民众凭藉了这种实力随时有爆发革命的可能，才能向军阀要求真正的省自治。故即使在采用完全和平的方法来运动省自治时，也必须先抱有革命的决心，有相当的革命实力凭藉之以与军阀相周旋。况在中国今日的环境之下，各省地方的当局，几乎全体都是军阀，军阀之下又养着许多官僚，政客，党人。这些人都是假公济私的，都是不利于省自治的实现的，对于省民自治的运动，必多方用种种软硬的手段来压迫人民或欺骗人民，欲求真正省自治的实现，欲求人民真正握到政权，非用实力将这些省自治的障碍物解决不可。故革命乃是必要的手段，亦是不得已的手段，我们即使不欢迎革命的手段，我们还是不能不采取革命的手段。

第二我们所采取的手段是自下而上的。本来和平改良运动多是自上而下，而武力革命运动则多是自下而上。故本条意思与上条大致相同，不过另换一种说法。我们觉得省自治的坚实基础，在乎人民对于要求自治的热心，倘一般人民对于自治问题并不感若何需要，则虽由在上者热心提倡，结果亦绝无良好成绩可言。盖自治之能切实推行与否，全在人民之能随时随地予以监督与否。倘人民对此尚无觉悟，专赖在上者之推行，结果易为官僚所把持，将良好的名义，变成罪恶的护符。我们之所以不赞成贤人政治而一定主张全民政治者，即因为少数在上位之贤人，即使真正是贤者，也断不能禁绝在下之官僚朦蔽也。所以我们的省自治运动主张先从一般民众的宣传和组织入手。待多数民众对于省自治问题已竟了解其需要，而且有了相当的组织之后，才能起而真正创造自己所需要的自治。

第三我们所采取的手段是多方面的。联省自治与武力统一两种政策根本的不同之点，就在武力统一是不问环境，不看情势，只有一种简单直捷的方法，而联省自治运动则须要根据各省的实际环境，采取各别不同的战略的。譬如在省自治的运动中，各省的实力派当局，对于这种运动态度当然各各不同，有的极端压迫，有的置之不理，有的设法笼络，有的绝对赞同，人民对于这种不同的情形，自然也应有不同的对付手段。绝不是一套老法子所能四面八方应付得来的。所以我们的省自治运动应该参酌环境制定各种不同的应付战略。不过战略虽可不同，而根本精神则仍须采前二条所主张的革命的决心，和自下而上的运动。

第四我们所采取的手段是逆取顺守的。省自治运动非用武力革命手段不能得到，但既经得到之后，却须赶快将武力抛弃，制定全省遵循的大法，以法律来治省。倘若得到政权之后仍不肯放弃武力，则将来以暴易暴，革命者必有转而被人革命的危险。这样的革命只能造就党派或军阀的专制，治者与被治者，终必两败俱伤而后已。

以上四条方法的原则也既然提清，则我们底下可进而谈到省自治的实际运动的方法。

我们建设自治省的标准和原则既然确定，底下就可谈到怎样建设自治省的方法。……

底下我们才真正谈到了建设自治省的问题。

讲到建设自治省这个问题就须先了解我们今日所处的环境。我们今日之建设自治省运动并不只是一个单纯建设的问题，我们还不能不于建设运动之先，先来做第一步破坏的工夫。所以我们在前面四个原则上，把革命当作第一个原则，就是这个道理。我们既然承认革命是省自治运动唯一应采的手段，就须进而先弄清了我们革命的主体，革命的对象，革命的目的都是些什么？关于革命的目的自然是要建设一个合乎上列四个标准的自治省，这在前面已竟细说过此地不必再讲。关于革命的主体则我们可以肯定说是全省的民众，近来中国的许多人虽然还有怀疑民众势力，反对民众作革命主体的——如吴稚晖最近的言论，就可以代表这一部分人的意见，——但我们始终应承认全民政治当然建筑于全民之上，欲求建筑于全民基础上的政治成功，就非全体民众自己起来努力不可，靠执政者的赏赐是绝对靠不住的。所以我们的革命当然要以全体民众为主体的。再看革命的对象就未免复杂，因为现时祸国的国贼种类太多，一切军阀，官僚，政客，洋奴，都是中国的国贼，都应当在铲除之列，我们的对象怎样定呢？有一个方法最简单的，我可以举出来，就是那一个在现前压迫我们民众最利害，我们就以那个为当前的对象。大凡压迫民众最利害的，总是实际握得政权的人，所以我们的省自治运动革命的第一对象当然是现下握有实际省政治权的人，——这些人非军阀即党阀。不过在最初着手运动之时，民众的势力微小，禁不住当权者的压迫，在这时期我们就不能不斟酌各别的环境，制定许多不同的应付战略，这是我们所以讲我们的手段应当是多方面的道理了。

现在假定我们把地方当权者的性格和对于民众的态度分为几类，我们可以因其对民众态度之不同而也制定不同的态度去对付他。

第一种是极端忠于民众，赞成我们的省自治主张，而且愿身先提倡的。这类的人当然我们不必去反对他，并且可以欢迎他，赞助他。我们应当告诉他，真正的自治应当由省民自己起来干，你们做长官的只有跟在省民的后面，服从民众的命令。倘若没有真正民众的觉悟作后援，则你的政治建设纵然如何好也是空虚的，吃不住破坏。所以你现今所唯一能做的事情就是用政治的力量去提高民智，开发民生，此外一切应全交与人民的团体自己去活动，你用政治的力量从旁赞助和保护即可了。倘若他肯听我们的劝告，则我们可用全力在地方上组织民众，训练民众，使之参加政治运动，自己建设自己公认的法律，使省自治确能实现。这当然是最好不过的事情，不用革命手段也可得到幸福。不过现时的地方长官能如此忠实的恐怕很少，因此这第一种方法只是一种妄想罢了。

第二种是并无真心去赞助省自治运动，但却对于我们虚意联络表示好感的。这一类的人既无真心赞助省自治运动，则到省民势力澎涨［膨胀］和他个人的权利地位冲突时，他必定还要取压迫的手段，而人民为贯澈自治运动起见，最终也非对他下攻击令不可，所以这种人终久是在被革命者之列，终久非好相识，我们应该老早就认清他。不过在最初民众势力尚未养成之际，他既然对我们表示好感，我们自然也乐得去敷衍他。在这种双方敷衍之下，我们可以公开的或半公开的从事组织民众，训练民众的工作。我们对于当地政治当暂取旁观的态度，我们不必在民众组织未成熟之际就急急去作轻疏的，无效果的攻击，但同时我们却也须切记不可参加他们的政治设施，以免将来和他们共负责任。我们仍旧应当将我们——民众——和他们——当权者——的界限划清，我们干我们的，他们干他们的，到民众组织和训练到相当时机有了作战的能力之后，则我们才可以起来对于不良的政治作纠正的运动，要求我们正当的权利，这时候我们对于这种曾向我们表示善意的军阀，可以给他一个最后的忠告，倘若他有了觉悟，愿意服从民众的要求，促省自治的实现，则我们要劝他立刻将政权交还民众的手里，自己用最确实的担保加入民众的团体，随在民众的后面，作革命运动的一普通分子，听候革命军的指挥位置。倘其仍不肯觉悟，突持反抗的态度，则我们立即以民众武装，与之决战，毫无客气。

第三种是对于省自治运动，糊里糊涂，持不理态度的。这一种人对我们运动虽无赞助，也无妨害，我们本也可置之不理，专从事下层的工作。不过我们在决定态度之先，还须看在他的糊涂屏障之下，有无其他把持作恶，和我们作对的势力。假使没有，则我们可自由去干我们的事体，假使有，则我们势非先将这些恶势力打倒不可。假如这种恶势力也和我们一样，并无政治上的保护，则我们单在社会上与之决斗就便可以，假如他们得到政治上的后援，则我们就非连这替恶势力作保镖的当权者连根拔去不可，其作战的方略参看下第四五两种。总之我们的目的是要得到自由的组织民众，训练民众的机会。假使这种机会得到，我们还是要集中精力——去做这两装［桩］事情，等民众组织训练成熟以后，再起而独立作战。

第四种是对于省自治运动取相当的压迫手段的。这种人对我们的运动是厌恶的，他不肯让我们自由去接近民众。我们在这种环境之下，应当采取极端秘密的手段，去做工夫。要知政治的压迫无论如何严我们总是有间隙去活动的。而且政治的压迫愈甚，民众的反感也愈烈，我们的主张就愈有推行的机会。待机会成熟，一举颠覆恶势力，建设良好的政治，也是不难的。

第五种是极端压迫我们的运动，和我们做死对头的。这种人我们对之自然只有作积极的革命运动，决无妥协的余地。我们应当用绝对秘密的方策去钻进民众的腹心里去，作刻苦，忍耐，牺牲的宣传，组织，和训练。同时遇有环境可以假藉的势力，我们也应当设法运用，以打破这种恶势力为度，以期创造比较自由可以活动的环境。

以上这五种态度虽然各各不同，但其根本原则却是一样的，总之我们无论对政治上当权者采取何种态度，最终目的我们还只是想要得一个自由组织民众，训练民众的机会。所以组织训练民众才是我们正当的事业，对付当权者只是我们达到正当事业的一种副手段。既然如此，我们就应当略谭到怎样组织民众，训练民众的方法，虽然这种方法是应当在讨论全民革命问题时详细论到的。

接近民众的第一步，当然要借重宣传的力量，在比较自由的环境里我们可以尽量用文字上的宣传，以唤起民众的同情，因为文字可以行远，效力较大。不过在目前中国的环境，大多数民众既多目不识丁，而实力派又动辄对于言论自由以箝制，故文字宣传的功效是有折扣的。在目前中国的环境里，最大最有效力的宣传还是口舌方面。要采用这种方法，就非先有大批宣传家肯钻到内地，找求与民众接近的机会。这种方法一时不能尽述，是要待正式的训练的。这是我们国家主义同志人人当做的责任。再有比口舌的宣传更有力更伟大的是事业和人格的宣传。没有一样宣传品可以抵得住一个人的人格和一件成功事业的宣传力的伟大的。

关于宣传的问题不是我这里所要讲的，所以我就轻轻地将他略过。在我们进行普遍的宣传的时候，同时我们就要进行普遍的组织，这一件事情比宣传还重要，在这里值得作比较详细的讨论的。我们要讲到组织，除了首先应当有一个中心的政党组织以为策源地外，还须注意到许多大大小小的民众组织。讲到民众组织，本来无一处、无一地不是我们应该全力参加，全力指导的，不过就事而论，略有缓急轻重之分，我们这里只讨论几种应当以全力特别注重的组织。

第一种是民众武力的组织。革命非武力不可，我们鉴于纯事运动正式军队的容易发生流弊，故主张实行全民武装的运动。对于民众已有的武力组织，如民团，商团等应当极端取援助和参加的态度，未有武力组织的民众，我们应当鼓吹并实行帮助他们去组织。这种组织大约可分为以下数类，一以地方农民为主体的民团，二以商人为主体的商团，三以工人为主体的工人义勇队，四以青年为主体的青年义勇队，五以退伍军人为主体的军人义勇队，六以体育事业为中心的体育协会，七以宗教信仰为号召的秘密会党，八以失业人民为主体的土匪，关于第七八两项是要善于训导使之化莠为良才能依赖的。我们对于这些民众武力应该努力将他化为整齐的组织，一致的步调，对于他们主持人物应当极端收容。到这些民众已完全了解我们的主张，完全肯将武力供我们省自治运动之用之时，则我们的全民革命便可实现。至于怎样可以引导民众武力使上了正轨，则非此处所能详说。

第二种是正式军队的组织。军人也是民众之一，也可以为民众所用的。我们的武力运动除组织民众武力之外，应当同时兼注意于现役军人之运动。我们并不希望同高级军官携手，但对于下级军人却不可不深深联络。我们应当钻入军人的队里，自身变为军人，则军人运动自然容易。在平时对于军事有相当的组织，一到民众武力发动之时，则军队即可起而响应。非有正式军队的响应，民众革命是难以成功，但非有民众的武力作监督，纯恃军队武力往往易流入军阀的坏路上去。

第三是民众经济事业的组织。经济是一切事业的根本，无钱则万事不行；从来革命之挫折，多因受经济的打击。故在平时对于生产事业的布置非有十分的准备不可。大到银行矿山，下至杂货店，水果店，都当尽力准备，多多益善。一旦需用起来，才觉灵敏。有许多事业不必一定要自己主办，但一定要自己参加。对于社会上各种已有的生产事业也应尽力扶助，使之发达。对于商人应当促其组织起来以抵抗执政者的苛征暴敛，先从小的运动入手，一次两次运动成功，则商人胆量可逐渐壮起来，到相当时期，可以为民众所用。

第四是农工的组织。农人占中国人民的最大多数，新式机器工业下的工人虽不多，然较之智识阶级也多得很。欲求中国政治之安定，全民政治精神之确能实现，我们不可忘记了农工问题……不过我们的农工政策和共产党根本不同……我们则主张从发展生产事业入手，使全部无产者都变为有产者，则无产阶级革命可以不必实现。我们可以用工人分红制等类似制度（譬如工人在工厂有劳绩者可以加入股傸之类，此问题他处另谭），使工人参加成为生产事业的主体，则工人生活可以较为稳定。我们的主张是切实为农工打算的，是农工所愿意听受的，因为与其牺牲多数农工的生命博得一个有名无实的无产阶级专政，替少数专制魔王彭湃，向忠发等造机会，倒不如得一些实际上的利益。我们的主张既然真正有利于农工，则农工必可逐渐接近我们。我们在平时给农工以一种强有力的组织，一旦有事则工人罢工，农人出防，政治上的当权势力自然会颠覆了。

第五是民众教育事业的组织。教育事业在革命过程中有两种效用，一是宣传的效用，一是训练的效用。我们的教育应当使这两种目的都具备了才算尽了能事。不但学校是我们应当注意的，即其他社会教育机关亦应注意。而于发动教育的总机关如师范学校之类尤应首先握到。

以上这五种组织之外，应该注意和应该作的事本来很多，不过以此五种为最要罢了。至于怎样使这五种组织实现，本来是因地因时制宜，不可一概而论，不过大略讲起来，也可有以下数种方式：

一是创造式的，即自己平空独力从头创办起。这一种方式最难采用，因为革命党人多半是民间分子，无雄厚的凭藉，又处在被压迫时代，一举一动，都难自由，所以欲以自力单独举办任何事业，殆不可能。不过这一种组织确是最能充分表现自己的现［理］想和精神的，所以在可能情形之下，未始不可走这一条路，不过不可以全力来做这种事情，以免减少其他方面的力量罢了。

二是侵入式的，即以有组织受过训练的革命分子，侵入原有的各种事业，而领袖指导之是。这一种方式收效最大，用力也较少，因为政治，社会各种事业本已早就安排好在那里，我们不过因而用之，故用力少而成功多。……但采用此种手段时，所应注意者，一凡加入机关之分子必须系受过严格训练的分子，能够始终受党的支配的；二凡加入机关之分子必须先有一种组织，使其行动得以一致，即共产党之所谓"党团"是；三是凡加入机关之分子必须受过种种策略应付的权变训练，且有绝对守秘密的习惯。再者侵入各种固有组织而领导之，这并不是不道德的事，但须看其目的如何，目的如非为私而系为公，则其益处甚大。政党政治之真谛，即在能以政党的组织力，将一盘散沙的民众组织起来。中国因为没有真正的政党，所以民众始终是散沙一般，既无组织，当然无法监督政治，而德谟克拉西的基础也就无法确立。

三是联络式的，即就原有各种事业组织而加以辅助协导是。在不能采侵入式的各种事业，就当以此种策略，去联络各事业的中坚分子，或使之加入某种组织，或与之发生友谊关系，总之积极的以能协助自治运动的进行，消极的也不至妨害自治运动的工作为宗旨。倘若运用适宜，虽异党的人也可以此法与之在某种情形下携手进行。

四是影响式的，即在无法接近的各种组织，只得以虚声宣传使之发生多少影响是。影响有两种，积极的使之倾向自治运动，到相当时期，即可收为我用，消极的虽不能为我用，亦可为各种反自治运动的恶势力的障碍。

在以上各种方式的同时采用的结果，只要主张鲜明正大，只要领袖人物肯牺牲一切为民众的福利作战，诚信有以服人，只要全体同志都受过严密的训练，有作战的能力，则在中国今日漫无组织的社会，在糊涂颟顸的军阀和官僚政治之下，是极容易发展的。到全省各种军事，经济教育组织都入了我们自治运动者的手里的时候，我们便有了充分的武器，有了向当权者作战的能力了。

等到全省的势力都入在我们手里再起来要求省自治运动，这是一句过分理想的话，实际上我们并不要耐心等那么久的时候。这种在被压迫环境之下去做事业的活动，究竟是缓慢的，难以速成的，革命的爆发就是要救济这种缓慢的下层运动，而想用武力来缩短改良的进线。所以我们的为要求省自治而起的革命运动，不必定要在全省布置已经成熟以后，只要有相当的地方根据，只要布置的相当成熟，只要环境没有妨碍，只要时机可以利用，革命还是应当赶速的爆发。

在革命爆发之前，有几种预备工夫是不可不做的：

第一谋各种实力的充分联络。各种实力虽然握到手中，倘若没有充分的联络，结果任各分子的自由活动，是非常危险容易偾事的。故这种预备工夫绝对须作得完熟。第一步先谋各事业的自身统一。譬如军事组织则当使各种民团与正式军队秘密的编入一种党的军事组织，受一个总司令的指挥。经济组织则当使各种产业也秘密的编入一种党的经济组织，受一个经济总监的支配。第二步则将各种组织再联合起来，由党的干部来统一指挥。如此则步调完全一致，作战才有能力。

第二先从事小规模的建设事业。在破坏事业未发动以前，我们应当先有一种小规模的建设事业要做。凡在一块地方的各种实力已大半入了我们之手以后，我们就当开始为小规模的建设，如道路的修筑，金融的整理，土匪的平定，自治规律之制定，在可能的情形下，还可以有一种类似地方政府组织的统一机关出现。这种事业当然都应该是不用任何名义，藏在统治者旗帜之下，为统治下所不注意的。如此作法有几种用意：第一，我们可以就小地方略略试验我们的理想，第二，我们将地方整理即是充实我们的基础，以除后顾之忧，第三，我们如此做去可以造出一种虚声，增加宣传和将来军事动作的力量。

此处如敌人方面间谍之布置，如环境势力之掩护方略，如全省实际状况之调查，如革命战略之制定，如舆论之造成，如全国的呼应联络等，都是通常革命运动应有的预备，此处不必详说。

假如全省势力是统一在一个当权者之下，则我们非等了推倒这个当权者的能力的时候，不可轻易动作，如果全省是在混乱的状态中的时候，则我们只要有了几县的根据，就可赶快动作起来。中国现今省分［份］混乱的多，整个的少，所以革命时期可以提早。

不过我们还应当记紧了一件事。我们虽然主张用全民革命的手段去解决国事，但我们并不迷信革命，并不作革命万能的思想。我们认定革命手段乃是万不得已的手段，是使人民受苦最多的手段，以革命的手段来救国，犹如以破肚涤肠的手段来治病一样，乃是至不得已的手段，乃是至危险的手段。我们所期望的是以革命止革命，并不期望革命之后继续的还有革命。我们绝对不可如现今一般糊涂虫的盲目地赞美革命，祷祝革命，甚至高呼革命万岁的。革命是值得哀痛的事业，而不是值得赞美的事业。革命若继续到了万岁，则人类恐怕结果已全体灭亡了。因此我们虽看定现今时势，非以快刀斩乱麻的手段，来忍痛一割，不足以谋澈底之解决，但我们于采取这个手段之先，究应以恻怛哀隐之心怀，为适可而止之举措。所以在革命爆发之先，我们应当先周回审顾，是否环境有不用武力解决可以和平达到目的的可能。如和平解决有三五分可能性，则我们仍宜先用和平手段以实现目的。因为一经战事开始之后，不但地方元气要受摧残，即革命军的实力也必受损伤。转不如保全这个实力，作和平要求的后盾，一个拳头不打出去，转见得有力量。

因此假使在可能的情形之下，我们就不妨先作一番和平的运动，我们可以联合十几县乃至几十县的民众，来向当局者提出实行省自治的要求——注意，这必须是要求，而不是请愿——以民众及军队各种武力作要求的后盾，假如当权者接收了我们的要求，为证明他的诚意起见，须立即将全部武力交给民众代表的手里，一面立即宣布省约法，召集省民大会，以全省民众的公意，解决一切善后问题。

不过和平手段也不是容易采用的，恐怕比革命手段更难运用，因为凡是民众可以向当局提出要求的时候——无论是和平的或革命的——总之是时机已经到了有利于民众而不利于当权者的时候，这种时机有时只是虚声而并不真合于实际，所以时机一过，各方面的空气不同，而当权者与民众的强弱形势就许完全翻过。因此民众若不利用有利的时机，向当权者猛攻，澈底扫除旧势力，而误用妥协中和的手段去希求敷衍了事，结果使敌人有重新恢复势力的机会和余裕，一到敌人势力恢复之后，民众就不免要重受打击，甚至根本瓦解。因此民众的领袖对于这种形势必须认清，心中虽应抱不得已而革命之观念，但尤须认清和平手段比革命手段更难采用，更有危险，万一用之不得其当，"养痈遗患"，则民众所受苦痛，比一时革命之苦更多。所以采用和平手段，不能无极慎重的相当条件。只有在敌人势力已经很微弱的时候才可采用这种手段。这个意见恰好与一般人所想的相反。一般的见解以为只有在敌人势力过强，民众势力甚弱的时候，才可采用和平的手段去要求一切。不知这种和平运动诚也有之，但在这种形势之下，当权者除非是圣贤，或者是至昏极愚，才肯容纳民众的要求，否则岂肯将权利轻容易让出，结果不是敷衍门面，即是遭强力打击，决难达到完全的自治要求。所以在敌人势力甚强的时候，未尝不可用和平手段去作政治运动，但须认明这种运动的目的只是希望他间接帮助宣传的工作，一面唤起民众的明了认识，一面表扬敌人的罪恶，决不是希望藉他以达到要求的目的。在政治未上轨道如今日之中国，民众对于当权者决非仅靠和平运动所能达到要求的目的的。因此只有澈底培养民众的实力，一面藉和平手腕的以掩护实力的培植，除此以外，别无他法。这是指在敌人甚强，民众甚弱的时候。至于民众势力与他的敌人若正在势均力敌之时，则尤不可滥用和平政策，使敌人得到机会。因为两方既是势均力敌，所争只在得机的先后，先发则制人，后发则坐受其弊。当权者的形势总比民众有利，故时间愈长，当权者愈有准备的机会，故时机一到，民众决不可放弃革命，为和平之说所误，因为错过了机会是要吃大亏的。所以和平的手段只有在敌人甚弱，民众势已稳固之时，方可采用，因为在这个时候采用和平运动，可以减少敌人部下的反感，而使地方免受苦痛。不过在采用和平途径解决政治之时，有两个条件非得到手不可，一是民众方面人物至少须有一部参加政权，一是敌人的武力必须有确实保障不反噬的方法。一面民众领袖也应以大公至正之心，将敌我人物一视同仁，则祸乱庶可少弭。

对今日中国新旧军阀作战，和平手段，成效甚少，非用武力不可，非澈底革命不可。所以我们还是转回头来来谈我们的培养民众实力，以全民革命解决政治的问题。

关于养成实力的方法，前面既已述过。弄到实力培养已至相当成熟的时候，民众方面所需要的便是有精锐的眼光去观察时局，而又有敏快的手腕去捆得住这个机会。这种事情是不可以言传的，我们此地不必讨论。

时机一到，一个星火飞在空中，我们的武力已经发动，在预定的各地都发出同样的炮声，这时候革命军的前队锋在锦绣也似的战场上排开，马前有一杆大旗，旗上写着是"要求还给人民自己管理自己的事情的权利"。

假如败了，自不必说，大家应该死的死，不应该死的躲出去，卷土重来，预备作第二次第三次的同样牺牲。

假如如天之幸，革命军得到所预期的胜利，则底下所应该做的事还更多。

在革命军占据了一个地方之后，须立即为下列的处置：

第一解除人民一切在旧政治之下所受的疾苦；

第二宣布简单的革命军约法，与民更始；

第三惩办害民的巨蠹；

第四帮助人民组织一种地方守卫队，专担任后方治安的防守。

在革命军已占据数县或数十县之后，如果形势可以统一全省，当然进而谋全省之统一，如果形势应当休息，则也不妨先就已肃清的数十县实行联县的自治。但实行联县自治有几点须要注意的，第一此已肃清之各县在地理上，民情上是否有自守自治的可能？第二，已失败的恶势力是否有再起为害的可能？第三，其他的环境势力是否容许我们闭门自治？假使以上三条件均已适合，而事实上一时又无法统一全省之时，则不妨先就小范围实行联县的自治，否则仍须积极为军事行动，先统一全省再说。

无论联县自治，或省自治，总之不过只是地域大小的关系，其实行的步骤总是差不多的，故我们可合并讨论。

底下我们所要讨论的，差不多都是理智的，建设的，条理式的事项，但在未讨论这种事项之先，我们还有一种事项，也应该同时或者更先注意的，这便是属于感情的，破坏的，冲动式的一类事情。

革命与其说是建筑于理智，无宁说是建筑于感情之上。民众没有热烈的感情驱使则革命决难成功，纵使成功也是假的。革命成功之后而不使其感情有正当之发泄，则必激而至于横决。故革命领袖在此时际最难措手。一面要节制民众的感情使不至为过分的扩张盲动，演成恐怖状态，一面又要使民众的感情得有正当的发泄，使不至溢而横决，转集中目标于革命政府，而为野心家所利用。

同时革命政府对于自身的威信纲纪问题也须煞费苦心的调节，一面既不可照旧压迫民众运动，或强奸民众意思，使革命的本身变质，一面又不可过分放任民众的自由暴动，造成轻视革命政府的心理，而为野心暴徒造机会。

最好的办法是要革命政府自身站在感情的线上，领导着群众为种种不过分的感情运动，一到适当时机，感情的作用已过，群众已呈厌倦之态，而思复返于理智的时候，革命政府立即为适宜的处置，收束感情，复归于理智，领着民众往平和秩序的路上走。

因此，在革命初成功之时，革命政府须立即为下列几宗痛快的处置。

一、对于罪绩昭著的国贼，必须毫不客气处以极刑。

二、对于一般国贼的财产须立即没收。

三、对于乘机播乱的官僚政客以及趁火打劫的流氓土匪立刻为决断的处置。

四、应该准民众以控诉罪人之权，但不准民众自由报复。

五、言论自由应绝对解放，使人民得有自由批评的机会，即使有危害革命的言论也不要紧。因为不平之气从言论中发泄出去，则事实上才可以减少阴谋。

六、同时革命政府的行为言论须件件坦白公布，与民众共见共闻，则一切谣言自然打破。

七、革命领袖在革命初成功的时期，须日日与民众会面，一面可以了解民众的意向，一面可以激发和调节民众的感情。

八、革命政府须时时与民众合在一处，举行种种盛大的庆祝会，游艺会，使民众的感情向另一途上发展，而政府基础才可稳固。

假如民众的感情已得到正当的调节，革命势力才算比较稳固，才可谈到底下一切理智的，建设的，条理式的事情。

在革命工作已竟到达相当程度，可以停止武力，从事地方建设的时候，革命政府须有以下的觉悟：

第一，从最初起即须承认自己是临时的事实的政府，而并非永久的。

第二，这个政府因为事实的便利，他的权力应当是无限大，但自己必须时时有滥用权力的恐惧心，而自行节制其权力。

第三，自己既然只是事实的政府，所以应赶快促成真正政府的出现，革命才算成功。

本于上列三种的觉悟，革命军于起事之初，当然要组织一个强有力的，指挥统一的革命政府，但同时这个革命政府即须对民众明白宣言自己是临时的事实政府，并不希望恋栈到好久，一面即将军事行动停止后建设的程序公布国人。

一到军事行动停止以后，即为以下的处置。

一、由各县民众职业团体委派代表一二人聚集制定临时省（或联县）约法。——此约法非前述之革命军约法。

二、根据临时约法改组革命政府。

三、根据临时约法召集临时省议院。

四、由临时省议院制定召集省民制宪代表大会程序，刻期召集。

五、省民代表大会开后，将省宪制定，立即根据省宪法，选举正式立法机关，及正式行政机关。

正式政府成后，一切事件始上轨道，自革命至正式政府成立，至快亦须一年，此一年时期，最为难过，革命军临时政府的责任非常重大。除了促成省宪和正式省政府的出现以外，还应做下列几件事情。

一、清除境内自革命军起后一切窃发的土匪流寇，和残余的军阀势力；

二、讲求维持各地秩序和便利交通之法；

三、派遣大批宪政宣讲员到各县乡间宣讲革命意旨和建设程序；

四、整理紊乱的财政；

五、整理各种民众团体的组织；

六、在可能范围内从事各种建设事业。

省宪制定之后，正式政府成立，一切事件俱上轨道，这时候破坏的预备工夫都已作完，便应当进而谈到建设自治省的本题。说到建设问题在今日中国，似乎很难，却又很容易。真正的建设非先将实际的社会情形完全澈底了解才能谈到计划，中国今日情形如此之复杂，社会调查如此之不完备，无论何人无法将社会情形全盘了解，既无法了解，则完美的建设计画无从定出，更谈不到实行问题了。但是从另一方面看来，中国人民今日正在水深火热之秋，他们并不苛求什么完美的计画，黄金的建设，只要稍稍得一个休养苏息的机会，便可比较满意，在今日中国，作一个比较满意的建设是很容易的，懂得了这个情形，才可不至自馁。

我以为一切自治省的建设，至少应当经过以下的三个时期：

第一是消极的休养时期；

第二是小规模的培植时期；

第三是大规模的开发时期。

第一个时期的意思，是要使人民从革命的破坏以后的暂时得到放任苏息的机会。中国人民自有史以来即习惯于无为而治的黄老政治，对于政治只求其安定，而不求其纷扰。这种精神恰好与欧美近代的政治相反。我们固然最终的目的是要求实现西洋式的政治，我们并不和章行严先生的主张一样，以为中国是农国，便应永久维持农业国家政治的状态，我们以为农业国家的政治组织在今日决难与工业国家的政治组织相抗衡，倘若永久不变此种组织，则决难久立于国际竞争场中，故我们最终的主张是要促成中国实现近代西洋式的政治。不过在未造成西洋式的政治之先，对于固有的人民心理也不可不注意了解。因为近代西洋式的政治是要扰民的，是干涉人民的一切的，政治越进步，则干涉人民的程度也越深，政府的效能越大，人民的不自由，不方便也越甚。固然在良好的政治组织和政治训练之下，这种政治利多弊少，但在全无政治训练的国家冒然实行此制，结果只有引起纷扰，难收良果。尤其在官僚政治积弊甚深的中国，政府举办〔办〕一事，人民未受其利，而先为官僚造成机会。结果求安而反扰，求进而反退。所谓"民不聊生"，所谓"官逼民反"，都是从这种政治上的纷扰来的。在人民初经过破坏之后，元气已经大伤，已经不堪再扰，倘若因举办新政的结果，负担不得不加重，事务不得不加多，时间不得不耗费，则必至影响及于根本的培植，况再加以官吏之乘机剥削，上下其手，结果人民将不得有休息恢复之机会。人民不得休养，生产组织无从安定，则时时有铤而走险之可能，政治亦无从入于轨道。故于革命破坏之后，就中国情形而论，必须有一个相当的休养时期。在这个时期政府所要做的，只限于下列的几件事体：

第一，剔除一切旧政府底下的积弊，凡稍稍不便于民的设施概予停止；

第二，整理吏治，严定官吏登用的制度，励行考试，优加官吏俸给而严惩贪墨；

第三，清理财政，严格照规定之预算实施；

第四，严格调查选举，澄清选举的弊病，尊重议会的一切决议，养成民治的正当精神；

第五，保障司法的独立，使法律的尊严得以逐渐树立；

第六，奖励民间的生产事业，以政府的力量补助之；

第七，奖励民间的教育事业，以政府的力量补助之；

第八，豁免一切苛税，务求以极少的税收取民；

第九，按照一定的计划减少常备兵，以能维持地方治安，抵抗邻境的侵略为度；

第十，以全力修筑道路，谋全省交通事业之大发展。

以上十件事体，除末一项发展交通略带有积极性外，其余各项几乎都是消极的事业，用意在减除不便，与民休息，而不在多所兴创。欲求人民元气的恢复，这种消极政治的时期不可不有。在这个时期一切政治只本于以下的几个原则。

一急于除弊而不必急于兴利；

二以全力促成政治的安定，使过渡时代疯狂的头脑逐渐得以冷静，恢复常态；

三一切建设的事业，暂放任民间自己去做，政府但立于赞助的地位。

以上三个原则，便是这第一个休养时期所应遵守的。

休养时期的经过少则一二年，多则三四年，要看各地方的破坏的程度，人民的生活状态，心理状态而定，不能完全一律。经过相当的休养时期以后，政治业已上了轨道，人民生计亦逐渐苏息，万事都有静极思动之意，然后为政者才可领导人民入于第二个时期，即小规模的培植时期。

欲求利用地方势力以统一全国，则仅仅消极的休养政策，是不能奏效的，势非更有积极的建设计划，发展计划不可。但积极政策非可一骤而几的，其间仍须经过相当的步骤，最简单的步骤就是在大规模的开发之先，不能不先经过一个小规模的培植时期。

一切政治，经济，文化的发展，不是平空可以造成的，不是一想[相]情愿就可以到手的，其间不能不先经过一番预备工夫。欲求政治经济，文化之尽量发展，有几种必需的条件是不能不顾到的。第一是人才，第二是计划，第三是训练。没有人才，做不出事业；没不[有]计划，不晓得该怎样去做；没有训练，做也做不好。要求事业的圆满发展，势必对于此三者有充分的准备不可。小规模的培植时期，所要培植的就是这三件事情。

一个良好的政府，在经过革命破坏之后，有了短时间的休养生息，人民已经相当的可动用了，便应当赶快处理以下的几件事情。

第一，以省政府收入之大部用之于教育事业，尽量扩张各种教育机关，整理教育的内容，普及与高深两原则同时并重；

第二，以官费派遣或补助大批学生出国求学，以造成专门人才；

第三，提高大学位置，使成为真正研究高深学术之机关；

第四，设置文化奖励金，对于一切专门学术家补助费用，使得尽量研究；

第五，设置学术院，使著名学者，得有安心研究之机关；

第六，对于图书馆，博物馆，及其他一切便利研学之机关，尽量补助使其发达；

第七，举行大规模之全省测量，使全省地理形势得有详细之认识；

第八，举行大规模之人口调查，社会调查，使全省社会状况得以明了；

第九，设立各种专门委员会，专司调查及编制各种建设事业之计划之责任；

第十，全省各种交通事业，经过第一时期的建设以后，到此时期应该使其尽量发展至于圆满之地位，则一切事业始有中心枢纽；

第十一，除民间生产事业仍继续补助促其发展外，由政府逐渐创办各项官营事业，以为大发展之基础；

第十二，各项已有成就之专门人才，由政府设法充分运用，或委以办理官营事业之责任，或代为介绍私人生产事业；

第十三，设法吸收全国乃至异国各项专门人才，使之集中本地，施展所长；

第十四，依社会政策之原则，制定各项劳工保护法及防止资本过涨之法律以杜劳资冲突之祸于未然；

第十五，制定生产法，工商业管理法，以为日后将生产事业之主体由私人资本移渡于国家资本之准备；

第十六，励行学校军事教育，奖励各项体育事业，以为实行征兵制之准备；

第十七，加紧政治组织，务求做到全省上下一致，指挥灵活之地步。

我们相信在预备时期，所预备的不但是积极的培植工夫，抑且还需要消极的清理工夫，所以以上所举十七项之中，有几项是含有消极的防患未然的意思的。因为在预备时期将祸根完全防止，则到发展时期才不至有后顾之忧。

这样，经过了小规模的培植时期之后，人民对于各项事业已有充分的准备和经验，社会经济的状况也渐渐入于充实状态，然后省自治始入于大规模的开发时期，也就是统一全国的起点了。

这时候，省政府的责任就更重大，更有发挥能力的余地。

这时候所要做的有几件事情：

第一，改良宪法，扩大省政府的权限，议会方面则增设经济议会，网罗各项专门人才，使从事于经济计画之建设；行政方面则增设不管部，使全省各党派的代表俱得加入，组织联合内阁；

第二，以省政府之力，建设各项大规模的工业，如炼钢，炼油，机器等工厂；

第三，以省政府之力建设各项大规模的生产事业，如煤矿公司，轮船工〔公〕司之类；

第四，各项私有大工业，大商业依法律手续收归省有省营，或私营而由政府监督之；

第五，撤销厘金制度，增设洋货销场税，如在沿海省分〔份〕，则运用手段，设法实行变相的保护关税制；

第六，在可能范围内，用个别外交，逐渐取〈消〉各种不平等条约；

第七，实行全省皆兵，或全省皆警制；

第八，建设大规模之兵工厂及飞机等军用品制造厂；

第九，充分建设社会文化事业，使文化有长足之发展；

第十，充分注意关于社会安宁幸福（Social welfare）之设备，使平民得享受充分的平等幸福；

第十一，制定节俭律取缔奢华事业，严格禁止资本家及一切〈消〉费阶级之过度奢华浪费；

第十二，以全省收入之一大部分用之于补助贫民生活费用；

第十三，制定劳工分红制及加股制，使私人资本逐渐成为群众化；

第十四，各项省营事业，在可能范围内应尽量的取廉费制度，使一般平民得享受其利益；

第十五，贯澈职业代表制，使一切生产者有权监督政府之设施；

第十六，奖励各项合作事业，使成为系统的圆满发展。

以上十六项如能做到，则一省的建设已算相当成功，省自治的目的已差不多达到，我们的"怎样建设自治省"的问题，可算已有了解答了。再往下我们就进而讨论；"怎样联省以救国"的问题。

《醒狮周报》第 162～173 期，
1927～1928 年

中华民族小史
（1928）

第一章　何谓中华民族？

　　生为一国之人未有不自知其国之历史者，国惟有历史，而后其国之种性渊源以及一切文物制度乃得蝉联递接自先世以至于后世，凡为国民者，读国之历史，则晓然于其国之所以发达，所以养育，所以摧折，所以兴起，知之深，治之熟，则爱护国家之念油然生焉。中国，世界之著名古国也，中华民族，世界之著名伟大民族也。然人亦知其伟大之所自乎？五千年前，此一片海棠叶形之古国，固犹是许多错杂零乱之野蛮部族纷争割据之地。其地不相接也，其音问不相通也，其文化与血统各不相关也。五千年来，经许多哲人志士之苦心毅力，惨淡经营，乃得将此许多各不相关之异民族搏结融会而成为一大民族，而后中华民族之名出焉。中华民族，非一单纯之民族也，中华民族，非尽黄帝之子孙也；然至于今日，则人尽自觉为中华民族之一员，人尽自觉为黄帝之子孙，此无他，五千年来文化陶镕之所自也，五千年来哲人志士之功也。吾侪治史者，亦惟治此五千年中文化陶镕之伟绩而已，亦惟治此五千年中哲人志士发挥心力之成事而已。鉴往以知来，援古以证今，中华民族其犹有未竟之功乎？中华之志士哲人其犹有努力工作之必要乎？是则读史之后，所当毅然发深长省者也。

　　本书专述中华民族构成及发展之情形，关于制度文物之叙述则让之他书。在分章叙述之先，对于中华民族之全体观念，当有一概括的描写，庶使读者易明了此后各章之内容。读者所应知者：

　　一为中华民族活动之范围如何？

二为中华民族命名之由来如何？

三为中华民族之起源及时代如何？

四为中华民族所包含之成分如何？

此四义明，而后乃得进而治全史焉。

第一节　中华民族之活动范围

中华民族之范围，人尽知为此海棠叶形之中国，以云面积，则三千五百二十二万零四十方里之多；以云经纬度则西起东经七十四度，东抵东经一百三十五度，南起北纬十五度四十六分，北尽北纬五十三度四十八分之广；以云气候则跨寒温热三带之长；以云区划则本部十八行省，四特别区域，一京兆，再益以关东三省，西域一省，蒙藏二特别部落焉。凡此，皆今日中华民族活动之范围也，其总名则曰"中华民国"。此皆常识上之中华民族活动之范围也。苟考之于历史，证之以事实，则常识之说亦未尝无可议焉。盖就一方面言之，上古中华民族活动之范围，本无如今日之广大。中华民族之最初活动，仅起于黄河流域之中部，即河南及山东西部，山西西南部而已。其后春秋中叶，陕西，湖北以及江苏之一部始入于中华文化范围，战国末年，直隶，四川，浙江诸省始逐渐同化于中国，秦汉以降，广东，福建亦版图，宋元以后，云南，贵州，广西，湖南，渐需文化，至于近百年来，则关东三省，内蒙诸区，始逐渐全成为中华民族活动之舞台，而蒙藏两部以及新疆回族，犹未能尽具有中华民族同具之条件，其活动之扩大盖若是之难也。然如就另一方面言之，则如古代在汉唐极盛之际，我中华民族之活动范围直扩大至于里海之西，日本之东，爪哇之南。至今日则不惟朝鲜，安南久受同化，应视为中华民族准活动之范围外，近如南洋群岛，远如美洲，亦皆为我华侨主要之活动地。是海棠叶形之中国，犹未足以限我中华民族之发展能力焉。治中华民族发展史者，于此活动范围之广狭二义盖不可不知也。

第二节　中华民族之命名

民族之名多因时代递嬗，因时制宜，无一定之专称，非若国家之名用于外交上，须有一定之名称也。中国自昔为大一统之国，只有朝代之名，尚无国名，至清室推翻，始有中华民国之名出现。国名既无一定，民族之名更不统一。或曰夏，或曰华夏，或曰汉人，或曰唐人。然夏，汉，唐皆朝代之名，非民族之名，惟"中华"二字，既为今日民国命名所采用，且其涵义广大，较之其他名义之偏而不全者最为适当，故本书采用焉。

今日中国境内民族之大别，号称为汉，满，蒙，回，藏，苗六大族，其实汉族与其他五族性质并不相同。其他五族俱系单纯之民族，而汉族则为复杂之民族。汉族之中包含其他五族之成分甚多，如满洲族之东胡，鲜卑，契丹，女真；蒙古族之匈奴；回族之突厥，回纥；藏族之羌；苗族之一部分土司，今已均完全变为汉族，故汉族者许多原始单纯种族混合而成之总名，非一族之名也。吾人叙中华民族之历史大部分俱根据于汉族历史者，非有所偏爱于汉族，盖以汉族非一单纯民族之名，实此许多民族之混合体耳。

惟今日普通习惯，以汉族与其他满蒙诸族土名并列，苟仅以汉族代表其他诸族，易滋误会。且汉本为朝代之名，用之民族，亦未妥洽，不若"中华民族"之名为无弊也。

第三节　中华民族之起源

论及中华民族起源之问题，内有数事最应注意：

其一，中华民族果为土著乎？抑外来者乎？

其二，中华民族均出于一元乎？抑多元乎？

其三，中华民族真正可考之历史应从何时算起？

其四，中华民族最初之根据地为何？

就第一问题而言，中国古史殆从未有主张中国文明系外来之说，自近世西人有研究中国史者，乃创意谓中国民族系由西方迁来，或以为中国大陆本为苗蛮族所占据，汉族乃由中亚等地侵入，战败苗族而始代兴者，中国近代学者亦多附和此说；然就吾人研究之结果，主张外来说者其证据多不坚确，而从中国近年来地质学者发掘之结果，则长城以北冰期时已有人迹，即河南中原一带，亦发现石器时代之遗骨及陶器，可见至少五万年前，中国已有人迹，虽其后有无外族迁徙不可知，然中国原始民族至少总有一部分系土著，可不辩而明也。

再就第二问题而言，则中国民族向称皆源出于黄帝，其实并不尽然，观春秋时代中国境内民族尚如彼之复杂，则中国最初之为各民族分立无疑，特其后有文化较高之民族，能以其文化统一其他民族，其他民族受其同化，遂渐至忘其本来面目而谓他人父耳；故中华民族之出于多元非一元亦可断言也。

至于中华民族已往经过之年代如何，就古书所载，九头十纪类多神话，不可为信，若真正解决此问题，须待中国地质学，考古学，人类学之研究大进步以后，得有物证，始能断定；今则但据书契所载，以黄帝以后为可考之时代，则距今几五千年矣。

再就中国民族发源之地带而论，亦非待地质学，考古学，人类学探索有得之后不能大明，今但据古史相传之帝王建都地考之，不外山东，河南，山西，陕西一带。惟古代文明既出于多元，则当然不能但指一地以为发祥之所，特以最初文化发源地而论，可以说是在黄河流域耳。

第四节　中华民族之成分

以上诸问题既明，然后进而研究中华民族成分之问题：

现今中国境内所包含之五大民族——汉满蒙回藏——就历史上经过之痕迹考之，盖可分为九系：此即中华民族真正之成分也。

其九系如下：

一，诸夏系　此系为汉族之主体，发源于黄河流域，中国古代帝王相传皆属此系，虽不可全信，要之此系文明发达最早，故能以其文化征服其他蛮族，逐渐合并而成为庞大之汉族，且有代表全中华民族之趋势，吾人讲中华民族构成及发展之历史，实即讲诸夏系同化其他民族之历史耳。此系之势力范围在春秋时尚仅在黄河下流一带，至战国而势力及于吴，楚，蜀，秦汉以后直至近代，滇，粤，闽，辽等处逐渐合并，至今日则本部十八省及东三省，均完全为此系文化所及矣。

二，东夷系　此系之根据地约在今山东、安徽、江苏、江西、湖北等处，古代有吴人，楚人，徐人，及淮夷，莱夷等名称，虽未必全是一种，大致彼此血统甚近。中国古代帝王如舜是东夷之人，大约亦属此系。此系在春秋时尚甚强悍，至春秋末年乃逐渐同化，变为汉族之一部分，今日此数省且为中国境内文化最著之地矣。

三，巴蜀系　此系起源或与汉族相近，或与西藏族相近，俱未可知。古为巴蜀诸国与中国不通，至战国时始为秦所灭，秦移民于蜀以同化之。汉时巴蜀与中国交通益密，遂完全与中国同化矣。

四，东胡系　此系为今满族之前身，根据地在东三省及直隶北部。相传舜时有肃慎氏，为此族最初见历史之国。至春秋初为山戎，战国时燕强后，在直隶者多同化于燕。惟居东三省者曰东胡。至西汉末变为乌桓鲜卑二种。鲜卑后强盛，侵入中国本部，建燕魏齐周诸国，然均同化于汉族。留在东三省者，唐初为渤海国。唐末为契丹——即辽，——北宋末为女真——即金，——此二族均为入中国，又均为中国所同化。至明末满洲族兴起，灭明而统一中国，建国垂三百年始变为民国。自最近五十年来，东三省门户开放，汉人尽量移入，而满人则因驻防之故皆分散于本部各省，同化于汉族，此后满汉混合成为一族，其界限殆不可分矣。

五，闽粤系 此系根据地在今福建，广东，及浙江之南部一带，其中种族复杂，大别为越种，闽种，及粤种。春秋末年越始与中国通。其后汉时闽越及瓯越两国犹独立于东海之滨，而南粤尤强大。此三国均为汉武帝所灭，始受中国文化。吴孙权建都江南，始竭力同化此系。自东晋后遂完全变为汉族之一部分，然其语言及骨相犹与普通汉人稍有不同也。

六，北狄系 此系即今蒙古族之前身。其根据地在蒙古及青海。古代直隶，山西，陕西之北部亦均为此系势力所及。黄帝时之獯鬻，周之猃狁，春秋时之赤狄白狄均为此系。其初势甚强大，屡侵凌诸夏小国，经齐桓晋文屡次挞伐，其在中国本部者始逐渐同化于汉族。其在塞外者，战国末变为匈奴，建设一大帝国，其势力东达满洲，朝鲜，西及中央亚细亚，南与秦汉争雄。经西汉东汉屡次之经营，始将其族覆灭，一部分降居中国，一部分遁至欧洲。其居中国者至西晋末起而为乱，乱后均同化于汉族。其残留蒙古者，均服属于他族，无甚势力，直至南宋时，始有蒙古族兴起，建统一亚欧之大帝国，然未及百年又均瓦解。其居中国者至元亡复逃回蒙古，历明世常为边患。清时服属于清。民国成立为五族之一。然外蒙至今犹独立，惟内蒙东蒙一带已多为汉人移住，即有蒙民亦渐同化于汉矣。

七，氐羌系 此系即今回族之前身，或有谓藏族亦属此系者，今为解说便利起见姑以藏族除外言之。此系之根据地在新疆，甘肃，青海等处。上古时为西戎，其势力侵入陕西之西北部，后为秦所败，始渐退居西部。或有谓周秦二代亦均属此族者，则不可深考矣。至东汉末为氐羌诸族，屡为边患。西晋时侵入中国本部建前秦后秦等国，然均同化于汉族。至隋唐时有突厥兴，据蒙古与唐争衡，突厥衰而回纥起，此二族均可属之氐羌系。宋时党项羌据甘肃而建西夏国，后为蒙古所灭。此后羌族势力遂衰。然至清时尚屡次作乱，清末新疆改为行省，云南及安徽湖南人多移居于此。土人与汉人逐渐接近，今虽仍未全同化，然其势力已微无能为力矣。此族自唐以后，多信回教，故又称回族云。

八，西藏系 此系与氐羌及巴蜀两系种族当甚接近。以西藏为根据地。古不通中国。六朝末年始有吐蕃国出现，杂取中国及印度两大文明而混合之至唐初其势甚强。南宋时始为蒙古所灭。明为乌斯藏，政教统于喇嘛之手，清代亦然。至民国列为五族之一，然西藏至今独立焉。

九，苗蛮系　此系起源甚早，当黄帝时已甚文明。或谓中国大陆本为此系所据，则未可遽信也。至春秋时已退据湖南，广西，云南，贵州一带。历汉及三国虽屡经讨伐，犹未同化。至唐有南诏国兴起，采取唐朝文明，建设制度，颇有可观。宋时变为大理及后理，后为蒙古所灭。元明清三代虽列为行省，然土族势力犹强未尽归化。至最近百年来，汉人迁入者极多，始纯变为中国本部之一。其苗人则退处于万山之中，日渐渐灭矣。此族在中国境外所建之国尚有安南，暹罗，缅甸，三国。

以上九系之发展情形，于后章分别详述之。

第二章　黄河流域之开化

黄河流域为诸夏族发祥之地，今日中华民国之文明盖皆以此为主体。其发展进化时期约可分为三段：

一曰文化萌芽时代（自上古至西周末）

二曰文化极盛时代（自春秋至东汉末）

三曰文化中衰时代（自三国至清末）

第一节　文化萌芽时代

就吾国古史所载，三皇五帝多兴于黄河流域，而尤以黄河下流山东河南二省为最多，虽此种传说未必皆可认为信史，然民族间既有此传说，则可见黄河流域一带自始即为先民所注意。况近年来古器物之发现，亦多出于此流域者居多。再以理推之，则黄河流域之土地广大，气候温和皆甚适于初民之发展，故中华民族文化之起源于黄河流域，殆无可置疑。自黄帝以至西周末，经二千余年之陶冶，居于黄河流域之民族已渐进于文明之境。环顾其他等周围环住之民族，皆尚浑浑噩噩，犹在野蛮时代，遂觉吾族之独出于神明胤胄，羞与他族为伍。因自名曰夏，夏者，大之义，盖自命为大国国民之。意或云夏之古文为"囗"，乃象人之形，盖自居为真正人类，而目其他民族为禽兽也。故诸夏族当时呼其他民族之在北方者曰狄，东方者曰貉，南方者曰蛮曰闽，西方者曰戎曰羌，皆非嘉善之名。诸夏族之所恃以超越其他民族者，一曰有制度，法制自黄帝时已略具规模，至尧舜而灿然大备，当时其他民族固犹在草昧之时也；二曰文字，黄帝史官苍颉始制文字，自后历代相沿，孳乳益广，其他各族则不闻有此，如苗族等虽发较早，或者亦有此制，然其用不广，不能如诸夏文字之复杂也；三曰伦理，诸夏民族最重伦理，自唐虞之治已有九族既睦之赞，而养老，孝父母，重亲族，忠职务诸美德亦皆酝酿成熟于此时，至周公制礼以后则伦理观念已深入人心，而洪范九畴且以人事卜天道，可见其应用之广矣；四曰器用，诸夏器物发明亦甚早，其中如衣服之制实为诸夏族与其他民族区别最重要之点，故诸夏族自称曰冠带之伦，凡以示别于其他文身被发之诸野蛮族也。

诸夏族初起之时殆亦并非同属一族，故名为诸夏，诸者众也，显见其非同出一源矣。故如虞夏商周各朝，大抵均各成一族。孟子谓舜东夷之人，文王西夷之人，可见其未必原属诸夏。特以各族同处一大平原中，彼此熏习日久，其文化低者遂渐为高者所同化，而合成一族耳。三代世系皆云为黄帝之后，而世代之差别过甚，明见其为假托矣。要之诸夏族之所以能团结成为一族者，内则由于文化之增高，外则由于与他族接触既多，遂觉吾同处黄河流域之诸族当固结为一体耳。

第二节　文化极盛时代

自春秋战国以至东汉之末为黄河流域文化极盛时代，盖经唐虞三代数千年之孕育，至此文化种子业已成熟，遂忽焉开灿烂之奇花。加以春秋战国时代，列国并立，因竞争观摩之结果，而人才辈出，黄河流域遂为文化之中心。论地势则春秋之郑，战国之韩魏，楚汉之荥阳，成皋，西汉末之南阳，河内，东汉末之兖，豫二州，皆为全国竞争之中心。论都会则咸阳，邯郸，大梁，临淄，长安，洛阳，皆为当时最繁荣之大都会。论人才则自春秋至汉，全国人才百分之八十殆皆出黄河流域，其中如哲学家之孔丘，墨翟，孟轲，荀况；老聃为陈之苦县人实亦可算黄河流域，政治家之管仲，商鞅，韩非，李斯等尤为不世出之人才，而当时其他流域不能相比者也。论经济状况则据《史记·货殖列传》所载，齐赵诸地在战国时为经济之中心，至汉初移于长安，东汉又渐移于洛阳，要之均在黄河流域也。盖黄河流域文化之程度至此而极高，亦即诸夏民族之文化至此而达于顶点。至东汉末年，中原丧乱，经魏至晋经济力尚未能恢复，而五胡之乱，乘之而起，西，北，东三方面之异民族纷纷迁入内地，诸夏世家反因变迁徙家江南，于是黄河流域经此一度民族大移转之后，而情形为之一变。

第三节　异民族之侵入及文化中衰时代

自东汉之末，黄巾贼起，山东河南一带，大遭蹂躏，中原文化之区，遂经破灭；至董卓之祸，而洛阳长安亦均遭兵燹；其后曹操，吕布，袁绍，公孙瓒，李催，郭汜，张扬，张绣等纷纷并起，占据中原，互相征伐，杀戮迄无宁日；魏晋两朝，稍得安息，而民族之移转已起；自后黄河流域迭经外族之占据，其民族血统及文化上皆起重大之变化，遂无复旧日之观矣。计黄河流域外来民族大规模移徙之时期有三，一为六朝时代五胡之乱华；二为宋时辽金元之侵入；三为明末满洲族之侵入。以下分别述之。

一五胡之乱华祸起于西晋末年，而迄于隋之统一。其结果则侵入之胡人皆同化于汉人而变为黄河流域之土著。其本居黄河流域之诸夏民族反因避乱而南迁。其时侵入之异民族号称五种，实际则不过三种，鲜卑属东胡种者也；匈奴羯蒙古种者也；氐人羌人均西北之戎种即氐羌族也。侵入之后，多数皆已同化于汉人，最著者如刘渊之自称汉后，北魏孝文帝之迁都易姓，皆同化于汉人之证。故至隋唐之际，鲜卑匈奴诸族在中国殆已毫无踪迹之可寻，而实则遍黄河流域之人皆不能谓与此诸族毫无血统上之关系也。

二辽金元之侵入起于唐中叶以后，迄于元亡。其结果则大部分易同化之东胡民族殆已完全同化于汉族，只剩小部分不易同化之蒙古族仍被排斥而退居于蒙古之故地。其侵入之民族契丹、辽、女真、金皆属东胡种，而蒙古、元则属蒙古种。今日黄河流域辽金遗族之变为汉人者当亦不少也。

三满洲之侵入起于明末而至民国成立清室退位为止。其结果则亦全体同化。满洲人种本与女真同种，性格骨相上均与汉族相近，故其同化极易。自清朝入关后，施用驻防政策，以满人分散于内地各省，用以监督汉人之反侧，然汉人多而满人少，汉人文化高而满人文化低，结果满人反为汉人所同化，一切语言，文字，习惯，嗜好，皆逐渐与汉人一律。自革命后五族一体，满人多有弃其旧姓而改用汉姓者，自今以后再阅数十年，则满汉之界限可泯然无余矣。

此等诸民族之迭次侵入，黄河流域所受之影响为何如耶？则不外全体社会生活皆起重大之变化而已。就宗教而论，制诸夏民族本来只有伦理之崇拜而别无宗教可言，自五胡乱华以后而佛教大兴，自回纥移居以后而回教又盛，其他景教，摩尼教，祆〔祆〕教，犹太教等之输入亦均由外国人之介绍，而东汉末中国人自创之道教尤为摹仿佛教而起，尤显而易见也。就风俗而论则如吾人今日之衣冠皆□清之旧制，非复汉人博衣宽带之风，其他如坐之胡床椅，睡之火坑，皆北方民族之用物；又如尊人则曰大人，老爷，让客则必以左为上，此亦皆学自外人者也。再就美术而论，则六朝之佛画皆自西域传入，实间接为希腊之作风，音乐则胡琴羌苗亦皆来自西方，而建筑之塔，庙，亭，幢更无论矣。又如语言方面，今日直隶，河南诸省一部分之语言系受东胡族之同化殊如北京官话，其受满洲语之影响显然可见。今则此种语言已公认为全国模范之国语矣。至于政制方面所受影响虽较少，然亦有可纪者，如今日行省之制即元所创也。要之黄河流域异族之杂居已千有余年于兹，不惟彼受我之同化，即我亦受彼之同化，互相熏习，始得成为今日之状况也。

此种民族之移居就文化之见地言之为有害耶，有利耶？若单就现状而论，黄河流域文化低降之原因，实由于地利不兴，物产减少，与种族之混合似无关系。倘此后于改良地利便利交通之法特别注意，则黄河流域未始不可再复见春秋战国秦汉时代文化极盛之伟观也。

第三章　长江下流之同化

长江下流自古为吴楚诸蛮族之根据地，在本书第一章之东夷系即包括居住于此一带之民族而言，在战国以前尚与诸夏民族俨然对立，竞争极烈；然至今日则不但人种风俗纯与诸夏混合。且一变而为中国文化之中心区域，则其间变迁化合之迹当有可观者矣。兹按其同化次第，分为四时期。

一曰文化独立发生时代（自上古至西周初）

二曰诸夏文化南被时代（自周至东汉末）

三〈曰〉诸夏民族南迁时代（自三国至唐）

四曰文化发展极盛时代（自五代至现代）

第一节　文化独立发生时代

东夷民族就古史所载情形观之当分为三组。居于山东半岛及安徽江苏北部者为一组，种类极多有莱夷，淮夷，徐戎等名称，可以徐代表之。居于湖北及江西一带者为一组，有荆，楚，庸，舒诸种，可以楚代表之。居于江苏南部者为一组，可以吴代表之。此三组古代是否彼此交通，文化一致，今已难考，惟吾人为研究便利起见，姑作为同属一族观之，无取细分，以省纷扰。此族人民古代决非与诸夏族同种，由彼此对待之态度观之，可以证明。诸夏呼彼曰夷，显示其非我族类。而彼族亦自居于诸夏以外，故至春秋初年，楚之君主尚有"我蛮夷也"之语，可见自此以前东夷族未有以诸夏自居者也。此族古代因与诸夏族同处平原，接触极易，故冲突亦较多。《诗·商颂殷武篇》有"奋伐荆楚□入其阻"之语，可见商时此族已甚强大。至周初则太公封齐，莱夷与之争国；武庚叛周，诸夷为之附和；而鲁公伯禽之讨淮夷徐戎，见于《书·费誓》，尤为当时一大事；昭王南征至于溺死，可见其在上古必常为诸夏之害矣。惟东夷因与诸夏壤地相接，故同化亦较易。孟子称舜耕于历山为东夷之人，可见舜时山东全部尚均为东夷所盘据。商朝起于东方，及其亡也东夷尚助武庚为叛，可见商朝与东夷血统必亦甚近。然则自上古以来所谓诸夏民族者，其中混入东夷之血当已不少矣。惟至春秋初年，山东一带经齐鲁诸国之经营，已变为诸夏根据地，故东夷只得退据长江下流而苟延残喘耳。然其最强之族如徐，如楚，如吴，尚屡为诸夏之患，是亦未可轻视也。

东夷族古代文化之特点有几，现已不可深考。但知其宗教则偏重鬼神，巫卜之风甚盛，商人亦有此风，故疑其与东夷族必有关系，社会组织则纯为个人主义，与诸夏之重家族者不同，——楚，吴之公族均不强，可以为证；——言语则别为一系，殆近于复音，非若夫诸夏之单音系；服饰则断发文身，尤与诸夏冠带之族不同；此皆东夷族独立发展之文化也。

第二节　诸夏文化南被时代

长江下流之接收诸夏文化，就史书所载俱当始于周泰伯之适荆蛮，又楚自称其先祖为文王师鬻熊，如果属实，则鬻熊亦开化江表之一人也。又《诗·周南》诸篇称赞江汉之化，女子野人均有文采，可知殷时长江流域之一部分已经同化。或者殷人本属东夷；故当殷时东方之交通必较繁，文化亦必较高，至周而反退化耳。传说谓商时有大彭，豕韦两霸国，大彭徐地，豕韦楚地，皆东夷之国，亦可为证。惟其时长江流域之大部分尚均在比较野蛮之东夷族手中，故未可谓为诸夏文化之真正南被时代。至泰伯适吴，史未叙其如何开化江南，吴至春秋末年尚甚野蛮，可知泰伯之影响甚小。鬻熊则有无此人尚未可定，故亦难以为诸夏文化南被之据也。

诸夏文化之南被其真正可考时代当在周穆王时，——约纪元前九六○年——其时徐国之君行正义，诸侯朝服者三十六国，乃称王，号曰偃王，欲代周有天下，穆王使楚伐之，徐偃王曰行仁义所以卫民也，不忍使民因吾而死,乃走死于野,此时徐已效中国称王,且有仁义之行,为诸侯所服,可见其受诸夏文化已甚深矣。大约徐在商末文化已甚高,商有大彭国,为五霸之一,徐或即大彭氏之后,其文化渊源颇早,至徐亡而始退化,此亦理之所应有也。

楚自春秋初年——约纪元前七〇〇年——称王后,吞并汉水一带诸姬姓小国,加入诸夏分子,遂逐渐吸收北方之文化。其后与齐晋诸国竞争中原,接触既繁,同化益著。至战国时——纪元前四〇三至二二一年——楚之文化已粲然大著,诸夏已无复以夷狄视之者,湖北一带之开化当在此时也。

吴之通中国自寿梦时代始——纪元前五八五——然未及一代,其公子季札历聘列国,已以博赡见长,可见其吸收诸夏文化之速矣。

汉高祖与项羽均起于江淮流域,楚之江东子弟,汉之丰沛故人,其中当不少东夷族人。及汉室定都长安,功臣子弟大半随之西往,而民族益以混合。汉初吴楚淮南诸王国最为富强,文学亦盛,于是长江下流遂全然为诸夏所同化矣。

第三节 诸夏民族南迁时代

上节所述虽为诸夏文化渐被江南之事迹,然其在人种方面,犹未闻彼此混合也。至东汉末年中原丧乱,两京播荡,其时独刘表坐镇荆州,孙策平定江南,北方名士多往依之,是为诸夏南迁之始。三国时孙氏建国江南,文物制度俱模仿自北方,北人适南者亦复不少。至东晋初年——纪元后三百年左右——五胡乱华,中原尽为异民族所据,汉族之稍有产业者不得不相率南徙。于是黄河流域之世家大族,以及中流阶级,向为文化之中坚者,尽徙于长江下流,自此以后,长江下流文化遂有驾黄河流域而上之势矣。

南北朝时代以武事言,南人恒绌于北人,以文学言,南人则颇优于北人,故南人亦恒以此自夸。当时北方大族之南迁者,因惧与士人相混,乃自号为世族,而以出身低贱者为寒门,世族之与寒门,分别极严,彼此不得通婚姻,甚至不与同席而坐。由寒门出者,虽贵至卿相,富埒王侯,而世族之自好者决不与联交友谊,如有破此例者,不但社会讥弹,即同僚亦以据此以为其罪而请朝廷惩治者,此盖北人初来南方,惧与士人相混而设之限制也。

此种风气至唐而始渐衰,盖唐代以科举取士,打破阶级之功甚大也。唐中叶以后,北方经安史藩镇诸乱,愈加凋敝,常转运江淮之粟以济北方，其时长江下流经济状况已渐驾北方而上之，如扬州等处，为才人大贾荟萃之区，其盛况，至今犹可想见焉。盖经六朝至唐——三一七至九〇五——六百余年间之粉饰升平，较北方之屡遭兵燹者不可同日而语，故能渐取黄河流域之地位而代之也。

第四节　文化发展极盛时代

长江下流由文化附庸渐变而为全国文化之中心虽在五代以后，然其机实成于隋唐之交。当六朝之末，南方之富丽奢侈已驾于北方之上。隋炀帝因爱江都——扬州——风物，驾幸江南，特凿运河以利交通，自此以后江南与北方之交通大繁，商业因之而盛，有唐一代江南大贾甚多。可见其经济力之充裕矣。惟唐初建都北方，文物所萃，故但就文化及人才而言，南方犹稍逊于北方。逮五代之时，北方兵祸频仍，民不聊生，南方则吴杨氏，南唐李氏，荆南高氏，尚均能以保境安民为主。而尤以李氏诸主类多长于文学，故一时文化颇盛。宋代北方屡经异族之侵略，独南方得免此祸。故北宋中年邵雍已有地气南移之叹。至南宋播迁，中原又沦于异族，世家大族又复南下，经此第二度之民族大移转后，长江下流乃卓然成全国文化之中心。南宋建都杭州，当时文人学士莘〔萃〕集于此，风气所被，长江下流遂酿成重文之趋向。历元至明，北方愈加残破，南方愈加文明，明末三吴学风至为全国表率，一部明史人才有十分之七八出于长江流域；降及清代，江南尤为人文重镇，圣祖高宗之数次南巡，皆为慕江南文化而来，而其时，扬州盐商之豪富奢汰，尤为人所仅见；经济既充，文化自富，吾人观于明代江南赋税之占天下之半额，而有以知其文化之著为有因也。

至今日只才及文化已有渐趋于珠江流域之势，然上海南京，芜湖，九江，汉口，武昌，犹为国中有数之大口岸，此以见长江下流文化中心之地位犹未到递嬗时候也。

第四章　长江上流之同化

本章所指之长江上流，仅就四川一省而言，并非连青海在内，盖四川一省，上古为巴蜀民族蟠据之地，其文化实自成一系，不能与他族相混也。今依其同化次第可分为三段。

一曰文化独立发生时代（自上古以至战国）

二曰诸夏文化渐次侵入时代（自战国至三国）

三曰同化完全成熟时代（自三国以后）

第一节　文化独立发生时代

巴蜀民族虽号为一族，然其中系统亦甚复杂，见于上古各书者有蜀人，巴人，庸人，濮人等称，以巴蜀二族为最著，故以之名其全种焉。巴人根据地在四川东部，即今东川道地蜀人根据地在四川西部即今西川嘉陵二道地二族之中以蜀之文化发达较早，盖可谓为此族之中心也。蜀人自称为黄帝子昌意之后，似不可信。考中国古史亦多有载有与蜀有关之事，如谓人皇氏分天下为九囿，其中囿制华阳之壤，梁岷之域，似人皇即都于四川，其后禹生于石纽，娶于涂山，两地皆在川境，武王伐纣，巴蜀民族附从者甚多，似此皆可证为巴蜀民族在上古即与诸夏民族发生关系。故近来主汉族西来说者每谓巴蜀与中原同出一系，不过一沿黄河东下，而一沿长江南下耳。又甚者谓中华民族即发生于四川，故有华人或汉人之名，华者华阳，汉者汉水。然夷考其实，则此等说法未免多系附会，毫无实证，吾人观巴蜀在春秋时代尚属蛮夷，可知其以前未被中国文化，况以四川之崇山峻岭而谓其能与中国交通于数千年之前似亦难能之事实也。

蜀之神话谓当周失纲纪之时，蜀侯蚕丛始称王，其后世相传有柏灌，鱼凫等。鱼凫仙去蜀人思之为立祠，最后有王杜宇始称帝。后让国于其臣开明，隐于西山。开明传九世至开明帝——与其始祖同名——始立宗庙，有饮晏之制，后乃为秦惠王以计灭之。观蜀之人名及其神话皆与诸夏异系更可证其与中国未尝交通。惟当时已知让国之事，又有城郭园苑——杜宇时已有——宗庙，酒酿，音乐之制，又蜀君先称王，后称帝，其下有侯爵——蜀王开明封其弟为苴侯——是爵位之制亦备，可知其文化已甚发达矣。盖蜀之开国甚久，有数千年之历史，加以气候适宜，物产丰饶，自易发生独立之文化，虽其中或亦难免受诸夏文化之影响，然较之其他野蛮民族，全然无文化可言，惟待诸夏为之启发者，盖不可同日而语也。

第二节　诸夏文化渐次侵入时代

巴蜀之通中国盖自战国起。战国中叶，秦惠文王欲并天下，谋于其臣，张仪以为宜伐韩，司马错以为宜伐蜀，秦王用司马错之计，先谋伐蜀，适巴苴二国受蜀害，求救于秦，秦乃发兵灭蜀，复旋师灭巴苴，全川皆归于秦，——公历纪元前三一六年——秦虑戎狄之反覆，乃移秦民万家于蜀以实之，此为政府有意的移民政策，故其影响当甚大。其后秦

人李冰为蜀守疏通江水以利舟楫，教民溉灌，开稻田，穿盐井，砍发
[伐] 山上竹木，顺水流下，由是民用富饶，号为天府；秦之并吞天下，
资蜀之力当不少。以当时中原之丧乱，民生之凋敝，而忽有此肥沃之新
地发现，则其相率殖民避难于此者当不在少数，故秦汉之交，巴寡妇清
氏，卓氏，程氏，俱以富闻于蜀，而卓氏程氏皆系由中原迁来者，其余
无名之殖民者必甚夥，可以推知矣。秦灭六国迁其大族于关中及蜀此为
第二次之大规模移民运动。汉高祖初封于汉中，所率将士皆东方人，当
必有留居汉中变为土著者；其出定三秦，蜀人从军者亦甚多，故汉以后
蜀遂几全同化于诸夏者，由其民族之接触机会甚多故也。至汉文帝末文
翁为蜀守，兴水利，教农桑，立学校，遣生徒留学长安，蜀之文化至此
大开。故蜀之同化半由自然半赖人力；前有李冰，后有文翁，皆有功于
同化事业者。有汉一代蜀之名人辈出，若张骞，司马相如，王褒，杨
[扬] 雄，严君平之流皆当时第一流人物，蜀之同化于此著矣。然其西
南部建昌，永宁二道，犹为未开化之巴蜀族所占据，建国数十，号为西
夷，经唐蒙，司马相如等先后开辟，至三国诸葛亮平南蛮，始渐同化，
然至今川边犹为半开化之地焉。

　　第三节　同化完全成熟时代

　　经两汉四百余年之文化政策之薰 [熏] 陶，至东汉末年四川已变为
极安乐之地带，其物产富饶，足以自给，其人俊爽富于理想，其民族全
部已与诸夏混合，残留之痕迹甚少。而因其所占之地位之特别之故，遂
俨有为西南政治中心之气象，蜀汉刘备据之以与魏吴成鼎足之业，其最
著者也。自时厥后，四川恒有为独立国之倾向，每遇中国丧乱，辄能据
地自守，而其归降中央亦辄在最后，此盖由其地势之特殊也。如西汉末
之公孙述，东汉末之刘璋，三国之蜀汉西晋末之成汉——李氏，——东
晋末之谯纵，唐末之前蜀，——王建——五代之后蜀——孟知祥，——
元末之夏——明玉珍，——明末之张献忠，皆据全蜀以建国家，然亦未
有以蜀为根据地而能经营天下者，此又其地势之宜于守而不便于攻也。
然幸而种族同化已早成熟于秦汉之际，故其后虽据土独立者极多，而有
种族意味杂于其间者，舍一成汉李氏外无闻，故屡虽经独立而不失为中
国版图者幸有此也；由此观之，种族同化之关系亦大矣哉。

第五章　满洲之同化

　　满洲一域为东胡民族根据地，自古为特别区域，其归入中国版图至

晚，辽金元时虽已为中国之一部分，然民族不同，终难同化，故明兴而又列于外藩。清室入关后，满洲犹为禁地，不设行省，近五十年来，受外力之压迫，渐次开化，改建行省，内地山东直隶诸省之民族居者甚多，而满洲遂成为汉族之殖民地矣。兹叙其开化之历史约时代如次：

一曰未开化时代（自上古至西汉）

二曰乌桓鲜卑强盛时代（自东汉至隋）

三曰渤海建国时代（唐代）

四曰契丹女真建国时代（自唐末至宋末）

五曰清族建国时代（自明末至清亡）

六曰门户开放及汉族之移殖时代（清末至现今）

第一节 未开化时代之满洲

满洲自古为东胡民族根据地，其国之最古见于汉族史乘者有肃慎氏，史称虞舜二十五年——纪元前二二三一年——肃慎氏来宾，贡楛矢石砮是也。舜时置十二州，其营州即辖今奉天南滨海之地：大抵古代东胡民族仅盘据于北满及东蒙一带，其南满之辽河流域向为朝鲜民族及汉民族接触之区域，与东胡民族无涉也。及春秋时代东胡民族渐次向南伸张势力；有山戎者侵燕，为齐桓公所败——纪元前六七零年左右——其势少息。战国时遂为东胡一族，与蒙古族之匈奴东西对抗，俱侵略中国，燕常受其害。及匈奴冒顿单于立，始以计杀东胡王而并其国，自此东胡民族遂分为数部，有挹娄，扶余，沃沮，涉貉［貊］等名称，大抵皆野蛮部落，不成国家，故亦不为中国患。

第二节 乌桓鲜卑强盛时代

至东汉初东胡族有乌桓鲜卑二族出现，由满洲侵入中国，其势张甚。初东胡为匈奴灭后其民走保乌桓鲜卑二山——外蒙古境，——遂以为号。其民善骑射，无定居，以牧畜射猎为业。贵少而贱老，重母而轻父。邑落有小帅，数千百落为一部，推勇健者为"大人"统其众。大人以下各自畜牧营产不相徭役。其嫁娶则先略女通情，或半岁百日，然后送牛马羊畜以为聘币。婿随妻还家，拜妻之父母，而不拜已［己］父母。为妻家仆役一二年，妻家乃厚遣送女归夫家。其俗妻后母寡嫂，死则归其故夫。计谋用妇人，惟战斗由男子决之。以髠头为轻便，至嫁时妇人则养发分为髻。其土地宜种穄。俗贵兵死，敛尸以棺有哭泣之哀，至葬则歌舞相送，肥养一犬，以彩绳系之，并取死者所乘马衣物皆烧而送之，言使犬护死者神灵归赤山也。信鬼神，庙祀天地日星辰及先大人有勇名者，祭品用牛羊，祭毕皆烧之。其治违大人言者罪至死，若相贼杀者，令部落自相报仇，不止，则诣大人前告之，听出马牛羊以赎死。其死杀父兄则无罪，若逃亡为大人所捕者，则徙逐于荒野。此乌桓鲜卑风之大概也。

乌桓根据地在今辽河上流，西喇木伦河及老哈木伦河流域。——均在热河特别区域。——初服从匈奴。汉武帝击匈奴，因徙乌桓于直隶奉天交界一带，置护乌桓校尉监领之，是为乌桓南迁之始。其后休养生息，部众渐强，纪元前七十八年——汉昭帝元凤三年——遂反；汉遣将军范明友击破之。新莽时，中国骚乱，乌桓亦乘势寇边，又乘匈奴内乱击败之。及东汉初，其大人郝旦等率众降汉。其后时叛时服，常为中国边患。东汉末年其部落酋长难楼、丘力居等，俱称王，据辽河东西，侵略中国。东汉献帝时丘力居死，其侄蹋顿有武略，代领其众助袁绍击公孙瓒。及袁绍败，其子袁尚奔乌桓，曹操自将征之，大破蹋顿于柳城，斩之，虏二十万人，其余众万余落悉徙归中国，自此以后，乌桓遂亡。鲜卑本与乌桓同种，初亦服于匈奴。东汉初北匈奴为汉击败西逃后，蒙古之地一空鲜卑遂入居之，匈奴余众十余万落皆改号鲜卑，鲜卑势遂强。及西晋末年，中国大乱，于是鲜卑之慕容氏据辽东，段氏据辽西，宇文氏据东蒙，拓跋氏据代郡。慕容氏国最强，并吞段氏、宇文氏，灭后赵，占黄河下流，建国曰燕，自此有前燕，后燕，西燕，北燕，南燕诸名称，皆其一姓。又其同族之吐谷浑分部西下，略取洮西及青海东部，建吐谷浑国，至唐初始为吐蕃所灭，此外五胡十六国时代之西秦乞伏氏，南凉秃发氏，亦均属鲜卑种人。最后拓跋氏所建之北魏势强，吞并诸国，建一大帝国于黄河流域，与长江流域汉民族所建之宋齐梁陈诸国对立，而武力常驾其上。此为鲜卑族之极盛时代，然其活动之范围多在中国本部，与其故土之满洲无大关系，至隋统一天下，此族遂完全同化于中国民族矣。

第三节　渤海之建国——纪元七一二至九二七年

渤海者史称靺鞨，乃扶余遗族。后魏时称勿吉，分为二部，一黑水勿吉在今黑龙江附近，一粟米勿吉在今松花江附近。其国原分数十部，各有酋帅，或附于高丽，或臣于突厥。俗皆编发，缀野猪牙，插雉尾为冠饰。性凶悍，无忧戚，贵壮而贱老。无屋宇，依山水，掘地为穴，架木其上，以土覆之，状如中国之墓。相聚而居，冬则入处穴中，夏则出逐水草。父子相承其俗宜猪，富人育猪有至数百口者。人死则穿地埋之，无棺敛。其风俗盖犹是野蛮人种之常态也。隋末其酋长突地稽降中国，至唐初累立战功，赐姓李。其子李谨行以功封燕国公。其余酋长亦俱拜都督刺史。独粟末部长大祚荣不服。六九六年——唐武后万岁通天元年——契丹反于营州祚荣亦乘机渡辽河而东，据地自固。契丹败后，武后遣兵讨大祚荣，会突厥梗路，不能进祚荣，遂自立为震国王，与突厥通好，唐玄宗时，——七一三年——唐遣使封祚荣为渤海郡王，是为渤海高王此其建国之始。都于忽汗州，——即今宁古塔附近。——其辖境东至日本海，南界新罗，北至黑水靺鞨，地方数千里。户十余万，胜兵数万人。有五京，十五府，六十二州。其后数传皆贤主。累遣使留学唐朝，文化大开。其官有左右相，平章事，侍中内史等名，皆仿唐制。先后凡传十四世，二百一十四年，至九二七年哀王谭诔时始为契丹所灭。古来以纯粹满洲人种建国于满洲本土而能大开文化者，唯渤海国。

第四节　契丹女真之建国

契丹亦东胡遗族，根据地在西喇木伦河流域。其君长原姓大贺氏，胜兵数万人分为八部，猎则别部，战则同行。唐初始渐强，其别部有名奚者于唐初亦强，彼此风俗略相近。其俗死者不得作坟墓，以马驾车，送入大山，置之树上，亦无丧服，子孙死，父母朝夕哭之，父母死，子孙不哭。其余风俗俱与突厥同。本皆臣于突厥。唐太宗时奚酋可度，契丹酋窟哥俱降唐，诏以契丹部为松漠都督府，窟哥为都督；奚部为饶乐都督府，可度为都督并赐姓李。六九六年窟哥之孙松漠都督李尽忠与其别部酋长刺史孙万荣反自称，无上可汗唐遣兵讨之不能克。尽忠死万荣代领其众，为突厥默啜可汗所袭败死，其众始平，此为第一次契丹之强盛。此后契丹遂据内蒙古东部附于回纥，屡侵唐边。至唐末，其王耶律阿保机统一诸部用汉人韩廷徽为谋主，建城郭，置官号，制嫁娶，倡耕种，仿汉字作契丹文字数千。北灭渤海南与五代诸国竞争。宋初改国号为辽，遂据有直隶山西北部，与宋为敌，传国二百一十年，凡九主，至纪元一一二五年——宋徽宗宣和七年——始为其属部女真所灭。

女真亦纯粹东胡民族，原根据地在松花江流域。原属于契丹，契丹入中国后习于文弱，其种族渐衰于是女真遂强，其族分二部。在北者不属于辽为生女真，南者属于辽为熟女真。北宋中叶其酋长完颜乌古鼐始统一诸部。至北宋末其酋长阿古达始叛辽，一一一五年——宋徽宗政和五年——遂称帝，国号金，更名旻，是为金太祖。制女真文字，凡事模仿中国，其后与宋联合灭辽，又攻灭北宋，虏徽钦二宗。黄河流域及蒙古皆为所属，是为女真极盛时代。然沾染汉化渐深，其民族渐弱。凡传十帝，一百二十年，至一二三四年——宋理宗端平元年——始为蒙古所灭。

第五节　满洲之建国

金亡后满洲之地属于元朝，其民族则仍女真之遗种也。元亡后又属于明。明于其地设海西，建州，野人三卫以羁縻之，然实权不及，女真旧部皆各载君长，割据一隅，不相连属。明末其部落大别有四，即满洲部，长白山部，东海部，扈伦部；四大部之中又各分若干小部。一五八三年——明神宗万历十一年——满洲部酉长爱新觉罗努尔哈赤起兵攻同部，渐次统一诸部。一六一六年——万历四十四年——遂称帝，屡败明兵，其势益张，即清太祖也。至其子皇太极立，东服朝鲜，西破蒙古，南侵明朝，建国号为金，又改为清，是为清太宗。至其子福临立，遂乘明流寇之乱，入据中国。传国十二帝至一九一一年革命起，其国始亡。

第六节　满洲之现状

清入中国后虑故土被汉人侵入，乃以满洲为禁地，禁汉人移殖其间。直至清末俄罗斯人东侵，一八五八年——咸丰八年——一八六〇年——咸丰十年——两次强迫清廷订约，将黑龙江以北，乌苏里江以东之地尽割让于俄。俄又伸张其势力于满洲内部，一八九六年——光绪二十二年——租旅顺大连二港，又获得航行，采木，开矿，筑路诸权。日本亦自一八九四年——光绪二十年——战败我国后，北上经营满洲。一九〇四年日俄因争满洲而开战，结果日胜，遂平分满洲为二，自吉林长春以南为日人势力范围，以北为俄人势力范围。北之中东铁路，南之南满铁路纵贯境内。又有京奉铁路北自北京直达奉天。于是满洲之门户遂大开放。近五十年来内地汉人相率迁入满洲，而满人则因驻防政策之故反多居于内地，于是东胡族数千年来之根据地遂一变而为诸夏族之殖民地矣。然外患日迫，强藩割据，前途尚未可乐观。惟以满洲土地之沃，物产之富，倘吾国人能好为经营，必有大发达之一日耳。况今日俄属东海滨省及阿穆尔省其初均我国领土，其地居民亦以东胡民族居多，今虽受制于白种帝国主义者之下，然依民族自决之原则，他日收回领土，使我中华民国统一于祖国政府之下，不得不有赖于后人之势力也。

第六章　珠江下流之同化

珠江下流即今广东福建二省，浙江钱塘江之东部虽非珠江流域，然其民族与闽粤相近，亦可谓如同属。兹分其开化次第如下：

（一）民族独立时代（秦汉以前）

（二）诸夏文化侵入时代（秦汉六朝）

（三）完全同化时代（隋唐至明）

（四）文化发展时代（明末至现在）

第一节　汉以前之形势

珠江下流之受中国文化在秦汉时，自秦以前与中国发生关系甚少。春秋末年始有越国出现，虽自相传为禹后，其实未可深信。越之根据地为今浙江省会稽道，其后灭吴，北通上国，称霸中原。其势北并江苏，南达福建，战国末为楚所灭，余族徙于浙江南部及福建北部，建瓯越，闽越两国。而钱塘江上流之山越，亦为此族之一部分。此外纯粹闽族，种类亦甚多，《周官·职方氏》，掌四夷，八蛮，七闽，九貉，五戎，六狄之人民，可见其复杂，今福建各地语言殊复杂是其证也。广东情形更不可深考。以上诸省民族风俗之大概，所可知者，大约服饰则断发文身，举动则轻悍好斗，如斯而已。至或有，谓广东一带之神话有槃弧者谓即中国之盘古，因以证中国民族发源于广东者，则不可深信矣。

第二节　诸夏民族之开发珠江下流

秦始皇既定六国统一天下，遂发戍卒四十万人开五岭以守南越，此为历史上之大规模之殖民运动。至始皇为此之动机如何已不可考，以理言之，当时广东一带在中国视为蛮荒之区，又不若匈奴之为害于中国，而始皇顾不惜大举以经营之，颇令人不解其故；大约当时对于珠江下流之富沃，始皇必已闻之，故始大举以进图其地，由此可证在秦以前中国与广东当必已有交通，惜史无明文，未敢确定耳。自秦以戍卒开五岭，且随以妇女，未几秦末中国乱起，于是戍卒之在广东者遂起而建南越王国，赵陀为其君，此为诸夏民族在珠江流域建国之始。南越传国三世，至纪元前一一一年为汉武帝所灭，同时闽越，瓯越，亦俱灭于汉，于是珠江下流遂加入中国版图。汉武帝徙东瓯——即瓯越——闽越之民于江淮间，而以其地及南越，皆置郡县，中国文化遂渐侵入。其后三国时孙权建国南方，讨平山越，开辟交州。对于珠江下流颇极经营，故至六朝时，文化已大开，非复向日蛮野之风矣。

第三节　文化之大开

珠江下流至唐时因海上交通之发展遂渐占重要之位置。唐代西方人士来贸易传教者均以广东福建及浙东为登陆地，其时口岸如广州，福州，泉州，皆贸易极盛。唐设市舶使以监督其关税，岁入为国用大宗。宋亦因之不改。唐代西方诸国人居于广东者甚多，黄巢之破广州，杀阿刺伯人凡十二万，可见其侨民之多。至宋朝珠江下流之文化遂渐发展，北宋有四大商港，为广州，泉州，宁波，杭州，皆在珠江下流。南宋建都临安，闽浙文化更著。至今宋版书籍以福建刻版为最多而最优，是其文化发展之证。惟广东尚未能大开化耳。

第四节　近代珠江下流之发展

自明末中西国际交通复兴，珠江下流遂又成重要之口岸；当时如澳门，上川，电白，福州，厦门等处皆为西人来华居留之地。清初亦然。清中叶虽中西交通中断，然自一八四二年——清宣宗道光二十二年——鸦片战争后定《南京条约》，开五口通商，而珠江下流又复开放。自此以后欧洲文化输入中国俱以珠江下流为门户，而珠江下流之人民亦以与他族接触较早，风气之开较先，故人才亦辈出。自太平天国之乱以来，珠江下流之人民在全国无论政治，经济，学术界中皆占有极重要之地位，有左右全国之大势力。又以自明末以来珠江下流人民之赴南洋殖民者日见其多，多有拥巨资成豪富者，因是其经济力亦驾国内他地而上之。故人多谓此后中国文化之中心将由长江流域而趋于珠江流域，盖经济力充足则文化自随之而发展，乃势所必至者也。

第七章　蒙古之加入中国版图

蒙古地处中国本部北方，地势广大，人民强悍，向为中国之大患。自近世以来始加入中国版图，然民国成立后，外蒙又叛服不常，将来如何解决，尚难预料。此问题关系于中国前途极大，吾人不可不加以注意。也兹就其发达之次第可分为下数时期：

一曰未与中国发生关系时代（自上古至战国）

二曰匈奴建国时代（自战国末年至东汉初）

三曰鲜卑族占据时代（自东汉至晋）

四曰柔然族占据时代（北魏初年）

五曰突厥族建国时代（自北魏末至唐初）

六曰回纥黠戛斯建国时代（自唐至宋）

七曰蒙古建国时代（自南宋末至明末）

八曰蒙古加入中国版图时代（自清至民国）

以上八时代分为七节述之。

第一节　上古蒙古族之在中国情形

上古之时诸夏民族仅局处于黄河流域，对于蒙古无直接关系，故吾人谓为蒙古与中国不发生关系时代。然所谓不发生关系者，指蒙古之地方，非指其人种也。蒙古人种自古即散布于长城以南，黄河以北，直隶，山西一带。黄帝时谓之獯鬻，殷周时谓之猃狁，春秋时谓之狄，其实皆蒙古族也。见于春秋者其种族有白狄，赤狄两大种，白狄建国曰鲜虞，肥，鼓等名号，均在今直隶南部；赤狄，建国曰东山皋落氏，廧咎如潞氏，甲氏，留吁，铎辰等名号，均在今山西东南部。春秋初年，势尚强盛屡侵略诸夏小国，后经齐晋两霸国之惩创，其势始衰。尤以晋国所伐灭之狄国为多，于保障诸夏之功甚大焉。

故至战国初年，中国本部狄人半被征服，半已同化，所余均逃至塞外，有林胡，匈奴，襜褴，楼烦等部，俱在今内蒙古一带与燕赵秦三国为邻，赵武灵王至胡服骑射以御其侵略。至战国末年，匈奴逐渐强大，遂并吞诸部，建立蒙古民族之大帝国，南与中国人所建之秦汉大帝国相抗，而形势一变矣。

第二节　匈奴之强盛及灭亡

匈奴之起不知在何时，史称其为夏后，未可信也，至战国末年始强。其俗以牧畜为业，士尽能弯弓。重少轻老，父死妻其后母，兄弟死皆取其妻妻之。其君曰"单于"都曰"庭"。其单于姓李提氏。战国时侵略赵边，为赵将李牧所破。至秦并六国，命蒙恬将兵三十万北伐匈奴，其单于头曼北遁，收其河南地——即今河套。——因燕赵秦之旧筑长城，东起山海关，西至嘉峪关，为中国历史上第一大建筑。秦始皇死后，中国内乱。匈奴头曼单于之子冒顿弑其父而自立，东灭东胡，西灭大月氏，遂成为塞外统一之国。纪元前二百年——汉高帝七年——围汉高帝于平城，汉求和乃得释。自后七十年中，汉以和亲政策笼络匈奴，不敢与之竞争也。当时匈奴威令所及东至海，西达中亚，诸国俱畏之。及汉武帝立，耻匈奴之强，乃东并朝鲜，西通西域，以绝其援。命卫青，霍去病，李广利等先后出师北伐，匈奴大受挫败，其势顿衰。汉宣帝时其国五单于争立，皆引汉为援。后又并为呼韩邪及郅支二单于，汉助呼韩邪攻败郅支，郅支西遁，为汉兵所杀，呼韩邪遂称臣子。汉自纪元前三三年至纪元后七年四十年间匈奴皆服属于汉。及王莽篡位，扰动匈奴，匈奴复叛，后分为南北匈奴，南匈奴服汉，北匈奴不服汉。纪元后八十九年——东汉和帝永元元年——大将军窦宪北伐北匈奴，大破之，至燕然山——外蒙杭爱山——勒铭而回。纪元九十一年又伐北匈奴，北匈奴遁逃西方，后遂为扰乱罗马之动因。南匈奴则东汉一代虽时有叛服，然势力渐微。至东汉末曹操分其众为五部，使居山西境内，遂为五胡乱华之动因。然自是外蒙古遂无匈奴之踪迹矣。

第三节　鲜卑柔然之相继勃兴

自匈奴失败，蒙古之地遂虚，于是东胡族之鲜卑，遂乘机加入据之，东汉桓帝时——纪元一五〇年顷——其大人檀石槐在位，有勇略，立庭于蒙古中部，北拒丁零，东郤夫余，西击乌孙，南寇汉边，尽据匈奴故地。分其众为东、中、西三部统之。汉庭屡遣将击之均不克。至檀石槐死，国内乱，边患始纾。经三国至晋初，鲜卑之势又强。侵入中国，分建数国，北魏最大。当北魏建国之时有柔然者，亦东胡族，姓郁久闾氏，亦据外蒙古屡侵魏境。其酋长社仑自称豆代可汗。——纪元四二五年——魏太武帝始光二年北魏太武帝自将伐柔然，破其兵。后四年太武帝又自将击破之，柔然降者百万，余众西窜，其族遂衰。

第四节　突厥之盛及其灭亡

突厥民族今之回族亦即土耳其族也。旧居天山系与阿尔泰山系中间。秦汉间进至贝加尔湖畔，史称丁零，为匈奴属国。匈奴亡后，鲜卑，柔然迭兴，突厥族均为之役属。其部落有高车，铁勒，突厥诸名，均散居外蒙古西部。突厥酋长姓阿史那氏；纪元五四〇年左右，其酋长土门，自立为伊利可汗，击破柔然兵，杀柔然可汗头兵。柔然从此衰，而突厥代兴。至五五五年——梁敬帝绍泰元年，——伊利之弟末杆可汗灭柔然，遂统一漠北。又西破哄哒——北印度大国，南降吐谷浑，——青海大国，——东攘契丹，北并结骨——西伯利亚之野蛮部落——时中国正在南北朝对立时代，而北方又分为周齐二国，争引突厥为援，于是突厥遂为亚洲第一强国。其俗多与匈奴同。君主名"可汗"，大官有"叶护"，其次"特勒"，次"俟利发"，其余小官凡二十八等。其刑法反叛杀人，奸人之妇，及盗马绊者均死。奸人女者，重责财物，即以女妻之。斗伤人者随轻重输物。伤目者偿以女，无女则偿妇。伤折股体者输马。盗马及杂物者各十余倍征之。死者停尸于帐，子孙及亲属男女各杀羊马陈于帐前祭之，绕帐走马七匝，诣帐门，以刀厘面且哭，血泪均流。如此者七度乃止；择日取亡者所乘马及经服之物并尸俱焚之，收其余灰，待时而葬。其葬掘土为窟，上立屋中图画死者形相，及其生时所立战功，凡杀一人则立一石，有至千百石者。婚姻由男女相悦父母不加禁止。可汗恒处于都斤山，牙帐东开，盖敬日之所出也。每岁率诸贵人祭其先窟，又以五月中旬，集他人水拜。祭天神于都斤西五百里。其书字类胡，不知年历，以草青为度。其风俗大低〔抵〕于匈奴相同。

隋初中国渐归统一，而突厥分为四可汗，于是彼此形势始变。隋文帝用长孙晟之策，离间其诸可汗，突厥势遂分。沙钵略可汗在东方为东突厥，阿波可汗在西方为西突厥。沙钵略可汗请降于隋，未几卒。至隋炀帝时，其侄突利可汗因内乱奔中国，始改封为启民可汗，以义成公主妻之，是为突厥降顺时代。及隋末天下乱，群雄并起，争引突厥为援，于是突厥又强。六一五年——隋炀帝大业十一年——突厥始毕可汗率骑数十万入寇，围炀帝于雁门。唐初又屡入寇。唐太宗立，乃于六三〇年遣李靖等分道大举伐突厥，擒其颉利可汗遂以突厥故地置定襄云中二府，东突厥遂亡。时西突厥在新疆一带势犹强。六五七年唐高宗遣苏定方伐之，擒其可汗，分其地置崑陵，濛池，二都护府，于是西突厥亦亡。其余部逃至亚洲西部，为土耳其民族之起源。东突厥降中国后嗣后尚叛服不常，直至回纥兴起后始为所灭。

第五节　回纥黠戛斯之相继兴起

回纥本铁勒十五部之一，与突厥民族同种。唐太宗灭突厥后，蒙古地空虚，有薛延陀部者，亦突厥种人，与回纥相争，后为回纥所破，时回纥酋长吐迷度降唐，拜为怀化大将军，然犹私称可汗，置官属。尔后世服从唐朝。至唐玄宗时，其酋长护输可汗始尽并诸部，入朝于唐，唐封为怀仁可汗，国势大强。其地东至黑龙江，西抵阿尔泰山，南抵大漠，尽得古匈奴地。后唐遭安史之乱，借兵回纥，始获平定，于是回纥益骄。七六五年——唐代宗永泰元年——与吐蕃连兵入寇，幸郭子仪责以大义始退。嗣后累代与唐通好，不复扰乱。至八四五〔〇〕年——唐文宗开成五年——为黠戛斯所破其势顿衰。八四八年——唐宣宗大中二年——其国遂亡。余众徒于甘肃嘉峪关以西，至元时为畏吾儿国。其蒙古之地遂为黠戛斯所据。

黠戛斯者亦突厥种，古名为坚昆，唐初名结骨。在回纥西北三千里。其人长大，赤发，皙面，绿瞳，以黑发为不祥，据此而观，则又似与白种人相近。众数十万，胜兵八万。其族男多女少，以环贯耳，俗趫仇，男子有勇黥其手，女子已嫁黥其项。谓岁首曰茂师哀。以三哀为一时。以十二物纪年。农产有禾，粟，大小麦，青稞，步硙以为面，有糜穈，以三月种九月获，以为饭，以酿酒而无果蔬。其战有弓矢旗帜，其骑士析木为盾，蔽股足，又以圆盾蔽肩，可捍矢刃。其君曰阿热，遂姓阿热氏。服贵貂豽，阿热冬帽貂，夏帽金钿，锐顶而卷末；诸下皆帽白氈，喜佩刀砺，贱者衣皮不帽，女衣毳毼锦罽绫，盖由中国买入者。阿热住于青山，周围树栅，联氈为帐，名曰"密的支它"。首领居小帐。其官有宰相，都督，职使，长史，将军，达千六等。乐有笛，鼓，笙，觱栗，盘铃。戏有弄驼，狮子，马技，绳伎，祠神惟主水草，祭无时，呼巫为甘昏。嫁纳羊马以聘，富者或百千计。丧不厘面，三环尸哭，乃火之，收其骨，逾岁乃葬。冬处室。木皮为覆。其文字言语与回纥同。其种人原属于突厥，后又属于薛延陀，又朝于唐，唐以为同姓优待之。回纥强后遂属于回纥。唐中叶回纥衰，其阿热遂自称汗，屡助唐与回纥战，回纥屡败。遂代回纥领有蒙古地，屡朝于唐。及唐末中国乱，黠戛斯与唐之交通遂绝。自此以后黠戛斯亦日趋于野蛮，五代时契丹勃兴，遂隶属于契丹。

第六节　蒙古大帝国之建立及其末路

蒙古之地自契丹勃兴以来即隶属于契丹，女真兴后，又属于女真，百余年间，于民族史上不占重要之位置，直至元帝国勃兴，乃始现空前之异彩焉。初蒙古之地当金末年，分为若干小部落有汪古部，塔塔尔部，泰楚特部，克哷部，奈曼部，蒙古部等名称。蒙古部之酋长邰特——旧作奇握温——姓特穆津——旧作铁木真——年少而勇健知兵，先后平灭诸部，一二〇六年——宋宁宗开禧二年——会各部长于干难河源，自称成吉思汗，是为德太祖，遂统一蒙古，嗣后南侵金室，西平西夏，西辽，花剌子模诸国。至其子太宗谔格德依——旧作窝阔台——时遂南灭金，西征俄罗斯，败波兰，匈加利之兵，前锋直抵意大利，遂统一亚洲及欧洲东部。至世祖呼必赍——旧作忽必烈——又南灭南宋，安南等国亦均降服。遂将其辖境分为一帝国四汗国。一帝国者元朝，四汗国者奇卜察克汗——旧作钦察汗，察罕台汗，谔格德依汗——旧作窝阔台汗，伊儿汗是也。蒙古族之势力至此极矣。

蒙古族之兴也甚遽，其亡也亦甚遽。自元太祖建国后仅阅五十年，遂统一欧亚，然又阅八十年，其所建诸国遂纷纷瓦解。其西方诸汗国，自元末有帖木儿者亦蒙古族，出于察罕台汗国，南灭伊儿汗，西服奇卜察克汗，建帖木儿大帝国，一时势甚强。然帖木儿卒后，诸子争立，国内乱，遂渐纷裂。奇卜察克汗，后灭于俄罗斯。察罕台及伊儿二汗故地则分裂为许多小部落，至十八世纪初年亦均为俄所并。其东方则谔格德依汗国早为元朝所灭，元朝建国八十年，至元顺帝时，汉族起兵恢复，顺帝为明太祖所逐遁逃漠北，蒙古族在中国本部之势力遂亦失坠而又复以蒙古之一隅为蟠据之地矣。

蒙古族自遁回蒙古后，分裂为鞑靼，卫拉特二部，互相争长，迭有胜败，明代恒利用其弱者以御其强者。明初鞑靼族之阿噜台势甚强，屡侵中国，为明成祖所败，后为卫拉特部长托欢所杀，于是鞑靼衰而卫拉特盛，托欢之子额森——旧作也先——南侵中国，明英宗亲征，御之于土水——今直隶口北道怀来县——大败，为所执，后为明兵部尚书于谦所败，始戢其野心。后额森为其臣所杀，国内乱，鞑靼遂乘势恢复势力。明宪宗时鞑靼部之首领巴图蒙克乃元顺帝七世孙，自立为达延汗，统一诸部，国势富强，明史称为小王子。达延汗分封诸子于内外蒙古，遂为今日蒙古诸部之祖。其后历代服属于明，虽偶有侵，不为大患。明末内蒙古之察哈尔部林丹可汗有勇略，欲统一蒙古，不幸为清太宗所败，走死，于是蒙古遂服于清矣。

当明末清初之际，蒙古约分为四大部，一曰漠东科尔沁蒙古，二曰漠北喀尔喀蒙古，三曰漠南内蒙古，四曰漠西厄鲁特蒙古。清之兴也，科尔沁蒙古首先降附。清太宗击败林丹汗，内蒙古遂亦服清。外蒙喀尔喀初分三部，曰土谢图汗车臣汗，札萨克图汗，本皆独立不属于清；至清圣祖时因受厄鲁特准噶尔部之侵略遂降于清。后土谢图汗亲王策凌与准噶尔部战有功，遂增封为三音诺颜汗，外蒙古遂成四部。漠西厄鲁特蒙古者，其根据地在新疆天山北路，清初分为四部，曰和硕特部，曰准噶尔部，曰杜尔伯特部，曰土尔扈特部。准噶尔部势最强，镇服余三部，又干涉天山南路回部宗教之争，又与西藏喇嘛相勾结，其势张甚。后侵略外蒙古，外蒙古求救于清，圣祖亲征败之，准噶尔遂衰。至高宗时乘其国内乱遣将伐灭之，于是新疆之蒙古族遂亦服于中国。而蒙古列为中国藩属者垂二百年。

第七节　蒙古之现状

蒙古与满洲语言习惯均甚接近，故有清一代，蒙古极为恭顺。清庭〔廷〕又利用喇嘛教以笼络其民，迎西藏大喇嘛于蒙古为宗教之宗，是为活佛。此外则于外蒙古设库伦办事大臣以监视之。内蒙古设察哈尔，热河，绥远三将军。又为乌里雅苏台定边左副将军，驻外蒙古西部。皆所以统治其民。其属于蒙古族之自治机关则内蒙分为东四盟西二盟，盟各分旗若干，外蒙则连漠西蒙古在内共分喀尔喀，杜尔伯特，土尔扈特，和硕特四大族，族下分盟，盟下分部，又分旗。大率盟有盟长，旗有旗长，皆各部王公充之，其王公称为"札萨克"然实际皆受政府官吏之指挥并无实权。至民国以来，制度未改，惟民国三年时政府因恐外蒙独立影响内蒙，遂将热河察哈尔归绥三处划为特别区域与行省同视，内蒙之地皆分隶三区，仍设都统治之，今后内蒙当不复有脱离吾国之虞矣。

自清末官吏苛暴，蒙人受其骚扰，颇有叛意。民国革命军起，外蒙遂乘机宣告独立，以活佛为君主国，实则受俄人之鼓动凡事不克自由。民国二年结中俄条约，外蒙允取消独立，而为自治区域。民国六年，俄帝国革命，无暇外顾，外蒙失其奥援，政府遂遣西北筹边使徐树铮往劝取消自治，然蒙人被迫过甚其心弗善也。及直皖战起，中国内乱，外蒙乘机起叛，击散中国驻兵，杀戮华商，遂又与中国脱离关系。俄旧党谢米诺夫等助之。我政府迫于内乱，不能讨。民国十一年俄新党政府遂以讨旧党为名，入据库伦，助外蒙建君主立宪国，仍以活佛为君，而实权握于外蒙国民党之手，故又称国民政府。十三年上半年外蒙活佛哲布尊丹巴呼图克图死，遂变君主为民主。苏俄与蒙古又结密约，承认其独立。我政府极力交涉，乃以承认俄新党政府为条件，结中俄条约，俄承认外蒙为中国领土取消其独立资格。然实际上外蒙之独立仍此故也。近则苏俄自在华侵略失败，中俄绝交后，乃注全力于外蒙，训练军队，不遗余力，前途未可轻视。此后发展之情形如何，当视我国内政统一之情形如何，以为判焉。

第八章　西北之开拓

西北一带即今新疆甘肃二省及青海之地，自古为独立区域，直至最近始加入中国版图，其历史上之经过约可分为以下数时代：

（一）未与中国发生关系时代（汉以前）

（二）小国分立时代（两汉六朝）

（三）汉回藏三族竞争时代（唐）

（四）西夏国时代（宋）

（五）蒙古族势力侵入时代（元明清）

（六）近代西北之开拓时代

第一节　汉以前之西北民族与中国之关系

西北一带自汉始与中国发生关系，汉以前虽有种种传说，如黄帝登昆仑之丘，周穆王适西王母之国等说，似西北交通在上古时代已甚发达，然其言类多神话，未足征信。至于汉族西来之说，亦多属好事者附会，非有确证。盖上古时代诸夏族势力仅及黄河中流，西北一带距离尚远，当然无从发生关系。惟其时西北民族侵入中国者甚多，古史统名之曰戎，细别之有犬戎，骊戎，义渠，大荔，大戎，小戎，陆浑之戎，扬拒泉□之戎，蛮氏之戎，茅戎等名称，皆分布于今陕西甘肃二省及河南西部。时与中原小国发生冲突。其最强之部曰犬戎者至将西周帝国推倒，可见其势力之强矣。幸秦国勃兴于陕西中部，与戎人血战数百年，秦穆公并国二十，遂霸西戎，戎人之势始衰。至战国时秦人益强，在陕西及甘肃东部一带之戎人大半皆为秦所并，同化于诸夏族，所余之西北民族遂不得不退处于西北方面矣。

第二节　汉代对西北之经营

当纪元二百〇六年以后，中国方面统一于汉朝，而蒙古方面亦统一于匈奴，南北两大民族所建之帝国，彼此竞争甚烈，而其竞争之焦点则在西北方。当时西北方面，除青海为羌人所据，尚在野蛮部落时代，未具国家之规模外，其新疆天山南北路小国林立，皆有制度文物，最著者，有楼兰，车师，疏勒，莎车等共三十六国。新疆西北部则有乌孙，为较大之国。再西越葱岭至中央亚细亚则有大宛，康居，大月氏〔氏〕，安息，条支等国。当汉朝初年匈奴之势甚强，甘肃西北部尽为匈奴所有，于是西北诸国皆服属于匈奴。及汉武帝立欲与西北诸国夹击匈奴，乃使张骞通西域使大月氏〔氏〕，于是西方诸国始与汉交通。其后汉武帝用和亲政策，以江都王建女细君及楚王戊女解忧为公主连嫁乌孙王，于是乌孙与汉和好，屡出兵夹击匈奴，匈奴势大衰。又遣将军赵破奴伐楼兰车师，李广利伐大宛，均破之，汉威远震于西北。时匈奴已为汉所破，其甘肃之地皆归于汉，汉置张掖，酒泉，武威，燉煌等四郡，设亭障，置戍卒，西北之交通大便。自后经昭帝，宣帝两代，匈奴与汉互争西域，而汉将傅介子，郑吉，冯奉世，常惠等立屡战功，匈奴不能敌。纪元前六十年——汉宣帝神爵二年——匈奴内乱，其势益衰，于是置西域部护，治乌垒城——今新疆哈密县——以统属西域诸国。自是以后六十年间西域均服属汉朝。直至王莽篡国，扰动藩属，北匈奴乘机复叛，西域诸国皆归之。及东汉明帝时，遣大将军窦固西征，固使假司马班超经略西域，超善利用土人使之互相箝制，在西域数十年，威名甚著，自此西域遂长服于汉，至东汉末年中国内乱，始与西北隔绝云。

东汉西域诸国虽均降服，而青海羌患又作。羌人本属西藏族，自汉初即盘据于青海一带，势力侵及甘肃西南。其族有先零，烧当二部最强。西汉宣帝时羌人叛，遣赵充国击破之。至东汉初年，中国内乱甫平，羌人又乘势作乱，侵略甘肃陕西边境汉廷屡发将讨之，不能成功。和帝时乃用曹凤之议，缮修故西海郡，徙金城西部都尉以戍之，屯田增兵，于是青海东部渐入汉族势力范围。其后东汉一代羌人仍屡经叛乱，汉廷竭全力以经营之，糜费千万，天下骚然，而西方戍守之兵，逐渐跋扈，遂开董卓乱国之渐。其后经三国至西晋初羌人逐渐移居陕西，晋武帝时江充作《徙戎论》请预遏其患，武帝不省，至五胡乱华时，氐羌二族建前秦，后秦，后汉，成汉，诸国扰乱中国，而其族亦多同化于汉族焉。

第三节　六朝时代之西北

中国自汉末以来内乱蔓延，西域诸国，交通久绝。前秦王苻坚统一江北，车师，鄯善，入朝于秦，请为向导以伐西域之不服者。纪元三八二年坚以吕光为都督率兵十万伐之，光至西域，攻破龟兹国，余国降适前秦以攻晋致败亡，光遂归。至后魏太武帝时西域诸国始又来朝聘，魏使韩牧为领护西戎校尉，以统属之。及魏击破柔然后，西域诸国始完全臣服。当是时惟青海为吐谷浑所占据，称西方大国焉。

吐谷浑者亦鲜卑种，姓慕容氏，与前燕同族。其始祖名吐谷浑，为前燕王廆之庶兄，于纪元三百年左右率众西抵青海。至其孙叶延立乃建国，以其祖之名名为吐谷浑。历代服属于中国，国势甚固。其俗虽有城郭而不居，皆居穹庐随水草畜牧。其君主初称王，后称可汗，其官有王公仆射，尚书，郎中，将军等号。其俗男子衣服与中国略同，多以罗幕为冠，亦以缯为帽。妇人皆贯珠贝束发，以多为贵。兵器有弓刀甲槊，国无常赋，有所需则税富室商人以充用焉。其刑法杀人及盗马者死，余则罚物，亦量事决杖，刑人必以氈蒙头，持石从高击之。父兄死，妻后母及嫂等，与突厥俗同。至于婚，贫不能备财者，辄盗女去，死者亦皆埋瘗，其服制葬讫则除之，性贪婪，忍于杀害，好射猎，以肉酪为粮。亦知种田。有大麦粟豆。土出犛牛，马骡。多鹦鹉。饶钢，铁，朱砂。吐谷浑自三一二年建国凡传国三百五十年至六六三年。——唐高宗龙朔三年——吐蕃强盛，吐谷浑遂为所灭焉。

自汉通西域以来，新疆与中国之交通日繁，印度希腊文化皆由此地间接输入，而尤以佛教之输入为影响最大焉。自六朝末年突厥勃兴后，天山南北路均为突厥所据。西突厥之根据地即在于此。唐灭西突厥后于天山南路设安西，崐陵，濛池三都护府，于天山北路设北庭都护府。其下分设都督府若干，于是西北一带，除青海前为吐各［谷］浑后为吐蕃占据外，余均直接隶唐版图。然未几蒙古地方为回纥所据，西藏地方为吐蕃所据，此北面西面之一大强国皆欲以西北为其势力发展之地，于是新疆甘肃一带遂成为汉（唐朝），回（回纥），藏（吐蕃）三族势力冲突之区而尤以吐蕃之势为最强。纪元七六三年——唐代宗广德元年——吐蕃率吐谷浑党项氐羌等二十余万众深入为寇，甘肃一带皆陷，时安西北庭虽仍为中国将士所守，然与中国不通音问者数十年。

安西北庭二镇与回纥相结共抗吐蕃。及七九〇年——唐德宗贞元六年——吐蕃大破回纥兵。于是天山南北路间尽入吐蕃势力范围矣。至纪元八四九年——唐宣宗大中三年——吐蕃内乱，于是河陇——即甘肃——州郡复降于唐。然天山南北路为回纥，突厥，吐蕃遗族所割据，浸成野蛮部落不复为中国所有矣。

第四节　西夏之建国

自唐末经五代以至宋初，青海仍为吐蕃所据，新疆天山南北路仍为诸野蛮部落分据，内中以回纥遗部为较大，初据甘肃甘州后为西夏所逼徙于天山南路，至元时名畏吾儿国，传至明初尚未亡。甘肃北部新兴起一党项族所建之西夏国，东与宋辽竞争，此亦西北方面可纪之事也。党项本羌之别种，与吐蕃同属西藏族，居于青海甘肃边界，初隶于吐谷浑，后降唐。及吐蕃强后，党项为所逼始迁于陕西甘肃北部。

唐末其酋长拓跋思恭镇镇夏州——今陕西榆林道——统银，夏，绥，宥，靖五州，讨黄巢有功，始赐姓李。嗣后子孙世据其地。至宋初其玄孙李继迁据地自立，屡助契丹侵宋，契丹封为夏国王，后又请降于宋，宋赐姓名赵保吉，未几复叛。一〇三八年——宋仁宗宝元元年——至其孙元昊时，开称皇帝，建国号曰大夏，用中国人张元吴昊二生为谋主，明号令，改宫制，分文武班，自中书令，宰相，枢密使以下分命蕃汉人为之，立蕃汉学，以服色别贵贱，自制西夏文字，形体方正类中国字。于是西侵吐蕃回纥及兰州诸羌，尽并甘肃西北境，定都兴庆府——今甘肃宁夏道治——有兵十五万八千余人，国势甚张。自元昊以后屡世与宋辽构兵，国势渐衰，凡传十帝一百八十九年，至纪元一二二七年为蒙古所灭。

第五节　元明清三代之西北情形

元代崛起蒙古并吞欧亚大部，西北诸省自亦归其所属。元代封四汗国，天山北路属谔格德依汗国，天山南路属察罕台汗国。甘肃及青海则属于元朝。后元灭谔格德依汗，而天山北路遂入于元，自后蒙古族势力遂侵入新疆。元末帖木儿帝国兴于西方，天山南路归其掌握，帖木儿国亡后喀什噶尔汗国代兴跨葱岭东西而建国，其时之天山南路仍归其所属。天山北路则为蒙古族之卫拉特部所据，至明末遂变为厄鲁特蒙古，内分和硕特，准噶尔，杜尔伯特，土尔扈〔扈〕特四部。清初准噶尔部，噶尔丹汗有雄才，并吞诸部，四出经营。时天山南路自喀什噶尔汗国时输入回教传布甚盛。喀什噶尔汗国衰，回教教主之裔和卓木居此，遂以教主兼有政治上势力，称为回部，至是准噶尔乘其内争，干涉之。青海在明代为朵甘土司居地，清初和硕特蒙古居于此，至是亦降于准噶尔部。于是准噶尔之势力南达西藏，东达外蒙古，南下与清争衡。一六九六年——清圣祖康熙卅五年——清圣祖亲征大破噶尔丹于昭莫多，噶尔丹走死，其势遂衰。一七二四年和硕特蒙古据青海叛，清世宗命年羹尧及岳钟琪讨平之，于是青海归入中国版图。一七五五年准噶尔国内乱，清高宗命班第永常等出师灭之，于是天山北路归入中国版图。一七五九年回部叛，高宗命兆惠进攻灭之，于是天山南路亦归入中国版图。西北一带之完全加入中国实自此始。然天山南路犹属回族人占据，天山北路犹属蒙古人占据，清廷以自治区域待之，不设郡县，不设官府，虽云为中国版图，与内地诸省犹有异也。

第六节　近代西北之开拓

清代虽灭西北为国有，而不以内地行省之法治之，故其土族时起变乱，而俄人亦耽耽〔眈眈〕虎视，欲并其地。咸丰同治间太平天国乱起于江南，回人亦乘势起兵占据伊犁，谋并吞天山北路。清廷命左宗棠讨平回部，一八七〇年——清穆宗同治九年——克金积堡，杀回酋马化龙，于是甘肃悉定。遂进兵新疆，一八七八年——清德宗光绪四年——新疆亦全定，惟伊犁尚为俄人所据。次年遣崇厚为全权大臣使俄定《中俄条约》，损失甚巨，约成，朝议大哗，下崇厚于狱，谋改约。俄人不允，几决裂。幸左宗棠在新疆整兵备战，俄人不敢坚持，乃别遣曾纪泽于一八八一年——光绪七年——另结新约，遂成现在之国界。自此清廷知西北之紧要，遂于同年改设新疆省以内地之制施之，至今数十年得以无事。又自左宗棠征西北后，所率湘人子弟多留居于此，于汉回种族之融合大有力焉。将来陇海及京汉铁路全修通，西北之开发当更有望矣。

第九章　珠江上流之同化

珠江上流即今云南贵州广西三省与中国之交通较迟，其开化亦较晚。约其同化之次第可分为以下数期：

（一）未与诸夏交通时代（战国以前）

（二）西南夷盘据时代（秦汉六朝）

（三）南诏大理建国时代（唐宋）

（四）同化成熟时代（元明清现代）

第一节　上古之珠江上流及汉代之经营

珠江上流之交通中国在战国末年，前此毫无关系，故其情形如何不得而知，大约不外苗蛮族之部落纷纷割据而已。史载商高宗伐鬼方，或谓鬼方即今贵州境。然以当时情形考之，恐商之势力未必能及于此，有谓鬼方乃北狄者其说较信。武王伐纣，微卢彭濮之人皆为之助，濮在今云南境，似彼时已与中国交通，然未闻输入中国文化也。春秋时楚之疆界南抵湖南，故与珠江上流渐次接近，尝与濮发生冲突，然未收其地而有之。至战国末年楚王使庄蹻率兵伐黔蜀，至滇，闻秦夺楚巴黔中郡，道不通，遂王于滇。秦统一天下虽于此置吏，然实不能干涉其事务。至汉初其地蛮族分立，约分为数部。四川之南境为一部，其君长十数，以夜郎为最大。其西靡莫之属为一部君长以十数，滇最大。自滇以北为一部，君长以十数，邛都最大。以上三部皆知耕田有邑聚，民椎结，文化较高。其外今四川建昌道东南都有巂，昆明二族，其俗以牧畜为主，迁徙往来无常处，民皆编发，似文化较低。自巂东北，另为一部，君长以十数，徙莋最大。自莋东北又另为一部，君长以十数，冉駹最大。其俗或土著或移徙，盖处于农业生活与牧畜生活之间。四川往西自冉駹东北另为一部，君长以十数，白马最大。以上汉时统谓之西南夷，其地盖包今云南贵州及四川西南境及川边一部，其民族则大部分为苗蛮族，而小部分则巴蜀族及西藏族也。纪元前一三〇年——汉武帝元光五年——始用唐蒙司马相如等之计通西南夷。其后张骞从西域归欲从西南以通身毒——即今印度，——乃始发兵讨平其不服者，置犍为，越巂，益州，牂牁等郡以治之。赐其部落君长以侯王之印，以羁縻之，于是中国势力始达于珠江上流。其后蛮族慑服汉威，世代服从，汉亦任其自治，不加压迫。三国时益州耆帅雍闿与郡人孟获等反，蜀汉丞相诸葛亮讨平之，置庲降部督镇其地。晋武帝时置宁州刺史，历南北朝至唐初，位置无改焉。

第二节　南诏大理之建国

自汉以来西南夷虽属于中国，然始终并未同化。至唐初分为六部，曰蒙嶲诏，曰越析诏，曰浪穹诏，曰邆睒诏，曰施浪诏，曰蒙舍诏，诏者蛮语王之谓也。六诏在今四川南境及云南。蒙舍诏在最南，故曰南诏。其王蒙氏，初服从于唐，后势渐强，至唐玄宗开元末年，其王皮逻阁赂唐剑南节度使王昱使代奏求合六诏为一许之，册封皮逻阁为云南王，于是南诏遂统一西南。至其子阁逻凤立，与吐蕃结纳，前后连破唐兵，势强甚。其孙异牟寻时为唐所败，改国号曰大理。用汉人郑回之策，立制度，兴学校复联唐而拒吐蕃，文化大开。其国境东抵广西，南抵安南，西至川边，北至四川中部，为珠江上流一大国。王都于羊苴咩城——今云南大理。——内官以坦绰，布燮，久赞最高，名曰清平官，犹唐之宰相。此下有九爽，三托分主国事。外官有六节度十脸——脸犹中国之州。其王母曰信么，亦曰九么，妃曰进武信么。其人好佩饰物，妇人不纷黛，贵者绫锦裙襦，上施锦一幅，以两股辫为发髻，耳缀珠玉之属。女鬒妇与大乱不禁，婚夕私相送，已嫁有奸者论死。俗以寅为正，四时大抵与中国小差。脍鱼寸，以胡瓜椒葓和之，号鹅阙。吹瓢笙，笙四管，酒至客前以笙推盏劝釂。以缯帛及贝市易，贝大者若指，十六枚为一"觅师"。行人产赍粮斗五升，以二千五百人为一营，其法前伤者养治，后伤者斩。犁田不一牛三夫前挽，中压，后驱。然专于农，无贵贱皆耕，不徭役人，岁输米二斗，一艺者给田，二收乃税。其风俗之大略盖如此。自异牟寻以后，屡代与中国冲突，屡侵蜀境。纪元八五六〔九〕年——唐宣宗大中十三年——其王酋龙遂自称皇帝，改国号曰大礼，连年北侵四川，东侵广西，唐室大受其困。庞勋黄巢之乱，实起于与南诏之竞争也。其后南诏亦渐衰弱，至唐末遂为其臣郑买嗣所篡〔篡〕，改号大长和。郑氏传国三代至后唐明宗时又为其臣杨千贞所篡〔篡〕，千贞拥立赵善政，是为天兴朝。未几，千贞又废善政而自立是为义宁朝。千贞暴虐民心不服，其臣段思平起兵攻之，千贞出奔，于是段思平遂于纪元九三七年即位，改国称为大理，是为大理国。段氏传国十四世，一百五十八年，至一〇九四年——宋哲宗绍圣元年——禅位于其臣高升泰，改国称为大中。未几升泰死，命其子仍归国于段氏，而实权握于高氏，是为后理。又传八世，一百五十七年，至一二五三年——宋理宗宝祐元年——蒙古宪宗遣其弟呼必赍——即元世祖——来攻，灭之，于是自唐以来独立之一国遂变为中国之一省矣。

第三节　元以来之珠江上流

元灭后理，始收珠江上流于中国境内，然其治之之法则犹不与内地同等。大抵赐其土著之酋长以官爵，有宣慰，宣抚，招讨，安抚等名号，谓之土官。土官之上设汉官以监督之，然不能事事干涉也。明及清初沿袭此制不改。其土官之强者往往统千百家，势若小国皇帝，故每易作乱。明清以来苗乱史不绝书，凡以此也。至清世宗时云南总督鄂尔泰乃创改土归流之议，欲将世袭之土官尽改为派遣之流官。用兵数年，凡不服者皆裁定之，于是珠江上流土族之势力乃全铲除。今日珠江上流之得列于本部诸省者，未始非此举之收效也。

现在珠江上流汉族移居者甚多，土著民族——即苗族——被汉人之压迫少半同化于汉族，多半则退处于群山之中，日加退化。其种类亦甚繁多，相传有九种十八苗之说，然大要分之不过三种。一曰纯粹苗族，即所谓生苗是也，此种人现皆居于山中，不与汉人相接，其风俗野蛮，生产力薄弱，性情凶顽，富于合群性与冒险性。迷信最深，婚姻全任自由，有跳月歌舞之俗，无文字，不通汉语，其种类有猺，貉，猔，罗兜苗，螺蛳苗，蚌蛤苗，鹭鸶苗，画眉苗，罐罐苗，刷把苗等。二曰半汉化苗族，即半熟苗也，此种人与汉族稍能接近，多居于平原之乡村中，风俗纯朴，性情诚实，实于合群性，不如纯粹苗族迷信之深，婚姻自由，通汉语，无文字，生殖力繁盛，其种类有蓑衣苗，打胯苗，凤头苗，海蛤苗，格兜苗，红脚苗，清江苗，黑苗，下河苗，棒头苗等。三曰纯粹汉化苗族，即所谓熟苗是也，风俗奢华，性情狡猾，富于合群性，迷信多端，婚姻专制与汉族相同，无文字，能通汉语，生殖力繁盛，居于城市，历代苗乱多起于此种人，盖以苗人残忍之本性而又加之以汉人之狡猾也，其种有龙，冯，蔡，宋，犰，家，水犵狇等。

第十章　西藏之加入中国版图

西藏之通中国也最晚，盖唐时始输入中国文化，自唐以前虽有藏族之羌人等曾与中国发生冲突，然其凭藉之地在青海甘肃不在西藏也。今就西藏与中国之关系分其时代如下：

  （一）吐蕃建国以前时代（唐以前）

  （二）吐蕃建国时代（唐至宋末）

  （三）喇嘛教势力全盛时代（元明清）

  （四）外国势力侵入时代（清末至今日）

第一节 唐以前之西藏情形

西藏青海地方为图伯特（Tibet）族——即藏族——之根据地，地居喜马拉雅山系与昆仑山系之间，居亚州〔洲〕之脊，地势高寒，不适于农耕，故文化发展较迟。上古时代，因地处偏远，故与诸夏民族无甚交涉。虽有人谓中国民族系由西方先入西藏而后始逐渐散布于黄河长江两流域者，然事无佐证，不足信也。自三代以来有戎氐羌诸民族杂处于陕西甘肃边境为中国害，此等民族或谓属于回族，或谓属于藏族，未知孰是。以今观之则回族之名为后起，最初原非一种民族，不过蒙古民族与西藏民族之混种耳。故氐羌等族不能谓为与藏族毫关系也。惟此等民族活动之范围不在西藏，故本节不必述及。当六朝时代有鲜卑人种所建之吐谷浑国出现于青海输入国文化，一切制度颇有可观，西藏当亦间接受我影响，遂促成吐蕃国之建立焉。

第二节 吐蕃之建国

吐蕃为西藏族所建之国。其王姓勃宰野。其俗呼君主为"赞普"。不言姓，王族皆曰"论"，官族皆曰"尚"。其民多老寿。衣氈皮以赭壁面，妇人辫发。其器多屈木而皮底，或以氈为盘，凝麨为碗，实羹酪并食之，手捧酒浆以饮。其官之章饰分数等。屋皆平上，高至数丈。其农产物有小麦，青稞麦，荞麦等。其畜有犁牛，马犬羊彘，独峰驼等。其更治无文字，结绳齿木为约。其刑虽小罪必抉目或刖鼻，以皮为鞭抉之。其狱为窟。地深数丈，纳囚其中，一二岁乃出。其宴大宾客必驱牦牛使客自射乃敢馈。其俗重右巫，事抉祗为大神，喜佛教，习诅说，国之政事必以僧侣参决。多佩弓刀，饮酒不得及乱。妇人不干政。贵壮贱弱，母拜子，子倨父，出入前少而后老。重兵死，以累世战没者为甲门，贩懦者坐垂狐于首以示辱。居父母丧，断发黛而墨衣，葬后即易之。其举兵以七寸金箭为契，百里一驿，有急时驿之胸前加银鹘。其兵法严，师行无馈粮，以劫掠所得为资。其四时以麦熟为岁首。其戏有棋博。其乐吹螺击鼓。其君臣自为友，五六人曰共命，君死皆自杀以殉，所服玩乘马皆瘗。起大屋于冢巅，树众木为祠所。赞普与其臣岁一小盟，用羊犬猴为牲；三岁一大盟，用人马牛驴为牲，夜肴诸坛。以上皆吐蕃之风俗，与今西藏人犹相去不远也。

吐蕃之建国起于南北朝，唐太宗时，其第七世赞普弃宗弄赞在位，有雄才，笃信佛法。遣人至印度学音韵学，归制文字，即今之藏文也。弃宗弄赞尚印度尼泊尔国公主，又求婚于唐，初不许，后兴兵来攻，为侯君集所败，又请婚，唐太宗乃以其宗女文成公主嫁之，自是吐蕃执婿礼甚恭。遣人留学中国，学习诗书，于中国之儒教文化及印度之佛教文化同时输入，而吐蕃始开化矣。

弃宗弄赞殂后，其臣禄东赞秉政，有才略。乘势击灭吐谷浑，并吞青海。禄东赞有子四人皆有才干，禄东赞死后其子钦陵等屡窥唐边，袭据天山南路，后不能拒，与之约和。尔后连年与唐构兵，唐兵多败。至武后时唐始恢复天山南路。后钦陵为其赞普所杀，其弟赞婆降于唐，吐蕃失良将，势始少衰。唐中宗时赞善都督杨矩受吐蕃赂，请以河西九曲地与吐蕃，自是吐蕃又得凭藉以窥伺中国。玄宗时屡寇甘肃新疆边界，与唐互有胜负。尔后唐有安史之乱，吐蕃乘之，益入寇不已。唐代宗广德元年，吐蕃率吐谷浑党项氐羌二十余万众深入为寇，帝出奔陕州，长安皆陷，赖郭子仪来救始退。德宗贞元六年吐蕃击败回纥兵于天山北路，遂乘势取唐安西北庭诸地，天山南北路尽入其手，吐蕃之国势至此极盛。

时唐用李沁之策与回纥，大食，南诏结攻守同盟，夹攻吐蕃，用韦皋为西川节度使，屡挫吐蕃兵，其势始衰。至唐宣宗时吐蕃内乱，前所夺河，陇，剑南，西山诸地皆复降于唐。此后吐蕃益衰，不与中国相通。至南宋末蒙古宪宗使其弟呼必赉来攻，遂降于元。自此以后喇嘛教之势浸盛，吐蕃王室进渐凌夷而无复为人过问矣。

第三节　喇嘛教势力盛时代之西藏

初弃宗弄赞娶印度及唐公主，二公主皆笃信佛教，王遂于国中广建寺院，自印度迎僧侣入国都，翻教典为西藏文，于是佛教始输入西藏。至唐中宗时其王弃隶蹜赞娶唐金城公主，延中天竺僧至其国，使国众就之受秘咒诸法，遂开后世喇嘛教一派。自是其教日盛，势凌君主，甚至有弑君者。有宋一代吐蕃国政权已握于喇嘛之手。元世祖时吐蕃僧八思巴者得世祖信仰，封为国师大宝法王，使居西藏统天下释教。法王世居后藏札什伦布附近，其后嗣称萨加胡土克图。其衣冠皆赤，故世称红教。明代欲利用宗教以羁縻〔縻〕西藏，故对之仍加礼遇。其后专恃密咒幻术，尽失佛教本旨，骄奢淫佚，为社会所厌恶，于是遂有黄教起而改革之。黄教者以黄衣为标帜，其教祖宗喀巴，明成祖时人，因恶红教之腐败，入大雪山苦修行道既成为蕃众所信服，乃自立一派，排幻术，禁娶妻，尚苦行，其教遂盛行。宗喀巴死时有大弟子二，一曰达赖，一曰班禅，后分主前后藏。俱以呼毕尔罕法——即轮回——辗转出生于世，永远不绝，故后世历代称达赖班禅之号不改，以其为第一世达赖班禅之化身故也。其后喇嘛教势力传布至蒙古等处又兼政教之权，其势遂益盛。清代本尊信佛教，益与藏人同调，而喇嘛教又输入中国北部焉。

第四节　现在之西藏问题

自清高宗收西藏以来，乃取封锁主义，禁止外人入藏，故西藏有世界秘密国之称。然英人得印度后，睹西藏之物产丰富，时生觊觎之心，秘密派人入藏探险者甚多，清廷亦不知过问也。一八七六年——清德宗光绪二年——中英订《芝罘条约》始许英人得正式入藏探险，后因承认英并缅甸，乘机复取消之。一八八九年——光绪十五年——英以哲孟雄为保护国，明年与我国订藏印条约，中国承认将哲孟雄租借于英，而印藏通商则订明俟后日再议。一八九三年——光绪十九年——复订续约，始开亚东为商埠，而藏人不欲，迄未实行。时俄人亦有意经营西藏以进窥印度，乃笼络达赖与之通使。日俄战时，英人遂乘机入拉萨，达赖奔西宁，班禅与之订约将亚东关实行开放外，又开江孜噶大克为商埠。偿英军费五十万镑。藏人内政不受他国干涉，他国不得派员入境。清政府闻讯大惊，饬驻藏大臣有泰不得签字，与英交涉废约之事，时俄德美意诸国亦纷纷提出抗议。英人不得已乃于一九〇五年于北京与中国续订藏印续约，以英藏所订条约为附约，由正约承认之，惟订明所谓"他国"及"他国人"者中国不在其内。英人允不占藏地，干藏事。约既定，中国代藏付清偿款，英乃撤兵。时达赖奔中国后，清政府因其失地丧权乃将其暂行革去名号促其回藏。一九〇九年——清逊帝宣统元年——达赖回藏，怨清甚，嗾藏人举兵内犯，清廷派兵入藏，达赖奔印度，与英俄两国结纳，清遂革其封号。民国成立后达赖复还，且又嗾藏人内犯，为四川都督尹昌衡所攻破。英人旋代藏要求自治，乃复达赖封号，改剿为抚。一九一三年——民国二年——三月我国与英议约于大吉岭——后移于西摩拉，——英认我宗主权，我亦承认外藏有自治权。而所谓内外藏者仅以红蓝线画于附图，外部电令勿签字，迄今尚为悬案。前年班禅为达赖所逐，复逃至中国，将来我政府如何处理，尚未定也。

第十一章　朝鲜日本与中国历史上之关系

朝鲜日本与近中国，受我国之文化较深，世称同种同文之国，以今观之二国种族虽未必与我相同，而文化则甚一致也。

兹述二国受我文化薰〔熏〕陶之次第如次：

（一）朝鲜独立建国时代（自周初至汉初）

（二）汉朝对朝鲜经营时代（自汉武帝时至南北朝）

（三）隋唐对高丽日本发生交涉时代（隋唐）

（四）朝鲜为中国属国时代（宋元明清）

（五）日本勃兴兼并朝鲜时代（清末至现代）

第一节　朝鲜古文明之发生

朝鲜半岛为三韩民族根据地，相传当中国唐虞时，有神人降于其地而君临之，号曰檀君，国号朝鲜，定都于平壤，是为朝鲜开国之始。檀君姓桓名王俭，故其都城亦曰王俭。至中国商高宗武丁时，檀君始仙去，享国一千零四十八年。此等传说其为神话自不待言。至见诸史者则当以箕氏为始。箕氏始祖传为相中国商末之箕子，因商亡后避地至朝鲜遂王其地。此说果信，制诸夏文化于三千年前已输入朝鲜矣。箕氏传至战国时为燕所败，丧地二千里。至汉初燕人卫满亡命至朝鲜，遂袭据其国，于是箕氏亡而卫氏代兴焉。

古朝鲜之版图与今之朝鲜异，其他概指鸭绿江流域而言，西起辽东，包有中国奉天省之东南境，及朝鲜半岛的西北境。半岛之东部为东胡族之涉貊所据。半岛南部则为纯粹三韩民族所建之辰韩，马韩，弁韩三国，各统小部落数十余。以上皆非朝鲜势力所及焉。

第二节　汉代对朝鲜之经营

卫氏朝鲜建国当纪元前一九四年——汉惠帝元年，——时汉初定天下不欲干涉之，乃与约外臣，不相侵犯。卫满死后传至其孙右渠常诱略汉逃人，又阻止蛮夷之欲朝为中国者，汉武帝乃使涉河往谕之，右渠不奉诏，又攻杀涉河。武帝乃于前一〇九年——元封二年——遣楼船将军杨仆率海军从山东渡渤海，左将军苟彘率陆军出辽东往攻朝鲜。初汉军多败，后围攻不已，前一〇八年朝鲜人杀其王右渠以降。汉收为直辖区域，设乐浪，玄菟，临屯，真番，四郡已治之，于是半岛北部遂归中国版图惟南部则三韩割据如故。至汉昭帝时罢临屯，真番二郡，以其地并入乐浪，玄菟，而幅员之广仍如故。至东汉时，乌桓，鲜卑，高句骊诸国相继勃兴，屡寇汉东北诸郡，形势始一变焉。

第三节　唐代对朝鲜之经营

当汉并朝鲜半岛北部时，半岛南部三韩之辰韩其中分十二部落，有一部落曰斯卢者，其酋长姓朴名赫居世，号居西千，居西千者韩语王之意也。其后朴昔金三姓互相揖让，逐渐蚕食邻近部落，遂据有朝鲜半岛东南部，改称新罗。又有高句骊国者本东胡民族，纪元前卅七年——汉元帝建昭二年——据鸭绿江上流建国，其始祖曰邹牟。邹牟之子温祚因得罪南奔，至半岛西南部，于纪元前十八年——汉成帝鸿嘉三年——建百济国，并有马韩故地，于是朝鲜半岛遂成高句骊，新罗，百济三国对峙之局。后高句骊乘东汉衰乱，向北扩张国境，为公孙度父子所败，其势未能发展。及西晋末，中国大乱，高句骊乃尽并鸭绿江流域，西与慕容氏之前燕接壤，而南凌新罗，百济二小国。自是以来，历南北朝时代，三国互相竞争，莫能相下，而高句丽为最强焉。至隋文帝统一中国，高丽即高句丽——侵中国，纪元五九八年——开皇十八年——隋文帝使汉王谅及王世积并为行军总管率兵卅万伐之，未能有功。隋炀帝即位后，高丽仍不宾服，帝乃自将大兵百一十三万人号称二百万分廿四军，于六一一年——大业七年——伐高丽，卒未能成功，而天下因以骚乱。越二年，炀帝又征天下兵赴涿郡，自将击高丽，未克而杨玄感起兵作乱，师遂罢。及唐得天下后，高丽大人泉盖苏文弑其王建武，立王弟藏，自为莫离支辅政。屡阻新罗朝唐之路，唐遣使喻［谕］之不听。六四四年——唐太宗贞观十八年——唐太宗自将伐高丽，仍无功而还。时半岛三国中新罗联唐，而高丽百济二国相结，又与日本通使，屡夹攻新罗。六六〇年——唐高宗显庆五年——唐遣苏定方率师十万伐百济以救新罗，遂灭百济，置熊津，马韩，东明，金涟，德安五都督以统之，其地遂归于唐。百济遣臣求救于日本，六六三年——唐高宗龙溯三年——日本遣将上毛野椎子及阿倍比罗夫率兵二万七千人来援，为唐将刘仁轨等所败，百济终不能复。六六八年——唐高宗总章元年——高丽内乱，唐乘势遣李勣等伐之，执其王，国遂灭。唐置安东都护府于平壤，统九都督府，四十二州，百县。于是半岛大部皆为唐有，惟新罗独存。唐武后以后，国家多乱，无暇东顾，新罗遂乘势蚕食唐之领域，浿江——即大同江——以南皆为新罗，所有半岛又统一于一国。其浿江以北之高丽故地则为渤海王国所据，非新罗势力所及焉。

自三国六国以来朝鲜半岛诸国与中国之交涉日繁，中国文化因之输入，佛教，儒教皆传布于朝鲜半岛，遂为间接开化日本之机缘焉。

第四节　日本之输入中国文化

日本建国相传始于纪元前六六〇年，即中国周惠王十七年，而日本之纪元元年也。其始祖名神武天皇，即今皇室之祖。其国独处东海岛中，与大陆诸国，素无交涉。纪元后二百年——汉献帝建安五年——有神功皇后者曾出师伐新罗，入其都城，约称臣纳贡而还，是为日本与亚洲大陆发生关系之始。尔后与朝鲜半岛三国之往来日密，纪元二八五年——晋武帝太康六年——百济王使博士王仁至日本献论语十卷，千字文一卷，是为中国书籍输入日本朝廷之始，然前此当东汉时日本已与中国有朝贡关系，特非由帝室直接者耳。又当西晋初中国蚕桑已输入日本，至南北朝时，日本雄略天皇受宋封为倭王，遣使至南朝求缝工织工，中国工人颇有东渡者，日本社会之开化实由于此。自后朝鲜半岛三国对立，争欲引日本为援，彼此交通益繁。佛教亦于此时由百济输入日本，渐蒙尊信。及隋炀帝时，中国统一，国势威赫，日本推古天皇乃于六〇七年——大业三年——遣使臣小野妹子至隋求佛教，书辞用平等体裁，炀帝不悦，然以其远人优容之，使裴世清往报聘，自后两国使臣来往不绝。而日本学者僧侣之来中国学儒学及佛法者亦甚多。唐兴后日本助百济攻新罗为唐所败，百济遗民多东渡，日本遂益开化。自是以后历代对唐派遣使臣，朝贡不绝，名曰遣唐使，本其选者皆一时名人。每届遣唐使出发皆随带多数学生，来唐留学，最多者至五百余人。其中如吉备直备之创片假名，僧空海之作平假名，尤于日本文字有重大之关系也。至唐朝末年，中国扰乱，遣唐使始罢。宋时中日关系遂绝，惟僧侣商人尚时有往来者。

蒙古兴后，东西各国俱为臣属，惟日本以孤处海中不肯降服。元世祖屡遣使谕之亦不听。一二八一年——元世祖至元十八年——元遣范文虎等帅师十五万进攻日本，时日本政权握于北条氏之手，议拒敌，会师元遭飓风，丧失甚多，遂为日本所败。尔后元方经营南洋，遂不复东顾。至明时其国人为流寇者频扰中国沿海诸省，明人谓之倭寇，为患者巨，又其权臣丰臣秀吉于一五九二年——明神宗万历二十年——率兵十三万大举攻朝鲜，屡败明援兵，会秀吉卒，乃还。至明亡后，中国遗民有至日本乞师者，然无成功。有清一代中日之关系遂暂绝。直至清末日本变法后始又与我国发生交涉焉。

第五节　为中国属国时代之朝鲜

朝鲜半岛自唐武后以后统一于新罗后，历代新罗君主皆英明有为，臣事唐朝，提倡儒教，制度文物，卓然可观，故朝鲜之开化最著，受中国之文化亦最深，凡以此也。至纪元八九〇年左右，真圣女王在位，内行不修，国政紊乱，盗贼纷起。弓裔，据半岛北部称摩震国，甄萱据半岛西南都称后百济国，与新罗对峙仍为三国。弓裔部将王建逐裔而自立改号高丽。九三五年——后唐废帝清泰二年——新罗受后百济之攻，降于后高丽。九三六年后百济亦为高丽所灭。于是朝鲜半岛又统一于王氏，而号为高丽矣。自后高丽屡代为中国属国，事奉宋元明三朝，彼此相安。王氏传国四百四十二年，至明初其君恭愍王被杀，立辛氏子褐为君。又传二代十五年至一三九二年——明太宗〔祖〕洪武廿五年——为其臣李臣桂所篡，又改国号为朝鲜，于是半岛主权又入于李氏。李氏历代仍遵旧制，服事明清二代朝贡不绝。直至清末，日本勃兴始受其侵略焉。

第六节　日本之兼并琉球朝鲜及台湾

日本自唐末其政柄操于权臣之手，号曰幕府，天皇毫无实权。历代操政柄者有平氏，源氏，北条氏，足利氏，织田氏，丰臣氏，德川氏等。明末清初德川氏柄政，取锁国政策，不与外国交通，而尤禁止欧美人。一八五四年——清文宗咸丰四年——美国人以海军迫日本开埠通商，英俄法等继之订种种不平等条约。日人始知国家之危险，乃起变法运动以尊王，攘幕，废藩讨夷为口号。明治天皇立后，改国会，布宪法，国势渐固，遂谋发展。一八七一年——清穆宗同治十年——与我国订约通商。次年因台湾生番杀琉球国商人，琉球为东海中小国，自唐以来久受中国册封至是日本以保护琉球为名，派兵入台湾，我国抗议，乃结约退兵，而琉球于一八七九年——清德宗光绪五年——卒为日本所灭，改为冲绳县。继又与朝鲜结约，援助其独立。时朝鲜分事大独立二党，互相攻击。一八九四年——光绪廿年——朝鲜有东学党之乱，中日俱派兵平之，乱平而日军不退，乘中国不备袭击我军，中日战事遂开。结果我海陆两军绵大败衄，遂乱马关条约，初以辽东半岛及台湾均割让于日本，以俄德法三国干涉乃退还辽东，惟割台湾，赔军费二百兆两，开沙市，重庆，苏州，杭州，长沙为通商港，朝鲜为独立国。台湾本海外孤岛，明中叶为荷兰人所据，明末郑成功逐荷兰人而据之立国，闽粤人多移居者。清灭郑氏后收归中国版图。一八八六年——光绪十二

年——改为行省，方谋经营，至是遂失于日矣。一八九七年朝鲜王称大
韩皇帝，自为独立国，其实全受日本之支配，而俄国亦乘势与朝鲜政府
订约，获得种种权利。一九〇五年日本反战胜俄国，获得南满洲各种利
益，于是在朝鲜之主权遂确定。一九一〇年因日本在中国之统监伊藤博
文为韩国志士安重根所刺，遂合并朝鲜。自此以后，日本利用朝鲜为经
营东亚大陆之根据地，而我国之祸乃益迫眉睫矣。

第十二章　中国民族在后印度半岛及南洋群岛之发展

后印度半岛即今安南暹罗缅甸诸国以及南洋群岛之英领荷领诸地，
距中国甚近，地产肥沃，故我国人之殖民于是者甚多。兹述其开拓之迹
如次。

（一）为我属国时代（自宋以前）

（二）我国殖民发展时代（元明清）

（三）西力东渐及我国殖民失败时代（明末至今日）

第一节　历史上后印度半岛与中国之关系

后印度半岛与南洋群岛本均为马来种人之根据地，其与我国上古最
占势力之苗族有无血统之关系已难断定。其与中国发生关系最早者为安
南，相传周成王时有越裳氏来朝，即今之安南民族，然其事之确否，尚
未可断言。其与中国民族真正发生关系当在汉以后。汉初赵佗据广东称
南越王，其辖地直至安南北部。汉武帝灭南越后设九郡，其交趾，九
真，日南三郡即在安南境。然除安南外，其余诸国固犹在野蛮部落时
代，未成国家也。东汉末年安南中部有林邑国建立，至唐时改为占城，
是为今安南国之前身。又安南南部柬埔寨之地，旧为真腊国，暹罗旧为
扶南国，缅甸旧为掸国，至唐改为骠国。此诸国皆建立于汉末，至东晋
时而大开化，盖其时北有中国，西有印度摩揭陀帝国，后印度半岛处于
两大文明古国之间，自易于开化也。佛教亦于晋时输入，至今为该地最
占势力之宗教。安南北部自汉以来列为中国州郡，历两晋南北朝及隋相
沿不改。唐设初安南部护府以治之，仍为中国直辖区域也。唐末南诏强
盛，攻陷安南，于是其他始渐脱中国羁绊。五代时丁部领据其地独立，
宋初入贡中国受封，封为交趾郡王，自是安南始列为外藩，不入中国版
图矣。宋神宗时其国主李氏自称皇帝改国号曰大越。南宋末又禅位于陈
氏改国号为安南。历宋元明三代皆贡不绝。明成祖时陈氏为其臣黎氏所

篡明遣兵讨平之，置交趾布政司辖其地，辖府十七直隶州五，卫十二，于是安南北部又入中国领土内。然安南人不服，屡起作乱。至宣宗时其国人黎利遂建大越国，而又脱明羁绊矣。当时是后印度半岛共有四国，安南北部为大越国，安南南部为占城国，缅甸自宋以后即称缅国，元时虽列为土司，至明嘉靖时又独立为缅甸国，暹罗则自宋以来本分暹与罗斛两国，元末合为一国，遂称暹罗。占城至明中叶为安南所灭，然未几又分二国，北为大越南为广南。清初大越受清封为安南国王。至清高宗时广南土豪阮文惠起兵灭广南，又北灭大越，遂统一安南，造成近代后印度半岛三国并立之形势。

第二节　中国民族在南洋之发展

南洋一带岛屿林立物产丰富，然土人性蠢愚不善经营，每为他族所侵略。自晋以前，与我国关系甚少。南北朝时其地渐为开化。有国家制度。中国与印度二大文明国间宗教及商业之交通每假道于此。此诸国对于中国及印度亦多时来贡献，至唐代大食国兴，回教亦随之输入。元明有马八倪俱蓝，瓜〔爪〕哇，诸国俱服从于元。元兵尝一征爪哇，故南洋诸国之畏服中国实在此时，而中国人南洋殖民之端绪亦当开化于此时也。至明成祖时命宦官郑和帅大船六十二艘，海军三万七千余人，远征南洋，前后七次历南洋诸岛直达非洲东岸，所至宣布中国威信，有不服者辄擒其王入其国，故诸番慑服，而中国之威名乃大布于南洋。自是以后，中国东南滨海诸省如广东福建等地人民纷纷闻风而起，作殖民南洋之举。至今南洋群岛一切经营设施俱赖我华侨之力，以贫寒起家为富豪者尤不可胜计。盖欧人虽智而人数过少，土人虽多而不知生计，故惟有让我华侨著先鞭也。

第三节　西力之东侵

近代西人之东方经营始于明中叶。一四九八年葡萄牙人华士哥德噶马（Vasco dagama）发现南非洲航路于是葡人首先经营印度，英荷班法诸国继之。一五一一年葡人占领马剌加（Malana）是为西人伸势力于南洋之始，至十七世纪初荷兰人强盛尽夺葡领苏门答腊，爪哇，摩鹿加群岛诸地，一六一九年建巴达维亚府于瓜〔爪〕哇，以为诸贸易地之中心。同时英人亦设东印度公司于印度与荷葡法诸国竞争印度霸权，至十八世纪中叶卒排诸国势力而独吞印度。遂自印度而东窥缅甸。一八二四年——清宣宗道光四年——英人与缅甸开战得亚山阿罗汉之地。一八五三年——清文宗咸丰三年——又割其白古地。缅甸大部俱入于英。一八八六年——清德宗光绪十二年——乘中法越南战事之际，遂进兵缅甸，灭其国夷为印度属地。我国虽提出抗议，仅得英人许代入贡之约。其后滇缅界务之分划，尚成为悬案，历久始解决焉。

缅甸既入于英，而安南亦为法有。初阮文惠统一安南后，称为新阮。其广南旧王裔有阮福映者不服避居暹罗，为旧阮。一八〇二年阮福映得法国人之助复国，法人遂乘势要求种种权利。一八五九年法人因安南不能践约，派军舰占领西贡，于是安南南部渐入法国势力范围。一八七三年法人派兵扰乱安南中部，为中安人太平军余党刘永福之黑旗军所破，乃于翌年三月与安南订约，承认安南为独立国嗾其脱我国之羁绊。一八八二年法人与安南订约，以东京割让于法国，收安南为法之保护国。中国政府反对之，遂开战争。中国军屡占胜，然以政府瞢于外交，结果以一八八五年缔约于天津，仍承认法占东京，及安南为与法之保护国焉。

后印度半岛三国中，缅甸并于英，安南属于法，惟暹罗稍能自强。又因英法两国之互相牵制故外力不至侵入。一八九三年英法结协约，许暹罗为独立国。暹罗王亦锐意变法图自强故至今为独立国焉。

英人自十八世纪末年始伸势力于南洋群岛，尔后渐略有马来半岛及婆罗洲等地。一八一九年略得新嘉坡地于土人之手，极意经营，遂成为今日南洋之大商埠。一八四二年——道光廿二年——鸦片战争后又割我香港，至今日遂成为英人东方海上势力之大根据地，故南洋今日之霸权实操于英人也。

今日后印度半岛及南洋群岛仍以我华侨为主要之分子，惟主权操于异族之手，吾侨民到处受人压制，尚难自主耳。

第十三章　历史上之中国与西亚文明之交换

我国为大陆国，对于海上交通发展较迟，而陆路则甚早，古籍所载，如黄帝适昆仑，穆王见西王母等说，虽荒渺无稽，然足证吾先民对于西方观念之注意矣。中世以后，印度文明输入，对于吾国民之精神生活影响尤大，故治中国民族史者，对于此种史迹，不可不加以注意也。今约中国历史上与西亚交通之迹分为数期如左。

（一）中西交通传疑时代（秦以前）

（二）汉朝交通西域时代（两汉）

（三）中印文化接触时代（六朝至唐初）

（四）唐朝经营西方及阿剌伯文化输入中国时代（唐）

（五）蒙古人远征西方时代（南宋末至明初）

（六）近代中国与西亚之关系（清至今日）

第一节　上古时传疑之中西交通

中国与西亚之交通由来已久。近世以来，学者有主张中国民族系从亚洲西部迁来者，法人奥帕尔（Oppert）及拉克伯里（Facouperie）谓吾族来自巴比仑，卫格尔（Wieger）谓来自印度支那半岛，包尔（Ball），及彭伯赖（Pumpelly）谓来自中央亚细亚，德人利希陀芬（Riehthofen）谓来自于阗。其说虽不必遽可信，然可以证上古时代中国与西亚非毫无关系也。

自黄帝以后，关于中西交通之事迹，又不见于纪载。惟西晋初年发现之《穆天子传》一书，内载周穆王西游适西王母国之事，《竹书纪年》及《列子》亦有同样之记载，然此三书皆汉末晋初人伪作，未可置信。近人之笃信此说者，如丁谦顾实等且为考证地理，详覆年月，或谓西王母国在波斯，或谓在小亚细亚，俨若真有其事者，以愚观之，穆王周游天下之事见于《史记》《左传》，容或有之，然不过游行当时之中国境内而已，其西行亦决不能过嘉峪关以西，所谓西王母国云云，皆小说家言，如《山海经》，《汉武内传》之属者，据此以为信史则诬矣。即使当时果有此事，亦必待考古学发达之后确从实在古迹上寻出证据，始能断言，小说之属固不可以当历史看也。

第二节　汉朝对于亚洲西部之经营

亚洲西部上古有巴比仑，亚述，吕底亚等国，波斯兴而皆统一于波斯。纪元前三三〇年马其顿王亚历山大灭波斯，乘势征服埃及印度及中央亚细亚等地，建设地跨欧亚非三洲之马其顿大帝国。其时亚历山大且欲提军东上征服欧人所向未梦见之地，以水草缺乏，士卒劳顿而止，时正我国战国中年时也。亚历山大死后，国为诸将所分，塞留哥（Seleucus）据亚洲西部建叙里亚（Syria）王国，传国百余年，至前二五〇年顷，东西分裂，东部有大夏（Bactoria）王国，西部有安息（Arsakes）王国出现。又有大月氏〔氏〕者原建国于内蒙古西部，后为匈奴所逼举国徙西，遂灭大夏而居其地，然其文明仍希腊之文明也。汉初匈奴盛强，此等诸国皆慑服匈奴之威旺，不敢与之为敌。及汉武帝欲通西域以其击匈奴，乃使张骞出使西方历访大月氏〔氏〕安息诸国，自此以后中西交通遂开。希腊文化，印度文化相继输入中国，其详见前第八章兹不备述。自宣帝以后汉之西域都护威声远振于西亚云。

第三节　佛教之输入

印度为世界文明古国之一，纪元前一千五百年顷阿利安人自中亚侵入征服土著民族建设无数之小国。其最古之宗教为婆罗门教，信梵天，唱阶级之说。至纪元前五百年顷有释迦牟尼者出现，由王太子出家悟道，自创一派，提倡平等博爱，力与旧教为抗，是为佛教。印度自纪元前五一〇年倾〔顷〕为波斯所征服，后又归并于马其顿，前三二一年印度土人旃陀罗笈多创孔雀王朝，是为印度有史以来之大帝国，传三世，而其孙阿输加在位，极力提倡佛教，于是佛教遂成为印度之国教，孔雀王朝亡后佛教势力又衰，教徒多散之北方。适大月氏建国于兴都库士山南北，据有北印度之地，极力提倡佛教，于是大月氏遂代印度而为佛教传布之中心。纪元前二年——汉哀帝元寿元年——大月氏遣使来聘博士弟子秦景宪口受其浮屠经，是为佛教入中国之始。纪元后六十五年，汉明帝遣郎中月氏等使印度，至月氏得经四十二章，载以白马，并沙门迦叶摩腾竺法兰二人还洛阳，佛教遂正式为中国所崇拜。自此以后，因五胡乱华之结果，西北异族侵入，而佛教之信仰愈甚。六朝时代，西域交通甚繁，于是中国僧人西渡求法，与西方僧东来传教者皆甚多，法显宋云玄装等之西去，鸠摩罗什菩提达摩等之东来，其最著者也。因佛教之传布西印度及中亚文化相继输入，中国之音乐戏剧，文学以及一切社会制度均受重大之影响焉。

第四节　唐代对于西域之经营

亚洲西部自二二六年波斯兴后，灭旧有之安息王国，建设亚洲西部唯一之大国，至纪元五世西后，大月氏亦衰，其属部哑哒独立，占据北西度，号为强国。突厥兴后，纪哒为突厥所并，中亚之地皆属于突厥。唐室勃兴后，国威强盛，经营西方，不遗余力。纪元六五七年唐高宗遣苏定方等击灭西突厥，并有其地。置崐陵濛池二都护府以领之。又相继征吐火罗——今布哈尔——昭武九姓——今俄领费尔干省——诸国。置月氏，康居等都督府以领之。于是唐之国威远及中亚。时波斯自哑哒突厥相继勃兴后，其国势已衰，至纪元六二二年阿剌伯人穆罕默德创回教于阿剌伯，遂建设大食帝国，西征欧洲，南侵非洲，复移兵东下。波斯为其所逼，国势益危，纪元六六一年其王卑路斯（Peroz）请降于唐，高宗许之，置波斯都督府，拜其王为都督，遣兵援之，未至而波斯已为

大食所灭。于是唐与大食两大帝国遂接壤。唐睿宗时其勇将库退拔
（Katibah）乘唐室内乱举兵东侵，以乏水草而还，然中亚诸国，昭武九
姓之属已皆折入于大食矣。

　　印度北部自汉以来即属于大月氏，月氏亡后又属于哦哒。印元五百
二十年左右，北印度之乌阇衍那国勃兴，其王毗讫罗摩迭多出，逐哦哒
于境外，建设大国，提倡文化，尊崇佛教，国势甚盛。至其孙尸罗逸多
二世立，国益强。自六朝以后中印因佛教关系交通甚繁，至是高僧玄奘
自唐至印度求法，甚蒙王优待。纪元六三八年王遣使北来聘于唐，太宗
使梁怀璥往报聘，是为中印正式国际交通之始。六四五年太宗又遣右卫
率府长史王玄策使其国，适值王薨国乱，玄策檄召吐蕃及波婆罗兵为之
平定乱事，我国之耀兵于印度，历史上唯此一次而已。

　　自大食强盛后，回教输入中亚，间接输入中国。海陆贸易亦极发
达。唐末寄居广州之阿剌伯人至十二万之多，可见当时两国交通之盛
矣。至唐末中国内乱，大食亦中衰，两国交通始断绝云。

第五节　元代之西征

　　宋初统一中国取保守主义，对于西亚不暇经营。至纪元一一二五年
左右，辽为金所灭，其宗室耶律大石率兵西下，至中亚，建西辽帝国，
是为东北民族建国于西方之始，及蒙古勃兴，既统一内外蒙古及阴山南
麓，乃刻意经营西亚。前后西征凡数次。第一次太祖遣将苏布特，哲伯
西征，灭乃蛮——据西辽故地——庄剌子模——今阿母西尔两河流
域——及里海黑海间诸小国，大破俄罗斯诸侯联军，以其地封长子卓齐
特。时在一二一八年至一二二四年。第二次在太宗时，遣绰马儿罕西
征，杀花剌子模最后之王札兰丁，乘势平定四围小国，中亚形势乃大
定，时至一二三一年顷。第三次亦在太宗时，命巴图等西征进平俄罗斯
诸侯之反复者，杀俄共主攸利二世，大破波兰及匈加利军，将进攻中
欧，闻太宗卒而还，时在一二三五年至一二四二年。第四次在宪宗时，
命辖鲁征亚洲西南部诸国，灭木剌夷——今波斯西部，大食东帝国，及
叙里亚诸国，时在一二五二年至一二五九年。自此以后以西亚东欧之地
分建四大汗国，受蒙古人之支配者始百年，然于文化史上之关系则甚
浅焉。

第六节　近代我国对西亚之关系

　　自元朝灭亡后，明室勃兴，取保守主义，对于西亚不遑经营。惟明
成祖时帖木儿汗曾有东征之意，行至中途而崩，此后垂数百年。东西交

通遂渐中止。清高宗灭准回诸部后，葱岭以西诸国如吉尔吉思部落，巴达克山，敖罕，阿富罕诸国皆遣使入贡，然亦第羁縻〔縻〕而已，不能征有之也。自十八世纪俄人吞并中亚，英人亦灭印度，我国西陲，尚虞窥伺，更无余力远营域外。最近俄人以共产主义煽惑满洲小国，并及我蒙古，新疆，尤为前途之大患焉。

第十四章　白人之东渐与中华民族之危机

世界人种或曰五种，或曰三种，而要以黄白两种为最要。亚洲中部之咸海流域实为黄白两种之分界线。自此往西，白色之民族数十，以欧洲亚利安民族为最重要；自此往东，黄色之民族亦十数，以中华民族为最重要。此二大民族者，自昔关系甚少也，直至近世，欧洲阿利安人奋其智力，鞭挞宇宙，俨然以世界之主人翁自居，而我中华民族亦几有为其俎上肉之势，此诚人类史上极重大之事实也。兹述白种人经营东方之次第如下：

（一）中西非正式交通时代（明以前）

（二）欧人东来时代（明末清初）

（三）压迫中国开始时代（鸦片战役至中法战争）

（四）中华民族觉醒时代（戊戌变政至今日）

为叙述便利起见，除上古期按时代次序顺叙外，近代诸国之活动俱分国叙述之，以期格外明了。

第一节　明以前我国与欧人之交通

我国与欧美距离窵远，素无交通之机会。近人虽有附会谓周穆王西征曾至欧洲者，其说殆不可信也。汉武帝通西域，始知大秦国之名，大秦即罗马也。东汉初班超为西域都护，使甘英通大秦，至西海——当即里海。——为安息人所始。未至而返。至纪元一六六年——汉桓帝延熹九年，——大秦王安敦遣使自安南来贡珍物，中西之正式交通当自此始。然其时安息人操东西洋贸易之特权，中国与欧洲商业上往来已久，中国丝织品流入欧洲，甚为罗马人所爱重，特非两国之直接贸易耳。

自后经三国六朝，两方交通又暂中绝，中史虽有大秦，拂菻等名，然语焉不详，惟北匈奴自经为汉驱逐后，展转入欧，至是遂为亡罗马之动因。唐初国威远及西亚，然与欧人独无关系，盖其时阻于回教之大食帝国，无直接交通之机会也。

元代耀兵欧亚，东西之交通乃复开。太祖太宗数次西征，并吞俄罗斯，建设奇卜察克汗国，征波兰，下匈加利，破德意志诸侯联军，前锋直抵意大利，欧人震骇至欲起十字军以抗之，虽因故未能尽并全欧，然黄祸之名词遂长留于欧人脑中。奇卜察克汗国统领欧俄二百余年。尤为黄人建国于欧洲之最要者。而其时威尼斯人尼弟罗博罗（Ncolo Pols），父子来游中国，其中马哥博罗（Marco Polo）留仕元朝，凡二十余年，甚为世祖所信任，归欧后撰旅行记，实为欧人东来之诱导物。其时罗马教皇与元廷亦常有信使往来，欧洲之数学，论理学，皆逐渐流入中国云。

第二节　欧人之东渐

自马哥博罗东游归后，欧人艳闻东方之繁富，甚欲设法交通，而以阻于土耳其回教徒之故，其志终不能达。一四九八年——明宪宗弘治十一年——葡萄牙人华士哥德噶马（Vasco da Gama）发现南非洲之航路直达东印度，于是欧亚交通始开一新幕。葡人首先东来，略得卧亚马剌加诸地，经营印度及南洋群岛。其商民逐渐来往中国，寄居广东之上川电白澳门诸地，为欧人来华之先导国。一五三五年——明世宗嘉靖十四年——租我澳门，至明末遂成为葡人永久之根据地。其时西班牙人亦占据菲利滨，与葡人并称十六世纪海上之两强国。十八世纪初，葡萄牙衰，荷兰代兴，葡领南洋群岛尽为荷人所夺。荷人又占据台湾岛，为对华贸易之领袖。英法诸国亦相继闻风竞起，惟尚不敌荷人之势力焉。

欧人东渐，适丁欧洲宗教改革之后，有志宗教事业者，皆远渡重洋，辛苦传教，其中以旧教之耶苏会派为最有成效。一五八〇年——明神宗万历八年——意大利人利玛窦（Mattes Ricci）至中国，历游南京北京，所至与其士大夫交，凡居中国三十年，于基督教之传布于中国最有关系。其后有庞迪我，阳玛诺，汤若望，南怀仁等历事明清两朝，颇得朝廷及士大夫信任。其时中国历法颇不进步，经西教士等改良，遂较适用。此外天文，数学，几何，地理等学，均由此等教士之手输入中国。中国有力者如明末之徐光启，李之藻，清之圣祖，皆倾心信服之。光启之译《几何原本》，尤为中国学术史上放一异彩。至清世宗以后，因持闭关主义，尽驱西人出境，传教事业始暂中止，至鸦片战后始复通云。

第三节　英吉利与我国

现今欧美列强与我国关系最深者为英吉利，经济侵略最剧烈者亦为英吉利。英人自十七世纪初即开始经营东方，先藉东英度公司之力收印度为己国领土，次伸势力于南洋一带，逐渐夺取马来半岛等地。一六三七年英人威代尔（Weddeell）率舰陷我广东厦门炮台，强迫通商，是为中英通商之始。自后历明末至清初，两国通商贸易，往来无间。清世宗以后，清廷取闭关主义，意欲断绝外人贸易，于是英人亦受排斥，两国贸易仅限于广东一隅而已。一七九三年——清高宗乾隆五十八年——英政府遣使臣马尔戛尼（Macartdey）来谒，要来改良通商事务，时清廷正在全盛之际。仅以入贡使臣待之，所有请求概予驳斥，英人亦不敢深肆要求。

自后英人以印度为根据地向我国输入鸦片毒物，获利甚多，两广总督林则徐力禁之，焚毁英商鸦片二万余箱，遂酿成一八四〇年中英鸦片战役，结果我国失败，订南京条约，开五口通商，割让香港于英，我国之受外人政治及经济之侵略盖自此役始也。

至一八五六年复因广东官吏搜捕英船之关系，英法二国联兵攻破广州，又联兵北进，攻陷天津，次年又攻破北京，清文宗出奔热河，结果订天津条约，续开商港五处，英人在中国之势力遂牢固而不可拔矣。

自是以后英人侵略中国之机愈急，一八八六年乘中法越南之战，收缅甸为己有，一面遣人入藏，蛊惑达赖喇嘛使叛中国。一八九〇年藉口于均势主义租借我威海卫，九龙等港，以发展其侵略之势力。民国初年，六国银行团之组织，实操我财政命脉，至今日国内轮船铁路银行矿业各种经济事业无不与英人发生关系。驯致于民国十四年五月卅日而有惨杀华人之事，则其凶残之野心已暴露无余矣。

第四节 俄罗斯与我国

俄罗斯与我国发生交涉甚早，且其接触均在陆地，如其与他国不同之处。当十六世纪末，俄人即逐渐东下，略取中亚及西伯利亚等地，至十七世纪，其势力遂达黑龙江左右。一六五一年——清圣祖顺治八年，——俄人筑阿尔巴青城（Albazin）于雅克萨河口，嗣后连年剽掠北满，遂与清朝发生冲突。一六八九年——清圣祖康熙二十八年——两国订尼布楚条约，一七二七年——清世宗雍正五年——复订恰克图条约，彼此和好百余年，及鸦片战争后，俄人睹中国政府易欺，乃生觊觎之心。一八五八年——清文宗咸丰八年，——一八六〇年——咸丰十年，——两次中俄条约，藉口于调停英法联军战事，将我黑龙江以北，乌苏里江以东之地全行割去，从此遂极力经营太平洋沿岸，为远东活动之根据地。一八七一年——清穆宗同治十年又乘我回部之乱进占我伊犁。几经交涉至一八八一年——清德宗光绪七年——始结伊犁条约返我土地。中日战后李鸿章欲联俄以排日，乃与俄订喀西尼条约，许俄筑铁路于我境土及其他利权。其后及租借旅顺大连二港于俄。遂引起日俄两强国在东省之竞争。日俄战后，俄人将南满利权尽行失去，然北满权利仍如故也。民国成立后俄人更暗助外蒙向我宣告独立。一九一七年——民国六年——俄共产党革命后，曾宣言放弃以前权利，未几又背之。一九二〇年——民国九年——俄旧党进兵陷我外蒙，未几为新党讨平，新党遂助外蒙组织国民政府，而从中操纵之。一九二四年——民国十三年——与我国缔结中俄协定，仍保留大部分权制。……

第五节　法兰西与我国

法之经营远东甚早，而与我国发生交涉则甚迟。自十九世纪初年法人助阮福映恢复安南后，遂乘机树立其侵略远东之基础。一八五八年藉口于广东人之焚烧法商馆，遂与英共起联军，于一八六〇年入我北京，大掠而归。一八八四年因唆使安南独立与我开战，结果我军事胜而外交失败，遂将安南让于法国。一八九七年——清德宗光绪二十三年——乘列强争侵我土地之际，亦进兵强租我广州湾。尔后筑修滇越铁路，在滇桂诸省势力颇深。民国以后，以两国国体相同，往法留学者甚多，对于国内文化运动颇有影响，然近数年来，国内军阀私战，法人之供给军火最多。是法人之对于中国虽无侵略之力，亦不能谓其无侵略之心也。

第六节　德意志与我国

德之兴也较晚，其伸手于东洋也亦较迟。然一八九七年乘我与日战败后，因山东杀害二德教士问题，突然进兵据我胶州湾，强迫租借以九十九年为期，列强闻之，纷纷援例租借，几酿瓜分之祸，其首倡之者实德人也。一九〇〇年又胜拳匪之乱，首率联队进据北京。自后修筑胶济铁路，囊括山东之利权。盖欧战以前，与俄国并为侵略我国之最强悍者焉。欧战中胶州湾为日本所夺，东方势力完全失坠，战后国势凌夷，自保不暇，其在我交所享种种特权，因得乘机收回焉。

第七节　美利坚与我国

美之经营东亚，自一（八）九八年战败西班牙夺取菲利滨群岛始，其初虽偶有使节往来，然无实际之势力也。自此战后，美人始有经营远东之根据地。一九〇〇年联军入京，美军亦与焉。约定后，中国赔款甚巨，美人独退还赔款，兴办学校，以市惠于中国。自后中国留美学生日多，中美之国交日密，而美人文化政策乃大告成功。自巴拿马运河开后，美人在东方军事势力益加稳固。与日本冲突最甚，故识者皆忧日美战争之万不能免。然美人人种之见实最深，其本国民众对于黄人排斥不遗余力。未来太平洋之大问题，美人实占最重地之地位，如后中国对于日美竞争究应取如何态度，实与对付苏俄之问题同一重要也。

上海爱文书局，1928 年

关于真理问题的一些话
（1928）

　　真理大抵是没有绝对标准的，或者即使有，人也无从去知道他。

　　大约自有真理以来，世界上就无所谓真理之一物，有之，或者就是"没有真理"这一句话罢。

　　其实，这也不是甚么新发明，大抵万事古已有之，不过在古来，说这种话的人，往往被骂为"怀疑派"，而在今日，则被尊称为"实验主义者"罢了。

　　自然，即使在现代，仍然有许多勇于自信和信仰一切真理的人，这种人大抵是成功者，他们相信一切真理是有的，并且是绝对的，应当拥护，执着，坚持到底。

　　因为相信绝对真理的人这样地多，于是真理的威严就越发树立起来，于是应该一举而歼灭的"异端"也就越多，于是"刀"和"火"的用途也就越广。

　　"刀"和"火"大抵是与真理相待而成立的，从中古欧洲的异端裁判所，阿剌伯大帝国的铁骑起，一直到二十世纪中国的海陆丰——为明哲保身起见，党国治下直接的例恕不引——一脉相承证明了真理和刀火是离不开的东西。无论所谓真理者，是圣母马利亚，是阿拉，抑或是什么阶级之类，总之不信真理者就该杀，该铲除，打倒，或者屠戮。这是盘古以来一切真理信徒的天经地义，"天不变，道也不变"。

　　倘若天下的真理永远只有一个，则事情倒也容易办些，不幸"人类生而是平等的"，和尚有创造和尚真理的自由，道士也有拥护道士真理的权利，本来实缺的真理只应该有一个，而候补的真理却这样的多，既无轮流补缺的轨道可循，又无那个遇缺即补的优先权利，真理决〔抉〕择之途既穷，而人生之道苦矣！

于是因真理之出多，而刀和火之用愈广，因刀火之用广，而真理之出也就越多。

在一切真理拥护者看来，这自然是最简单爽快的方法，那个战胜，那个便有理。而且在事实上，你即使不赞成这个方法，你也没有更简单的方法去代替他，别人的刀火逼到你头上，你还是终于不得不采用刀火去抵抗一下，"以子之矛，攻子之盾"。

但刀和火能够终于解决了真理的问题吗？这个疑问不必我们用理论去回答，但使将人类的历史搬开来看一看，历史上写着的，从"毕达哥拉斯"（Protagoras）的被放逐于雅典，到加利来（Galileo）的火刑，从加利来的受刑，到广东海陆丰苏维埃政府的出现，人类，或者说真理拥护者罢，用着刀与火以及一切更锋利更得力的武器，迫害甚至屠杀一切异己的人，杀！杀！杀！从亚当、夏娃睁开了他们的朦胧的眼起，一直杀了六千年——用犹太人的算法——所得的成绩如何？真理是终于"定于一"了吗？历史上所告诉我们的，却是真理越来越多了，你亦一真理，我亦一真理，真理竟不是刀和火所能杀得完烧得尽的。

真理拥护者到此不免灰心，以为世界是无望的了，于是"反动派"，"小资产阶级"，出来贡献一个较为容易办到的方法。这个方法实在是很简单的，便是劝一切真理拥护者把手中的刀剑放下，大家围拢到会客厅里来用口和笔来争雄。战胜者也不必杀人，战败者也没有身首异处或者断子绝孙的危险。大家舒舒服服，客客气气，战胜者就暂时坐坐第一把交椅，战败者明年再来。

这就是"小资产阶级"的民主政治，这就是"反动派"的自由思想。

最奇怪的是，像这样一个简单的方法，真理拥护者竟从来没有想到，一直到文艺复兴和宗教改革，牺牲了无数傻瓜的头颅，才换到人权宣言的一篇正式承认状。

更奇怪的是人权宣言的出现也有了一百多年了，然而刀与火的用途还终于不曾断绝，而且在如今，似乎销路更广了，白脸进，红脸出，在去年十二月里来广州唱的一幕戏上，这个证明是何等的更显得确实。

无论是白脸杀红脸也好，红脸杀白脸也好，我们所不懂得的是为什么除了刀和火以外，不许用其他更客气一点的法子，为什么人权宣言发表了一百三十年，还会让无辜的傻瓜接连不断的送脑袋到真理拥护者的手上去。

这个谜无人能解，大约是终于不可解的宇宙之谜罢。

或者这是"小资产阶级"的想法。小资产阶级者大都总是温和的，保守的，不革命的。真革命者杀个把人算什么事，被人杀却也是当然。借着军民联欢大会的题目把一县的绅士阶级包围起来全体屠杀，也是社会革命中一种当然的过程，这是"小资产阶级"的脑筋中所不能懂得的。不过小资产阶级头脑所不能懂得的革命手段，段祺瑞却在三一八，刘湘却在三卅一，某某某某却在一一二二的惨案里先□□阶级领袖而采用了。可见这也不是什么新法，黄帝杀蚩尤时就用过这种方法的。

"戏法人人会变，各有巧妙不同"，时代所给予人类的一点教训，只是外表的各种巧妙，至于根本戏法还就是这一套，"狗抓地毯"，本性难移，人就永远不曾长进过。未来不晓得怎么样，过去和现在就不过如此，未来大约也只不过如此。

"不过如此"，这是读完人类历史后的一个总批评，这是我们一切人类在脑筋清醒时一种良心的供状。

何时才有更长进一些的世界出现，大约只好找严芙苏去摇一回闷葫芦再来回答这个问题了。

《长夜》第 1 期，1928 年 4 月 1 日

前期思想运动与后期思想运动
（1928）

　　五四运动以来，中国曾经过了一个号称"思想运动"的时代。

　　我们即使不满意于这种运动，我们终久不能不承认这是一种运动；我们即使说这是不澈底不普遍深沉的运动，然而终久有一部分人的努力的痕迹留在那里。

　　现在，多数的出版家，多数的思想文艺批评家就踏着这种努力的余痕走上前去。

　　而且，最近几年来政治上、社会上种种实际的变迁，不能说多少不曾受了这种思想运动的影响。

　　我们的国民文化史上曾经有过这么一段多少可以纪念的努力，这是我们所引为慰安的。

　　然而已经够了吗？我们的努力已经应该停止了吗？这是谁也要否认的话。

　　中国的国民自觉运动，文艺复兴运动，仅仅在刚一黎明的时候，距离着光明的路，不知还隔离有若干里之远。海是这样阔，船是这样旧，我们的努力还需要得更多。

　　但是领导者却已经纷纷退却了。

　　有的人已经回到国故的坟墓里去了，有的人已经回到爱人的怀抱里去了，有的人已经回到大学教授的书斋里去了，无论是怎样一种回去——高尚或者不高尚，有目的或者无目的，——总之是一种退却。然而时代却是更需要我们向前战斗的时候。

　　我们钦敬而且赞美那些一部分不曾退却的勇士，在灰发苍苍里尚在挣扎〈的〉老勇士们，我们尊敬这些勇士们流下来的热血或眼泪，给我们国民文化史上点缀成一颗两颗的残星。是的，我们应该尊敬他们，我们诚心诚意的尊敬他们。

然而，我们却也不能同意于他们的工作。

他们给我们的是一种消极的、批评的破坏精神，这种精神我们承认是需要的，至少说在今日中国民族里是特别需要的，然而我们以为还有更特别需要的东西：单是消极是不够的，单是批评是不够的，单是破坏更是不够的。不是吗？我们还需要有超乎消极、批评、破坏以上的新生力。

这是老勇士们所不能给我们的，或者他们不愿给我们，或者他们压根儿就没有。

虽然有人也可以这样说，消极就是积极，批评就是建设，破坏就是创造，但是我们终认为这是一种玄学上的诡辩。我们所需要的不是这些诡辩，而是真实的事实。

事实是明明白白摆在我们面前的，只有积极能产生积极，只有建设能产生建设，而且也只有创造能产生创造。

如果领导者不能给我们，就得需要我们自己去找。

不幸我们并没有去找。

在最近的一二年中，有些浅薄的人们，为事实的幻影所蒙蔽了的近视眼病患者，在一种朦胧的憧憬之下，渴望着思想革命的时代已经过去，而应该有更实际的革命运动去代替了他。

不错，无论是走到战场去或者走到民间去，这都是在怯懦和浮夸的中国民族里所特别需要的战士，但是因为这个理由便可以停止了思想革命的努力吗？

或者因为这个缘故我们更需要有更深沉的思想上的努力罢。

现在呢？虽是至短视的人也应该觉悟了，几年的实际运动结果只造成了旧酒盛在新袋里的一种循环政变，政变只是政变，而结果思想也只是思想。

这不是政治运动者的耻辱，乃是思想运动者的耻辱，努力了将近十年的运动，结果还是于实际一无干涉，这是谁的罪呢？

这就是前期运动的下场——努力了将近十年的前期运动的下场。

并且，事情还有更坏的。在世界一切国民觉醒的路上，思想运动常是与国民努力的方向离不开的，惟独在中国，正因为思想运动的缘故，结果分散了国民独立的战线，移转了国民努力的目标，延缓了国民解放的年代，在全体被压迫的国民的共同进路上筑起一条目所不能见的墙来。

要记着！这座墙并不是建筑在物质生活和经济条件之上的，乃是建筑在虚无缥缈的唯心主义之上的。

正因为有了这一座唯心的墙，我们才听到了屠杀又屠杀，感到了恐怖又恐怖，遇到了羞辱又羞辱。正因为这座墙，我们无数天真勇敢的青年才一个接着一个被杀，被斩，被屠戮。

我们哀痛这些勇敢的青年，我们哀恸着因为这都是国家未来活泼的元气，我们哀恸国家元气的斫丧，我们哀恸像这样一些勇敢的青年他们的颈血不洒在为国家独立奋斗的战争上，却洒在一种偏僻固执的唯心主义所造成的虚伪观念上。

我们不能不说这些是一种牺牲，然而牺牲的代价是什么？

牺牲的代价却只是国民解放的路更延迟了，国民失却一致对外的团结力了，在朝的与在野的一切屠杀更普遍了。

难道思想运动的意义就为的是增加屠杀的勇气吗？

难道思想运动所要造成的就是这一班能够亲手屠杀自己同类的唯心主义发狂家吗？

无论思想运动家怎样回答说不是，但是事实却已经造成了。这就是努力了将近十年的中国思想革命运动的唯一与实际发生关系的结果。

这样的结果不如没有结果，这是凡在屠刀之下逃出性命的人都可以发誓告诉你们，或者还有许多死者的亲属也都可以向你们作证，然而这是谁的罪呢？

我不忍再追问这种罪恶的原始负担者了，只好说不幸运的中国国民应该共同负担着这种错误罢。

事情到了"碰壁"以后，就应该另换一个方向走路，现在是转换方向的时候了。

前期思想运动已经"碰壁"，后期思想运动应该"转湾［弯］"了。

朋友们！我们转向那里去？

我的惟一的答案是转向超越过前期思想运动的路上去。

这句话有两个意思：一个意思是说我们鉴于前期思想运动努力方向错误的悲惨结果，我们应当向矫正过失的自忏的路上去走；他一个意思则是说前期思想运动所有消极的，批评的，破坏的虚无精神我们应该起而以积极的，建设的，创造的实在精神去代替他。

这是我们所以需要一个更超越的思想运动的原因。

近代社会学研究的进步，证明了种族发展和个人发展的类似性，一个庞大的种族从野蛮的状态进步到文化的状态犹如个人从婴儿进步到成人一样，先是从不自觉的意识状态逐渐发展而成为有独立意识的自觉的成熟者。每一个种族或者民族，必要经过了长久的不自觉的时期好容易才走上了自觉的路径。就人类全体的进化过程说，一直到欧洲的文艺复兴以后才算有了自觉的萌芽，一直到十九世纪以后才有了将近完全觉醒的民族最初出现。中国虽是数千年的古国，然而几千年以来民族的发展都只在一种半意识或者无意识的时代，离近代文化，民族自觉的意识状态尚远。辛亥革命或者可以说自觉运动的开始罢，然而所开始自觉者在那几点，我们的答案不能不说是很贫乏的。老实说，从鸦片战争到辛亥革命，从辛亥革命到五四运动，从五四运动到了最近的时期，中国民族的意识虽然一方面说是正在一步一步向自觉的程途上走，然而他一方面则不能不说这种自觉意识的发展还是很迟缓的，很茫昧的，更切实的说，我们的民族直到如今还没有发达完备的民族意识。一个完满的自觉的民族意识，决不是单单的政治组织或者经济组织所能代表的，政治上和经济上所表现的民族只是一种民族的形式，民族的糟粕，真正民族的内在意识还要从思想文化上去找，虽然思想文化的内涵也离不了政治经济等等。一个民族走上了自觉的路就如一个人意识发展到了成熟时期一样，他有了独立的智慧去判断一切的事理，去抉择自己所应该走的路途，去完成自己的独立的思想。成熟的个人思想是有系统的，是有计画有理性的，成熟的民族也是这样。反之，在未成熟或者未自觉的民族中间犹如未成熟的个人一样，一切举措都没有理智的判断，也没有系统的计画，他的行为和思想都只是一种环境的反射。五四以前的中国思想文化界，我们不必细说，可以说全是在一种茫昧的不自觉的时代，即有自觉也是很微少的。五四以后的时代又何如？浅见的人或者以为从此民族的文化意识已完全觉醒了罢，是吗？事实回答我们说不然。五四时代的思想运动不过是一种偶然造成的机会，在事前事后都没有一种理智的计画和意识的自觉。《新青年》出版之初，谁能料到国语文学的成功？当曹汝霖住宅被毁的时候，谁能料到会影响于此后一年内的出版界呢？《新青年》杂志一直到七卷一号才有了系统的主张，就那个杂志的本身说，可以说是从七卷一号以后才入于完全自觉的意识状态，然而方才揭起了拥护德先生和赛先生的两面大旗，不转眼的工夫就被陈独秀带入了劳农专制的另一条路上去，这算是一致的计画和意识的主张吗？《新青年》时期以后，中国的思想界忽而杜威的实验哲学，忽而罗素的新唯实主义，忽而语丝派的怀疑思想，忽而共产派的唯物史观，仅仅十年之间，变换了若干种不同的花样，健全而自觉的思想是应该这样的吗？杜威和罗素全是舶来品，可不必说，语丝派多少可以代表中国民族对于自己文化的反省态度，这种反省大约自中日战后的维新运动起一直经过《新青年》而到《语丝》为止，所表现的是中国民族的一种自觉过程。但直到《语丝》为止，所表现的还只仅有对于过去的消极的反省，而没有过此以上的东西。我们试问语丝派，你们摧灭了或者批评了中国旧文化之后可能拿什么东西去代替他，语丝派并没有给我们正式的回答。新青年时代尚有德先生和赛先生的两个积极标准，语丝派并此也没有。我们试问语丝派你们是赞成英美的德谟克拉西的政治呢？还是赞成俄意的狄克推多政治呢？他们不能回答。你们是赞成全盘承受西洋文化连军国制度和资本制度也完全承受过来呢？还是从中有所抉择呢？他们不能回答。你们是否澈底的人道主义和自由主义者？你们对于与自由主义极端相反的一切专制思想究竟取如何的态度？他们还是不能回答。这可以证明语丝派只有消极的反省而没有积极的方向，他们所代表的仅仅是民族自觉的低级方面，是半自觉的民族意识状态。再其次如共产党的唯物史观在中国的宣传，似乎不失为一种积极的方向，然而这是民族意识的自觉表现吗？中国的唯物史观信徒究竟对于唯物史观有多少的了解？这不能不说是一种疑问。中国的马克司主义研究者可有像日本那样繁多而且深沉的吗？我们可能在中国出版界中找得出三五部以上中国人自著的研究马克司主义或者唯物史观的系统著作吗？——就我的浅见所知，连一部也没有。这样，像唯物史观这样成为口头禅而且一部分成为信念的中国，连一部系统的研究著作都没有，这可见中国人所了解的是什么程度？这样的信仰能算是经过理智和完全自觉抉择后的信仰吗？唯物史观或者共产党人所主唱的经济命定论在中国思想界唯一的实在根据是中国受列强经济压迫的事实，列强对于中国的经济压迫是一个事实，这个事实帮助了共产党经济命定论的暗示。但依理论的推展，经济侵略的事实至多只应该引起保护贸易，关税自主一类的国家经济学观念，而何以反引起毫不相干的国内的阶级斗争的主张，这可见由经济侵略到经济革命只是一种模糊的联想作用，犹如小儿认木片为饼饵一样，完全是民族意识未发展以前的状态。又如近数年来政治上以绝不相容的民族革命和阶级革命两个观念联合在一起而建设一种非驴非马的革命观念，更可见民众推理力之全未发达，即自觉意识之尚未完成。我们固然知道从《新青年》到《语丝》派，从《语丝》派到共产主义者，都不过是少数人或者几个人的思想，原不能以此即概括中国民族的全部思想，但个人的思想乃是民族思想的反映，一种民族在未自觉的时代，就其中优秀分子的个人意识状态讲虽然已经成熟，然而他的思想还只能代表不成熟的民族思想。因为个人的思想不能不以民族共同的思想为出发点，出发点低者其成就必低，出发点高者其成就亦高，乃是自然的道理。今日中国许多成熟的个人表现出如此幼稚的不成熟理想正是民族自觉意识未发达的表征。从五四以来的十年，只代表一个半自觉的文化意识的时代。倘若我们希望这种半意识状态的文化运动到今日应该告一段落，我们以前种种的错误和消极都可诿之于民族自觉意识未发达之一般理由，则我们以后所应当努力的便是怎样促进这种民族自觉意识之完全发展，怎样用个人已经发达完备的理智来指导民族文化运动的进行，使盲目的，被动的，不自觉的前期文化运动进而变成意识的，自觉的，有计画，有目的，有理想的后期文化运动。这就是我们今日当前的责任问题。

从五四以来经过十年时间的努力的思想运动到了最近三四年收了他的恰如其分的效果。这种效果之不能令人满意是人所共见的。因为效果之不能满意于是才又起了烦闷和怀疑的状态，我们今日的大多数青年正又重新陷入了一个这样的时代。这种时代的空气虽是不好，然而却不能不认为是一种进步。在四五年以前，前期思想运动正在蓬勃一时的时候，大家是没有这种感觉的。那时候大家以为思想运动已经做得澈底了，以后应该是投身实际的运动时候了。然而几年以来，实际运动的结果到今日完全呈露于我们的眼前，这种情形是禁不住人们的失望的。因失望而发生怀疑，因怀疑而发生反省。于是才重新回复到思想运动的老路上去。这一种反复的过程所表现的并不是一个人或者少数人的心理改变，乃是民族的全体心理改变。我们在最近的历史上可以找到出相同的例。清朝末年，光绪三十年前后的时代，中国曾经过一个相当的思想运动，这种经过我们可以不必详说，思想运动的结果是造成中华民国之出现。从中华民国一出现以后，大家以为思想的工作业已告成，此后是专心于实际建设的时代了，然而不幸跟着便有一个反动的黑暗的时代到来。从民国三年到民国五六年，我们民族的精神又重新陷入一种怀疑的，烦闷的，彷徨的时代。于是跟着《新青年》就出现，文字革命和思想革命的大旗就举起，五四运动就开始，这才极救了一切的烦闷，重新指了一条新路，已死的思想运动才算复生。五四以后的思想运动与民国以前的思想运动是显然不同的，后者是完全不自觉的，而前者则至少也是半自觉的，从不自觉的思想运动进步到半自觉的思想运动，这其间表现的是国民的觉醒，不是个人的觉醒。现在，这个怀疑的，烦闷的，彷徨时代又到了。我们是又准备了第三期思想运动的出现么？这可以无疑的断定说是的。国民的意识由不自觉经过半自觉而逐渐向完全自觉的程途进行，犹如悬崖转石一样，不动则已，一动则不可复止。一个完全不自觉的民族也许永远会长此不自觉下去以至于退化死亡，但是自觉的萌芽一动以后，希望他中途自动的停止是绝对不能够的。从十九世纪下半期以来，中国国民自觉的机械已经开始发动了，无论什么大力是绝不能将他再停止的了。怀疑，烦闷，彷徨，都不过是一种新生时代的预备，我们的民族是不会长此彷徨下去的，我们从已往历史的先例看来，我们敢说又一个思想运动的时期已经到了，新的生命已经开始了，不要彷徨，不要迟疑，我们急起直追迎上去！

不过所贵乎民族的自觉者，并不在兴奋与失望的状态相间而造成一种循环的试验，我们所要求的民族自觉是进步的而不是循环的。前一期的思想运动假如有错误，我们后来者是不应该再踏着这种错误走上去的。我们要求文化的累积累进，后来的必定胜于以前的，这才是长进的民族的做法。前期思想运动的优点，我们当然保存，而且继续发挥下去，前期思想运动的缺点，我们不也应该补足或者矫正的吗？

怎样补正或者矫正前期思想运动的缺点，我这里不能详说，等以后再谈。总之，至少一个精神是需要的，就是理智的判断的圆满的发展。幼稚的民族不自觉或者半自觉的状态无他，只是由于理智的未经成熟，只是由于无知。世间多少罪恶都是产生于无知。亲手用屠刀杀人的人，他们的心中也许怀抱着一个至高尚纯洁的灵魂，他们也许以为这样去做是合乎上帝的慈悲意旨或者全人类的需要，他们也许以为不这样做便不是世界潮流，他们的灵魂不能说不纯洁，造成他们做恶事的不是由于人格的卑污而是由于理智的未进步。一个高尚的人格必须有一个充分的理智去辅助他才能做出好的事来。我们现今的第一个责任便是促进民族的理智的圆满的发展。我们倘使想到已往的幼稚的非理智的思想运动，造成许多实际的罪恶，我们许多有勇气有希望的青年，不幸为幼稚的观念所迷误，而至于以身殉之，这是十二分应该悲痛的事。根本的原因，是由于没有充分的智识。湖南十四五岁的青年，个个都晓得喊世界潮流，就因为迷信了这个世界潮流，害了地方，害了别人，结果还害了自己。五六年来有意的不忠实的世界思潮介绍，在中国民族中造成一种似是而非的浅薄观念，结果杀了无数的人。我们或者也可以说这种原始介绍者，追随者都是出于高洁的动机，但是其常识的不足是不能为讳的。为什么这许多浅薄无识的理论在〈民〉智发达的国家不能传布而独有在民智低下的国家中猖獗，这其中不能不说有联络的关系。忠实的介绍全部的世界潮流的真相到中国，依据充分理智的判断使真理不为主观成见所隐蔽，这是中国民族目前最需要的一件事。人的无知是由于无常识，民族也是这样，倘若想引导不自觉或者半自觉的中国国民走入充分的理智的，自觉的意识状态上去，造成一个超越一切的后期思想运动，则常识的补充是极重要的，尤其是关于世界潮流的常识。

理智的桥是从前期思想运动过渡到后期思想运动唯一的径路，走与不走，当然还在自己。

《长夜》第 2 期，1928 年 4 月 15 日

越过了阿Q的时代以后

（1928）

近来有些人大喊着说：阿Q的时代应该死去了，不错，"死去了的阿Q时代"，我们也相当的对这句话表示同意，但是阿Q的时代死去以后，代起者应该是谁的时代呢？

假如死了一个阿Q时代，而跟着就来了一大批的"留声机"当阳的时代，则我们宁可以还是欢迎阿Q的时代多经几天的好，因为阿Q的时代精神虽然是消极的，怀疑的，不彻底的，但是还有一点半点的人气，若是将这仅存的人气也都"踢"掉，结果只剩一批行尸走肉的留声机在那里替背后提线的人讲话，则世界将成为纯死的世界，生活将成为刻板的生活，静的文明代替了动的文明，一切将要返于中古宗教当权的时代。阿Q派代表的是十八世纪启蒙时代的幼稚精神，而留声机派所代表的却只是十一二世纪黑暗时代的原人精神；我们不满意于十八世纪应该往十九世纪二十世纪走，我们不能开倒车地返回中古黑暗的宗教专制时代去。我们是活的人，让"高亭"、"百代"去创作他们的留声机，我们活的人应该说我们活人的话。

而且，"死去了的阿Q时代"这句话的用字也下得不大适当，我们的意思，阿Q的时代不应该是死去，而应该是站在这个基础上更建立起较新的生命来。

不错，《阿Q正传》及一切其他代表前期文化运动的时代精神的作品的作者鲁迅及其追随者，都是思想已经落后的人，鲁迅自身是一个足踏在新旧过渡线上的老新党，他一方面有新的时代的破坏的、批评的、追求理想的精神，一方面又不能断然舍去那旧科举时代所遗传下的名士风，尤其是绍兴乡土派的尖酸刻薄的刀笔风味，这是他终身的大缺点。但是我们应该原谅，鲁迅已经是个四五十岁的老人，与他同时代的老人，甚至时代稍后的中年人，都已成为全然落伍的遗老遗少，而鲁迅还能勉强挣扎起来，向着前进的路上走去。他虽不是个光明的创造者，他却不失为一个光明的追求者。他彷徨，迟疑，在过去黑暗的路上等待了四五十年，他渴望着光明的到来，但他不知道接近光明应该往那一条路走。他所经验的都是些黑暗、彷徨、痛苦。这种长期的黑暗时代将他的活泼泼的创造能力萎缩了，他结果只能做一个写实的文人，而不能做一个理想的文人。但是在过去的前期文化运动之中，正需要这么一个伟大的写实作家，他将时代的黑暗，时代的罪恶，毫不客气地用笔尖将他暴露在我们的眼前，使我们感觉到大家正在一个茫茫的长夜里，这是他对于时代，对于中国，对于我们唯一的贡献。但是时代已经过去了，中国已不是仅仅需要那消极的、叙述的、诉出黑暗的痛苦的时代了，我们应该是要求怎样解除这些痛苦？怎样创造中华民族的新生命？怎样找寻理想的新路？这些，鲁迅和他的追随者都不能给我们，所以他们已经过去。

然而"过去"并不就是"死去"；阿 Q 的时代虽已过去，阿 Q 时代中所留给我们的精神上的遗产是我们永远不能忘记的。这种消极的时代需要还未完全过去，中国还有做批评、破坏的工作的需要，因此鲁迅及其追随者在此后十年之中自然应该还有他相当的位置。不过把阿 Q 的时代精神当作唯一的精神，将鲁迅罩在纸糊的高冠底下作成唯一的偶像，阻碍了前进的路线，摧折了新时代发生的动机，将中国民族永远留在迟疑，徘徊，消极，破坏的老新党思想的路上去，这却是不应该的。因此我们不能不高呼着说，应该是越过了阿 Q 时代的时候了！

但是，越过了阿 Q 的时代以后又该怎样呢？

这话不必我们回答，且让现实来自己回答罢。

鲁迅在《阿 Q 正传》中所描写的不是一个单纯的流浪者阿 Q，而却是中国民族所有种种恶根性的缩影，这是一般所知的，但是我们所要追问的，《阿 Q 正传》中的阿 Q 所代表的种种缺德是否普遍地可以肯定于全中国的农民社会乃至全部民族身上呢？除了这些缺点以外，阿 Q 及其同伴是否还有可以值得注意的优点呢？关于第一问，我们在同作者的他篇小说如《故乡》中所描写的同等人物如闰土，便不曾发见这种缺点。关于第二问，更是我们这里要细说的。让我们说下去。

我觉得我们这里所有讨论的阿 Q 的精神是否可以成立的问题，实在就是对于中国民族性的全部观察的问题。假如阿 Q 的精神充分代表了中国民族，则我们只有肯定中国民族已经衰老或者将近死亡的事实，我们没有别的方法可想，只有悲观，悲观，悲观到底。一切的活动，一切的向上，无论是民族的，或者阶级的，或者其他等等，都是假的。鲁迅虽然没有明明告我们以这种感想，但他的作品却明明只能引起这种感想，这是无庸为讳的。

但我们的意见却不如此。

我们根本不承认中国民族或者文化是已经衰老的，这并不是说中国的旧文化还可以保存，还有光华灿烂的价值，只是说中国民族一直到现在还没有什么了不得的文化，还没有成熟的思想；中国民族一直到现在还是幼稚的，素朴的，不开化的，半原人状态。

原人的缺点是蒙昧而不是机巧，然而《阿Q正传》中所表现的精神却正是机巧。

这种机巧的性格当然不是绝对在中国民族中找不出来的，不过总不能说是普遍地代表了中国的民族性。因为我们平常的观察往往误于两个错点，第一个是职业性的错点，第二个是地域性的错点。就职业的观点论，中国的士大夫社会这种机巧的性格是非常发达的，这是由于几千年专制政体所养成的，但大多数的平民却不一定如此；就地域的观点论，则与大都会接近的地方，文化较开的地方，民族性多趋于机巧，而文化落后的内地则不然。《阿Q正传》所描写的或者是某种职业或某种地域的特殊的现象，而不一定是普遍的现象。而且即在士大夫阶级中，我们一方面固然看到投机派所做的种种机巧的丑态，一方面不是还看见有许多青年或者中老年，肯为了自己的理想——即使是很愚昧的理想——去牺牲幸福，牺牲名誉，乃至牺牲性命，做傻子的事业吗？即在文化久开的钱塘江畔，不是还看到有鲁迅一流的老呆子肯拚命地不怕得罪人，写出社会的丑恶，骂倒机巧的阿Q风吗？因此，我们虽然应该承认在某一部分上《阿Q正传》的描写是绝对真实的，但却不能从此引出一种彻底悲观的感想，说中国民族整个都是如此。

老实说，中国今日的作家不幸都是出于一个单纯的文人社会中的，对于民众并没有接近，根本不了解民众的真相。鲁迅以为全中国人都像他一样的徘徊于新旧之间，因而以为中国民族性是消极；郁达夫以为全中国人都像他一样有充裕的生活，因而以为人生的需求只是性欲；此外一切留声机派更是天天在那里喊些"无产阶级"文学的口号，结果他们创出来的什么"奥伏赫变"之类，连"有产阶级"也要头痛。不了解民众的作家，不能写出真正代表国民大众的文学。

就中还是鲁迅的经验多些，比较地和现实社会更接近些，因此他的作品也就更富于真实性。可惜所谓真实者，只是部分的真实，而却博得了表现普遍的中国国民性的美称，因此我们就不得不将他来重新估价。

不过无论如何估价，他总是在中国今日唯一难得的真实描写者，我们应该承认这个唯一的伟大的写实文学的作家，我们不能让一般浅薄无聊的小喽啰们将他打倒——虽然他们也不配打倒他。

我们唯一的要求便是将这部分真实的表现，扩大而为普遍的真实表现；将仅仅代表中国领土的一部分的绍兴的乡土风味的文学，扩大而为表现全中国国民性的文学；将消极的怀疑的中立态度，改变而为积极的勇猛的前进态度；将冷酷的批评，变成了热血的呼喊，使今后的全国国民在军阀、官僚、土匪、流氓、帝国主义之下所受的重重压迫，种种苦痛，尽量地从今后文学家的笔下宣泄出来；一方面将前途的光明告诉我们，鼓动着我们往前进。这是继鲁迅而起的文学家所应该担当的责任，这是越过了阿Q时代以后的新生命。这个精神与鲁迅的精神不是相违背的，不过比他更扩大一步而已。我们之所以能够扩大，就因为他已经打了狭小基础在前面。我们应该站在这狭小的基础上，感谢过去的努力，而挟着更扩大的精神往前走。

《长夜》第 3 期，1928 年 5 月 1 日

野战抗日
（1932）

在北平中央公园公开讲演

日本这次占领东北事变发生的原因和野心，国人已经讨论得很多，我们不必再来复述。这次事变在日本并不是一个突然的举动，他们在数月以前已有充分的准备，南陆相公然说增兵朝鲜是为的解决满蒙问题，币原外相公然说中村事件如不得适当解决，虽再酿第二济南惨案亦在所不惜，这些话报纸上都公然登载过，国民政府的当局不应该不知道，知道而事先毫无准备，军队打不过人家还犹可说，外交上何等重要，连驻欧美公使都残缺不全，这就是国民党对不起我们中华民国的地方，这次王正廷的被打，就是中国〈国〉民自动起来责问国民党误国之罪的第一步。以上这些责任问题，我们现在要同大家研究的，是敌人侵略到了如此地步，我们应该用什么方法去抵抗他，这是举国国民所一致要研究的问题。

现在先将几个国民政府所已经实行或一部分人所提出的主张，略加批评，然后再提出我们的意见。

第一个办法是不抵抗主义，这是国民党政府的对日政策。这种办法只能叫做奉送江山的降表，不能算是一个政策。在他们以为我们不去抵抗，让日本人自由进兵，才算我们有理，才能获得国际的同情。这个观察是完全错误的。世界上只有争气的国民，才有被人看得起的资格。只有两造打起架来，才有第三者出来调停的机会。若是一方只管进攻，一方只管退让，则退让者就是甘心愿意让别人来进取，是一种自愿的行为，不是被强迫的行为，就引不起他国的干涉。凯洛格非战公约是要两国发生战争行为时才有效的，若我们一味不抵抗，就与和平出让土地一样，不扰乱东亚和平，就没有非战条约发生效力的可能余地。所以不抵主义，就是自己打自己嘴巴的主义。

第二个办法，就是诉诸国际联盟，这也是国民党政府所自诩为锦囊妙计之一。国际联盟是个什么东西，不过是几个强国把持的欺骗弱国的工具。一切唯强国之命是听。现在国际的形势，与远东利益最有关系的英美两国，正在闹失业和财政的恐慌，并且满洲问题与他们利害较浅，他们决不会替中国出死力对日宣战，英美尚且如此，法意等国更不必说。几个强国不出头，国际联盟就一点自主的胆量也没有。这一次国联对于中日两国的争执始终是模棱两可的滑头态度。现在算是劝日本于十月十四日以前退兵了，我们且看国联的命令效力如何。

第三个办法是联合弱小民族，共同打倒帝国主义，这也是国民党的高调之一。弱小民族各有各的利害关系，弱小与弱小之间也免不了互相冲突，那里有联合的可能？远者不必言，两月以前，屠杀我们的华侨的就是弱小民族的朝鲜人，并且还是同受日本压迫的，现在奉天杀我们同胞的也是朝鲜人。在西半球同时屠杀我们华侨的是弱小民族的墨西哥人，排斥我们华侨工作，取缔华侨教育的，是弱小民族的菲利滨人。其余距离较远的，虽无冲突，也无力帮助。试问我们能够仰仗印度，安南，土耳其人的援助就可以打退日本人吗？所以这种高调，完全是不明国际情形的一种梦想。

第四个办法是联俄抗日……苏俄和日本还不一样是帝国主义的国家？前年中俄战争的国耻还未雪，我们已经忘记了吗？俄国若是有力量和日本开战，他早已不等我国哀求而径自出兵了，若是不敢和日本开战，纵然哀求，也是枉然。况且即使苏俄能够和中国联合起来打退日本人，试问打退日兵之后的东三省还是谁家的土地？从前李鸿章愤于马关条约失败，唆使俄国出来干涉还辽东半岛，结果将满洲送与俄人酿成日俄战争。现在联俄抗日倘论若实行就是把李鸿章的覆辙再来演一过。……

以上这几种办法，我们都认为是不能实行的办法，甚至有害而无利，那么我们应该采取什么办法来抵抗日本的侵略呢？我们提出两个有效的办法，全是靠自己而不靠他人的。第一个办法是平和的，就是对日本澈底经济绝交，以制日本经济的死命，第二个办法是激烈的，就是用野战的方法去实行和日本作战。前一个办法的效力是国人所知道的，现在只求事实上能贯澈就好了。但是单靠这一个方法还不够。因为日本人现在已实行占领我们东北数省了，他们利用东北的天然富源，发展他们的工商业，就能够与世界产业先进国竞争，开拓世界的商场虽使中国对日澈底经济绝交一时也尚不能完全制其死命，所以必须有第二个方法来辅助，扰乱他的占领地，务使其不能安稳占领，利用东北资源，才能获得完全的胜利。

所谓第二个野战的办法，就是中国国民，尤其被占领地的东北国民，自动地结合起来，三十人，五十人零碎组成队伍，在日人占领的区域内，向横暴的日本驻军施行个别的攻击。凡遇有日本兵士或武装人民的地方只要人少，立刻施行攻击。对于日人所把持的铁路，工业及其他机关，尽情地加以破坏。日本大队人马来时，立即退开避免牺牲。这样一来，可使日本驻军昼夜不能安枕，所占领的地方完全不能利用，持久下去，敌人必然悔悟而自动退让，但是需要国人长久的牺牲。

这个办法是一切弱小国民抵抗强暴最有力的方法，从前五代时候契丹人灭了石晋，入主中国，就被中国人用这种方法抵抗回去。西班牙人抵抗拿破仑，近年来爱尔兰新芬党人抵抗英国，摩洛哥人的抵抗法国，以及台湾生番的抵抗日本，都是用这个方法。中国的国际关系较为复杂，如果能用这个方法支持半年以上，以殉国的血震动世界的耳目，则国际视听必为之一变，日本人终不能用对付台湾生番的方法来对付我国，但是我国人却不可不如台湾生番的奋斗。

这种办法当然是牺牲很大的，日本人如果能有觉悟，早点退兵，则我们也不必一定非如此牺牲不可，自然可以用其他和平的方法去解决两国的冲突。但是日本人能否有觉悟呢？现在十月十四的撤兵期限已经快到了，且看着吧，倘若十月十四日本人不依限撤兵，就是有永久占据我东北土地的意思，就是我们中国国民应当自决的时期到了。我们应该奋起全国国民的精神，不分地域，不分党派，不分阶级，在关内经济绝交，在关外实行野战，以抵抗到底，给世界上看看我们中国国民的精神。

《民声周报》第 4 期，1931 年 10 月 24 日

生物史观与社会
（1933）

第一章　历史科学上的几种观点

　　科学的主要工作，就在努力从复杂多端的现象内，抽出一个主要的原则，来说明现象的关联所在。科学家深信没有一种现象不是可以用法则驾驭的，不但自然现象是如此，人事现象也是如此。从前的人以为人事现象是凌乱的，偶发的，不可以法则来说明的，这个观念自社会科学内各种分科相继成立以后，渐渐地打破了。历史是社会科学的一种，但直至今日尚仅限于记述科学的低级状态，没有抽象的法则归纳出来，就严格的意义讲起来，还不能算做"科学"。历来的历史家和哲学家，也有人努力想拿一种或数种原则来说明历史的现象，但他们的说明多数不根据于事实的归纳，仅凭一己冥想独断而成，所以不免陷于玄学的窠臼。自斯宾挪莎至黑格尔所有历史哲学的结构都是玄学的，而非科学的。中国儒家的《易》系辞和道家老庄中所有的历史哲理，也都是玄理的，而非科学的。这种玄学的历史观，在社会科学已发达到相当程度的今日，应该早已退避了。近代社会学家，虽然有许多人也想努力从事实中求得若干法则以说明社会的现象，但其说明的范围较历史为广，因之观念也较历史为泛。社会学和历史学所研究的内容固然同以人类的活动为对象。但其观点各不相同，故结果也不相同。社会学是将人类的全部集团活动分析开来，抽象地加以研究的，历史学则比较地具体一点。社会学的领域较大，而历史学则较小。社会学的研究结果虽然可以帮助历史学者对于历史现象的了解，但不能因此就省略了历史学本身的理论研究。近代的历史学在一般人观念中看起来，似乎还是和古代历史学一样，专致力于事实真相的记述，而忽略了理论的了解。一般人以为历史的研究只要考据精详，不悖于事实真相，功用便已够了，甚或疲精神于琐屑的考据问题，而目理解为外道，这种观念是错误的。我们以为事实真相的记述当然是历史家很重要的工作，但不能谓历史的工作就全止于此。我们要想使历史真正由记录进化为一种独立的科学，就不能不努力于历史理论的说明，这种尝试我以为是很有价值和兴味的一种工作。

自来有独立见解的历史家，在他们的历史著作之中，也常能发现一二理论的解释，虽然多数是片断的，但归纳下来，也可成为种种不同的历史观，我们且将最通行的几种历史观列举在下面，以供我们的研究。

第一派的历史观，也可说是已往多数历史家最通行的见解，可以叫做"英雄史观"。他们以为历史的现象常是由于当时的一二有关系人物所造成的，没有这样的人物，便造不成这样的历史。法国若没有拿破仑，大革命的结局就不会那样的奇突；俄国若没有大彼得，俄国便不会在十八世纪之初变成开化的国家。这种"英雄史观"在实际上就是否认历史有受法则支配的可能，因为所谓英雄的出现都是偶然的，不可预测的，承认了这种见解，便无异于承认历史不能构成一种科学。这种史观当然有一部分的真理。譬如项羽在鸿门之宴若决心将刘邦杀却，则决不会有汉朝的历史出现。罗马共和末年，屋大维和安多尼的战争，若不是因为埃及女王姑娄巴屈拉的弃甲先逃，则安多尼也或者不至全军覆没，胜负尚未可知。并且这种史观所注目的地方，尚不在一二特殊的人物，而在于全般事实中偶然爆发的现象。就全部历史考察起来，这种偶发的事件常有左右整个历史的力量。三国时代有一个鲍信，就现有历史关于他一生的言论事实的片段纪载看来，他确是一个上乘的英雄人物，在曹操初起兵的时候，只有他认识曹操是个英雄，曹操也只佩服他一个人，假如他不死，或者后来变做曹操的佐命元勋，或者会与曹操并争天下，都未可知，但不幸他在刚起兵的时候，碰到黄巾贼，在与贼匪交战的乱军中死了，于是他的政治生命就完了，历史也不曾因他的出现而有所变更。然而他的死却是偶然的！一七六八年法兰西王国政府偶然向意大利人购买了科西嘉岛，过了一年这个岛上生了一个小孩子名叫波那帕脱拿破仑，后来变为法国空前绝后的英雄。假使法政府不购买这个岛，则拿破仑长大之后始终还是意大利人，无论他将来能否有所建树，总之他不能变为法兰西的皇帝是一定的，法国的历史，意大利的历史，和全欧洲的历史都将因之变色。然而法政府当初之购买这个荒岛却是偶然的，他们的王国当局并不能预料这个小岛上将来会产生那样掌握法国命运的大人物。以上还是就伟人遭际的偶然幸运与不幸运而言，还有许多历史上的大事变是由于一些无名的人物在纯粹偶然的机会中所造成的。一个葡萄牙的水手偶然藏了许多航海地图，又偶然把他的女儿嫁给了哥伦布，就引起新大陆发现的动机。两个采桑的女子在吴楚两国的边界上吵了一架，就使楚国灭亡在吴国的手里。像这些事，其中所含的偶然成分当然是很多的，所以这种英雄史观平心论起来也未尝没有一部分真理。但是这种史观最大的错误是只见其偏，不见其全；他们只从一件一件具体事件的片段去看，而忽略了事件全体整个的结构。从片段的事实去看，偶然的成分是很多的，但若就这许多片段的事件联合起来成一整个的机构时，这种偶然的成分便减少了。事实的轮廓越展开，内中所含偶然的成分便越少，而必然的成分便越多。譬如"八月十五月光明"，是一件较普通而且必然的事实，但是也许有某年的八月十五，或者某地的中秋，因为偶然的风雨无情，将月光遮蔽了，我们不能因为这种偶然的变迁而否认"八月十五月光明"的事实。哥伦布娶不到一个"家学渊源"的太太，或者他永不会发现新大陆，但新大陆在那个时代始终要被人发现的。吴楚边界上的姑娘们不吵一架也维持不了两国间的和平亲善。所以历史上的事件尽管是由许多许多的偶然事实凑合而成，但这些偶然事实能够联合到一处构成一个全体的结构，便不能不说是另外受一种必然法则的支配才成功的。没有这种必然的原动力在支配历史的进行，则这种偶然的事变便不能发展成一种重大的形式。谁人没有娶过水手的女儿？谁家的小姑娘们不吵嘴？但是在某种情形下这种事件是不成大问题的，在另一种情形下便造成了历史上的大事变，这就不是单纯的偶然论所能解释的。所以有野心的历史家总想在万万千千的偶然事变中寻找出一个总线索来，以说明这种偶然之所以偶然的道理。一切的科学家对于所治的科学都有这种野心，我们不能单指摘历史家的这种野心是不应该的。我们既然承认人类的行为也和自然界的现象一样，是受有必然的法则支配的，则我们便有权利来寻问这种支配人类的总法则在那里？不能以单纯的英雄史观来抹煞一切寻求根本法则的努力。

"英雄史观"虽然在名义上是一种史观，但他的理论中心在否认一切历史事实中必然的原动力的探讨，而看重了偶然事变的价值，他是否认历史是受某种原动力的支配的。用哲学的名词代表起来，可以叫他做"无元论"。我们现在不满意于这种历史的"无元论"，而比较地倾向于有元论方面。现在让我们从有元论方面来研究研究。历史上的有元论，大体上可分为"一元论"与"多元论"两种，让我们先看一元论的说法。

历史上的一元论，就是想拿一种原因来说明一切历史上事实的根柢。普通的一元论并不否认历史上有许多重要的现象，这些现象可以互相影响，造成新的事实，但以为一切现象之背后有一个最深沉、最普遍的现象在那里支配着，这个现象才是历史的"元"，其他现象都是受着这个现象的势力的支配而成功的，或者是直接由这个现象所产生的。借马克思的话来说，一切现象都是"上层建筑"，而为"元"的现象才是"下层建筑"。一元论的历史家都想从历史上努力寻找出这个历史的唯一的"元"来，不过每一派的历史家心目中所认为"元"的各各不同，假使搜集起来可以成为无数的说法。我们现在不是做历史学说批评史，用不着去一一列举来研究。现在只检几种比较最有势力的说法，来略略分别叙述并批评一下。

历史上的一元论也和哲学上的一元论一样，可以分为"唯心论"和"唯物论"两种，唯心论中又可分为以下几派说法：

第一派是唯神史观。他们以为一切历史都是神意的表现，如同希伯来人以为他们的民族是耶和华神的选民，将来一定要占最后胜利之类。中古欧洲的政治家都以为国家是由神意所建造的，也是唯神史观之一种。这种史观没有批评的价值，用不着多说。

第二派是唯理史观。他们将历史的发展看做是纯粹理性的一种开展的过程，理性是早具于人心的，他的内容是早已完成的，历史不过将这种早已完成的理性顺序发展起来而已。在神学与玄学过渡的时代，为调和宗教与哲学的冲突起见，学者们往往主张一种泛神论，将宗教家所崇拜的神，和哲学家所讲的理性，附会为一体，如斯宾挪莎就是这一派主张的健将。以后宗教势力日益衰颓，学者们可以不必再牵强附会去敷衍神学家的意旨了，于是将理性专属于个人或全人类心中共具的秩序。十九世纪的德国哲学家，多数主张这种说法。康德发挥这种理论最圆满，黑格尔将这种理论应用于历史的解释，以为历史就是本来圆满具足的理性的一种展开。黑格尔以为历史的经过都是早已具于理性的本体中的，理性譬如是一幅名画，所有历史上的事迹早已都画在这幅纸上，不过这幅画本来是卷着的，慢慢地才顺着次序打开来给人瞧，这种依序展开的画中故事就构成了历史的进程，并且因为理性是本来圆满的，所以所展开的历史事实也都是"对"的，就是杀人放火也都是合乎理性的善事。因为照黑格尔的理论讲起来，凡事相反而相成，恶事也是为善事的一方面，他的本来仍是善的。这种学说虽然一时曾支配人类的思想，但没有事实上的根据，专凭玄想构成，也用不着详细去批评。

第三派是唯数史观。这一派以为历史的事件都是数理的自然排列，或者是几种心理元素或物质元素的依数学的顺序而排列成的。这种理论是介于唯心论或唯物论之间的，因为所谓"数理"有的人认为是人心中的一种主观范畴，有的人认为是客观世界中的一种自然的范畴；所制驭的材料有的着重心理的元素，有的着重物质的元素，有的名似物质而实为抽象的观念。如同中国古代阴阳家的"五德终始"之说，是以金木水火土五种元素的交递运行而构成历史的顺序，这种学说最初是唯物的，但后来渐渐将这五种元素抽象化，便变成唯心史观之一种了。古代东西各国的宗教家以天文现象可以影响历史的事变，也可以说是介乎心物之间的唯数史观之一种。以上这些说法不合乎科学事实，当然也不必深究。到了十八世纪以后，自然科学逐渐发达，有些科学家想纯粹拿物质的公式来解释人事现象，因而发生机械社会观的机械史观的理论，这种理论是比较倾向唯物的唯数史观，现在也已经过去了。

第四派是唯性史观。自从奥国的心理学家莆洛乙德发明精神解析学以来，引起一部分学者的野心，想拿性欲来当做人生的根柢，来解释一切社会的现象。在文艺方面，这种理论已占一部分势力，在历史方面虽然似乎尚未闻有完全应用这种观点来做解释的，但这种学说之可以应用到历史的解释是显然的。譬如说，拿破仑的好大喜功完全是一种性欲的变态也未尝不可以言之成理。这种学说的是否能成立，我们不是心理学家，不能轻易断定。但我以为这种学说即使证明为确实的，也只可以应用到个人心理的解释方面，历史上的事变，重要的线索是在群众而不在少数天才，这种学说很不容易应用到群众运动的解释方面去的。我们不能说法兰西大革命时代的群众都是性欲发狂，在革命时代，性欲特别发达，性道德特别紊乱，这都是事实，但这似乎是革命的果，而不是革命的因，即使认为是革命的因，也只是原因之一，而不是唯一的因。并且除去革命时的变态心理以外，在通常社会中，很难应用这种理论去解释史实的。

第五派是本能史观。这一派的主张比唯性史观的主张稍广泛一点，他们不单拿一部分的心理机能来作历史的解释，而以各种人类的本能来当作历史的根柢；并且不单注重个人的心理，而注重于群众的心理。近代社会心理学发达的结果，这种理论渐成为一种主要的社会学说，历史方面也可以应用这种学理去解释一切。譬如茀洛乙德的唯性史观，和马克思的经济史观，也还都是建设于人类"食""色"两种本能之上的。这种解释当然是很科学的，但是这种解释太简单了，太原则化了，在社会学上可以应用，在历史学上没有多大用处。譬如说经济的本能是人类所同具的，何以在某种时代这种本能的表现于历史方面与他种时代就不同？所有的经济制度都是基于人类经济的本能而产生的，何以有私产制度，共产制度的区别？这都不是单纯的心理学说所能解释。我们知道人类的心理机能虽然大致相同，但因个人和民族的不同，在程度上就大有差异。有的人性欲要求亢进，有的人性欲要求淡薄，这两种人的性格表现于实际活动就大不相同。民族心理也是如此。中国人与犹太人虽同具宗教信仰的本能，但一则淡薄，一则强烈，所以在民族历史上的表现大不相同。中国人是历史观念丰富的民族，印度人是历史观念淡薄的民族；南欧人感情丰富，北欧人理智和意志丰富。像这些民族心理的差别都要乞灵于他种学说的解释，不是单靠本能所能解释的，所以我们也不取。

以上都是唯心论中几派史观的说法。底下再让我们看唯物的一元论中的几派学说的内容。

第一派是物理史观。他们拿社会的现象当做纯粹自然界现象之一种，以为可以纯粹拿物理学的方法和公式去解释人类的行为和历史。这种主张在前述唯数史观时已略说过。这种理论将来能够成熟与否，不可得而知；就目前而论，他们对于人类行为的公式还丝毫没有发现出来，所有的只是些模糊的影响，强拿物理学上的名词来附会到人事的解释的瞽说。我们靠这种学说，不能将历史事变的原因正确解答出来，更不能凭之以建设人类行为普遍的公式，推测未来的事变，如其应用于自然科学上的一样。所以这种学说我们可以存而不论。

第二派是地理史观。这一派人着重地理的势力，以为地形、地势、气候、物产等因子，是支配历史的最根本原因。譬如说，因为爱琴海和希腊半岛的地形，才产生希腊式的文化；因为尼罗河的汛滥，才产生埃及的古文化。新疆塔里木河流域的古文化为什么到今日完全衰颓？是由于近一千年来气候干燥，雨量减少，使土地完全变为沙漠的缘故。西藏为什么到今日还是一个秘密国？是因为四面高山环绕的缘故。中国的国家为什么那样大？日本为什么那样小？因为一个是大陆，一个是岛国的缘故。印度为什么始终是农业社会？欧洲为什么早已进入工商业社会？也是因为地势和河流的关系。中国南方的人吃鱼，所以思想锐敏而活泼；欧洲的人吃带血的半生半肉，所以性质猛烈而进取。像这些都是纯粹以环境的理由来解释历史的演进的。这种学说可以说是纯正的"唯物史观"，其中所含的真理自然很多。不过纯粹注重环境而忘却了支配环境的主人公——人类——本身的重要，终未免是一偏之见。我们知道在同样的环境中，因为民族性的不同，他们的成就也大不相同。红印度土人和白种人同占据过环境优良的北美洲，但是所成就的文化大不相同。日本人和朝鲜人所占的地位都差不多，然而一个变为强国，一个国都亡了。还有同一地域中的同一民族，有时就很盛，有时就衰灭。尼罗河流域的地理至今没有什么大变化，但是七千年以前的埃及文化却不能再兴了。像这些问题不是靠单纯的地理史观所能解决的，所以我们也不取。

第三派是经济史观。这一派人主张经济是历史的原动力，在某种经济制度之下，产生某样的政治、宗教、思想，譬如农业经济之下的政治制度和工业经济之下的政治制度就不一样，思想、文化也都是经济生活的反映。这种学说在系统上讲起来，本也是地理史观之一支流，因为所谓经济环境本也是包含于地理环境之内的。不过这一派的学者如马克思等，他们的理论并不重在经济原料如天然物产等对于历史的影响，而着眼在人为的经济制度和生产工具上，所以和地理史观比较起来，他们的主张含有唯心的色彩很多，并不纯然是唯物的。普通将马克思的经济史观唤作"唯物史观"，实在是不正确的。这种主张当然有一部分道理，经济生活本来是人类生活中最重要的一种，他是根据于人类求生存的天性而来的，这种天性支配人类生活的一大部分势力，所以对于历史的影响很大。但是经济史观的缺点在不知道人类除求生存的天性以外还有别的天性也很重要，如同求权力的天性，求智的天性，求虚荣的天性，都不是单纯的经济欲望所能包括的。宗教家牺牲性命以求信仰的解放，难道是专为着吃饭的目的吗？大战爆发的时候举国国民的热狂心理，难道都是由追求经济利益的动机所造成的吗？至于经济制度和生产工具的变化，可以影响到历史的形式，固然有一部分理由，但是他们忘记了经济制度和生产工具都是人为的，为什么农业经济生活在中国和印度可以维持这么久，在欧洲便早一世纪就变化了呢？为什么蒸汽机发明于白种人，而不发明于黑种人之手呢？这都不是单靠经济本身所能解答的。我们在后章里对于这种主张再详细讨论，现在暂时搁起。简单说，这种学说也是不能自圆其说的。

第四派是种族史观。这一派是纯粹从生物学的见地来解释历史的，他们以为人类本是生物之一种，他的一切行为都受生物学原则的支配，所以历史完全可用生物学的见地来解释。这一派的主张恰好与地理史观派相反对，地理史观派侧重环境对于历史的影响，而种族史观派则特别提出遗传的重要。他们以为世界的种族都是固定的，高尚的种族才能产生高尚的文化，低下的种族就不能够。种族各有各的特性，所以所表现的文化也各有特色。雅利安人种是世界最优秀的民族，所以产生的文化决非卑劣的尼格罗人所能企及。他们以为欧洲的最优秀种族是"长颅族"，其次是"圆颅族"，这两种人的性格才力都不同，所以产生的文化也不同。这种以生物学的见地来解释历史，是很有见地的，本书所主张的"生物史观"也是大体依据于种族史观的理论的。但是这种学说太将种族的特性看成固定的，因此有些地方就不易解释。譬如他们说欧洲的白色人种是优秀的，为甚么在五世纪以后的欧洲就黑暗了一千年，当时欧洲日耳曼人种的文化程度远比不上远东的中国人和西亚的阿拉伯的人呢？这种种族的优秀地位不是要动摇了吗？所以这种学说的缺点，就是不懂得种族是变化的，种族有幼稚，有成熟，有衰老。两个以上的种族可以化合为新种族，种族的天性虽有一定，但因环境不同，其成就也不同。这些道理，种族史观都不足以说明，所以我们也不能完全采取它。

以上所举的都是"一元史观"的最重要的几种说法。这些学说的主张虽各不相同，但其努力想从一种原则来说明历史的现象则是相同的。底下我们再看不以一种原则来解释历史，而以一种以上的原则来解释历史的"多元史观"的说法。多元史观再分析起来，可以分为"二元史观"和二元以上的"三元""四元"乃至无量数元的真正"多元史观"两种。我们先看二元史观的说法。

二元史观，就是想拿两个对立的原则来说明历史的现象的，大体分起来，又有几种说法。

第一派是善恶对立的二元史观，如古波斯的祆教以光明与黑暗两种势力的交战，支配全宇宙和全人类的进程，就是这种史观的一种。中国的《周易》哲学和黑格尔的辩证法哲学也有这种倾向。这种说法完全是神学的，或玄学的，没有事实的根据，我们不必评论。

第二派是精神与物资［质］对立的二元史观，这一派人主张历史一面是物质环境的影响所造成的，一面是人类精神努力所造成的，这自然是很公允的主张。但是对于精神和物质间的相互关系如何，无法为综合的说明，容易将这支配人类历史的两大势力看做是两个各不相干的东西，各自做各自的事，这就是他的缺点。

第三派是遗传与环境对立的二元史观，这一派的说法与前派略同，不过将"精神"与"物质"等玄学化的名词改为较切实一点的"遗传"与"环境"罢了。这种学说的缺点也和前派相同。

第四派是个人与社会对立的二元史观，这一派人主张历史是由天才的努力和环境的影响合成的，与前两派的主张也略同，不过特别提出个人活动的重要。这一派的缺点也在没有提出一个综合的主张来。

总之二元史观的共同优点是在持论平允，能够顾及于事实的各方面；共同的缺点则在不能提出一个中心观点来，因此所说明的等于未说明的一样。我们诚然晓得精神和物质，遗传和环境，个人和社会，都是历史进化的原动力，但这些原动力中间的共同关系在那里？没有共同的关系，则精神自精神，物质自物质，两者截然为两个世界，无法交互影响，造成历史的活动。假如有一种关系将这两种对立的原动力联合起来，则这支配联合关系的原动力又是什么呢？若不将这种最后原动力找出，只举出几个对立的势力来说明历史，事实上所说明的仍是历史现象而不是造成历史的原因，仍是知其然而不知其所以然，所以说等于"未说明"一样。二元论之所以不满人意者在此。

多元史观的说法比二元史观更复杂，他们承认历史的事变是由许多种的原动力所造成的。所举的原动力也言人人殊，我们这里不能列举出来。前节所说的本能史观，也可目为多元史观的一种，这种史观的优点和缺点也都和二元史观一样。他们比二元论的说法更近于事实，但所说明的也更少。多元史观的说法，犹如化学家以九十余种原质的化合来说明物质的构成一样，宇宙间物质的成分有九十几种原质，这是不错的，但是何以氢不必都与氧相遇而化为水？氢与氧之能否相遇而发生关系，则必另有其缘故。并且人事的变化和自然界的变化尤有不同之点，在自然界中虽然氢与氧不一定处处相遇，但如相遇则必化为水，这个公式是很简单而固定的。人事的现象，则不能如此。同样的地理，同样的种族，同样的历史遗传，所产生的历史现象就不一定相同，其中的关系是很复杂的。假如我们承认凡事出于偶然，则不必追究，假使我们要追根到柢，则不但偶然论的说法不能满足我们的欲求，即多元论的说法也不能满足我们的欲求。我们需要一个统一的"一元史观"来解答历史之谜，但是我们的"元"在那里呢？我们在底下就要努力解答这个问题。

第二章　何谓生物史观

在前章所举的许多观点之外，我们另提出一种观点来解剖历史的真相，我们以为只有这种观点才能真正说明历史的一切现象的原因和法则，这种观点我们就叫他做"生物史观"，因为他是从生物学的观点来看人类的历史的。从广义上讲起来，凡是企图以生物学的一切法则来说明人类历史的现象的，都可以叫做"生物史观"。但是我们对于这样广义的生物史观并非完全无条件接受而毫不加以选择，因为同一以生物学观点来说明人类历史的现象的"生物史观"，中间可以分出无数的派别来。譬如达尔文的生存竞争说和克鲁泡特金的互助说，都可以说是用生物学来解释社会现象的学说，但在表面上看起来却是互相冲突的。在社会学上所谓生物学派可以分出无数不同的小支派来，我们所主张的生物史观自然也是这许多支派中之一种，我们的说法特别注意在人类社会的有机组织上，我们认为这种社会有机组织的特性乃是支配人类历史的主要原因。

为什么要从生物学的观点去解释历史的现象呢？我们知道在第一章所述的各种一元历史观之中，大致分起来不外唯心、唯物两种。唯心派把人类的社会看做是一个抽象的观念，或是一篇史诗，自然是不对的；唯物派把社会看做是一部机器，也是不对的。社会既不是一个观念，也不是一个机器。观念是空虚的，社会却是实在的；机器是死的，社会却是活的。社会是由许多人类集合而成，由人类与人类相互的活动上才产生了历史的事实，我们纵使不承认社会是一个有机体的概念，但是总不能不承认社会是由人所集合成的，人类既然是生物之一种，其一举一动当然不能不受生物学公例的支配，由此而产生历史，自亦不能超出生物学公例的范围，这是我们所以要用生物学的观点来解释历史的一个粗浅的理由。

但是生物学的活动是非常复杂的，生物学上的公例也是非常之多，我们单说用生物学的公例去解释历史，其势必陷于枝枝节节，支离破碎，如已往一切生物学派的社会学家一样。我们在这里势必找出一个主要的公例足以说明一切历史的事实的，方可以免蹈多元论"说而不明"

的覆辙。

我们在这里要提起大家注意的，就是历史是人群的活动，而不是个人的活动，单独一个人无论如何不能构成历史的活动。历史既然是人群活动的纪录，因此凡偏于支配个人行为的生物学公例都不足以说明历史的事实。譬如英雄史观就是以一个天才活动为主的一种史观，从任何天才的传记上研究下来，都可以找出许多与生物学公例相合的地方，用这种公例可以说明这个天才的一生性格及行动的发展，但这不是我们所需要的生物史观。我们知道个人的活动无论如何奇特，总脱不出受社会影响的范围，每一个天才的成就是由遗传、教育、经验，和机缘几种成分相合而成。遗传直接是受自父母，间接是受自整个的种族；教育、经验和机缘更完全是社会的产物，天才离了社会便无所成其为天才，因此即使是单就天才者个人的一生而言，也只有用社会的眼光才能解释明白，更不必说关系多数人类所构成的历史活动了。

假使我们的认识只达到了这一步，再不能向前作进一步的研究，我们就不免要陷入近来一般个人主义的社会学家的共同误点。这些社会学家，他们承认历史是人群的活动，要了解历史须要从整个人群的活动上去求解释，但是他们以为人群或社会只是由个人所集合而成的一种关系而已，社会只是一种关系，而个人才是真正的实体。他们把社会看做是个人的一个工具，一个俱乐部，他们以为只要认识了个人的真相，便可以连带的认识了社会的真相，犹如将一颗颗〔棵棵〕的树研究明白之后，便可以了解森林全部的状况一样。殊不知个人与社会的关系，并不是树与森林的关系，植物是一种纯粹个体生活的生物，虽然有许多植物因机缘的关系常常可以聚集在一处，构成一种森林或丛薄的生活，但这并不能成为一个社会，因为植物没有神经系统，没有意识的生活，因此也就不能发生意识交换的作用；同时植物也不能行动，不能与其他植物形成任何组织的活动，这是植物与动物根本不同之点。在动物乃至人类的生活内，也常常有这种乌合的群的关系发生，如同野生的牛羊麋鹿之类，但是动物毕竟是有意识能行动的生物，所以在一群的动物生活在一处的时候，在心理上和生活习惯上常常发生交互的作用，不能如植物一样除物理的关系以外，别无交涉。因此单了解了个体还不能就算是了解了群生活的全部，必须从整个社会的观点去看，才能了解社会的真相。

我们对于社会是怎样一个看法呢，从生物学上看来，一切生物的演化有一个根本的趋势，就是由无组织趋向有组织，由简单组织趋向复杂组织，这种趋势我们可以呼之为组织化的趋势。由原始的单细胞组织的生物演化为复细胞组织的生物，由组织简单的低等生物演化为组织复杂的高等生物，都是受这种根本趋势的支配。为什么会造成这种趋势？生物学家的意见虽各不相同，但是只拿达尔文的生存竞争说就足以说明。生物在生存竞争上，越是组织复杂的，生活的能力越强，因此在生存竞争上越占便宜，结果遂造成生物界组织化的趋势。误解达尔文主义的人，往往以为生存竞争的原则只适用于个体，其实是错误的。克鲁泡特金已知群居的动物比较个体的动物在生活上更占优胜，因此有互助论的主张，但是他还不知道无组织的群在生存竞争上更不如有组织的群为便利，他的主张无治主义而反对强制的国家统制势力的存在，正因为犯了这种错误的缘故。

生物在演进的途程中，受组织化趋势的支配，由无组织演化为有组织，由简单组织演化为复杂组织，这种原则不但可以应用到一切个体生物的演化情况上，并且也可以应用到人类的社会生活上。从较高等的动物如鸟类及哺乳类时代，已发生了较简单的社会生活，即是由两性及亲子关系构成的家庭。到了人类，更承继这个趋势，在内容上及组织上都逐渐扩大进步，而有了种种的社会组织。人类的社会组织，大体分起来，可分为自然社会及人为社会两类，前文已经谈过。人为社会不在本文讨论范围之内，可以不提，自然社会即是人类基于生物的天性及演进趋势自然成立的社会集团，这种社会本身是一种有机体的组织，有逐渐成为整个独立生命的倾向。从生物学的观点看来，生物的个体演化到了人类，已达于相当完备的境地，此后个体生物尚能进化与否，虽不可知，但同时却已发现一种新的演进的方向，这就是将多数个体组织起来成为一个有机性的社会集团。这种社会集团由最简单的组织逐渐发展而成为有高等组织和机能的近代国家有机体，所经过的路线正如单细胞生物之演化为复细胞生物，以及低级复细胞生物之演化为高级复细胞生物一样。我们大体分起来，可以分作四个阶段。

最初出现的是以血统关系为中心的家族社会，这种社会存在于多数原始野蛮人类之中。这种社会最初除去自然的亲子长幼关系外，几乎别无组织，后来逐渐有长老出现，以为全族的领袖。这种社会因为组织的力量不强，所以其发展有一定的限度，超过限度以后，便发生分裂，另成立新社会。这种家族社会的组织，相当于个体复细胞动物的最下等形式，如海绵动物及腔肠动物的时代，可以视为由个体演化到集体的第一步。

家族社会存在既久，因竞争及和平接触的关系，逐渐与他社会合并而成为较大的社会组织，我们叫他做部族社会。在组织方面，这种部族社会成立了酋长制，以及酋长左右的长老、巫师、战士等，造成了社会的核心。同时集团的自觉意识也渐渐发生，宗教在此时表现了很大的作用，每一个独立存在的部族，必定有他的部族的神，这种部族宗教的作用就在于统一整个部族的心灵，造成一种粗浅的集团意识。没有这种集团意识的部落，必不免于竞争失败。这种部族社会的组织相当于无脊椎动物的较高形式，即节足动物的时代。

部族社会因生存竞争的结果，再加以扩大和合并，便进入于第三阶段的民族社会。这时候集团的核心组织已显然成为复杂的形式，以国王、贵族、教士及官吏合组而成的政府，代替了部族社会酋长的位置。社会内全体民众也渐渐发生分业的作用，职业及阶级的制度，由此成立。在意识方面，已由简单的巫术进化而成为高等的宗教，崇拜祖先及伟大先灵的信仰也连带产生，附加以文化上及历史上种种的成绩回忆，造成了鲜明的复杂的民族意识。这种意识一经成立之后，集团的组织便越加巩固，不容易消灭，而有机体的机构也逐渐表现出来。有史初期的一切游牧民族及旧式的王国，大抵多属于此阶段，三千年来的中国，也多半停留在此阶段上。这种民族社会的组织大略相当于脊椎动物的初期，即鱼类、爬虫类的时代。

民族社会到了近代，逐渐进化而达于第四阶段，即以近代国家为模型的国族社会。这种近代式的国族社会，在组织方面已具备了极复杂的结构，同时国家意识及国民性的成熟，在集团意识方面也表现极强烈的自觉生活，这种情形颇类似高等脊椎动物如鸟类及哺乳类的阶段。关于这种近代国家有机体的组织和意识发展的情形，我们留在下段再讲。

自然社会演化到了国家社会的阶段，已具备了有机体的诸种要素，实际上已形成了一个独立生命，无论如何，不容易再将他消灭。试看近代所有被强权吞灭的国家，无一不在作复兴独立的运动，可见整个有机体生命消灭之困难。但是社会进化到了这一步，就再不能往前进了吗？我们以为不然。我们以为欲想消灭国家的独立组织和意识的世界大同的思想，虽然是空想，但是未尝不可以各个独立国家为主体，联合而成为互助的世界联邦，犹如高等个体生物之联合而成立互动的家族生活一样。但是这种世界联邦的构成，必须在多数国家已完成了国家有机体的组织以后；简单说，世界的联邦的构成，必须以尊重各个国家的有机组织为条件，不能以消灭各个国家的有机组织为条件。因为这种以生物本性为基础的有机体集团生命一经成熟以后，就不容易消灭的。

以上所举的自然社会演进的四阶段，乃是指一般演进的常态轨道而言，但是并非每一个原始的自然社会都能如此顺利圆满发展下去。自有人类以来，有无数的家族社会，无数的部族社会，乃至一部分的民族社会，都因生存竞争失败而灭亡或被吞并了。自然社会的演进也和个体生物的演进一样，虽然本身具有生长的作用，常向成熟的方面去发展，但是因环境及有机体本身的阻碍，中途不免时时发生挫折。有的因生长过速，物质供给不能适量而发生分裂的；有的因自身的集团组织和意识都未成熟，而为其他较进步的社会所吞并的；有的在吞并以后，逐渐与征服者同化而融化为一体的；也有始终不能融化，压迫力一减退，立即复兴的；也有两个自然社会彼此文化相等，利害相同，逐渐因联合而融化为一体的；有的因社会本身所产生的文化已成固定，与社会的生长力不能适应，需要蜕变时期的；也有社会精力已经衰颓，因而自然死亡的。以上生长、分裂、吞并、融化、复兴、联合、蜕变、衰颓、死亡……现象，都是社会演进过程中自然出现的现象，要详细研究这些现象的原因和情形，非本书所能及，但是我们应该知道自然社会的演进确有这许多形态，要对于一个国家的政治及社会问题求一个解答的方案，非明了他是属于那一种形态不可。

在自然社会发展到民族阶段以后，集团的组织已经相当完备，集团的意识也逐渐成熟，而构成了固定的民族意识与民族性。社会发展到了这个阶段，差不多已经构成一个坚固的单位，轻易不容消灭。我们在历史上所说的文化时代就由此开始。从广义讲起来，野蛮人的巫鬼生活也可以叫做是低级的文化，但是我们普通所说的文化却专指内容已经相当完备的文明人的生活而言。这样的文化生活，只有在民族社会阶段以后才能发现，因为社会到了这个时候，内容已经扩大，吸收了许多部落的精华，同时因集团意识的成熟，使社会的活动渐渐从无意的进化到有意的，从反射的进化到意识的。由此再演化下去，便进入于第四阶段的国族社会组织，民族意识更成熟而变为国家意识，民族性也更固定而成为国民性。我们以下对于这两阶段的心理发展状态及其对于整个社会以及自然环境的影响，分别加以研究。

第三章　民族意识的构成与发展

一个民族所以能成为独立的民族的主要原因，就在有一个共同的民族意识去团结他，支持他，所有同民族的分子，大家感觉同是一体，感觉到自身与民族集团组织有不可分解的命运关系，对于集团的荣辱祸福感觉到同身受一样的敏切。没有这种共同的自觉心的民族，就容易有分裂的危险。民族意识越强，个人为集团牺牲的可能也越大，这个民族的团结也就越稳固。所以民族意识是一个民族所以成立的最主要原素。

民族意识并不是一个哲学上的名词，并不是幻想中构成的意象，是一个实实在在的东西，他的实在，和个人意识的实在是一样的。研究社会心理学和个人心理学的人，都知道群众心理并不就是个人心理的总集，他是一个另外有独立性的东西。一个独立有理智判断的个人，被裹到群众潮流之中的时候，常常失去了自己的自由判断力，而为群众心理所同化。一时乌合之众尚犹如此，至于社会上各种有组织的团体，其集团意识的明显更是易见。民族集团的性质比他种社会集团——如政治、经济、文化等集团——其组织性之坚固远有过之，因为民族的集团有遗传和环境上种种一致的条件作基础，为人类团体生活中最主要的一种团体。别种团体是人为的，而民族团体则是自然造成的，因此他的意识状态比较任何社会集团更为明了而坚定，乃是当然的事实。

研究民族意识的发展情形，自然应从个人心理方面说起。我们知道，每一个发展已经完成的高等动作，都有一个独立的自我意识，这种意识到人类中更发展得明显而完备。人类不但有明显的自我意识，并且有完全的理智去决定自己的行动，支配自己的生活。在个人方面是如此，在由个人集合而成的社会方面也是如此。原始□□□□极野蛮的时代也营着群居的生活，最初的集团单位是以血统为中心的家族。在家族生活之中，因为都是直接从一个祖先遗传下来的，各个分子之间相互的关系很是明了，所以同类意识最容易发生，这以我们现在人类的心理也可以证明。原始的家族不但是一个血统的结合，并且是为达到为个人直接谋生存时所必要的团结。在求食物的时候，在与自然环境战斗的时候，在与敌人战斗的时候，都需要一个密切的团结互助，因此原始人类之对于家族集团的需要比我们现代人更重要，他们对于本族的命运也更为关切。这种家族生活并不限于直系父母所生的兄弟姊妹而已。原始人的家族常是一种比较大些的团体，因为当时的环境在广漠无垠的平原或森林之中，与异族结合的机会并不多，而为求食等便利起见，也常有保持较大的团体的必要□不过这种团体的范围也常常被环境所限，不能无限制地增大下去，有一个一定的界限。但无论如何，年代越多，家族的分子必越增加，范围必较直系家族为大。这种大的家族，我们叫做氏族或部族。在直系家族的时代，同族的意识是靠直觉得来的，因为人人都自知是从一个父母所生，而且从幼时便同处在一个环境之中，容易发生同类的感觉。到了氏族、部族的时代，团体既大，对于直接祖先的记忆已经模糊，各分子虽同处于一部族之中，生活未必都时时共同着，所以靠直觉去意识同族的观念是比较困难的。这时人类发明了两个工具去维持同族的心理关系：一个工具是言语，另一个工具是风俗习惯。言语的发明，实在是人类社会进化的主要原因，动物因为没有言语，所以他们的团体生活不能扩大。高等动物中虽然有不少的营群居生活的，有些动物有时可有千百以上的大群，但这种团体不过是一时受环境逼迫而造成的乌合之群，团体的维持靠本能比靠理智为多。全于下等动物如昆虫中之蜂、蚁，其团体生活更是全由于本能。人类在原始时代，固然也因本能的关系而始营团体生活，但自言语的工具发达以后，遂由本能的渐进于意识的。言语的最大功用在表示意思，人类用言语将每一个事物和每一个思想都化成一定的形式表现出来。每一个分子，凡使用同一语言的，就是将个人的思想理路归纳到同一的言语，则彼此的思想方式必接近，彼此之间有许多概念是相同的。时间越长，言语的内容越丰富，陶镕个人的力量也越大。每一个部族所使用的言语差不多就可以将这个部族所有各分子的思想状态完全规定出来，因为人类离了言语就再无法去独立表现思想。在与异族相遇的时候，因为言语不同的缘故，最容易发生"非我族类"的感觉，而因之更觉得同族的可亲。言语为一个种族或民族构成的主要要素，一直到现代还是如此。言语还有一件最大的功用，就是将人类的心理生活时间延长了。在没有言语的动物生活之中，对于过去的生活只凭记忆，最容易遗忘，所以一切生活都限于现在的一刹那，不能展开，不能累积起来。人类发明言语之后，过去的生活就可以靠言语的帮助保存到现在。一个人对于他的远祖虽是并不认识，也无从记忆，但是可以从故老相传的口说之中，认识远祖的声音笑貌，认识远祖对于此刻同族的关系，因此也就认识了同族的意义。一个部族所有历史的遗迹，也全靠言语保存下来，时间越久，言语所保存的历史遗迹也越多，渐渐形成了一种固定的传说，和固定的仪式，直接支配了全部族的生活。若没有言语，全部族的生活、记忆、习惯就无从统一，因之团体也就无从稳固起。所以言语是维持民族生活的主要工具。

民族意识的构成，不仅靠着共同的言语，还靠着有共同的风俗习惯。一个民族中的各分子，因为遗传相同，环境相同，所以很容易养成一致的风俗习惯。有许多风俗习惯是从言语中互相传习得来的，有许多是从实际生活中互相模仿得来的。这些风俗习惯是一个民族与其他民族相区别的主要原因。在一个团结坚固的民族中，这些风俗习惯渐渐形成了一种统一的教条，用迷信的形式表现出来，甚至用实物象征出来。所谓图腾社会的构成，就全靠这种以实物象征的教条作中心。一个民族之所以能团结不散，不是靠理智的自觉，不是靠血统的联系，不是靠环境的逼迫，所靠的是一个全民族一致崇拜的神秘象征物。有的民族崇拜某种图象，有的民族崇拜某种木偶，有的民族崇拜某种动植物，全民族的精神就都寄托在这一种有形的物体上，全民族可以为这种物体而牺牲，全民族可以为这种物体而奋发，得之则生，不得则死。我们现代的人不明了原始民族的这种心理，以为对于一个蠢蠢的物象这样崇拜，未免过于迷信可笑了。殊不知这种物象的功用并不在本身的形态，也并不是仅由于祈福避祸的迷信心理，这种物象最大的功用是能够将民族的精神凝聚为一种实物的形式，使全民族可以直接感触出来。野蛮民族的理智不发达，要他们抽象地意识一个民族的整个概念是不可能的，只有用这种方法，才能将民族的概念实际烘托出来，民族的精神才可以集中到一点。所有一切民族的风俗习惯，都可以简单地包括在这个实际象征物的意义之中。因为有这种民族象征物的权威作后盾，所以本来可以自由采用的风俗习惯便化为一种有拘束力的教条，这就是一切伦理、道德、宗教的起源。

以上所讲是原始人类从家族进化到部族时代，其民族意识表现的形式，和统一的方法。言语进化的结果，便变为神话、文字、诗歌、故事；教条进化的结果，便成了礼俗、宗教，这两种都是民族团结的主要工具。但是我们不要误会，以为这两种工具是造成民族意识的原因，而民族意识则是他们的果，如果这样看法，就不免有倒果为因的危险。因为言语和教条不过是民族意识初步发达时所表现的两种征象，我们看了这两种征象的表现，就可知一个民族意识已经初步建设起来了，却不可认为这两种征象出现之后，才有民族意识由此产生，犹如一个小孩子的自我意识渐渐发达以后，才会说话，才会从话中学得一个"我"字。说话是意识发达的结果而不是他的原因，这一点区别是很要紧的。

民族意识的造成，不是一种突然的事情，是慢慢进化成功的。最初的人类，只有简单的同类意识，而这种同类意识又是很模糊的。他们只觉得自己同族的人和异族的人比较起来，似乎有点不同，但是为什么不同的缘故，他们说不出来。这一点简单模糊的同类意识是民族意识的萌芽形式，民族的组织越加发展，同时意识方面也渐形进步。到了图腾社会的部族时代，因为有实物的象征，所以民族意识就比较地又明显了一些，对于同部族或异部族的人其待遇是绝不相同。这种图腾的象征意识，到民族组织力进步，民族对外的竞争日趋激烈之后，遂更扩大内客[容]，树立系统，转变而入于第三个时期，就是"宗教"的出现。

我们研究世界人类文化发达的过程，有一件事情顶可以注意的，就是没有一个民族没有经过宗教的信仰时期的。宗教这东西，在我们二十世纪的人，尤其是在我们脱离宗教统治较早的中国人看起来，似乎是极端没有道理的一件事。初民的信仰宗教，似乎只可以当做是理智未发达的时代的一件谬妄举动。这种解释似乎是很简单直接，而其实是很粗疏的。假如宗教只是建立在人民的理智不发达的这一点理由上，为什么全世界的人类没有一个民族不经过这阶段？为什么宗教统治的时期会这么长久？为什么在二十世纪科学已经发达的时代，有些号称文明程度极高的国民，如同美国人和日本人，其大多数的人民还在受着宗教思想的支配？尤其可注意的是为什么在实际上宗教的范围总是与民族的范围相同呢？有一个独立民族便有他们的"民族的宗教"；民族的势力及到何处，他们的"民族宗教"的势力便随之而及于何处；一个民族而有几个信仰不同的宗教对立着的，其民族就有分裂的危险——如印度。我们假使稍稍留心这种历史上的事实，就可以知道宗教的成因决不是单纯用"谬妄"两字可以忽略过去的。

我们寻求世界上各种宗教发展的史迹，就可知约有两种不同的形式。有些宗教是由一个伟大的教主创造出来，有些宗教则并找不出伟大的创始人，他的发展是由自然演化而成的。现在世界上流行的宗教，如佛教、基督教、回教，都属于前者，而许多原始的宗教，以及上古民族中流行的宗教，如埃及的太阳教，希伯来人的犹太教等，则均属于后者。以现今世界上宗教流行的形势看来，似乎占有势力的宗教都是由个人所创造出来的，而自然演化成功的宗教则多归消灭。其实并不是这样。没有一个宗教不是由民族思想结晶而成的，所谓教主不过是一种箭垛式的人物，他的伟大是由许多年的传说神话附会而成，传说神话是民族思想的表现，所以教主本身就是一种民族思想的代表，他的教义，就是民族思想的结晶。自有历史以来，痴心妄想以教主自命，创立一种宗教系统的人不知有多少，然而大多数都失败了，成功者至今不过寥寥几个。凡是成功的宗教，必定是有民族思想做背景，能够适合于民族的志愿、思路和需要的；凡是失败的，都是没有民族思想做背景，不适合于民族的志愿、思路和需要的。这个理由，我们到以后讲到民族与宗教的这一章中再去解释。我们现在所注意的是第二种形式的宗教，即是既没有创始的教主，又没有系统的教义，不识不知的在各个民族中自然发达起来而又具有无上权威的原始宗教。这种宗教在民族意识的发展上很占重要地位，所以在本章中我们要特别研究他。

我们在前面已经说过，在原始民族由家族生活变为较大的部族生活之后，以前直觉的同类意识已不可靠，所恃以统一全族的意志，确定全族的关系者，就在代表族徽的图腾。整个部族的民族意识，用图腾就可以统摄出来，由散漫的化为凝聚的，由模糊的化为明显的，由抽象的化为具体的。图腾对于民族的功用是如此，所以没有一个原始民族没有经过这个时代。但是图腾不过是一个图象，一件实物，何以能对于全民族发生这样大的心理作用？可见图腾的价值不在本身，而在全民族所付予的一种神秘势力，这种神秘的势力付与了任何人，任何物，这种人物便由普通的地位一变而为全民族的中心代表。我们现代的人，用投票去选举国家的领袖，古代未开化的人，则用神秘信仰去选举他们的民族领袖。这种民族领袖不一定是个人，一杆旗子，一块石头，一种动物，都可以有被选作民族领袖的资格。他们的选择领袖不是一时的事情，是多少年来靠传说和神话的力量慢慢建造起来的。原始民族若是经过若干年还不能选择出自己的领袖，这个民族就失去民族的统一和独立的力量，就不免分裂或被他族吞并。所以凡能维持独立的生命的民族，没有一个没有产生这种民族的领袖的。一件东西，一经被民族公认为代表民族的领袖物以后，就立刻对于全民族发生很大的威权。一个平常的耕牛，可以认为民族生命的象征，一块石头，一杆旗子，可以被崇拜为民族势力的源泉。这种事物的地位的造成，既然由于一种神秘的思想，所以本来就含有宗教的意味，时间越久，地位越加稳固，越加增大，这种事物便由民族的象征意味，一变而为超民族以上的独立的神秘势力了，这种变

化我们可以叫他做"民族人格的神化"。一切的拜物教，都是起源于
"民族人格的神化"，这种民族人格的神化，同时，也就是神的人格化。
因为原始民族决不容易想像一个抽象的神学原理，他所崇拜的，能够引
起他们的信仰心的，必定是具体一点的东西，所以原始民族崇拜的神必
定是拟人格的，尽管承认他们有许多神秘的力量，但在生活、习惯、举
动、嗜好等方面，必定与人类相似。抽象的神学，不容易得原始民族的
了解，过于卑下的动植物及一切物象，又不容易得人民的信仰，所以原
始宗教所崇拜的一定是人格化的神。拜物教所崇拜的对象虽是实物，但
在民族意念中却是一个人格化的神；譬如中国人所崇拜的牛王，马王，
在用偶象具体表现出来的时候一定是做人的形像，决不是做原来牛马的
形像，至多不过留一个牛头，与人身配合，以表示其动物部分的意义
罢了。

　　无论是图腾，或是神化的物体及偶象，他的最大作用总在代表一个
民族的人格。由图腾进化为神灵，可以表现出全民族对于自己的集团人
格的意识的进步。在图腾时代，民族所自己意识的集团人格不过仅仅是
一件具体事物，不能包含任何复杂的内容，到神灵时代，民族人格便由
简单的物格而化为复杂的人格。图腾是无思想，无志愿，无嗜好的；神
则是有思想，有志愿，有嗜好的，这种趋势表现出民族集团人格的进化
极为明显。在图腾时代，集团人格仅是一种漆黑一团的自觉意识，此外
别无内容；到了神教时代，民族的集团人格，便有了思想，有了志愿，
并有了一切的命令、动作。民族意识进化到这个时代，就需要一个复杂
的组织来供他使用，所以凡有宗教思想的民族，必定相伴而有维持宗教
的组织，并且这种宗教组织在全民族组织中占了最高位置，可以统摄全
民族的一切活动。这种情形在民族组织方面固然是一种进步，在民族意
识方面也是一种进步。因为有了宗教的组织，所以产生许多宗教的仪式
以范围全民族的行动；因为有了专司事奉神灵的祭师，所以有一部分人
可以专门整理宗教的理论，使民族思想渐进于系统的，这都是宗教对于
民族精神上的贡献。总而言之，所谓神灵既然是民族集团人格的化身，
所以由此神灵产生的一切思想教训，也就是代表民族集团的思想教训。
我们看一个民族的思想程度如何，可以从他们的宗教思想方面去测验。

　　原始民族的发展并不纯粹是由一个系统自行孳乳而扩大的，差不多
所有历史上的大民族，都是由许多原始的小民族混合而成。最初的民族
集团单位是家族，由许多家族混合而成部族，由许多部族混合而成民

族，由许多小民族混合而成大民族。混合的方法有由于争斗的，即以一民族征服他民族；也有由于和平的，即两民族因婚姻、经济、文化上种种关系，渐相接近，而终至混合。无论由于那一种方式，这种混合总不是短时间内所能够成功的。当两个或两个以上的民族，在形式上已经混合，而在民族意识上尚未真正融化的时候，必定发生精神上的混乱，这种混乱情形从宗教上最可以表现出来。每一个稍有独立程度的民族，必定有他们民族的宗教，在他们的民族宗教之中，必定有崇拜的神灵，或是一神，或是多神。在一个单纯的民族之中，纵使同时崇拜许多神灵，也必定有一个主宰的神，在神的系统之中占主要的地位。当一个民族与其他民族相遇的时候，每个民族都抬高自己的神，而鄙视他族的神，甚至非加以绝灭不可。倘若一个民族为另一个民族征服，则优胜民族的神必定取得宗教上最高的地位，而失败民族的神则大遭压迫。这时候神的存废就全系于民族精神的实力如何，倘若被征服的民族是比较征服者的文化程度较低的，对于拥护本族的宗教的信念不强，而本族宗教的内容又较为浅薄，则这个被征服者的宗教必逐渐渐灭，因之民族意识也随之而逐渐渐灭，终至完全为征服者所同化为止。假如被征服的民族精神未死，对于自己信仰的宗教用全力去拥护，而且本族的宗教程度又远较征服者为高，则被征服的民族可凭藉这种宗教的力量，恢复民族的独立，或竟以宗教征服统治民族，反客为主。假如两民族的宗教程度相差不远，则两民族在政治的斗争以外，必同时发生宗教的斗争，斗争的结果不外两种：一种是彼此的宗教始终不能融洽，结果因宗教的对立而演成民族的破裂；另外一种是两宗教互相调和融洽，化为一种新宗教，这种新宗教采取了旧日各种宗教的几点，同时也弃去了几点。这种新宗教的运动倘若能成功，则以前两个对立的民族便可抛弃独立的意识，化为一体。历史上的许多古文明国，都是经过这种方法，将各原始部落的信仰调和统一起来，才造成了统一的基础的。这种调和形式的表现在宗教里最显而易见的便是多神主义，世界上所有多神的宗教大半都是从调和原始各民族的个别信仰而成的，多神崇拜的原因不能拿个人理智的原因去说明，只有拿民的原因去说明。这种宗教与宗教的调和融会，在原始民族中较易见效，在已经进步的民族中则较难，因为原始民族的宗教系统不坚固，故易于与他种宗教相融会，文明民族则难些。

由上面所述，可见宗教对于原始民族集团意识的创造、保存，是有莫大的关系的。凡是有独立宗教的民族，政治虽然失败，民族团结不散，终有复兴的希望。犹太民族亡国已经二千多年，但因有坚强的宗教信仰，所以至今犹保持民族意识，这是最显著的例。没有宗教的民族，则一被征服，即有亡种的危险。为什么宗教有这样大的威力呢？因为宗教的本质不仅在其神学理论的方面，最重要的，是在宗教系统之下所保持的许多文学和仪式。没有一个宗教没有文学的作品的。古代最伟大的文学无论是传说，是文字，或是歌辞，没有不是以宗教神话作为内容的。文学最主要的功用就在将集团的意识和史迹灌输到每一个个人心里去，对于民族意识的团结功用极大。所以原始文学都是叙事的文学，所叙的都是民族的光荣历史，所发扬的情感都是民族共同的情感，决没有为个人呻吟不平的作品。个人抒情的作品乃是民族精神已经转变以后的事。至于宗教的仪式方面尤其重要，凡是一个独立的宗教，必有一种很繁复的仪式，每一个人自幼就受这种仪式的陶镕，他的一切思想行动就不知不觉与集团同化了。在宗教统治时代，这种仪式之中最重要的有两种：一种是从幼童到成人时期所举行的一种仪式，我们中国所谓冠礼，这种礼节在任何民族中都有，而且都伴有宗教的意义。这种礼节的意义在表示个人与集团已发生了直接的密切关系。在图腾社会时代，小孩子到某种发育程度时，便被引到一个平常不能见的"圣地"，由长者拿出一个神秘物件来，令小孩子看了，又由长老述给他一些神话，然后令小孩子举行一种仪式，又在小孩子身上取一点血来抹在这个神秘的物件上，于是礼毕。这种礼节受过之后，小孩子便变为集团中的成熟分子，要负有拥护集团的利益和信仰的一切责任了。另外的一种仪式是"圣餐"，这是借用基督教的名辞，这种典礼就是将与全民族共同崇拜的神灵有关系的物品——如同祭祀过的牺牲、面包、酒等——拿来大家分吃，便分享了神灵的一部分，换言之也就是分享了集团生活的一部分，中国古代所谓歃血为盟也就是这个用意。

以上所说的都是宗教对于民族意识养成的关系，因为人类当宗教统治的时代，正是民族意识由模糊而渐趋明了的时代，这时候宗教的关系最大，没有宗教的民族，其民族意识必渐趋暗淡，而终为他民族所征服，所以我们研究民族意识的发展进路，对于宗教的贡献不能不特别留意。不过宗教的统治不是长久可以维持下去的，人类到了理智比较进步以后，宗教的神秘思想就不能应付人民的需要，而必须有一种新的信仰起而代之。最初在旧的宗教权威已经没落，而新的权威未经建树之前，必定发生思想上的混乱，这时候个人主义极端披猖，集团伦理根本动摇。假如民族自身对此没有救济的办法，则必因思想的分裂而造成实际上民族的分裂。如果要民族仍旧团结光大，则必定有一种代旧宗教而起的集团新信仰，这种信仰或许是一种含有神秘性的新宗教，采旧宗教之长，而弃其短的，否则或许是一种哲学学说。这种信仰在理论方面的主张如何没有多大关系，对于维持民族集团最有关系的是这种信仰之下能否仍包含许多有关文学或仪式的部分。人类对于宗教的解放，至多只能排除其神秘思想的一点，其余宗教中所含的许多有用之点，是不能排除的，因为这都是与民族生存团结有直接关系的。举例来说，譬如文学、历史、音乐、戏剧、法律、伦理、礼仪、教育事业，所有这些都是从前附属在宗教之内的，但他的作用并不在乎维持宗教的信仰，而在乎维持民族集团的意识，所以宗教中的神秘部分可以推翻，而这种直接与民族集团生活有关的部分断不能推翻，不但不能推翻，而且人类在从神秘的宗教中解放出来以后，觉悟了宗教不过是为集团生活而设，这时候便不必借宗教的力量，直接认识集团生活的需要，直接对于自己民族集团中的一切文化发生爱慕保护的观念。代表民族的象征，从神灵一变而为英雄豪杰，再变而为圣贤哲人，这些英雄贤哲就成为维系民族集团的中心人物，他的本身就带有民族精神的结晶。一切文学、历史都向他身上去附会，一切伦理、教条都算是从他出来的。一个民族若多有这样几个民族的伟人，则这个民族的团结必稳固，否则必涣散。民族意识发展到了这个阶段，在民族组织方面就必推翻神权政治，而产生王国。

这种英雄时代的文化，与君主政治的民族集团组织是同时存在的。这种时代在人类中经过了好几千年，一直到最近时代才发生了新的进步。在民族社会组织方面，已经从神权组织，王权组织，进步到民权的国家组织；在民族意识方面也同时有了进步，人民对于自己的集团，不必再借实物或神或人来做象征才能意识到，人人都直接意识到一个密切的集团生活，人人都同具有国家的意识。这时候虽也需要文学、历史、戏剧、音乐乃至新闻纸来培植爱国心，但他们的内容已不是铺叙一个神灵的奇迹，或者一个伟大人物的传说所能满足，他们最大的任务乃在将整个国家的活动，和整个国家所属下的全民众的活动，认真传达到每一个国民的心上，使这些国民都同分着国家的忧乐休戚。社会意识发展到了这一个阶段，便与个人从儿童时代发展到成人时代一样，有了很复杂的心理结构。在近代国家的最进步的组织里，一切国家的行动，都要经过很复杂的决意行为。譬如一件有关国家的事件发生，先要经过新闻纸的宣传和讨论，然后引起全国民众的注意，然后引起议会中国民代表的讨论和决议，在国会中又有各种专门委员会分别去研究这个问题，国会决定之后，将结果交给政府，再由政府去加以研究，如果确实可行，再交主管机关去执行。可见在这种组织之下，一件事情由发生到了实际见诸行动，要经过很繁复的手续，不是一时感情冲动所能指挥。这是在意志和行动方面是如此。在理智方面，则有最完备的学校、研究室、图书馆、博物馆和报纸、杂志来培养智识，发扬学理；在感情方面，则有历史、文学、戏剧、音乐、图画、雕刻、建筑、舞蹈和盛大的国民令节，去培养国民的情感，统一国民的灵魂。在近代国家组织下的人类，实在和已成熟的个人一样，心理状态已经很发达成熟，与未开化的民族幼年时代不同了。

与民族意识的发展同时的，就是民族性的铸成。一个民族到自觉其为一个民族的时候，同时也就造成一些比较固定的特性，这种特性不是纯粹由遗传得来的，也不是纯粹由环境造成的。这种特性一经形成以后，便表现到政治、经济等各种制度和各种思想上去。所以世界上有种种不同的制度，不同的思想，主要的原因只有从民族性的方面去解释他。一个民族的生长过程并不是始终一律的，民族也同个人一样，有幼年期，有成熟期，有衰老期。在民族的生长的各期过程之中，民族性也随之而有升降变化，所以民族性也不是一个绝对一成不变的东西。所有这些问题，我们在以后各章再去解释他。

第四章　国民性

现在我们讨论到国民性的问题。国家与民族本是同一社会发展的两个不同的阶段；民族是未进步以前的国家，国家是既成熟以后的民族。民族意识与国民意识，民族性与国民性，虽在中文中用语不同，其实本是一物，不过就发展的次第言分作两个阶段更好些罢了。我们在前章已讨论到社会的发展怎样到了民族的阶段以后便产生了集团的意识，现在我们再看看社会发展到较高阶段以后，怎样产生一种集团的性格，这种集团性就是支配整个社会组织和形态的原动力。就他现在发展最高的形态言，我们呼之为国民性。

在通常习惯上，我们所说的国民性大致有两个意义：一种是指在个人的性格方面能够代表国民或为国民的典型的部分而言；另一种则指一个集团的全体国民所共有的性格。社会学家弗利爱（Fouillee）主张第二说，因为他以为国民性不但是现代国民的性格表现，并且含有过去国民所遗留的影响在内。他以为国民性并不单是各个国民的性格的总和，在有组织的社会集团之内，各个人间发生精神的相互作用，这种作用既不是孤独的个人生活所能代表，也不是个人精神活动的总和。这种集团的精神本身成为一个独立的人格，有了感情、思想、意志等复杂的心理作用，由此构成一个统一的性格。这种性格我们不能用统计的方法去求出他来，因为他不是由各个人的性格总和而成的。这种国民性有制限各个人性格的能力，他是一个国家从组成以来无数代国民活动的总结果，同时又是造成过去、现在、未来无数代国民活动方向的总原因。我们不能拿现代任何一个普通国家的国民的性格来完全代表这个国家的国民性，因为他还有过去许多年的历史传袭在内。法国人的国民性和英国人的国民性的区别，并不是二十世纪内才造成的，他是一千多年来长期培植的结果。

国民性的养成是由于先天种族的遗传呢？还是由于后天的学习呢？这是研究国民性的时候首先要碰到的问题。有许多学者以为国民性完全是种族遗传的产物，每一个种族自原始以来就具有种种特殊的性格，永远不变，这种性格可以决定一个国家的前途命运。譬如白人与黑人因为智力根本相异，故结果自然优劣不同。又如在欧战以前有许多德国学者主张条顿民族是先天的优于拉丁民族，他们以为德国人是天之骄子，应该为支配全世界的主人翁的。这种说法未尝无一部分道理。从生物学的见地看来，每一种生物与他种生物之间，天然的差异很大，同一人类中的各民族间也有许多天然的差异，不过这种差异并不是生物的本质如此。生物从原始简单的种类发展为无数复杂的种类，其中自经过许多后天学得的作用在内。原始的人类虽然未必如基督教的说法是同出于一个祖先，但现今散布世界的黄白黑诸种，总是由一个原始的民族所分化而出，是大致可信的。这些种族在原始时代智力的相差未必甚远，只因后天的环境和努力的程度各不相同，经过长时间的演进，遂有现在的高下悬殊的状态。由此可见国民性的构成，并不是种族先天的遗传不同，而是受了后天环境影响所成，不过这种后天的影响经过许多年的继续演进也就变为先天的了。

很平允地说起来，国民性的构成，有三种要素都是不可缺少的：

第一种要素是各国民间先天遗传性的根本不同，这就是我们上面所谈到的，国民与国民间，其种性的差异虽不至如人类与动物，或黄种与黑种间差异之甚，但些微的差异是不可免的，这种差异就是每国民族需要构成一个独立国家而不能和他民族混合的原因。这种差异可以分感情和智力两方面去看：在感情方面，如英吉利人和爱尔兰人的国民性之不同，就是很显著的例。我们通常都知道英吉利人是稳健冷酷，喜怒不形于色的民族，但与之同国的爱尔兰人则恰相反。爱尔兰人喜怒无常，易动感情，颇与南欧民族相似。这种种性的根本不同，使爱尔兰人不能长此受英国的宰制，必须要建设一个独立国家。在智力方面各国民间的差异也是很大的，这种差异又可分为程度的差异和种类的差异两种。文明人与野人的差异，是程度的差异；文明国民与国民间的差异，是种类的差异。如英国国民重经验与归纳，法国国民重论理与演绎，就是种类的差异。

第二种要素是自然环境的影响。自然环境对于生物的影响是很大的，人类虽然是能够征服自然的生物，但是也不能不略受自然的影响，如同热带民族与寒带民族精神体魄的差异，滨海民族与山地民族的性情习惯的差异，都是自然环境所造成的。日本与中国的分立为两国，英国的孤立于欧洲大陆以外，美国的脱离英国而独立，都不能不说是受自然环境的影响。不过人类是能够征服自然的动物，文明程度愈进，征服自然环境的力量也越大，所以自然环境的影响并不能作为构成国民性的主要原因。关于这个问题，我们在"民族与自然环境"一章中另有研究，此处不必多谈。

依我们看来，种族遗传和自然环境对于国民性的构成虽都不无影响，但都还不是主要的因子。一个国家的国民性的构成乃是社会在演进时期所产生的文物制度自相薰［熏］陶的结果，这些文物制度我们笼统叫做社会环境。一个自然社会所产生的宗教、风俗、文学、历史、伦理、道德以及政治经济等等制度都可以叫做社会环境。社会在演进期间因生活力的冲动，或因环境的需要，造成许多文物制度，这些文物制度又转而薰［熏］陶每一个社会的分子，使之养成共同的习惯和信仰，由此以构成一个统一的国民性。社会环境的力量可以改变遗传的性格，可以反抗自然环境的压迫，所以是最有力的，最主要的。这些社会环境也就是国民性的一部分，说社会环境是构成国民性的主要原因，也就无异说国民性本身的薰习力是造成国民性的主要原因。

国民性的构成并不是刹那间的事情。一个自然社会在原始演进的期间，就开始有种种细微的特性在那里慢慢发扬滋长，随着社会组织的进步和社会集团意识的进步，这种特著的国民性也渐渐形成。国民性一经形成以后，这个社会就更不容易被同化，且更为坚固。这种国民性一经形成以后就变成了整个社会进化的原动力，具有规定全体文化形态及性质的能力。马克思派从唯物史观的见地，认经济是决定社会制度和文化形态的原动力，这个见解是错误的。支配社会制度和文化形态的原动力，不是经济的组织，不是生产的工具和技术，而是国民性。一个国家的政治、经济、宗教等组织及思想都为国民性所支配。我们在以后三章分别就政治、经济、宗教三方面来看看这些制度所受国民性的影响，至于其他方面的问题，我们在此处暂不讨论。

第五章　民族与自然环境

我们要想在历史学家或社会学家中找出纯粹可称为"唯物史观"的学说来，那么恐怕数不到马克思的"经济史观"罢。因为经济史观是企图拿人类社会的生产工具和经济组织的变化，说明一切史实的，生产工具是人为的，经济组织也是人为的，我们即使承认这两种的变化是一切社会历史变化的最高原动力，但终不能禁止我们追问："谁使这两种原动力发生变化的？"没有蒸汽机，造不成今日资本主义的社会，这句话也许是真理；但是没有瓦特或其他同时代的发明家，谁能使蒸汽机出现呢？若说前期的生产工具和经济组织到了末路，自然会有蒸汽机的发明家出现，这种解释似乎和说天上的星宿走到某种经度，则地下必定产生某种伟人一样，终未免是玄学化的奇谈吧。所以经济史观的学者对于此点往往故意避而不谈，而此点也就是经济史观的致命伤，我们以后在另章中再详细讨论。总之，即使我们承认经济史观的说法是对的，而追求原因的原因也必定要追溯到人为的努力上去，所以经济史观不是纯粹的唯物史观，而含有唯心史观、唯人史观的成分很多。要求真正唯物的史观，应该光顾到另一种历史学说上去，这就是自然环境史观或地理史观的学说。

"环境"是与"遗传"相对的名词，一切非种族的，非先天的事物都可以叫做环境。环境又可分为"社会环境"与"自然环境"两种：社会环境是由社会中的各分子造成功的，是介于种族遗传与自然环境中间的一种势力，是纯粹人为的力量。我们所主张的生物史观也就可以说是特别看重社会环境的力量的学说，此处姑且置之不提。社会环境不是纯粹唯物的构造，这是很显然的。纯粹以非由人力所支配的自然环境来说明历史上的一切事象，这种学说才是真正唯物论的历史观。这种学说在历史学和社会学上占有很大的力量，我们要建设一种关于历史的系统学说，对于这种学派的说法不可不加以一番讨论。

自然环境史观——为使概念更清晰一点起见，还是称为"地理史观"的好——是以自然环境中的一切势力为支配历史的最高动因的。所谓自然环境或地理环境，包含以下的各项：气候、温度、土壤、地形、河流、物产以及飓风、地震、潮汐等现象。这些现象都不是由人所造的，人类也无法加以多少的变化。人类的生存始终不能与这种自然环境脱离关系，因此由这种自然环境的性质、活动，可以影响到人类的性质、活动。这种学说，当然很有讨论的价值。

关于自然环境可以支配人类历史的学说，老早就有过。原始人类生存于自然环境的压迫之下，对于伟大的自然现象常存一种恐惧、崇拜、信仰之心，因而将自然现象人格化，敬以为神，认为有主宰人事的力量。一切的宗教，都起源于这种崇拜自然的信念。一切的宗教学说，无宁都可以叫做自然环境史观，或地理史观的先导学说。因这种宗教信念的推动，天文学首先成立为最早的科学。古代人研究天文学，并非纯粹出于求知或实用于农业的目的，最大的目的还是要从天文现象中寻找出支配人类历史的因子和轨范来，所以伴天文学而起的占星学，在任何古代文化国家里都占有很重要的地位。用天上的星变、日月蚀以及地震、山崩、川溢等自然现象来说明人事的变化，是古代人类的普遍信仰。这种观念不但成为一种学术思想，并且进而支配实际政治和社会。中国历代在天象变化之后，常有君主避位，罢免大臣等举动，可见在实际事业上人类是很信仰这种学说的。

以上这些非科学的自然环境史观，自然不值一驳。到科学进步以后，人类制驭自然的力量日见增大，这种崇拜自然的观念似乎应该减少了，但事实上则恰与此相度。因为科学的进步，使人类对于自然现象的真相越加明了，因而也就对于他和人类的关系越加看重起来，由此产生许多地理史观的学说，都是想努力从科学的观念来说明地理环境的因子所给予人类历史的影响的。近代学者中主张这种学说最有力的，有白拉治（Vidal de la Blache）、布仑（J. Eruhnes）、发卢（Vallaux）、汉廷顿（Huntington）、得克斯茁（Dexter）、森帕尔（Semple）、摩西尔

(Morceli)、拉曼（Lehman）、西丁（Shyten）、穆尔（Moore）、柏味立芝（Beveridge）等人，由此产生一种科学叫做人生地理学。

这一派的学说细微地方虽各不同，但大体上都是认为自然环境可以完全支配人类的一切活动现象。兹撮要说明如下：

第一，他们认为人类的衣、食、住、行四种生活必需的条件，都是受地理环境的支配的。寒带人穿皮，热带人半裸体，这是衣服受地理限制的证据。中国南方产米，故南方人吃米；北方不产米，故北方人不吃米而吃麦，这是食物受地理限制的证据。埃及地方产石，故埃及的建筑多用石筑；巴比伦不产石，故巴比伦的建筑物不用石而用砖，这是建筑受地理限制的证据。滨水的地方交通用船，大陆用牛马，沙漠则用骆驼，这是交通受地理限制的证据。总之人类既然生息于自然环境之中，一切衣食住行的需用必须取之于自然环境，因此受地理的限制是免不了的。

第二，他们认为地理环境完全可以决定人类的经济生活和制度，譬如蒙古民族在二十世纪的今日还在维持游牧的生活，当然是受地理的限制；埃及、巴比伦、中国等古文化国之能够早就进于农业时代，就是受气候、河流、土壤之赐；英国老早就变成一个工业国，因为英国是山多，矿多，而不宜于农业的缘故；希腊的商业在古代就很发达，因为希腊是个港湾复杂的半岛；意大利半岛因为适当地中海之中心，所以在十字军战役以后，会发生新式的商业都市和资本阶级。以上都是地理环境可以支配人类经济生活和制度的证据。

第三，他们认为人类的种族性质也是受地理环境的限制的。大多数地理史观派的学者，对于种族遗传的学说多不肯相信，而主张环境可以改变种性。譬如人类的体格、颜色、皮肤的厚薄、头发的性质、胸腔的大小等生理方面的差异，受地理环境的影响很大。热带地方的人皮肤总是黑的，就是一例。至于在种族的性格方面，也有关系。寒带的人多坚忍耐劳，热带的人多轻躁易动，这都是受地理影响的一例。地理史观派学者多数主张人类出于一源，因受地理环境的影响，才分为许多不同的种族。

第四，他们以为地理环境完全可以决定人类的政治组织和社会组织。譬如亚洲北部广大的平原，是游牧的部落政治和往来迁徙无定的劫掠式军事行动所以屡次出现于历史的原因，而气候、地质和物产等恶劣情形，又阻碍居住在这一带的人永不能进化成一个都市的王国。中国因为四面有天然的地理限制，所以五千年来，永远保持一个和平的王国的状态；并且因为农业生活的关系，发达了以家庭为基础的特别社会组织。希腊半岛因为山脉纵横的缘故，所以在古代分裂为许多小国，不能统一。日耳曼蛮族因为森林中自由生活的关系，所以养成爱自由，尊重个人权利的社会习惯。此外历史上如北方人多征服南方人，也是受地理环境的影响。

第五，他们认为人类的一切学术、宗教、文艺等文化事业，也是受地理环境的影响的。汉廷顿以为气候和天才有密切的关系，譬如文化较高的国家多出于温带，就是一例。至于信仰和艺术的资料多取材于环境，所以当然要受环境的影响。希腊的神话多海上故事，印度多森林故事，而中国便缺少此两种色彩，可见地理对于宗教和艺术都有影响了。

以上是这一派学说的大概，本书不是替这派学说做宣传，所以用不着再详细发挥。底下我们略述对这一派史观的批评意见。

我们先讨论一下人类或民族的历史，以及民族的本身是否都为自然环境或地理环境所决定的。人类自始至终生存于地球之上，一切衣、食、住、行的生活直接条件都取材于自然环境，所以若是说人类的历史绝对不受地理环境的影响，这是不可能的。但是所能影响的到什么程度，是不可不细辨的。人类的政治、社会、经济等组织，以及思想、信仰、艺术所受自然环境的影响都是间接的，暂不必论。衣、食、住、行等生活直接条件应该受地理环境的限制很大了，我们看看是否如此呢？我们首先知道自然环境只能供给我们生活的原料，而采取原料还是人类本身的事情。人类若不向自然界中去采取原料，则自然界无论如何不能影响到人类身上。可见造成人类生活方式的主动力还是在人类自身，而不在自然环境上面。自然环境是个死板板的东西，除了地震、水旱、飓风等动的现象可以作为是发动于自然界本身，而人类是被动的以外，其余地形、地势、地质等都是比较的静的现象，不能作为发动的势力。就是地震、飓风等动的现象也是有一定的区域的，人类若不生息在这个区域内，就不会受他的影响。飓风算是最动的东西了，但是印度洋的飓风吹不到西伯利亚，若不是人类自动去就它，它不会对于人类直接发生影响。人类因为非食不可（衣、住、行等尚可缓），而食料非向自然界中去取给不可，（哲学上的观念，数学上的符号，在今日尚不能当饭吃。）这是使人类不能完全脱离地理限制的一个最有力的原因。但是人类虽不能完全离开自然环境去制造食物，但却能运用智力，变更自然产物的形式，另发生许多新花样。在今日最进步的人类生产方法之下，自然界的限制几乎是很微小不足计的。我们试将食物的进化情形研究一下子，就可知人类战胜自然环境的程度到如何了。原始的人类，在狩猎制度之下，与动物一样，所受自然环境的影响很大，假如人类永远是这种生活，则地理史观的学说或者可以成立。但就使此种生活，人类也有战胜自然的可能，因为人类和一切动物一样，是会动的，这就是脱离自然环境羁绊的第一步。在生物界中，就严格的意义讲起来，只有植物是完全在自然环境宰制之下的，而动物则已开始同自然脱离了。譬如一个地方，忽然地质上发生变化，水源枯绝，这个地方的植物必然枯死，因为他们是不能动的；但动物却可以离开这片地方，另寻水源丰富之地，所以地理的变化，不能完全宰制动物的生命。从这种事例看来，绝对的地理定命论在动物界中就行不通。动物的出现，是生物对自然环境革命的第一步成功；由水栖动物变为陆栖动物，这是第二步革命的成功。到人类出现以后，革命的成绩就越发显著。原始人类在狩猎生活之下，与动物的状态差不多少，到了牧畜事业发明之后，人类生活就更进了一步。牧畜事业的最大特点，就是懂得食物的寻取不必全凭偶然的机会，可以由人类自己畜养，自己用方法来蕃殖他。纯任自然环境的支配，有时食料就不免完全断绝，但是人类懂得了怎样饲养牲畜，怎样使它蕃息，并且懂得将死的牲畜的肉冷藏起来的时候，自然界对于人类的压力就又减少了一步，这可以叫做第三步的革命成功。底下第四步的革命就是农业方法的发明。农业的生产方法与牧畜的生产方法有类似之点，因为都是由自然食料用人工培植起来的，不过一个是对动物的培植，一个是对植物的培植。后者较前者为难，因为农业需要长时间的忍耐性，和生产以后的种种复制手续，所以也可以目之为进一步的革命。与农业生产方法同时发现或较早一步的，就是简单手工业的发现，只有人类才发明了简单的工具和发明了火。人类用简单的工具将自然的原料改变成另一种形式，这是对自然环境革命成功的第五步。这个成功比较以前几种都更伟大些，单就食物的进化而论，应用植物为食料，是许多动物所同具的习惯，但是将植物用工具复制起来，使成为另一种形式，则是一切动物所不能的。牛羊食草，仅只食草而已，人类则懂得将谷物化成面粉，制成食品，完全改变了自然的形状，并且能够将许多种自然产物混合起来，成为一种新的食物，这种新的食物不但形状上全与自然界□产者不同，即在性质功用上也绝对不同。拿医药做例，最容易明了这种区别。《本草》上的几百种药，大半都是自然界的天产，但是人类拿来选择一番加以配合，加以焙制，便可以发生特种的治病功用，这种功用在任何自然产物中找不出来的，要由人类制造才产生出来。一剂汤药治病的功效，并不是每一种药的单独功用，乃是由人工配合之后所发生的新功用，这不啻就是人类在自然环境之外另造了一个新世界。现代文明的人类一切起居饮食就完全生活在这人造的新世界之中，与自然环境的关系早已很少很少了。不久，人类又发明了运输和商业，这是对自然环境革命的第六步，这个革命的效果也非常之大。从前人类在缺乏某种自然食料的环境之下，只有离开这个环境去另觅优良的物源地，这个方法虽可行，但仍是很困难的。自交通器具进步和商业的组织发达以后，人类可以坐在一个地方不动，单靠一部分人的努力，就可以运别的地方的食物来补本地之所无。直隶是产米很少的地方，但是自运河开通以来，每年可以从南方运输大批的食米来"转漕京师"。北京现在的一百万居民，内中有十分之六七都是以米为主要食品的，这个现象在交通器具未发明以前就绝对办不到。运船之后有海运船，海运船之后有轮船火车，北方人吃米的机会越便利了，自然环境的威力也就越减少了。最后而且最有力的革命，就是科学和机器的发明。机器是从原始简单工具的一种继续的改进，他的结果使人类有完全超出自然环境的可能，飞机发明后空中旅行的进步，就是人类可以超出地球以外的预兆。这个结果为期尚远，暂时不必下结论。科学的进步，特别是应用化学的进步使人类的食物方面更起了大变化。一片荒旱不毛的地方，利用化学肥料的作用可以产生丰美的粮食。人造食物的企图虽然尚未完全成功，但也并非绝对不可能的。人类现在依靠科学和机器的力量，逐渐地另造了一个独立自主的新世界，虽然不能说与自然环境所支配的旧世界不是完全没有关系，但是关系已经很稀微了。新世界和旧世界的区别，并不仅是形式的区别，实在还是性质的区别。我们前面已经说过，人造的食物——医药是最显明的例——有许多功用都不是自然产物中所具有的。并且我们还应当更注意的，就是这个新世界并不是现在才出现的，从人类发明了石器时代的工具以后，这个新世界已出现了。医药也是太古文明的产物，可见人类从太古起已有了自造新世界的准备。假使新世界和旧世界仅只是形式的变化，则我们还不能完全否认地理史观的学说，因为地理支配人类的力量仍然可以说是存在，不过换一种形式而已。但是新世界之对于旧世界——人造环境对自然环境——实在是一种性质的改变。譬如一个患重病的人，在自然环境之下是非死不可的，但是人造的医药可以将他救转过来。反之，一个在自然环境之下本来可以无病的人，但是文明一来，种种传染病都来了，有多少人的寿命就因此而短促了。在纯粹自然环境之下，人类受地理的限制，只能成为狭小的部落，但是文明一来，城郭居室都筑起了，交通路线延长到几千万里以外，无论居者行者，都有了很大的自由，于是人群的结构自然可以扩大起来。由此我们可以晓得，在现代文明社会之下，人类所受自然环境的影响不过十之一，而人类受人类自身所造的环境的影响则有十之九。食物是直接出于自然界的，又是人类所一日不可缺的，但是人类从食物中所接受的自然影响还是如此之微，何况衣服、住宅、交通等比较非绝对必要的事项？一个人不穿衣服，不住房屋，不走路，不至于就与生命直接有危险。文明人才发明了衣服，发明了居室，发明了人造的交通器具，所有这三种生活的原料虽取自自然界，但都是经过人类的复制始成功的。规定这三种生活的性质和方式的主要原因，乃是人类的心理和社会的习惯，而自然环境的影响则是次要的。一件衣服，一所房屋，一种交通器具的形式和质料，多半是由人类的心理和社会习惯造成的，自然环境的影响至多只占三分之一。中国人穿长袍马褂，欧洲人穿短服窄裤，并不是气候和地形的不同所致。虽然绸缎出于中国，呢绒产于西方，地理的限制不能说绝对没有，但中国的绸缎在中古以后就成为西洋社会的珍品，而呢绒在近代也成为中国人的主要衣料，可见地理的限制是很有限的。中国本来不产棉花，但是近一千年来棉花已成为中国的主要产品了，难道是这一千年中的地理有了大变化吗？无非还是人为努力的结果而已。

衣、食、住、行等生活直接的条件是属于物质的，与自然环境直接有关，而所受自然环境的势力支配尚不过如上所述，其他政治、社会、经济等制度，和思想、信仰、艺术等属于精神方面的产物当然距自然环境的关系更远了。譬如游牧生活的政治组织就不一定是受地理的限制，日耳曼民族在五世纪以前是游牧的民族，在五世纪以后就逐渐变为农业和工商业的国民了，这并不是中欧的地理有了变化。欧洲森林的减退□可认为是使日耳曼民族由游牧的进步到农工商的社会组织的原因，但是如果我们将事实考察一下，就可知这种解释是有点倒果为因。欧洲的森林是因为文化进步以后才减退的，并不是因为森林减退才促进文化的进步。亚洲西部在上古巴比伦人、波斯人的时代，和中古阿剌伯人的时代，都是文化最高之区，但是破坏成性的蒙古人和土耳其人一来，就将有五千年文化的幼发拉底斯、底格里斯两河流域的菁华破坏无余。蒙古人和满洲人进了中国本部以后，便变为有较高的政治组织的民族，这并不是因为中国本部的地势使他们受了感化，还是因为汉民族的文化的影响。满洲民族和蒙古民族同样地曾经征服过中国本部，但是国祚的修短，政治的成绩，和同化的深浅，两民族就大不相同。蒙古人在他的本土始终是游牧部落的组织，而满洲人自鲜卑、辽、金以至前清，当建国之初，老早就有了国家的规模。可见民族性的不同是政治和社会组织形成的主要原因，而地理不过是次要的了。

一个民族的表征，不外是三方面：衣、食、住、行是属于物质生活的，政治、经济等组织是属于社会生活的，思想、信仰、艺术是属于精神生活的，这三方面的形成都不是纯粹为自然环境所决定的，那么一个整个民族是否自然环境决定下的生物，也就不言可喻了。我们虽然不赞成种族史观派的学说，以为种族是一成不变的，种族的特性是纯粹由遗传得来的；但也不能赞同地理史观派的学说，以为种族和种族性纯粹是地理环境下的产物。一个民族——我们不说种族，因为世界上就没有纯粹真正属于一个血统遗传下来的种族，世界上所有的种族，都是经过人为陶冶后的混合血统的"民族"——的形成，是人为的结果，是民族本身自造的社会环境的力量，既不是种族遗传的功劳，也不是自然环境的力量，我们之不能承认地理史观的真理，犹如我们不能承认种族史观的真理一样。

我们不但不主张民族是为地理环境所支配的，并且主张地理环境可以受民族的支配，而呈种种不同的形态。自地球有生物以来，就开始了生物对自然环境势力的斗争。生物的进化原因，从前的学者以为完全是由环境所造成的，但是近代的生物学者否认这种过分重视环境力量的学说，而侧重生物本身所自具的适应环境的力量。"适应环境"这四个字有些人往往误解以为纯粹是生物去迁就环境以图生存的方法，其实是不然的。广义的适应环境可以解作是"改良环境"及"创造环境"的意思。生物产生于自然环境之中，犹如婴儿产生于母亲怀中一样。最低等的生物只能适应环境而不能改良环境；较高级的生物能改良环境而不能创造环境；最高级的生物不但能适应环境，改良环境，并且可以创造环境。人类是最高级的生物，所以改良环境，创造环境的力量也最大。一部人类的进化史，就是人类怎样从自然环境的压迫下去努力改良他，以至在自然环境之外另创一新环境的历史。人类因为种种自然的和人为的不同关系，形成了种种不同的民族，每一个民族有他的特别长处和特别短处，犹如每一个人的性格不同一样，因之他们应付环境的方法和力量也就不同。但最能征服自然环境的民族就是最优秀、最久长的民族，这个公例是凿不破的。所以每一个民族生存竞争的路线上尽管有成功、失败、前进、后退之不同，但综合人类的进化方向看起来总是一步一步征服了自然环境而不为自然环境所征服的，所以拿自然环境当作人类历史进化的主要动因的学说，是不足说明历史的真相的。反之，在各民族不同的性格和力量之下，自然环境反随着有了变化。我们底下试举几个例来说明民族怎样支配自然环境的事实。

第一，我们知道民族可以改变地形、地质等自然环境的原始状态。"愚公移山"和"精卫填海"的故事，虽是一种寓言，但事实上一切高级生物小至蝼蚁，大至狮象，都有改变自然环境的力量，人类更富有此种力量。荷兰人因为与水争利，所以国境竟拓到海面以上；中国长江一带的人也与水争利，所以洞庭湖的面积一天一天缩小，四围竟添出好几县来。这都是近代的实例。在历史上这种例也很多。古代的亚洲西部本是文明灿烂的区域，沟渠制度很完备，但是游牧民族的土耳其人一来，对于水利农政全不讲究，以致地质一天坏似一天，竟成了许多不毛之区。东三省本来是荒寒的绝徼，但是鞑靼民族能创建了都市文明的渤海国。苏彝士和巴拿马运河开通以后，几个大洋的水可以混合为一。这都是用人力去改变地形、地质的实例。二千年前的迦太基人能够在非洲北岸建设一个很文明的国家，但是二千年后的突尼斯土人倒反不能，可见民族的性格怎样影响到地理上。

第二，民族可以改变自然环境的经济能力。这个例更多了：中国南部在汉以前还是沮洳纵横，不适于农耕的地方，《禹贡》所以定扬州的土壤为下下，但是汉朝以后，地利逐渐开辟，今日竟成为中国主要的农产区域。东三省在历史上向来是游牧区域，但是近百年来关内民族的大规模移殖，使牧区一变而为农区。惯种水田的朝鲜人一到东三省，更将旱地变为水地。香港在中国是个山石确荦的小岛，但是英国人拿来变成远东的商业中心。菸草是新大陆的物产，但是现在已普遍于旧世界。蚕桑是中国的特产，但是近年来日本、意大利等国蚕桑事业竟驾中国而上之。中国明明是煤、铁、森林都丰富的国家，但是每年要向美国输入大量的木材，煤铁也决不足本国将来工业发展之用。这都是民族影响物产的实例。

第三，民族可以改变气候、雨量、风向等自然动力。东三省百年前的气候和今日的气候比较，谁也承认有巨大的差异，这种差异的原因当然纯粹是由于人为的影响，与自然环境无关。黄河流域近一千年来雨量逐渐减少，洪水层出不穷，都由于森林水利不讲求所致。反之森林水利讲求的国家，如德意志、瑞士，其雨量显然有逐渐的增加。巴拿马运河开后，太平洋的海流也起了变化。人力虽不能完全改变自然，但已经能改变一部分了。

第四，民族可以制止或特别发展自然环境中某种对于人类有害或有利的力量。陆地的障碍，可以用运河和各种陆路交通器具去战胜他；海洋的障碍，可以用船舶、指南针去战胜他。一样的水，既能防止他为灾，又能利用他灌田。这都是有志气的民族战胜自然的好例。至于没有志气的民族也可以将好的自然环境变为坏的。不讲水利可以使农田变为沙漠，不培植森林可以使平陆变为泽国。甚至本来是农产丰富的膏腴之地，硬要种害人的罂粟，以戕贼国脉。这都是不长进的民族的作法，我们不必多举实例，大家自然很容易自己寻找出来。

第五，民族可以自己创造一个新的自然环境。这种极端完全的例自然还不能举出，因为现在人类还没有进化到这个地步，但是部分的例是可以举出很多的。如同运河就是完全人造的河流，在三四千年以前人类就发明开凿运河的技术了。埃及的金字塔，当然不失为一种人造的山。近来报纸喧传美国拟在太平洋中建筑几个人造的岛屿以作船舶停息之所，此举虽然没有实现，但是如果决意去做，当然没有造不成的。现在往来海洋中吨数最大的船舶，在实际上不也就是一个小岛屿、小浮动社会吗？以上都是就实际地理的创造而言，至于在同一地理环境之上，因为民族不同，可以完全创造出许多不同花样的社会环境来，更是人类所优为的了。

就以上所举的五种事例而观，可知民族对于自然环境确有改变或创造的力量。那么地理史观派学者所主张的自然环境为人类历史活动的主因之说，无宁反过来主张民族是自然环境形成的主因了。其实这两种说法都是错误的。我们承认民族和自然环境是两种互相倚赖的实体，自然环境当然不是完全由人力所造成的，民族的区别也不是完全由自然环境所造成的；不过两者可以互相影响罢了。倘若讲自然环境的历史，自当以自然现象的法则为主，人力的原因不过占一小部分。若欲讲人类的历史，则应该以民族为其原动力，而自然环境的影响也不过占很小的一部分。自然环境是历史的舞台，人类才是各种不同的角色演员。戏的好坏固然不能说完全与舞台无关，但是毕竟主要的原因在于演员的好坏。这就是生物史观比地理史观较合于真理的理由。

第六章　生物史观与政治

现在我们先从生物史观的见地来解剖人类政治活动产生的原因、政治组织的形成和变化的经过。政治这个名词包括的范围广狭是很难确定的，我们只可以拿政治组织的形式来代表政治活动的全体。我们在前章已经看过，一个自然社会的演进大略可分为四个阶段，这四个阶段便是家族社会、部族社会、民族社会和国族社会。这四个社会的阶段在另一方面说起来也就是政治发展的阶段，人类的政治组织也就是最简单的家族组织逐渐依次进化到今日高等的国家组织。我们通常所谓的"国家"，在英文中有 Nation 和 State 两种意义。Nation 是指一个含有生物性和历史性的人类集团而言的，通常又译为民族，但民族是一个广泛无定而尚未成立政治组织的人类集团的名称，与 Nation 的原意并不相合。Nation 在习惯上是指已有国家组织的国民而言，如英国、美国是一个 Nation，但是红印度土人、非洲澳洲的土人不能叫做 Nation，所以 Nation 的正译应该译作"国家"，不应该译作"民族"。至于 State 不过是政治组织的形式，以译作"政邦"较为妥切，若译为国家就不免范围太广泛了。我们在此处分别 Nation 和 State 两字的译法，就是要指出社会组织与政治组织两者间的关系来。社会是一个广泛统摄的名词，一个整个的自然社会组织是由许多性质不同的人群组织依有机关系结合而成的，政治组织也是其中的一种，他们彼此间的关系犹如身体上各部器官与全体组织的关系一样。不过政治组织在全体社会组织中恰处于发号施令的地位，关系更为重要些，恰如神经系统之对于全身一样。从生物史观的见地看来，政治组织的成立和发展，完全是生存竞争的结果。一个散漫的人群若想在生存竞争上取得胜利，必须以一种强力来巩固他们的集团组织，使每一个分子都能服从集团的命令，为集团的利益去奋斗。政治组织便是表现这种强力的机关，任何政治组织都必须含有强制的性质，否则便没有发号施令的权力。但是任何政治组织也必须以全体的默认为基础，即在最暴虐的朝代，也必然是得到多数人民对于统治者权利的默认才能站得住，否则必早已引起革命。因此一个自然社会所需要的政治组织必须同时兼具了上列的两种性质，即一方面这个政治组织必须有充分权力足以控制全集团的行动，另一方面这个政治组织必须是建筑在全民同意之上的。在古代的社会，因为往往是由一个种族征服其他种族而构成的，所以往往施行一种阶级政治，即战胜的种族拥有政治上的特殊权利，形成了贵族阶级，而战败者变为奴隶，毫无政治的权利可言。这种阶级的政治制度虽不为现代人所赞同，但因为他是有生物的根据的，所以在古代社会中很普遍地存在着。到了后来，在同一社会中种族的界限渐渐混乱了，因此阶级政治也渐渐失去了他的生物的根据，而仅因习惯关系残留着。这种没有生物根据的阶级政治是不会为人所赞同的，为什么同是一种民族，会分出许多不平等的阶级来，这种思想一发现，阶级政治的基础便渐渐动摇，而全民政治的思想便代之而起。其实说起来，全民政治的原理和阶级政治的原理是没有什么根本性质上的差别。任何形式的政治都不能不以全体人民的同意为基础，不过在阶级政治之下，所认为的人民只是极少数的战胜种族，其余大多数的被压迫的种族是不在所谓全民之列的。近代社会因为这种种族的界限早已消灭，所以全民的范围也自然扩大起来。我们若只看见近代全民政治的发展，便以为政治的演化是趋向扩大个人自由，缩小集团势力的，这便是错误的见解。近代国家社会的政治组织，在一方面固然是人民参政权力的扩大，但他方面同时也是政府权力的扩大。现在的政府能够干涉到人民的一切衣、食、住、行的自由，而在社会主义所理想的国家组织之下，政府更是无一不能干涉，这种现象是从前的政治组织下所少见的。因此在近代国家社会之下，政治组织自然呈现这两种似乎矛盾的现象，但是这两种现象其实并不矛盾，因为都是基于社会有机体本身的存在需要上而造成的。一个社会有机体若是没有一个中枢发动的机关，则便失去动作的统一作用，而不成其为有机体，因此政治组织的权力愈进化则愈强大。但是这个中枢发动的机关必须是与全体社会联为一体没有界限的分别，否则便成为统治者与被治者两群对立的关系，这个社会集团便不免要破裂了，所以全民政治也是社会演化结果所必然要产生的。

现在我们从实际的政治更举几个例来看看，人类政治的演化所受生物史观原则的影响为如何之大。就西洋的政治考察起来，全民政治的组织在希腊时代早已存在着，这是和亚洲诸古国所绝对不同之点。这种不同的缘故，不能用经济史观或其他史观来解释得清楚，只有用生物史观才可以充分了解。我们知道专制政体的产生在人类社会中是很早的。在氏族社会和部族社会的时代，人类为便于对外竞争作战起见，已产生了长老或酋长的首领制，在首领的左右还有一部分参预机密的人，这便是后来君主和贵族的起源。这种不平等的政治制度所以构成的主要原因，或许是因为一个社会为对外的便利而产生的，也有的是因为一个种族征服其他种族之后而产生的。在东方广大的平原国家中，如埃及、巴比伦、波斯及我们中国之类，因为原始存在的部落很多，从一个部落进化到广漠的帝国，必定经过了无数战争冲突，吞并过无数的小部落。所统治的部落越复杂，则统治者与被统治者中间的界限愈隔得远些，由此便产生了"一君万民"的专制帝国。在希腊，这种统一的帝国在亚历山大以前始终没有造成，每一个邦的区域很小，人口也很少，故统治者与被统治者中间的界限不严。统治者的行为如果不合民意，则人民也很容易起来反抗，故希腊有许多小国起初是君主制或贵族制，后来能够产生一种民主制度，即在未变为民主的国家，其专制的程度也是很低的。马其顿帝国的最初，也并不是东方式的帝国，直到征服了波斯以后，才模仿了东方式帝国的组织，但是亚历山大一死之后，帝国便立时分裂为两种形式。东方的叙里亚王国和埃及王国，仍保存东方的色彩，而希腊方面则仍为联邦分立的形式。罗马民族的起初，因为是一个小部落，故亦保存民主的形式，其后国土的扩张愈大，民主的形式便变为名存实亡，终久会成立了帝国政治。由希腊和罗马两民族的例看来，可见民主政治制度在上古是只宜于小国的，卢骚所谓小国才能实行民主政治，实在是切合事理之见。不过到了近代因为交通技术的进步，人民教育程度的增高，故大国如美利坚也能实行民主政治，但是民主的程度比起希腊罗马来，仍然是很低的。

日耳曼民族是一个游牧的森林民族，在未侵入罗马以前，只是习惯于部族社会的生活，到侵入罗马以后，就把这些习惯带到中欧和南欧来。中古时代的封建制度，便是日耳曼民族带来的重要产物之一，由此可见政治制度是受社会性的影响的。经济史观派的人把中古欧洲封建制度的成立置于经济的原因支配之下，依我们看来，这种说法是不可通的。我们知道中古欧洲和罗马帝国时代的欧洲，人民的生产方法和生产工具并没有什么不同，一样的是农业社会的经济组织，为什么会产生两种不同的政治制度？可见政治制度的变化并非为经济情形所决定，而却是为民族性所决定的。封建制度自是日耳曼民族性的产物，所以虽以罗马帝国那样广大繁博的帝国制度也不容易同化了日耳曼人。但是罗马帝国虽然崩溃，他所遗存的社会性的影响却并不是完全消灭。查理曼帝国的昙花一现，罗马教皇的神权政治，神圣罗马帝国的成立，都是受了罗马文化的影响。一部欧洲中古史，就是罗马人和日耳曼人两种不同的民族性所产生的政治制度和思想的斗争，结果是两者调和而产生现代的列国并立的制度。就中法国所受罗马文化的影响最深，故打破封建政治，建立君主专制政治也最早。西班牙受阿剌伯西帝国的影响，故也能很早就建立了君权统一的国家。德意志因为是日耳曼民族的根据地，所遗留的日耳曼民族的风气自然很深，所以虽以神圣罗马帝国的伟大规模，终久不能打破封建的势力。这都是民族性影响到政治制度的证据。

政治的事变，更完全受着生物史观的支配，这是一般社会学家所熟知的。最大的政治事变如战争，根本是由于两个社会集团的冲突。从非洲土人间的部落战争到大规模的欧战，都只是两个社会集团的冲突。固然有些战争是由于领袖者的好大喜功或少数人的自谋利益而引起的，但战争的胜败和一切变化，都不能不与整个社会集团的势力有连带的关系。一种战争若是发动于整个社会，比较发动于少数人者，恒易战胜。一个组织阶段高的自然社会，与组织阶段低的自然社会发生冲突，胜利恒在阶段高的一方面，即使两个社会的大小悬殊过甚，也是如此。如希腊之战胜波斯，日本之战胜俄国，皆属此例。在平常的时候，这种社会与社会的斗争化为较和平的形式，即以商业竞争或文化竞争代替了战争，但其结果胜负之数仍以社会组织程度的高下为断。以上是指社会向外发展而引起的事变而言。此外还有一种社会的内部变化，也可以引起政治上的大事变，如革命是。革命运动大约可分为两种性质，一种是含有种族问题，即被压迫的民族对征服的民族起反抗而革命，如爱尔兰和印度的抗英，朝鲜的抗日之类，此种事变可视为两个社会的斗争，不能谓之为纯粹的内变。至于另外一种的革命是纯粹属于内变性质的，这就是真正的革命，如法国大革命。这种革命的发生，马克思主义者往往解释为因阶级的冲突而起，其实是不尽然的。从生物史观的见地看来，革命运动的发生乃是一个自然社会需要蜕变的表现。一个社会在生长期间产生种种文化制度以保障自然的生存，这种文化制度一经形成以后，就变为固定的性质，不容易随时代进化。但是社会的本身却是时时刻刻依生物生长的本性而向前发展的。社会发展到了某种程度以后，与传统的文化不能调和而致发生障碍和苦痛时，这个社会便依生物的潜力而自行起了蜕变作用，这便是历史上一切革命的真正原因。

政治思想也是受着生物史观的公例所支配的。任何思想都是社会集团性的映影，社会发展到民族及国家的阶段以后，集团性已经成熟，故其表现于思想方面更为显明，政治思想亦不能外此。如同一社会主义，在英国则为基尔特和费边社会主义，在法国则为工团主义，在德国则为社会民主主义，在俄国则为布尔什维克主义，这都是因国民性的不同而影响到政治思想的例。

第七章　生物史观与经济

现在我们从生物史观的见地来说明经济制度和经济活动的真正原因。普通的经济学家，都把经济事实的起因置于个人欲望之下，这个见解只有一半是对的。经济的活动固起于人有欲望，但是经济能构成一种社会制度和事业，却并非由于个人的欲望而起。生物个体的具有经济欲望，是一个极普通的事实，并不仅人类为然；如最下等的昆虫及一切海栖动物，也都有求食和避寒的欲望，可见经济欲望不是人类所独有的。但是在动物中这种欲望只是属于个体的，并不能构成一种社会制度。只有在较高等的昆虫，如蜂和蚁，他们的社会性已经发达，故经济的欲望才变成一种社会合作的制度。人类是一种社会的动物，故经济欲望自始就成为社会的。一个个人单独有经验的欲望，并不能成为经济的事实，经济的事实成立于两个以上的人互相以物品交换之后。因此我们以为单纯以个人的欲望来解释经济的起源，这是一般个人主义的经济学家的谬见。

阶级主义的学者如马克思之类，他们对于经济的看法，也另有一种谬误之处。他们将人类的经济欲望看得太神秘了，以为可以为人类一切活动的总根源，所以他们说社会的构成完全是以经济为基础，生产工具和经济制度可以决定社会的一切组织和活动。这种"唯物史观"的根本错误在不懂得社会是一个有机体，社会的发展是依于生物的本性而推进的。他们与个人主义的学者一样，以为社会是由个人自由结合而成的，个人为什么要结合成社会，他们找不出适当的理由来。因此遂以为经济欲望就是促成社会关系的唯一主因，其实这种看法是很浅薄的。社会的最简单形式就是家庭，然而家庭的结合就决不是以经济欲望为基础的。父母的爱子女，夫妇的相爱，是家庭成立的真正基础，但这种爱情是生物的，而不是经济的。经济生活不过是家庭成立以后的一种附带的作用。经济也并不是人类惟一的欲望，人类的欲望种类是很多的，即在最野蛮的人类里，除了经济的欲望以外也还有其他欲望：如战斗欲、爱美欲、游戏欲及性欲之类；文明的人更有信仰、智识、权力诸欲望发生。这些欲望都可以支配人生行为的一部分，并不止经济的欲望为然。把经济欲望看做是根本欲望，而把其他欲望都看做是枝叶的，这乃是马克思主义者极谬误的见解。譬如以欧洲大战而论，就马克思主义者看来以为完全是由于资本主义的冲突而起，这种见解是很粗疏的。经济利益的冲突只是欧战的原因之一，其他的原因尚多，如各国政治领袖的野心，军人的冲动，国民间的恶感，都是欧战的原因之一。而这些原因又都可统摄为一个总原因，就是一个社会集团和另一个社会集团的冲突。一个社会集团是一个独立的生命，和个体生命一样，也具有种种的欲望，经济欲望也是其中之一。社会集团为本身的生存发展起见和其他社会起了冲突，也是很平常的事，促成这种战争的动因很多，决不是单纯经济原因所可以解释净尽的。

从生物史观的见地看来，社会有机体和个体一样地具有经济的欲望。一个社会集团为利用自然界的种种原料以营养本社会的整个生命起见，而产生了经济行为和经济制度。在人类的原始时代，经济的活动大致都是属于集团的，而非属于个人的。一个部落只有对他部落的集团贸易行为，而没有个人自由贸易的活动余地。生产和分配之权也是为全部落所公有的。这种古代的共产社会的经济组织是基于生物组织化的本性而自然发展的。社会发展到某一阶段以后，因为组织扩大的关系，集团的控制力不免松懈，个人私有财产和私人的经济活动才陆续发现，由此渐渐把经济的基础由集团移到个人手中。但是在工业革命以前，私有财产和私有资本的制度虽实行已久，但因为生产的技术未进步，所以个人间的经济享受差别不大，不致对于社会一般的生活发生坏影响。工业革命以后，生产的技术既然有惊人的进步，而生产工具所有权仍然操诸私人手中，所以结果使社会上经济的分配情形发生极大的差异，由此产生了社会的种种病害。社会主义者主张将生产工具收归国有，而平均分配其经济的利益于全社会，从生物史观的见地看来，这种主张是与生物演化的根本趋势相合的。不过社会主义的内容派别也很多，有些人主张不将生产工具集中于一个总机关，而让各个人自由去使用，实行"各尽所能，各取所需"的原则，这是真正共产主义即无治主义者的主张，这种主张是与生物及社会演化的根本趋势相反的。他们不晓得生物和社会的演化是趋向组织化的，社会越进化，集团的权力越大，他们妄想取消集团的组织而让个人独立自由去生活，其势万不可能，所以这种思想只是一种反动的思想。马克思主义者虽然自命为共产主义，其实他们的主张和其他社会主义者一样，只能叫做集产主义，不能叫做共产主义，因为他们承认社会须有一个公共管理的机关，管理全社会经济的生产和分配。他们这种主张比较无治主义者为较能适合社会演化的趋势。不过这些集产主义者也有几个共同的错误：第一，他们不懂得这种共同管理全社会的机关就是现代的国家政邦，所以他们一面主张生产工具收归公有，一面却又反对国家的存在，这种主张是不切于事实的，所以实行马克思主义的苏俄不但不能取消国家的组织，反使国家的地位更强固一些。第二，他们不知道社会是一个生物性的有机体，具有生物存在的诸般条件，经济不过是其中条件之一，他们理想中的社会主义国家只是一个执行经济任务的机关，而不知一个国家除了经济的任务以外，还有其他任务，这也可以拿苏俄的现状来证明的。第三，他们不晓得一个社会有机体的组织，一方面虽具有高度的控制性，同时又须使社会上各个分子获得相对的自由，这个社会才能有生机。他们因为不懂得这种事实，所以妄想剥夺全体社会分子的自由，而施行阶级专政或一党专政的政治，这种政治是不能长久的，观于苏俄国内内乱之频起可知。第四，他们不知道社会集团的组成是以生物性为基础的，妄想取消人种、民族和国家的界限而高唱国际主义，这种主义当然是一种空想，不能实现的。以苏俄之努力世界革命而终于不能完成其统一世界的梦想，所谓社会主义的运动也不能不以国家为单位，甚至苏俄的一切政策活动也不能不以本国的利益为前提，这也可以证明国性的不能消灭。以上四点是马克思派社会主义者的最大缺点，因为有这四大缺点，所以马克思主义的运动是终难征服全世界的国家的，除非他们完全改变了他们的理论和政策。但是从另一方面看来，社会主义者的主张毕竟比放任主义者的主张为较能顺应社会演化的大势，所以未来的社会，仍然是社会主义占相当的优势，而私人资本的社会组织必须修正。不过这种社会主义必须具备下列的条件：一、以国家为单位而不以世界为单位；二、政策的实行用民主的方式而不用专制的方式；三、只实行集产而不实行共产。如果违背了这三个条件，则社会主义永无成功之望。

以上是单就社会对于经济管理及其分配方法的演化趋势而论，以下我们再从另一方面来看看社会本身执行经济机能的组织发展情形是如何。我们知道社会是一个有机体的组织，在这个独立的社会有机体之中，包含有种种的欲望和活动，因此产生种种的社会制度，经济制度也是其中之一种。社会有机体之有经济的机能，犹如个体之有营养的机能一样，是为本体生存上所必要的。这种执行经济机能的社会组织也随整个社会有机体的演化趋势而向前发展，逐渐由简单而趋向复杂、分化。最原始的社会组织即家庭时代，关于经济的机能组织尚未分化，每个家庭分子都负有共同的经济任务。其后社会愈进化，经济的组织便愈复杂，而有分功〔工〕化的倾向。在氏族和部族时代，经济事业便成为专门的一种职业，由社会的老弱分子及妇女担任之，而其他的人则另有专职，或变为执行政治职务的首领，或变为执行宗教职务的巫师，或变为执行战争职务的战士。这些人虽然享受经济的利益而并不执行经济的职务，因为他们另有其他职务要担任的，但是这时候经济职务虽已与其他职务分立，而经济职务的本身尚未分化。到了农业和手工业成为主要的经济事业以后，经济职务的分化才渐趋复杂，尤以手工业为甚，但是当时经济的主要方法还是农业，农业的分功〔工〕性是极不发达的，并且在私有土地制度成立以后，农业的生产大抵以家庭为单位，数口之家，合有若干亩的田地，生产用合作的方式，分配和享用也用合作的方式。这种家庭本位的经济制度在世界上实行过数千年，至今还是如此。不但农业为然，即手工业方面，虽然一种职业与他种职业间的分立性已经显著，但单就一种职业而论，仍然是以家庭为单位，由全家庭各分子合作行之。这种情形表示一个部族社会已经崩溃，而国族社会尚未成立的过渡时代的特殊情形。因为部族社会早已崩溃，而国族社会未能组成，故社会失去控制个人的力量，经济的行为不得不分裂为以每个家庭为单位。到了近代，社会演化的形态逐渐趋于国家化，这些家庭本位的经济组织遂不能应付社会的需要，而有扩大组织的必要。工业革命以后新产生的资本主义的经济组织，在一方面虽然是以个人为本位的，在另一方面却是以国家为本位的。因为在资本主义之下的经济组织已使经济的活动超过了家庭和村落的范围，而扩大到全社会去。在这种制度之下所产生的专注重个人利益的坏影响，逐渐被国家的自救力量修正了去。自从李斯特的国家经济学发表以后，国家逐渐觉悟经济的活动是应该属于国家全体的，因此有种种保护本国经济利益的政策出现。自从国家社会主义的运动出现以后，国家更觉悟他的责任须要统制全社会的经济活动，使生产和分配的现象趋于平均。因为国家表现这些自觉的力量，对于个人主义的资本家加以限制，故现代的个人资本主义虽然猖獗，尚不至完全破坏社会的统一和均衡。而同时因工业革命结果，使工业代农业变为经济生活的主体，在机器工业之下，其分功［工］的细密更远非手工业的时代可及。这种细密的分业化的趋势，使国家社会的组织变成了比较稳固而确定。以前的国家是建设在许多一盘散沙的个人或孤岛似的家庭、村落之上的，这种国家不能具备有机体的特性，故活动的能力不大。现在国家则已将国民分别组成无数经济的或非经济的单位，然后再由这许多单位互相接构起来成为一个有机的国家，这样的国家是不容易消灭或打倒的。

在这里我们顺便谈一谈阶级的问题。社会主义者特别看重阶级在社会组织中的地位，他们以为阶级的组织乃是社会组织中的主要现象。据马克思派的意见看来，阶级制度是自有人类以来就存在着的。一部人类社会的历史就是阶级斗争的历史。他们以为阶级的分化是起于经济的不平等，故他们心目中之所谓阶级，完全是经济的。

这种意见，据我们看来，是不正确的。阶级的起源并不是经济的，而是生物的。古代任何国家的阶级制度都是由于种族的不平等而起，并非由于经济的不平等而起。在一个战胜的部落征服了其他部落之后，为保持本族的权利和安全起见，常常创设一种阶级制度，将全部社会划分为两个或两个以上的阶级，在上层的阶级享有种种政治上、经济上、身份名誉上的特权，而在下的阶级则须受种种惨酷的待遇。这种阶级制度的产生完全是生物斗争的结果。因为阶级的不平等而所享受的经济权利自然也不平等，这是一种事实，但这种事实只能证明经济的差别是阶级的产物，而不能证明阶级制度是经济不平等的产物，马克思派的说法未免有倒果为因之病。

第八章　生物史观与宗教

宗教是什么？为什么会在人类社会中产生出来？在我们平常最浅薄的意见，以为宗教不过就是一种迷信的产物，只是由于人类智识的未开化而产生的。如果宗教的成因仅仅如此，为什么会成为一种普遍而持久的制度？为什么任何社会的原始时代都会有宗教制度产生，而且都占有很重要的地位？为什么在现在许多有文化的国民中间，宗教还成为主要生活的一部？可见宗教的成因不是这样简单的，只有从生物史观的立场，才能充分了解宗教所以产生的原因和对于社会的贡献。一个自然社会主要的原素只有两种：一种是社会的组织，一种是社会的意识。组织是社会的骨干，意识就是社会的灵魂，两者都是逐渐演化而成的，两者合起来便成为一个有机的社会。宗教是社会意识演进中间必要的产物。自然社会的最原始形态就是家庭，家庭的范围是很小的，在组织方面几乎可以说完全没有发达。家庭的构成完全由于血统的直接关系，所以可目为自然社会最纯粹的模型。在这样的社会之中，集团意识是可以直接领悟出来的，用不着靠一种制度去帮助。每一个家庭的分子可以直接对于同一家庭的分子和整个家庭的本身发生一种亲密一体的情感，这种情感不但表现于人类的家庭生活，即在高等动物中间也显明地存在着，这就是我们通常所谓的"亲子之爱"和"两性之爱"。这种对于家庭分子的爱情是生物经无数年生存竞争的演化结果才产生出来的，在鱼类以下的动物还没有产生这种爱情，这种爱情便是社会意识的起源。到了家庭扩大为家族、氏族或部族以后，社会的范围增大，每个分子便不容易直接意识到社会集团的存在关系。假使人类是如此，则社会组织便只能永远留滞于家庭的狭小范围之内，不会再有进步。因为受生存竞争的公例所支配，人类需要扩大的组织以维持自己的生存，因此凡是能够生存于世界的种族便自然会产生一种制度以维持集团意识的凝结。最初出现的制度就是图腾。每一个氏族都有一种共同的信仰，他们相信自己的社会是由某一种神物所产生的，他们认这种神物为共同的祖先，他们采取这种神物的形体书在旗上，绘在衣服上，或者刻在身体上以作本社会的标帜。一个人只要见了佩带同一符号的人，就立刻认他是一个同类，立刻发生了亲密的情感。一个社会的分子见了他们所共同崇拜的标志便立刻如同见了整个社会的集体一样发生了神秘的集团意识，他们可以听这种标志的驱使，受这种标志的谴责，为这种标志去牺牲一切，甚至于死。这便是在野蛮社会中普遍存在着的图腾制度，这种图腾制度的功用便在于形成一个集团的意识。因为社会的组织扩大了，每一个分子不容易认识集团人格的存在，所以才不能不产生这种图腾的制度。图腾就是整个社会有机体的象征。我们现在的人用投票的方法去决定他们的国家组织，古代的人则用神秘的信仰去建设他们的社会意识。无论是一杆旗子，一幅图画，一块石头，或者一种动物，一经被选定以后，便立刻成为全体社会的代表物，在全体社会的分子心中发生神秘的力量。这种图腾的信仰是许多年中生存竞争的结果自然淘汰而成功的，凡是不能造成这种图腾信仰的社会，结果必不免分裂或为他社会所吞并，因此凡是生存竞争优胜的社会都自然会产生了图腾的信仰。这种图腾信仰便是宗教的最原始形式。一个氏族社会的图腾信仰最初本是用以表示他们共同的祖先的形体的，后来逐渐演化的结果，距离具体的意义愈远，而变为抽象的人格，就成了神的崇拜。一个氏族认牛为其共同的祖先，他们便将牛的形体画在各种标志上，以代表他们的祖先。其后相传日久，牛的形相逐渐变化而变为牛首人身的偶像，同时其意义也由一种动物而变为超人类的神。这就是由图腾变为宗教，或者说由拜物教变为拜神教的经过原因。在这种信仰转变的期间，自然产生一种专司守护偶像的人，执行他们特殊的职务。他们根据社会的传说制为信条以教育新进的分子，这便是巫师，我们后来叫他们为宗教家。这种巫师的职务自然是与图腾的信仰同时并起的，不过最初是由一族的长老兼摄其职务，其后逐渐分化而成为专职，又其后逐渐增加为多数的巫师形成一种教会的组织，又由这种宗教的组织产生了多少仪式、禁忌，以及伦理、教条。教育和艺术也是由宗教制度之中副产出来的。宗教的正式成立，当在人类已进化到部族社会的阶段以后。每一个部族社会都有他们部落的神，都有他们部落的宗教组织。每一个部落的强弱胜败是与他们对于宗教的信仰有密切的关系；凡是信仰坚强的部落对外战争的时候必容易全体奋斗而获得成功，在平时也不容易为他部落所同化。一个部落与他部落无论由武力征服或和平接触的结果而彼此混合，其原有的宗教也多易互相混合。所谓多神的宗教就是由许多部落的神混合而成的结果。

以上是由生物史观去说明原始宗教的起因和其对于社会的功用。现在我们可以看看宗教的本身所受生物史观的影响为如何之大。我们知道原始宗教都是自然社会的产物，每一个家族或部族社会都有他们的共同信仰的宗教，由此可知宗教的起源是生物的而不是理想的，是种族的而不是世界的。现存的世界大宗教之中，以犹太教表现那种精神最为清楚。犹太教只是犹太民族的宗教，并不是世界的宗教；耶和华也只是犹太民族的神，并不是全世界的神。犹太人因为至今对于这种民族的宗教笃守不变，所以他们的民族意识至今未能消灭，虽历二千年亡国的生活而未尝灭种。我们看上古几个文明的国家，如埃及、巴比伦、吕底亚、腓尼基乃至希腊之类，都因为失去本来的宗教而至于种族完全灭亡，就可知宗教对于一个自然社会的生存发展其功用为如何之大。犹太教既然是纯粹犹太民族的宗教，故他的内容完全代表犹太民族的性格，受犹太民族性的支配，极为显著。其余的现存宗教因为传布得很广，所以不能这样简单。回教的最初本是阿剌伯游牧民族的宗教，含有游牧民族武健强酷的性质极多，所以他的原始教义也富有武健强酷的色彩。其后征服波斯，回教的中心渐由野蛮的阿剌伯民族迁到古文明国的波斯地方去，故教义也随之改变。巴格达帝国时代的回教，文雅宽厚迥非大马色时代的回教可比，这就是宗教受社会性的影响而改变的实例。到了回教教权移到游牧的土耳其民族手中之后，回教又一返于武健强酷且比较更愚昧些，可见社会性影响于宗教内容之重大了。基督教的史迹也可以同样看出这种社会性的重大影响来。原始的基督教本不过是犹太民族的一种新宗教，并没有世界的宗教的意义。耶稣之为人信仰只是由于他自称弥赛亚，弥赛亚是犹太人所希望降生的民族救主，并不是世界的救主，但是耶稣的教义太和平宽恕了，与犹太民族性根本不合，所以终为本族所反对，至被钉死。到保罗继起之后，才将原始狭隘的民族宗教一变而为世界宗教。保罗相传是罗马人，他的思想直接受自罗马民族，间接受自希腊民族。罗马在这时候已由意大利半岛的一个小民族一变而为地中海的主人翁，他们已变成一个世界的民族，所以他们的思想文化反映出来也是世界的。希腊自波斯战争以后也是如此。基督教的教义自经保罗修改以后，已经含有希腊和罗马的文化精神不少，故能迅速在罗马帝国内发展起来。其后因希腊、罗马两民族性的不同，基督教也随之而分裂为东西两教会。东正教的教义比较宽容些，教徒的生活比较奢侈些；西正教的教义比较狭隘，教规也比较严肃，这都反映希腊、罗马两民族性的不同。西正教之分裂为新旧两教，也是基于条顿、拉丁两民族根性的不相容之故。同时在东方流传的景教，又染了波斯民族的色彩而另成为一种系统。社会性可以决定宗教的内容，从基督教发展的史迹上看起来，也是很显然的。

佛教的变化比较繁复些。代表印度民族性的宗教本是婆罗门教，佛教在当时只是对于传统文化的一种反动。为什么一个社会产生和自己传统精神相反对的新宗教呢？要了解这种原因，须要从社会演化的整个过程去观察。一个自然社会在演化的过程中产生种种文化、制度，以保障整个社会的生存发展，这种文化或制度相沿日久之后便成为一种传统的权威，支配全社会的性质和方向。但是文化的内容一经形成为具体的制度以后，往往不容易变更，而社会本身却是时时生长的，环境也是难免有时变化的，遇到社会生长到了某种程度与已经形成的传统文化不能调和时，或者环境起了剧烈的变化迫使社会不得不改变向来的习惯以求适应时，社会与传统文化之间便不免起了冲突，这便是社会的蜕变时代。譬如爬虫类的蜕皮去甲一样，必须将固有的已不适用的旧壳去掉，社会才有新生的可能。这时候社会基于本身生长的潜势力，自然会产生一种去旧更新的蜕变作用。这种蜕变作用的第一步是在摧毁旧文化的壁垒，第二步则在创造一个适于社会生存的新文化系统。第一步所表现的往往是与传统的集团文化相反对的个人主义文化，第二步则为新集团主义的文化。宗教是文化的主要成绩之一，故表现这种趋势也很显著。印度的传统文化自系婆罗门教，但是婆罗门教到了西历纪元前七八世纪左右已经有僵化的倾向了，已经不能与社会的新需要相调和了。为印度社会组织中坚的喀私德制度，已经不适于新时代的生活了。所以在印度民族之间自然发生了蜕变作用，而产生了许多与传统宗教相反抗的新思想，所谓九十六外道者是。佛教也是这许多外道中之一种。原始佛教的根本教义是纯个人主义的，这是第一期蜕变作用常有的现象，中国魏晋之间的老庄哲学也是代表这种色彩。佛教在印度始终没有造成一种集团主义的宗教，他们反对一切世间法，主张绝对的个人解脱主义，这种主义是与社会的生存根本相反对的。一个社会若是充满了这种但求个人解放的宗教思想，则整个社会势必解体，灭亡。因此这种宗教是根本不能在一个有生气的社会中去发展的，除非这种宗教改变了他的内容的一部分。佛教在印度传布的结果并没有使印度民族趋于强盛，是很显然的。有些外来的游牧民族在征服印度之后，接受了佛教文明，旋即趋于衰弱，大月氏和哒都是如此。我们固然不能说完全是由于佛教的影响，但佛教的影响也占一部分势力。原来印度民族自始就是一个耽于幻想而缺乏实际经验的民族，自始就没有建设过统一的大帝国，种族的成分是非常复杂的，所以印度民族的集团意识自来就很淡漠，而偏于个人本位的活动。佛教是印度民族衰落时期的产物，所以表现这种色彩更为强烈。以后佛教由印度南部传布于后印度半岛诸国，所经过的民族大略相同，所以南方佛教也一直保存原始的佛教色彩，没有什么大变化。至于向北方发展的佛教，经过中亚诸国以达于中国、日本，因为所经过的民族各不相同，故变化也较为显著些。大乘佛教的思想发生于印度北部即突厥民族大月氏王朝统治的区域，其为北方较健全的民族思想，显然可见。其后流入中国，更与中国尚实际的民族性相调和，产生天台、华严、禅、净土等新宗派。这些在中国产生的新宗派是比较缺乏理论色彩而崇尚实际修持的活动，我们只要拿来和印度土产的法相宗一比较，即可发见两者之间的很大异点来。日本的佛教其入世的色彩更为显著，亲鸾派的真宗且公然主张僧徒可以食肉娶妻，中古时代的僧徒且公然练兵讲武与有力者相抗，这都是他国的佛教所绝无的。至于喇嘛教之流传于西藏、蒙古，也与其他佛教迥不相同，而且西藏的喇嘛教也和蒙古的喇嘛教内容各异，可见宗教受社会性之影响为如何之大了。

上海大陆书局，1933 年

二十年来中国思想运动的总检讨
与我们最后的觉悟
（1935）

从鸦片战争之后，这九十年中，在中国已往整部历史上算是踏入了一个空前的时代。过去的中国，虽然也经过不少的波动，即是整个的国土全被异族征服，也经过了好几次，然而中国这个民族（那时还不配称为国家）的整个机构并不曾被摧毁，异族入主中国不过像大海里投入了一股新流一样，只能在海中搅起了一股新潮，增加了一种新的生力，对于海的本身并无伤害的。中国人依旧有他的传统的一贯思想，孔子依旧被历代尊崇，家族主义依旧成为社会组织的中心，秦皇汉武所创造的大帝国概念依旧存在每一个中国人的心中，分裂不过是暂时的，被征服不过是一霎的，统一和独立才是中国本来的形态，那些耀武扬威的新入夷族，不到一代以后，就会跪在中国文化的面前，一步一步为中国固有的伟大潜势力所同化，结果连本来的祖姓也都改变了。中国是不怕征服的，中国的文化是永久超越于四围一切民族之上的，这是二千年来每一个中国公民胸抱中所怀的自信，因为有这样的自信，所以尽管朝代可以变迁，异族可以不断地侵入，中国人的理想和实际生活依然可以照传统的路线去进行，"天不变，道亦不变！"

然而鸦片战争一来，中国就不能仍然安于那种因袭传统的理想和实际生活形态之下了。国际强权的铁甲大炮，震醒了一向沉睡中的狮子的鼾梦。中国人已往过惯了按步［部］就班的规律生活，不要思索，也不许你思索，每一件事都有传统的老例给你规定好了，你爱办也是这样，不爱办也是这样。这种生活是懒惰的，但是安逸的，这是一种有机社会到了稳定时代的可羡慕的景况。如果环境永久是不变，则中国人的生活也许会永久这样持续下去，吃酒，赋诗，讨小老婆，耕读传家，父作高官子状元，孙又生子，子又生孙，永远轮回不已，虽然最后也有完全僵化之一日，然而这种僵化的进度是非常缓慢的，至少总该还能延长到一千年以上。不幸也许是大幸的，环境不容许我们这样永久安逸下去，工业革命的新流，把世界缩短到比苹果大不了许多的径度，把东亚和西洋紧紧连合起来，关门睡太平觉的生活，是绝对不能容许的了，我们必须要睁开眼来，看一看四围新奇的景象。像吕迫樊格尔一样，中国人从二千年的大梦中醒来，猛然摩眼一看，嗳！世界大变了，天也异气了，地也异色了，比从乔治第三跳到华盛顿还要跳过几千百倍的进程，中国人带着《天方夜谈》中某王子的慌张气色，一觉醒来，措手无地，自己华丽的宫殿那里去了？温软的床褥那里去了？娇柔的侍女那里去了？山谷槎枒之色，虎狼咆哮之音，天地狰狞之气，蓬蓬然如抽乱丝，如敲乱鼓，中国人将何来？何往？何去？何从？

当然，单是政治军事的失败，中国已往历史上也不知道经过了多少次，从鸦片战争到《塘沽协定》如果只是照抄南宋晚明的老例，则我们殊不必皇皇然大惊小怪，抱杞人之忧。因为蒙古、满洲的结果是我们明明看得见的。现在也许还有人仍然抱着这种思想，以为就让外国人来统治一下也不要紧，然而事实上两时代间的差异是非常之大的。在从前，征服中国的都是些进化阶段比中国低的人，汉人的中国已进化到民族社会的阶段，而征服者的异族不过仅仅发展到部族社会的形式，（关于人类社会的阶段区分，请看我的《社会科学通论》，中华版。）阶段高的方面在汉人，所以虽被征服，可以复兴。□在则不然了，中国仍然留滞在民族社会的阶段，丝毫不曾进步，而来征服我们的却都是些已完成近代国家机构的国族社会的先进者。鸦片战争的教训，就是证明一个未完成近代国家机构的民族是不能生存于现在的世界的。事实教训我们，使我们抬起头来，看到了社会进化的另一新阶段。

从生物史观的见地看来，生物进化的根本原则，就是从无组织进化到有组织，从简单组织进化到复杂组织。因为生存竞争的酷烈，所以迫着每一个生物放弃了个体的自由，而逐渐进入一种集团化的生活，非此则不足以自存。从单细胞生物进化到复细胞生物，从组织简单的复细胞生物进化到组织复杂的复细胞的生物，从个体生活进化到集团生活，都是顺着这一条路线走去的。人类在一开始就走进集体生活的阶段，所谓原始生而自由的自然人，仅仅是一种托之想像中的东西，事实上是先有了社会，后有了个人，因为社会生活在人类未出现以前已存在于各种高等动物之中了。近代讲进化论的生物学者，往往把进化的原则只应用到个体方面，这是极端错误的。生物到了人类出现以后，进化的主体已经超过了个体的阶段，而转变到集体的阶段。人类之所以优于其他生物，并不在乎个体的优胜，人类在体力方面比较其他动物已经远为劣败，人类的力大不如虎豹，快不如马，捷不如猿猱，游泳不如鱼虾，飞不如鸟，这是我们所熟知的。即在智力方面，人类的感觉也远不如其他动物。人类之所以能超越其他动物而为世界之主人者，完全在发展了集体生活这一点上。人类在组织上发展了集团的社会组织，在精神上成立了集团的社会意识，这是人类所以战胜一切的根本原因。人类在原始以来就开始了集团的社会生活，最初是在家族社会的阶段，以后逐渐经过部族社会，民族社会，而演进到今日国族社会的最高阶段。这些社会阶段间相互的差异，正如下等生物与高等生物间相互的差异一样，它的表现的特征是意识的逐渐显明化和组织的逐渐复杂化，两者统合起来，便使社会与生物一样，逐渐构成了一种有机的发展的线型。这是十九世纪以来无数生物有机体派的社会学者的主要看法，在今日虽然还有无数个人主义者及阶级主义者的社会学家，执持他们陈腐的意见，依旧只认生物个体为唯一的实在，而反对有机社会的观点。然而事实摆在面前是无法否认的。无论是个人主义者的英美民族，或阶级主义者的苏俄民族，他们的祖国依旧顺着有机社会发展的本性，一步一步走上近代国家有机体的建设线上。他们在口头和纸上尽可以反对集团的控制力，主张保存个人或阶级的无限自由，然而在事实上，他们的民族却不能不迅速地跨入国族社会的阶段，努力向建设近代国家有机体的线上去争衡，因为不如此则不足以自存。

中国在春秋以前，是家族社会和部族社会交错的时代，到秦汉以后，才打破了部族社会的残垒，而建设了民族社会阶段的大帝国。二千年来，因为环境的不变，因为四围外族的进化阶段比中国还低，无从因观摩而进步，所以始终留滞于民族社会的阶段，不能再有更高的发展。西洋的国族社会也是从近四百年来才开始发展起来的，到法兰西大革命以后才开始成熟。十九世纪以后，西洋有些主要的国家，已发展成为比较完全的国族社会（即所谓近代国家），而中国则仍留滞于民族社会的阶段，甚至部族社会和家族社会的残影还在那里作怪。以既没有近代国家意识又没有近代国家机构的老大帝国，和意识及组织俱进步的近代国家相遇，正如海绵类、腔肠类的下等生物与高等有机体的生物相遇一样，失败乃是当然的结果。日本人和中国人曾同受过这样的苦痛，然而他们能充分认识这种危机，所以迅速地把西洋近代文化的精髓，国族社会的精神和组织全盘接受过去，所以能够于短时间造成一个近代的强国。中国人没有认识了这样意义，失了机会，所以才有今日的失败。

国族社会与其他进化阶段较低的社会的差别，并不仅仅在政治组织方面。每一个有机社会的阶段都是统合当时全部的人类的生活形态的。每一种阶段的有机社会，他的构造，他的分子，他的集团的和分子的意识形态，及由此而产生的一切风俗、习惯、制度、文物、学术、思想、观念方式，都是一整套的东西，部分的采取，部分的拒绝，都是不可能的。每一个人，他的思想行动都受着所属的集团社会的有机条件所支配，马克思派说个人的思想行动是受客观经济条件所支配，这是错误的，然而他否认个人有绝对的自由，个人可以不靠任何条件而自由创造一切，这是对的。从生物史观派的观点看来，个人的思想行动不是决定于个人，也不是决定于什么经济的客观条件，而是决定于他所属的集团社会的整个性质。一个部族社会的分子和一个国族社会的分子，他们彼此间的生活形态和意识形态是绝对不同的。所以要采取一种阶段的文化，必然要全盘采取，没有自由选择的余地，因为文化本是社会集团的产物，社会集团的本身是一种有机的整体，他所产生的文化也是一个有机的整体，部分的采取或拒绝是不可能的。

鸦片战争以后的中国人，因为没有这种认识，所以他们的维新政策就不免有舍本逐末的缺点。他们最初以为西洋民族之所以优胜，全在乎船坚炮利，所以维新运动的最初步乃是从学习枪炮入手。这个观念似乎至今还支配一部分大人先生的思想。他们以为中国的传统文化本来是优于他人的，只是物质的技能差一点，所以只要充分学得这一点便够用了。这个信念到甲午中日战争就打破了。甲午中日的战争，讲到军器、军资方面，中国人并不劣于日本人。中国的海军比当时的日本海军尚占优胜，然而无奈中国的兵官和士卒根本没有对于国际战争意义的认识，中国的一般国民更没有认识，所以虽然船坚炮利，依然免不了最后的失败。甲午以后，中国人的认识比较进了一步，大家以为西洋人的长处是在他们的政治组织，我们只要把这种政治组织整个移植过来便够了。当时的革命派和立宪派，虽然主张不同，然而根本的认识是一致的。这种运动的收果便是辛亥革命。辛亥革命以后，西洋的政治制度总算移植到中国来了，然而中国人的生活形态和意识形态是依然如故的。中国的社会依旧是一个家族、部族、民族三阶段混合的社会，特别是由儒家所拥护的家族主义基本观念，还支配着每一个分子的行动。一个中国人的参加政治不是为着献身祖国，不是为着替公众服务，乃是为着仰事俯畜，乃是为着所识穷乏者得我而生活，基本的观念如此，所以政治和家族的私利纠缠到一处，这是民国以来政治失败的根本原因。这种基本的观念一日不打破，政治一日不能走上轨道。然而要打破这个观念，所需要的是整个的社会组织和社会意识的改变，不是仅仅政治制度的改变所能成功的。

辛亥革命在表面上是成功，然而在实质上是失败的，失败的缘故就因为对于社会根本的组织和意识都没有变过，单是表面上政治形式的变更，当然不会有好结果的，所以跟着到来的就是袁世凯的复古反动思想。袁氏的复古运动，当然也代表着一部分中国人的心理，他们眼见革命运动的失败，革命以后种种现象的不满人意，他们要求一齐反过去，要求恢复未革命以前的一切固有道德和固有礼教。然而他们不明白，假使固有的礼教道德还有权威，还可以支配中国人心和应付当前事变的话，则革命也不会起来。革命能够起来而且成功，就证明固有的文化道德已经不能控制这个社会了。"已馁之鬼不灵"，这种反动的复古运动结果只有趋于失败之一途，事实上袁世凯洪宪帝国的瓦解，就证明了复古运动已到末路。

这时候政治革命的路已经绝望，一般有血性有思想的国民正在陷于极端烦闷彷徨的时代。少数先觉之士已经开始了一种更深沉的认识，他们认识了政治改革只是表面的工作，单纯的政治改革并不足以救了中国，还有更深沉的社会问题和思想问题摆在后面。梁任公先生在《大中华》上首先唱出了不谈政治专谈社会问题的议论，章行严先生在《甲寅杂志》上虽然反对梁氏不谈政治之说，然而《甲寅》的政谈也是理论的而非现实的，他们不但谈政治理论，还要进一步来谈逻辑，谈哲学，谈人生的根本问题。这两种表面立场相反的刊物都是代表着当时的一种觉悟潮流，代表已往从事过实际政治的人物的一种更深的觉悟。这种潮流的合并便产生了《新青年》以后的新文化思想运动。《新青年》之所以能成功，就因为他们看清了时代的需要和中国的需要，他们自始就不谈实际政治问题，他们知道中国的真正问题并不在表面的政治现象，他们知道中国的问题是一个整个社会的问题，是一个整个思想的问题，社会和思想的根本问题没有适当的解决，政治问题是无法真正解决的，旧瓶不能盛新酒的比喻，恰好可以应用到政治与社会思想的关系上。《新青年》因为有这种根本的觉悟，所以他们在一起始就抓住了更深沉的思想文化问题，对于传统的社会组织和思想大刀阔斧从事解剖，解剖的结果便是五四以来的思想文化革命运动。无论是赞成或反对的人，总不能不承认《新青年》对于现代中国影响之浩大。只要是稍稍留心当代情形的人，总可以看出二十年来中国社会和思想的巨大变迁，这变迁也许是时代的自然演进所造成的，然而少数先觉鼓吹引导之功也是不可没的，我们到底不能否认了当时少数努力者对于时代和国家的贡献。

然则《新青年》的运动是彻底成功了吗？不然，与这个意见正相反的，是我们不但不以为《新青年》的运动是真正的成功，并且以为《新青年》对于近十余年中国政治社会的混乱是应该负很大责任的。《新青年》派对于中国的功绩，只在摧毁传统的社会机构和思想这一点上。中国固有的家族主义社会组织和思想，到了鸦片战争以后，本来因为时代的没落而不能应付需要了，《新青年》在消极上对于家族主义制度和理想的攻击，使这障碍国家发展的最后残垒倒了下去。这是《新青年》派对于中国惟一的功绩。然而不幸他们在积极方面对于未来中国的建造并没有提供出有力的意见。他们这一派人共同的大毛病，就在对于中国当前的需要没有彻底的认识，对于中国未来发展的途径没有彻底的了解，对于西洋近代文化的本质和社会演进的基本趋势也没有整个的观念。他们当时所有的一点共同认识，就是一些浅薄的观念，他们曾举出德先生和赛先生来做思想运动的中心，然而他们不知道近代西洋的民治主义和科学都是建筑在另外一个更广大的社会基础之上的。他们不知道民治和科学都是国族社会的工具，只有在一个完备的近代国家组织和意识之下，这些工具才会发生效能。他们沉迷于浅薄的个人主义，他们沾恋着个人自由放任的反动思想，他们不能替当时的青年指出一种勇猛的、积极的、建设新社会的路径来。因此他们所留给中国的，只是消极的破坏工作，家族主义破坏了，传统的文化道德破坏了，新的可以代替的东西在那里呢？是胡适的个人主义吗？是陈独秀的阶级主义吗？是周作人、鲁迅的虚无主义吗？所有这些，在当时都没有构成了一种具体的系统的思想，于是中国的思想界在五四以后就变成了一片白地，许多走头〔投〕无路的青年在这块白地上凭个人的直觉幻想建造出许多空中楼阁来，空中楼阁是靠不住的，是经不住现实的试验的。于是怀疑，烦闷，混乱……种种现象就相继产生出来。

从五四以后，这十多年中，在中国思想史大体上可以说是一个个人主义猖獗的时代。个人主义是对于传统集团文化的一种反动，一个集团社会若想在世界上生存发展，必然要产生一种富有集团性的文化，这种文化可以范围各个人的思想行动，确立了集团的意识和集团的信仰。在社会旺盛的时候，每一个分子都感觉到集团生活的光荣和集团文化的权威，共生，共死，共歌，共泣，这时候个人主义的思想无从发生，即有也无从发展。集团文化成立过久，内容渐变成僵化而失去原始的活力，不能与集团社会本身的发展相应的时候，然后集团中的每一个分子才渐渐感觉到固有文化的不足维系人心，而渐渐发生反感，个人主义的思想便由此猖獗起来。在中国历史上最著的例是魏晋时代，在西洋便是罗马帝国末年。这时候社会上充满了怀疑、烦闷、猜忌、倾轧的空气，对于传统文化的冷嘲，对于新理想的彷徨，构成了一个历史上的虚无时代，所谓世纪末病就是指这种个人主义猖獗的时期，这是一个旧社会将要全体蜕变的预兆。社会如生物一样，在需要蜕皮的时代要来一个蜕变时期，这时候社会中各分子的共同信仰都丧失了，一切理想都归于虚无了，人类社会中已没有共同规范可遵依了，这时代的人就剩下了三条路好走，最上等聪明的人，因怀疑而烦闷，因烦闷而否定了一切并否定自己，采取了自杀或者玩世放任的一条路，这是第一种人。中智的人因为否定自己，对于一切现实理想都无可依，于是盲目地投到一种神秘的思想和仪式中，接受了宗教的信条，这是第二种人。下等的人因为失去了共同的规范，个人的私欲便乘机大张，骄奢淫佚，无恶不作，这是第三种人。所有这些，都是社会破灭的预兆。如果这种个人主义的时代尽管延长下去，不思补救，结果就是社会的整个自杀。中国不幸从五四以后这十几年中就停留在这样一个世纪末的时代。过去家族主义阶段的一些含有集团性的美德，到现在都丧失了，新的集团道德的规范还没有建设起来，一般老师宿儒们所慨叹的"人心不古，世道沦亡"，正是指着这个传统的集团文化崩溃以后的无政府情形。但是传统文化的复兴虽是一般老师宿儒的本愿，然而事实上是不可能的，理由是正因为传统的文化不能适应集团社会本身的需要，才会引起旧文化的崩溃和个人主义思想的猖獗。如今却想拿复古来救正维新，岂不是妄想。要救治这种个人主义文化的反动时代，必须赶快建设一个新的，富于朝气和适合时代需要的集团文化。救治罗马帝国末年的个人主义的狂焰的，不是已经僵化了的希腊文明，而是新兴的有信心和有纪律的基督教。我们现在去宗教时代已远，宗教的形式当然不能应付时势了，然而一切宗教的根本精神，纪律化的集团组织，和对于人生根本观念的理解，以及勇猛实现这种理想的信心，是建设集团社会所必需的。我们需要一个伟大的理想来领导我们，启发我们对于未来的希望，这个理想必须是集团性的，热诚的，应乎实际的需要的，有纪律和信心的，这根本是一种宗教性的东西，虽然这种理想也许不承认自己是宗教，也许根本和宗教是反对的。

我们深切惊痛现代中国青年理想生活的空虚和缺乏，我们回想到五四时代那时候的青年或许比现在幼稚，比现在无能力，然而大家对于未来总有一种理想的憧憬，大家在新文化运动的模糊影响的旗帜之下，对于未来激发了一种幼稚的好奇心，每一个富有朝气的青年对于未来都构造起一种美妙的梦，这种梦可以引导每一个青年牺牲一切小己的幸福快乐，来献身于一种不可知的理想。人类文化的进步，社会的开展，是要在这种伟大的梦想之下才能成功。没有梦的人，就是没有生活的人，虽然照样会穿衣吃饭，然而不过是行尸走肉。一个国家若是缺少做梦的人，就是将细胞中最精灵活泼的分子除去，这个国家的前途也就很难乐观。我们最痛苦的，是眼看着十几年来，中国人中这种具有理想生活的分子渐渐减少，连最善于做梦的智识界分子和青年也都一齐沉入在一种庸俗浅鄙的实利主义空气之中。五四时代的青年，胸中所萦回的问题是怎样改造社会，献身国家，现在的青年所萦心的是个人的出路，怎样找饭碗，怎样找爱人，怎样取得文凭和地位。我们并不否认一个青年人应该关心这些自己切身的利害问题，然而一个人除了吃饭讨老婆之外不是至少还应该有被一点理想之光照耀着的余裕吗？人的一生不是总应该做几场好梦吗？连梦也不会做的民族，怎样还有在实际生活中挣扎的勇气？怎样能够不消沉，堕落，流入到个人主义颓废主义的绝路上去。

我们当然知道，青年的消沉，颓废，理想生活的没落，自有其客观实在的原因。五四时代富有朝气的一点理想之梦，经不住十几年来现实的一步一步的严酷试验。理想与现实碰头以后，证明了理想的虚浮，空洞，没有真正应付现实的把握和勇气。十几年来现实客观环境的惨酷的演变，使无数理想在他的面前崩溃下去，人们在梦境消失之后，所余下的是空虚，失望，以及对于梦想的反动。理想已经在实际教训之下投降了，梦的生活已经过去了，于是国家和社会的问题只有交把在一切过于实际化而不会做梦的人的手中，而这些人呢，既然没有梦，当然也没有一个共同的理想和憧憬，于是在中国境内，我们只看见一个一个忙于个人出路的现实的人，而看不见一点理想生活的影子。这是一种民族末路的悲剧，我们在这幕悲剧里，仿佛看到了希腊文化的灭亡，仿佛看到了罗马帝国的没落，仿佛看到了魏晋时代汉民族统治的瓦解，仿佛看到了《猫城记》里猫人国家的崩溃，仿佛看到了古往今来一切伟大民族的最后结果。我个人以为东北四省的沦亡不足悲，整个中国的沦亡也不足悲，惟有民族精力的消亡，民族集团精神的崩溃，民族理想生活的没落，才是惟一最可悲哀的现实。如果我们的民族还有一点勇气的话，应该挺身起来，打破这种现实的、枯寂、消沉、无聊的实利主义、个人主义空气，重新用理想生活唤起民族垂死的精魂。我们不要那些只会描写个人悲欢爱欲的文学，我们不要那些刻板考据行尸走肉的国学和科学，我们不要那些吟风弄月颓废消沉的人生观，我们不要那些只会当马克思留声机器的自命社会革命家，我们要的是一个活泼泼、热气腾腾的民族文化再造运动，在这个运动里，我们应该重新点燃起每一个国民胸中理想的火焰，严肃地、深沉地、向着整个民族的大目的前进。

过去领导前期新文化运动的前辈，因为他们个人对于理想和现实都没有深沉的了解，所以除了消极的解除旧社会的障碍以外，没有能够领导国民走入一种积极的方向。他们之中，多数仍沾恋于个人主义的残垒，他们不知道中国所需要的不是单纯的个人主义，而是经过了个人主义解放之后而蜕变出来的新集团主义，他们对于这个新要求并没有多少贡献。他们的时代已经过去了，有一个新的积极的文化建设时代需要继续产生出来。但是在实现一切之前，需要一种追求理想的新火焰在每一个有朝气的国民胸中燃烧起来。

我们不是唯心主义者，我们不相信只靠单纯理想的力量就能把事实改造过来。我们以为一个理想若能在现实生活上发生力量并底于成功，必然须将理想的基础建设在科学的、客观环境的实际条件上。单纯的梦，不顾现实的梦，是人人会做的，但是不会与现实发生交涉。人是现实的人，所以我们的梦不能不从现实出发，不能不受现实环境的限制。凡没有现实基础的理想，终于是空想，不会成功。举一例来说，譬如马克思派的布尔什维克主义，近年在中国曾发生很大的影响，然而终久是失败的。他们之所以能在中国发生影响，因为他们的理想比较是集团化的。中国在五四以后陷入于个人主义猖獗的时代，个人主义只能消极的破坏一切，却不能积极地建设一个新的理想，不能满足社会的要求。马克思派乘着这个空隙把他们似是而非的□社会科学理论去迎合一般人的心理。他们给予了青年以一种理想，并且是比较集团化的理想，这是他们所以能暂时取得一部分群众的原因。然而他们的理想是建筑在空中楼阁的假社会科学之上的。从经济史观到阶级斗争说，他们构成了一整套的理论，然而这种理论的根据是非客观的，非科学的，如同基督教的上帝创世论到末日审判说一样……现实的试验，把这一派理论错误逐渐都暴露了。不但在中国，即在苏俄，布尔什维克党人在夺取政权上虽然成功，然而在理论上已经失败。打倒资本主义的口号已经变为投降国际联盟的事实了，煽动阶级斗争的世界革命说已经变为纵横捭阖的外交方略了，战时共产主义已经变为新经济政策了，社会民主主义的理想已经变为斯大林的个人独裁了。所有这一切都证明布尔什维克主义在客观实际环境的严酷试验之下已经显然转变（至少是修正），最要紧的是国际大同理想的行不通，俄国本身已恢复到一个单纯的民族国家的地位，并且积极向建设近代国家的路上去迈进。托洛斯基派的失败，斯大林派的胜利，都是基于这种客观环境事实条件的决定……也是受了客观实际环境的淘汰之故。

从这个显著的例看来，可以证明中国今日虽然极端需要理想生活的引导，然而离开了现实的理想是不成功的，理想必须与现实结合起来，才有实现的可能。因此正确的理想，必须建筑在正确的哲学和社会科学基础之上。所谓正确，不是主观好恶的正确，乃是从客观事实中抽绎出来的正确原则。……我们今后需要的理想，不是这样空中楼阁的理想，乃是从正确的哲学和社会科学出发，基于客观现实而建设的切合现代中国需要的理想。只有这种现实与理想合一的运动，才能把中国拯救出来，建设一个独立自主的近代国族社会。

我们所需要的理想是什么呢？这个不必让作者个人来杜撰，只引近来两种当代名流的时论，就可以代替说明。五月十二日的《大公报》星期论文，有马君武先生的《立国精神》一文，里面有几段话：

> 九一八事件发生不久，萧伯纳到中国游历，有人和他谈满洲问题，萧伯纳说："满洲人要具有我们爱尔兰人的精神，英国要征服爱尔兰，须每一个爱尔兰人有一个英国兵拿枪跟着他。"
> 爱尔兰有这样精神，所以世界上有独立的爱尔兰。
> 一二八上海战事未久，有一位法国《巴黎晨报》的记者来游广西，他说："我是初次到东方，看见许多事真令我们法国人莫明其妙。法兰西遇有对外战争，不要说男子，就是老太婆或小女孩子，都要拿性命送与国家。我看这次上海战事，离稍远的地方，居然行

所无事，仍旧过他们的太平日子。"

法国人有这样精神，所以世界上有独立的法兰西。

……

总而言之，凡是独立国家，国民皆有一种"甘为国死"的精神，这就是我所说的立国精神。这种精神在日本尤为旺盛，日本人称这种精神为大和魂武士道，一九〇四至一九〇五年日俄战争时期，我在日本读书，看见凡应征的兵士，都有亲戚朋友欢送他入伍，手上拿了些白旗，旗上写的是"祈战死"三个大字。

……

没有勇气怕死的国民！犬羊！虫蚁！这样的人，真不配做人类，不配做国民，不配成立国家。

舍弃自己的生命，以为民族，以为国家，这是很高尚的道德。但是这种道德，现在已经普遍了。凡是实行征兵制的国家，已经看这种事为国家不可违的法令和人民必须尽的义务了。

打倒"明哲保身"的旧学说，破除"苟全性命于乱世"的旧习惯，我们应常服膺的教训是：

裦金革，死而不变；

见利思义，见危授命；

祖宗土地，不可以尺寸与人；

公尔忘私，国尔忘家；以及其他与此相类的名言。

人类与其他一切生物一样，是永久竞争不断的。有必死之志，然后可以图存，合全国人民的总力量以捍卫国家，然后国家不至于灭亡。非武力抵抗不成名词，要用武力抵抗；消极抵制不成名词，要用积极抵制。印度甘地是一个很可怜的虫蚁，我们不要学他。

……

在六月二日同报的星期论文中，傅孟真先生有一篇《中学军训感言》，里面又有这几段话：

……就国家的地位论，中国恐怕要在世界上倒数第一了，土耳其固远远在天上，即如"半黑人的非洲野蛮国"阿比西尼亚，还敢对义大利不屈服，而我们此日何如？……说是中国人根本不行吗？就我在西洋住和与西洋人之往来观察之，毫不觉得我们中国人在智能上有"劣等民族"的嫌疑。中国人中聪明人实在不少，凡在国内好好用功的学生，到外国赶不上功课是很少的例外。就上层的才智之士论，中国人到现在也还很有聪明创作之天才，即就下层阶级论，我敢说北平的洋车夫远比英岛的矿工智慧大。只是我们有一件大缺陷，我们只是一个一个的单体，而强盛的国家都是大多数国民成一个合体，散沙中虽多黄金沙，总敌不上胶泥能成器物呀。……

中国人缺乏组织性之一件事实，可就两面看。第一，组织是靠有一个大家共认的中央思想作重心，没有这个中央思想，便如铁屑不着磁石一样，是集合不起来的。现代的争雄国家，除苏俄外（按苏俄也是一样，并无例外），其中人民尽管号称信天主教、耶稣教、佛教、回教，其实大多数人是真不信任何教的，他们真正信仰，他们心神之真正寄托所，只是他们的国家。所以欧美人之在平日，居养舒服，远非中国受教育阶级者所能及，而一旦打起仗来，全不管了，又非中国劳力以外者所能受。中国人至今多数还未曾感觉到国家之存亡与荣辱如何影响到他国人之存亡与荣辱，无此见识即无此情感，无此情感即无此行为。维新以来的教育，何尝不是终年谈爱国，这样的空谈，虽然引起不少的志士，革命的青年，⎵清就灭亡在这一点上，然而多数人依然旧样。到了今天，我们还不免惊着去认识，我们的第一患害，不在强敌，而在各种各类的汉奸之多，尤其在大多数人对国家之漠不相关。现在的中国学生，就全国的人口论去，已是社会中的优越阶级，后来总是组成社会的中坚。他们空听爱国的议论，是少用的，他们必须受爱国的训练。他们应该知道国家需要他们执干戈以作捍卫，到现在更应该知道他们的生死荣辱是和国家的隆污存亡分不开的。此人此日此事，意思十分充满。借此训练加重爱国的认识，锻炼爱国的情感，是理当的。诚然，西洋有些词章之士，形容一个人入伍出来成个和平主义者，或应云战败主义者，但这究竟是极少数，只应该出现于黩武的国家，大多数人是以入伍生活增加爱国兴奋的。

第二，组织既靠中央思想，又靠训练，训练坚实者易于组织，缺训练者不能组织，这都是二加二等于四，不用解释的话。入伍集中的生活是化以纪律之最好场所，即是增加其便于组织性之最好机会，这道理也是不待解的。

马、傅二先生一个认舍弃自己生命甘为国死的精神是立国精神，一个认合体的组织是立国的要素，这都是探本穷源之谈。这是中国的智识阶级在九一八事实教训以后所发生的一种深刻的觉悟。中国自五四运动以后，一部分领导新思想的人，受了欧战后西洋反动思潮的诱惑，误认世界大同是可以实现的，所以一切反国家本位的思想得以乘机发展，结果造成了今日的屈辱。现在事实的教训把这些迷梦渐渐打破了，有良心肯说真话的智识分子，渐渐觉悟他们对于国家的关系而讲出应该讲的话来。当然，还有一部分至死不悟的人，或中了中国传统的王道思想之毒，或受了罗布有分的影响，至今还执着他们做世界公民的迷梦，那只好让他们等候着尝尝做日本王道统治下或苏俄第三国际下的公民滋味之后再说。肯睁开眼看看现实的人总该一致来赞同马、傅二先生的看法的。不过我以为爱国精神和集团的组织并不是两件事，实是一个事物的两方面。社会和个人一样，有心理的和生理的两种机构，社会的心理机构，便是集团意识；生理机构，便是集团组织。一个社会发展到了国族社会的阶级〔段〕，在心理方面成立了国族意识，在生理方面也成立了近代国家的机构。现代各强国莫不如此。中国人之所以缺乏立国精神和合体组织，正因为中国至今还留滞在家族等社会阶段，而未进行到国族阶段的缘故。

讨论到这里，这才抓住了问题的中心，就是我们以为过去的中国维新党人，从坚甲利兵派到政治革新派，从政治革新派到五四以后的新文化运动派，虽然在思想上一代比一代进步，然而始终没有认识清楚问题的核心。中国之所以失败，不但不在区区兵器问题，也不仅在政治的不良或科学物质文明不发达的问题，中国的问题根本是一个整个社会进化阶段的问题，中国的失败，是非国族社会对于国族社会生存竞争的失败。这完全是生物演化阶段高低的基本问题，如同下等动物必然为高等动物所征服一样，一个未进化到国族阶段的社会必然为进化阶段较高的社会所征服，这是天演竞争的公例。要想免于天演的淘汰，只有赶快促进中国社会的演进趋势，赶快把中国造成一个最进步的国族社会，除此以外，别无他法。

这样看来，我们就可以知道中国现代的问题，不仅仅是一个政治、经济、外交、军事的问题，而是整个社会演进阶段的问题。我国所需要的，不仅是政治革命，而是社会革命。中国社会至今尚留滞于较低的阶段，非有一个大规模的社会革命把整个中国过去的意识形态和组织形态都改变过来不可。我所说的社会革命，自然不是马克思派所追求的社会革命。马克思派的社会革命是扶起一个阶级来打倒其他的阶级，所注意者只是经济方面的利益，我们根本不承认经济是一切社会制度动力，我们以为经济只是集团社会多方面活动之一面。社会的演进是集团的不是部分的。一个社会的成功与失败，全看他的整个组织和意识的集团化到什么程度，只知道求某一阶级的利益，和只知道追求某一个人的利益一样，都是一种落伍退化的思想。阶阶〔级〕主义只是从个人主义进化到集团主义的一种中间的思想，他比个人主义者较能认识集团生活的意义，但他们之所谓集团，仅只限于一个阶级，还没有进化到整个民族国家的观念。尤其是从经济史观出发的阶级主义，他们的根本观点即已错误，他们以为经济是支配社会进化的原动力，而不知道社会组成和演进的基本原则是生物的，而非经济的，经济关系是后天而生物关系则是先天。一个人生下来是无产阶级，到后来也许发财而变为资产阶级，但是一个人生下来是黑头发黄皮肤的中国人，却无论如何不能变为黄头发白皮肤的英国人，由此可见国家民族的关系比阶级的关系远为实在而不可变更。生物史观之所以远胜于经济史观，单就这一点来看也很了然的。

从这样看起来，我们就可以觉悟，中国的问题，又不仅是一个社会的问题，又连带地牵涉到思想的问题。在社会革命之先，还须来一个思想革命。思想是社会形态的反映，这句话在我们的意义虽与马克思派不同，然而表面上是一样承认的。中国过去的社会因留滞于家族阶段以及其他不进化的阶段，所以反映出来的思想也只是一些家族主义的儒家和无治主义的道家之类，国族本位的思想始终不能发达。欧战以后许多空想的世界主义、国际主义之类思想所以容易为中国人所接受，也因为中国尚未进化到国族社会的阶段之故。现在中国社会因内在的需要和环境的需要，渐渐要从一个非国族社会的阶段进化到一个国族社会的阶段，所以在思想上才发生了新的动向，上举的马君武、傅孟真二先生的论文，就代表这种社会本身觉悟思想的开端。我们应该顺着这个趋势，以全力促进思想界的革命，打倒一切没落的个人主义、家族主义及似是而非的世界主义的思想，使国族本位的思想得以充分发展，然后才能促进中国赶快造成一个近代国家，具备了近代国家的组织和意识形态。中国要免于灭亡，只有走这一条路。

我认为一切社会伟大的变更，都不能不以深厚的系统的哲学为基础，我所谓的哲学，并不是只凭玄想的玄学，而是以正确的社会科学为出发点而建设的人生哲学和社会哲学。人类是生物的一支，所以生物学的原则乃是一切人类社会科学的根本。从生物演进的方向看来，从单细胞生物到复细胞生物，从复细胞个体到人类社会的集体，其演进的路线是一贯的，就是生物进化阶段愈高的，其集体的组织越复杂，而集体的意识也越鲜明，每一个分子全弃了小我的意识而在一种较大的有机组织之下联合起来，才能取得生存发展的权利，才能完成了生物对于自然界伟大的任务。人类社会从家族阶段经过部族、民族而演进到国族阶段，这种事实分明摆在我们的眼前。以日本只有六千万人口的小国而能压迫人口多过七倍的庞大中国，岂不是因为日本已经完成了国族社会的有机组织集团意识，而中国则至今尚是一盘散沙的缘故吗？我们要想拯救国家的危亡，不能不从甚深的社会哲学及社会科学的基础上建立一个正确的观点。只有理想与现实结合起来，才能指导国民以一种正路。在国难严重的今日，需要正确的理想生活的指导比需要实际才能的政治家、外交家、军事家还更过百倍。我们期待着中国有一个更深沉更彻底的文化运动时期到来，中国的复兴必然地建筑在这种理想的生活的普遍基础之上的。

民国二十四年六月

《国论》月刊第 1 期，1935 年 7 月 20 日

关于思想
（1937）

一 何谓思想

在普通语言文字里"思想"这个名词，它的用义是非常歧异的。有的人将一刹那间的感想叫做思想，有的人则以为思想非有完整的体系不可；有的人以为思想是一个思想家闭户静思的结果，也有的人以为只要能够流行于社会的共同意见就叫做思想；有的人以为只有关于哲学的见解才叫做思想，也有的人以为任何科学都可以成为一套思想，所以有政治思想，经济思想等名称。思想的用义既然如此含混，所以撰一部思想史的人，首先就必然感到应该怎样去决定它的内容材料和范围是一件很烦难的事。

让我们从我们的观点来检讨一下思想的正确意义。第一，我们应该知道，既称为思想，就必然是流行于社会的东西，一种思想必须有主倡的人，又有附和的人，如果只有主倡者而无附和者，甚至于主倡者只是闭户默思，而始终没有向任何人去倡导，则这种思想根本我们就无从知道。所以思想必须是流行于社会的共同（部分的共同）意见，单纯的闭户静思不能称为思想。释迦牟尼在菩提树下静坐的时候，无论他的思潮怎样起伏，若没有后来说经四万八千的努力，他决不能在思想史上占一个位置。所以思想必须是社会的，而决非个人的。

其次，我们也应该知道，既称为思想，必须多少有点首尾一贯的理论，刹那间的感想不能叫做思想。我们早晨起来，对着方升的红光照眼的太阳，高唱一声"好光明啊！"这不能叫做思想，必须将这赞美太阳的感想，演化为一种拜太阳的教义，才能在思想史上占一个位置。所以思想必须是系统的，而决非冲动的。

再次，我们还应该知道，虽然每种思想的出发点各有不同，但是既被称为思想，就含有普遍的意思，不能仅以局部的理论功能为限。一种思想就是一种新的对于宇宙、人生或社会的见解，它的意义是普遍的，而非局部的。约翰弥尔的自由论是一种政治理论，马克思的资本论是一种经济理论，但是他们的理论已经直接影响到人生观、社会观的全部，所以才能成为思想。爱因斯坦的相对论，是一种物理学说，但是他已经改变了人类对于宇宙的整个的观点，所以才和哥白尼的地球绕日说同样称为思想。反之，如门德列夫（Mendelejeff）的原子周期律说，虽然也是化学上的大发现，然而只能称为学说，不能称为思想，因为它对于宇宙人生没有发生了整个的影响。所以思想必须是普遍的，而决非专门的。

从以上三点看来，我们对于思想的意义略略可以明白一点了。思想是什么？思想是一种比较系统的理论，流行于社会之中，获得一部分群众的赞同，而对于他们的宇宙观、人生观或社会观发生影响的，这就是我们对于思想的定义。

二　思想与思想史

假使我们接受了这个定义，我们就可以知道"思想"和"哲学"是并非全然相同的，思想家不即是哲学家，而一部思想史也就不是一部哲学史。哲学是一种高深而又专门的学问，它所讨论的是超乎现实的根本理法，虽然有时可以影响于人生，但它的价值不以能否影响于人生为断。哲学是一个天才的哲学家运用他的思考力和组织力所组成的一套学说，虽然任何哲学家也不能全然避免社会和时代的影响，但毕竟他的学说是由他个人努力所构成的，不以社会之尊重与否而定其价值。所以写一部哲学史，当然是以哲学家个人的思想为主，每一个哲学家，自成一个单位，它是比较地属于个人本位的。思想则不然，思想固然也须比较地有点系统化的理论色彩，但理论高深与否不足以定思想本身的价值，尤其是思想是不能远离了人生的，尽管一种思想的出发点并未讨论到人生问题（如爱因斯坦的相对论），但只要它成为思想，就必然涉及人生问题。一种哲学有时可以称为思想，有时不能成为思想；一种思想有时出于哲学，有时也出于非哲学。程朱的理气二元论是哲学而兼思想，戴东原的《孟子字义疏证》就只是哲学而非思想，因为他并未能构成一种有势力的学风，直到近年来经一部分学者的鼓吹，才渐渐有了思想史上的价值。反之，如袁了凡的功过格，内容虽然非常浅薄，然而在群众中的影响是非常伟大的，所以思想史上应该给他一个位置。

由此看来，我们应该承认思想家和哲学家是两种人，固然有时可以兼差，但并非非兼不可。梁任公先生不是哲学家，然而他在现代中国思想界中有很大的潜势力，所以他是思想家，思想史上应该有他的位置。

因此，我们更进一步，就又可以知道作思想史和作哲学史，截然是两种作法。思想史上的材料，不是某一个大思想家的个人的思想系统，而是某一时代，某一社会中流行的广大思想。有些思想是有始创人的，有些思想是找不到始创人的，这些全无关系，我们所要注意的是这个时代中支配一般思想的究竟是些什么东西。

既然如此，我们就又可以知道，思想永远是群众的产物，而非个人的产物，尽管思想有其创始者，但一种思想既成为思想之后，就已经过多数人的修改，和创始者本来的意思是否完全吻合，无甚关系。思想既然是经群众的手所作成的，所以内容常含有矛盾，冲突，与一个天才哲学家的系统哲学不同。

思想不但是社会的产物，并且也是时代的产物，一种思想可以比作一条河流，从发源地到成为大河以后常要经过无数的阶段，时间的影响在此发生了显著的作用。一种在最初很微末无人注意的思想，经过时代嬗递以后，忽然变成巨流；一种原初很占势力的思想，因时代的变迁，忽成过去。又如一种思想，在某一时代中是这样看法，到了后一代中又成了那样看法，这都是时代对于思想的影响。

由此看来，作思想史和作哲学史显然应有不同的地方。哲学史以个人为单位，故每一个哲学家可以自成一个段落，这种静的叙述法是比较容易着手的；思想史则不能以个人为单位，它必须将一种思想当作一种河流看，用动的叙述法溯源竟委，将他画成一幅系统的思想流域图。譬如讲《周易》不能单谓本经，必须将《周易》从古到今所有在中国思想界中的流派演变都并成一个单位来讲，才算真懂得了《周易》的思想。

同时哲学史既以个人为单位，故主要在叙述这一家学说的内容系统。思想史则不然，思想史不注重多述思想的内容，而注重在叙述这种思想的来源、背景、派别、演变，及其对本派、他派及一般社会所发生的交互影响。思想不是一个简单的手工出品，而是一个复杂的机器出品，所以哲学史的内容是手工式的，而思想史的内容则是机器式的。

既然如此，所以思想史上对于时代的问题是很重要的。思想史上的时代位置应该和哲学史上的位置截然不同。一种思想不应单纯的以其创始的时代为次序，应该以其流行的时代为次序。如王充的《论衡》固然发生于东汉之初，但其影响到思想界则在东汉之末，故在思想史上应放在马融郑玄之后，这样才能使读者领会时代的真正情形，否则对于思想的有机的演变便无从真正了解。又如颜习斋的学说，戴东原的学说，崔东壁的学说，实在是现代的产物，决非三百年前的产物，若不明白这种道理，则思想史是不能逻辑化的。

三　从社会科学观点上所见的思想

现在让我们从社会科学的见地，来探讨一下思想的起源、动因及其发展的种种形态。我们既承认思想不是个人的产物，而是社会的产物，所以研究一种思想的流变，不能单从个人方面入手，必须从社会的观点来研究，才能充分了解一种思想的真意义和其价值，所以思想的研究是社会科学上的问题，不是个人的问题。

思想是甚么？从生物史观的观点看来，思想就是一个有机社会的集团意识的反映，具体地说，就是一个部族，一个民族，或一个国族所铸成的特殊集团性格的表现。一个自然社会如部族、民族或国族之类，本身就是一个有机的生命。在其有机发展的阶段上，不但形成了有机的生理结构，并且也形成了有机的心理结构。这种有机的心理结构，就其自觉的方面来看，就叫做集团意识；就其不自觉的方面来说，就成为种种集团的特殊性格，我们通常叫它做民族性或国民性。每一个属于某集团的分子，在其先天的遗传上，在其后天的环境上，都自然接受了这个集团性格的熏染，其思想行动有形无形均受了所属集团性格的支配。特别是一种思想，由个人的脑府出来流行到社会上变成了思想的潮流以后，社会的力量更充分压倒了个人的力量，而决定了它的一切发展和变化。譬如佛教的思想，其创始者固属释迦牟尼，但释迦之所以能创造此伟大之思想系统，实由其本人先天地遗传了印度民族的集团特性，后天又接受了印度民族的集团社会环境的熏染，否则释迦决不能成为宗教思想家的释迦。到释迦本人的思想成熟出而问世以后，能否发展为今日佛教的形态，则更完全为社会所支配。我们知道与释迦同时创教者不止一人，何以独有释迦的思想能够发扬光大，而其他九十六外道俱归消灭，若不从社会方面去解答这个问题，我们是绝对不能得到满意的答案的。

以上所说是指由一个伟大的思想家所创造的伟大思想系统而言的，但我们知道，思想的起源，大部分并非由于某一个人的创造，其出现是无端的，我们指不出一个主名来为其代表，只可以说，到了某一个时代，忽然有一群的思想家都怀抱着这同一思想，忽然有一大群人都信仰这同一思想，这种思想潮流的起源更是完全属于社会的，虽然我们也许为便利起见，硬把创始者的名称加在某一个人头上，以当作偶像赞美。

彻底说起来，一切的教祖，一切的伟大思想的创造者，都不过是一种箭垛式的偶像，他不过偶然受了命运的支配变成了时代思想的先锋，他的出现是受着社会发展的必然原则所决定的，甚至于他的伟大的脑筋和长久的寿命，也是由种族先天所赋与的。

在人类尚在部族社会时代，每一个部族就是一个集团生活的单位，因此每一个部族都有他的集团意识和特殊集团性格，由此而演成一种部族的集团思想，这种思想多半是由宗教的形式表现出来，到了各部族因有机发展膨胀的结果，而至与其他部族社会接触或冲突，两种部族思想遂有了交互接触影响的机会，由此而发生对立、竞争、融会、选择、消灭、统一种种的现象。许多部族合并成一个较大的民族以后，这种残余的部族特性未能悉数消灭，仍旧潜存在民族社会之中，由地方的形式表现出来，由此而影响到思想的分野。如我国战国时代儒、道、墨、法、阴阳五家思想的分立，表面上反映着地方的色彩，实际上是反映着残余部族性或较原始的民族性的不同。这就是为什么在一个比较统一的民族社会之中，仍有种种不同的思想潮流对立的原因。

至于在一个民族已完全统一，部族性已消灭殆尽的社会，为什么还有不同的思想发生，这可以分外部、内部两种原因去解释。所谓外部的原因，即与异民族接触的结果，外来的民族思想与固有的民族思想因接触而发生种种变化，如我国六朝时代的接受印度佛教思想是，这种例子我们容易明白，不必多说。不过我们要注意的是外来民族思想之能否为本民族所接受，仍然被决定于民族社会内部发展的情形，不是任何外来的思想都能在本土开花结果的。

至于社会内部的原因一层，较难了解，所以我们不妨多说一番。我们知道社会本身是一个有机体，有机体的主要条件之一就是能够发育，一个社会无论他是在部族阶段、民族阶段或国族阶段，他都不是一成不变的死物，他是时时刻刻在发育的。在每一段发育过程中，产生每一段的时代思想。一个人从幼儿到老年他的思想是时时变化的，一个社会从幼年到成熟他的思想也是时时变化的。每一种支配当时的社会思想，自然都是因集团社会的需要而发生，受集团社会的需要而成立。但思想一经用名词表现出来以后，就成为比较固定的形式，不能和社会的发育时刻相应。到了思想因固定而渐趋僵化以后，它不但不能成为社会发育的帮助，反而成为社会发育的障碍，这时候社会内部因着有机的发育需要的驱迫，自然发生思想的修正或革命运动，一种新思想的出现常是应这种需要而起的，他是这个有机的集团社会自存本能的表现。如果社会的发育较迟慢的，这种思想的修正或革命运动也来得慢，否则便非迅速变化不可。如果思想的变化不能和社会的发育状态相应，则社会的发育必受思想僵化之害，结果在社会与社会竞争剧烈的场合，或竟致本社会于灭亡的境地。

上述的理论，并不是完全否认个人思想家的努力。我们主张社会是一种带生物学意味的有机体，但我们不否认个人也是一个有机体生物。就生物发展的阶段看来（这个阶段分判的标准就是组织的简复），社会有机体的组织阶段显然比人类个体低得多。一切宇宙间的生命非生命的种种表现，无论是实质的或思想的，都是由组织所产生，组织是决定物性的总原因。有机的生命所以比无机物能有种种较大的性能者，因为他的组织方式较为复杂。高等生物之所以优于下等生物者，也因为他的组织方式更复杂。根据这个原理，我们既承认组织阶段较简的社会有机体能够发生思想，我们当然不能否认组织阶段较高的人类个体能有更高的思想发生。研究集团心理的人，都知道社会或群众的智能状态平均常比个人为低，这就是因为社会组织方式较简的缘故。不过个人的思想尽管高于社会，但是社会的力量总是大于个人，社会是由无数个人组织而成的，任何个人不能脱离社会的势力而完全孤立，所以任何个人总是被卷在社会的大漩涡中而失去了自主的力量，这就是我们研究思想史的人，所以不能从个人方面来探讨思想，却应该换一个新观点来□社会方面看起的缘故。

要了解这种原理的全部意义，非接受一种的新社会理论不可，这就是社会有机体派的学说，关于这种新社会科学理论的内容，我们另外将陆续介绍，此处不必多说了，就此打住。（二十六年、四月。）

1937 年 4 月

史观的意义及其可能性
（1937）

　　"史观"是甚么？史观就是我们人类对于过去自己所作成的历史的一种系统的理解。每一个人都有他的史观，不必是历史哲学家才会有的。大多数人所持的史观，是由一种不求甚解的混俗和光态度中产生出来的，就是只管依照一般的世俗见解去人云亦云，而不作一番系统的思考。譬如社会上说人类生而平等的，多数的人也就跟着说人生而平等，而并不去仔细考察考察人果然生而平等或否。社会上说和平是人类最高的道德，多数的人也就跟着说和平果然是人类最高的道德，而并不去仔细考察和平果有道德上的最高的价值与否。多数的人们所以如此不求甚解，因为他们以为这些问题是本来应该如此的，用不着去再加考虑，他们从小的时候在父母师长指导下就习惯了如此的观念，长大之后社会环境又告诉他们人人都是如此观念，因此他们觉得这些观念是应该本来如此的，就再不感到有重新思考的必要了。有些思想家更从而辩护之，创造出什么"理性"的学说，说人的先天自具有判断是非的理性，可以不学而知，"凡是存在的都是合理的"，于是对于一切问题更用不着去深考了。从生物史观的立场看来，大多数人这种习焉不察的庸俗史观，自有其社会的价值。因为若是人人都想矜奇立异，每一个人都要创造一种与众不同的史观，则社会失去公认的标准，集团组织难免因之解体，而这个社会也就要随生存竞争的淘汰力量而落伍或灭亡了。所以大多数人持有一种不求甚解的混俗和光的史观，乃是为社会生存所必需的。

　　但是在另一方面，社会也要求对于自己过去历史加以智慧的考虑。因为社会要求生存，就不得不时时自动地加以改革，以求适应其本身日新不已的生长过程，和四围变化多端的环境。凡是思想□生活一切趋于僵化的社会，往往因为不能适应这些新需要而陷于落伍或灭亡。特别是智力发展到高阶段的社会，更应以自己的智慧来指导或统治自己的生活，因之史观的需要遂应之而起。不过像生物个体的有机结构一样，社会集团也有分工的组织趋向，所以用智慧考虑自己过去的史迹，探索指导自己生活的原理，乃是一部分专门工人的事，正如将铁打成煮饭用的锅是另一部分专门工人的事一样，大多数人仍可以不求甚解，而接受他们探索的成绩，把来化成一种混俗和光的处世哲学。这自然是指平常状态下的社会而言，若是社会的历史走入了极端变革和动摇的时代，则史观的正确与否不但是一部分专门工人的任务，而且也非成为社会大众或全体社会细胞的共同任务不可。因为对于历史的观点如果错误，足以导社会集团于自杀自灭之路，即使有社会自身的天然治疗力量为之补救恐怕也受不少的损害了。所以到了非常时代，史观是社会中人人所必要的。

广义的史观，包含人类对于宇宙、物质、精神、认识力、种种世间根本问题的考虑，这是属于神学、哲学和各种自然科学的范围，本文势不能多加讨论。狭义的史观，就是人类对于人类自身造成的史迹的理法的考虑，这是本文的目的。不过在本文作者所拥护的生物史观的立场看来，人类历史与整个生物的历史是分离不开的，所以我们讨论人类的历史不能不牵涉到人类以外的生物学的智识。在生物史观者看来，历史不是人类所独创的，整个的宇宙发展是一部大历史，整个的生物演化是一部较小的历史，而人类自出现以后，乃至自有文化以来若干年中的历史，又不过小之又小的一段落，即使我们把历史集中于个体产生了社会作用这一点上，也不能说是应该以人类为限，因为在人类未出现以前，社会关系已存在于其他生物中间不知有若干万年了。所以我们认为史观的研究，大体虽以人类活动为对象，但高等生物乃至较下等生物的生活，也不能全然屏除于历史问题之外。

关于历史的看法，历来有种种不同的意见，以后我们当另加叙述。大体上说起来，有把历史看作是一种超实在的精神现象的，如同黑格尔说历史是理念的发展一样；也有把历史看成一种实在现象的，因为历史是由人类所作成，人类既是实在的，当然所作成的历史也是实在的。关于历史是精神现象之说，我们实在不能了解。因为所谓精神、理性、理念等等名词究竟是个什么东西，很难确定其意义。如果说精神不过是每个人心里的一种认识思考的作用，那就是说精神不过是人体的副产物，我们要研究历史，依然要从个人心理方面研究起。但个体的机能是很复杂的，如果心理作用的产物如一种学说，一篇诗歌，可以叫做历史，那么生理作用的产物如饥饿、死亡、生殖、运动以及身心合作的产物如一件制造品，一座楼房之类，也不能否认说不是历史的现象。如果这样说仍非采用实在的历史观点来研究历史不可。如果说精神是一种超实在而自存的东西，所谓精神、上帝、理性、观念是不倚靠个人心理而自存的，甚至说个人的种种历史活动不过是一种精神的幻象，并非真正的实在，或不是具体的实在而是抽象的实在，那就未免是玄学家的玄谈，这种玄谈是无从证明的，对于历史的解说实在无甚用处。所以我们应该采用实在论的观念，承认历史是一种实在的事实而非抽象的精神，并且也只有实在的人类才有所谓精神现象，并没有所谓超人类的虚无缥缈的精神原则。

假使我们采用历史实在论的看法，我们就要再进一步主张历史的主体是有机的人或生物，而非无机的物质。无机的物质当然是历史材料之一，如同一座名山也可成为历史的古迹一样，但任何物质若要成为历史的材料，必须是在它和作成历史主体的人类或生物发生关系之后。一块天然的石头没有历史意义，但一块女蜗〔娲〕炼过的石头便有了历史的价值。所以历史是属于人类的，而非属于自然的。不过我们以为单将历史限于人类，又未免太狭隘了一点，科学地说起来，一切生物有机体都是历史的主人翁，不过生物演化阶段愈高，则其在历史上的地位愈加重要罢了。这种看法，我们可以叫它做有机的历史观。

再其次，承认历史的主体是有机的生物而非无机的物质之后，则我们应当再进一步追问历史的作成者纯粹是个人呢？还是由个人集合而成的社会呢？这个问题也是很容易回答的，我们知道绝对孤立的个人不能构成历史的事实，漂流荒岛的鲁滨逊在他与自然环境艰苦奋斗的时候，虽然也是历史的材料，但假如他始终老死于荒岛，无人知道，则其事实就越出历史的范围以外，鲁滨逊之成为历史的人物，须在其和他人发生接触以后。就是说鲁滨逊之成为历史英雄，是由他与其他人类的关系而产生的，若无此种人与人的关系，则历史无由构成。这还不过是一种极端的例，若就普通事实看来，所谓历史更到处都是须在多数人群之中产生。一件事实，如果不和多数人发生交涉，就不能成为历史。严格说起来，鲁滨逊就在脱离荒岛回到人类社会以后，仍没有历史的地位，必须是第福（Defoe）将他化为一本小说，得到了多数读者注意之后，才有了文学史的地位；必须是多数英国人受他的影响，冒险从事海外的流亡生活，打开殖民地的运动之后，鲁滨逊才真有了普通历史的价值，虽然鲁滨逊不过是个虚构的人物，他仍是有历史的地位的。由此可见，历史并不是单独个人的产物，而须是多人的产物，这种多人我们普通即叫做社会。关于社会的意义虽然有各种不同的看法，但说即是多数人的集合是无人反对的。因此，我们可以得到第三个结论，就是历史的主体是社会，而非个人，这就叫做社会的历史观。

从上面的几段话看来，我们可以明白作成历史的主体者，既非虚无缥缈的精神，又非蠢然无知的物质，也非绝对孤立的个人，而是由多数个人集合而成的社会。无论我们对于社会是怎样看法，总之离开了社会便没有所谓历史，这是绝对真确的事实。因此我们就可以得到一种结论：我们要研究历史，就不能不对于这个作成历史主体的人类（或生物）社会加以研究；也只有从社会的研究入手，才能得到历史的真相。从这种观点说来，历史学和社会学的意义是完全相同的，除非历史仅限于记述事实这一方面的工作上，否则它便不能不走入社会学的范围，而应用社会学及一切社会科学所已经得到的材料。因此，所谓史观，在这种意义看来，也就是一种社会观，而且除了社会观之外，再不能有别的意义。

关于这种历史学和社会学合一的观念，有许多历史哲学以及极少一部分的社会学家，也许要加以反对，因为他们依照旧日历史哲学和社会学分道扬镳的习惯，以为两种学问应该各有各的立场，不容相淆。事实上这种理由殊不能成立。我们以为历史哲学和社会学的分别，不是性质上的不同，而是方法上的不同。所谓历史哲学不过就是在科学方法未发达以前，根据玄学方法以构成的各种社会观而已。孔德将人类智识的发展定为三个阶段，就是：

一、神学时代

二、玄学时代

三、科学时代

历史哲学的出现，远在社会学尚未成立之前，甚至于生物学也尚未受过达尔文的洗礼，当时的人，对于社会为作成人类历史的主体的观念尚未注意，更不知根据理化学和生物学来研究社会的形态和法则，因此只能用玄学的方法来构成许多种似是而非的历史观。到了今日，社会学和其分支的各种社会科学研究已经相当发达，旧日玄学的历史观念早应废弃，无奈人们积重难返，有些人还在抱残守阙，矜燕石以为宝玉，这只能认为是传统的思想作梗，而不能认为别有理由。有些历史哲学的著者如拉波播尔（Rapporte）虽然勉强替历史哲学争一个独立地位，以为"历史哲学应该放在比社会学还高的地位。因为，哲学者的历史家研究人类发展底条件和法则，要先假定社会学的现象为已知已识"，其实"人类发展底条件和法则"，正是社会学研究的主要任务，若是将这种任务另外划开，则社会学也就不能成立了。因此，除非我们承认玄学的方法比科学的方法更高，否则我们不能说历史哲学有离开社会学单独成立的必要。拉波播尔的说法，只足以证明他虽然自称为科学的历史观，实际尚未脱了玄学的臭味罢了。

如果勉强一定要替历史哲学和社会学分疆域，我们也只能说两者之间范围广狭稍有不同，即历史哲学所要研究的不过是社会学之动的方面。历史的事实，即是社会在竖的发展方面所经过的属于时间上的种种事实，这不过是社会生态的一方面，整个社会生态的研究，除了这一部分动态的研究以外，应该尚有另一部分静态的研究，如社会的组织、材料、机能等等，与历史关系较少。普通所谓历史哲学，往往是只注意历史的发展情形，而尤其注意要找出支配历史发展的原动力，所以这个说法，也可勉强说得过去。不过严格讲起来，社会是一个有生命的有机体，永远是在生长发育之中，并无所谓绝对的静态，社会学家所谓社会静态，不过是为研究便利起见，假定的一种理想中的状态，并非事实上有这么一种绝对不动的社会。所以动静之分很难严格划开，而历史哲学和社会学的区别也仍然是很困难的；再退一步说，即使我们承认历史哲学所研究的只是社会动态及动因的一部分，在这种研究之先，也势不能不对于作成历史主体的整个社会有一个系统的概念。所以史观研究势不能不牵涉到整个的社会学研究，也只有在整个的社会学基础之上建设起来的史观，才是正确的史观。

一切学问研究的目的，都是为满足人类求知的欲望，人类对于自身及环境的事物，不但要了解其全部的真相，并且要进而寻求造成这种情形的原因，由此而构成一种普遍的法则。一切学术均由此心理发生。人类智识的发展有高低，故其对于事物的因果解释和法则有神学的、玄学的、科学的阶段之不同，但其根本精神是一样的。社会学和历史学的研究，亦不外此求因果、求法则之一念。所谓史观，当然不仅是要了解历史事实的真相，并且要就此众多事实上建立起正确的因果和法则来。史观之集中于支配历史动因的研究，乃是当然的。

不过这种素朴的说法，在现代社会科学家中已发生了许多反对的论调。有许多人认为历史事实并无绝对的因果可寻，也有人认为历史现象并无一定的必然轨道，所以一切阶段说的假设，都为人所反对，甚至个别的法则也不许成立。照这样说来，所谓"史观"根本就不能成立。因为史观的目的，不仅在要发现历史发展的一般法则和个别法则，而且要进一步求其主因乃至最后因，若是历史发展根本无法则可寻，也无因果的关系，则史观当然就不能成立了。关于这个问题，我们的意思可分两点分述如下：

一、关于因果的问题　所谓"最后因"的说法，是一种神学式的目的论的说法，在科学上未能证实，我们姑且置之不论。普通科学上所谓因果，只不过是指前后两项事实间不变的关系而言，譬如某前项事是如此，则其承之而起的后项事，也必然如彼。两件事项有机械的齐一性，如氢二氧化合必成为水，这两项事中，属于前项的便叫做因，或称为动因，以别于本体论因或目的论因，属于后项者便是果。所谓因果，并非因是一个能动的东西，有计划地将果造出来，如人造用具一样，也并非因是一个怀胎的母亲，将果怀在她的腹中。现在所谓因果关系，只不过是说两者之间有一种时间上必然连续发现的关系而已，这种因果概念，和旧日学者脑中那两种的因果概念有些不同，所以近来许多社会学家多主张以函数关系代替因果关系，也未尝没有道理。由严格的科学意义讲来，这种因果关系，只不过是一种盖然性的假设。任何科学的定律都是假设，不过是在实证上尚未发现错误的假设。若有人说他的学说不是假设，而是绝对的真理，那只能证明他是一个武断的神学家罢了。根据这个道理，我们以为历史的绝对原因，虽然是只有神学家或玄学家才能武断地找出来，但科学的历史，也并不否认从大量的盖然推论上找出尚未能反驳的动因来。

二、关于法则的问题　有许多历史家，以为历史的现象是偶然的，并且有个性的，一件历史事实不能再重复出现，历史和科学的不同之点就在此，所以他们主张历史没有法则可寻，也不能成为科学。其实这种说法实在是玄学家的诡辩之谈。每一件事物都有特殊的个性，不能重复出现，这本是个普通的事实。不但历史事象是如此，就是自然科学上研究的事象也是如此。譬如氢氧二元素化合成水，严格说起来，每次所化合成的水也各有各的特性，并非绝对相同。去年的地球绕太阳，和今年的地球绕太阳，严格说起来也并非一事。今年的地球重量也许比去年减轻一格兰姆，幅圆〔员〕也许又缩小一分，热力也许又放散了一点，甚至于绕日的轨道也许比去年稍微向天狼星方面倾斜了一点，至于地球面上人物山水的变化更不必提了。所以今年的地球严格说起来并非去年的地球，同样，今年的太阳也非去年的太阳，今年的地球绕日也并非即与去年的地球公转完全相同。每一件事自有其个性，在自然科学上也不能例外。不过这种个性并不妨碍其构成重复出现的法则，因为科学上之所谓法则都不过是一种大量的概括，其单位是类而不是个别的事物。譬如氢氧化合成水，所谓水者即是一个类的概念而不是个体的概念，今次试验之水与昨次实验之水只要大体相近就可以构成一种法则，至于所谓水者，是河水，井水？是圆盆中的水，方池中的水？是流水，止水？是蒸溜〔馏〕水，矿质水？这一切都是属于水的个性的，化学法则上并不去详细考究这些。自然科学上的法则是如此，社会科学上的法则也是如此。我们说人口依几何级数而增加，食物依算学级数而增加，这也不过是一个概括的法则，并非严格说人口和食物的比例必须照此关系，一个人也不许加多，一颗米也不许减少的。照这样说来，历史事件的个性并不妨碍其构成法则，正如地球绕日事件的个性也并不妨碍其构成法则一样。认历史与科学根本性质不同者，不过仍是受了将人类看成是超物质的灵物的玄学旧观念之蒙蔽罢了。至于所谓历史法则是否必须阶段化，则又是一个问题，此处不必讨论。

以上的说法是说明历史事项也可以像自然科学一样法则化和因果化，但尚未说明历史事象必然像自然科学一样受法则和因果关系的支配，现在我们就补说此点。从反面来说比较容易说些，一切反对历史的法则化和因果化的理由，不外两种：一种是说历史的事象都是偶发的，并无一定的轨道可寻，这就叫做历史的偶然论或偶然史观。另一种是说历史是由个人的自由意志产生的，不必依赖什么法则，这就叫做历史的意志自由论或意志自由史观。这两种说法都非事实。历史事象的发展根本是彼此先后连系的，不能分作许多孤立的单位。譬如欧洲大战与奥皇太子的被刺就是绝对连系的事象，我们不能说欧战纯粹是偶发的事件，与奥皇太子被刺事件并无关系，而奥皇太子之被刺又可溯源于大塞尔维亚主义，大塞尔维亚主义又可溯源于奥国的合并波赫两州，奥国之合并两州又可溯源于土耳其的革命，如此递推上去，直可追溯到盘古的开天辟地。既然历史事象每件均有其先行的事件，并且根本不能分割，如何能说都是偶然的呢？其次，意志自由论也不能解释历史，如果每人意志都是绝对自由的，而历史事象也仅由此种自由的意志发展成功，则拿破仑的自由意志在统一全欧洲，为什么终久不能如其所愿呢？可见每个人的意志即使是自由的，当其表现于历史事象之后，也必受其他势力的干涉阻碍而不能真个自由了。找出这种自由意志与自由意志间的均衡轨道，那就是历史法则和因果关系了。所以意志自由论也不能否认历史事象之法则化和因果化的，而同时历史的必然法则也并不妨碍意志自由的说法。

根据上述的理由，我们主张"史观"可以成立，即历史事象并非绝对偶发或自由的，应该有法则和因果关系可寻。不过这种法则和因果关系并不妨碍历史事象的个性。并且任何法则和关系说到头来也只是一种概然的假设，只要这种假设未经事实反证其错误，就可以当作是相对的真理。反之，如能用事实证明其错误，则其假设就不能成立了。一切科学研究均当抱如此的态度，至于绝对真理的探求只好让一般坐井观天的神学家玄学家去闭门造车，真正科学家应该放弃这个妄想。（二十六年、五月。）

人生的悲剧与国际的悲剧
（1938）

　　人生一悲剧也。悲剧产生之原因曰矛盾，人生之矛盾有二：一曰内在的矛盾，即内心自我人格之分化与冲突是也；一曰外在的矛盾，即人与人间之利害情感的冲突是也。国际亦一悲剧也。悲剧之产生原因亦曰矛盾，国际之矛盾亦有二：一曰内在的矛盾，即一国集团人格之分化与冲突是也；一曰外在的矛盾，即国家与国家间之利害情感的冲突是也。此二悲剧者——人生的与国际的——为产生一切世间相纠纷之总原因，一切文学艺术之所描写者此，一切哲学宗教之探索者此，一切社会科学之所讨论者此，然求其能深探此二问题之根柢而予以正确的解答者殆少。吾人以炯眼观之，此二问题实通为一问题，且均可以正确之科学观点解答之，此正确之科学观点为何？曰"生物史观"而已。

　　依生物史观者之立场观之，此二问题实一问题也：人生者国际之缩影也，国际者人生之扩大也。人有人格，国亦有国格，人格非一单纯之物，国格亦非一单纯之物，世人不知心理解析之术者，误以人格为单纯的，统一的，一成不变的，因是发生对于人格的误解，结果对于人生内在的矛盾与冲突，遂无法加以解释。自心理分析之术兴，然后人知所谓人格实非一统一单纯而一成不变之物，人格时时在变动之中，时时在矛盾之中，亦即时时在冲突之中。伟大之文学家，如莎士比亚之流，能抓住此点，故其作品能深入人生之堂奥，历百世而不失其光芒。一切悲剧文学所描写者多在此点。所谓灵肉之冲突，天人之交战，皆不过描写此种境地之一名词而已。国格亦然，生物史观者以民族性为支配一切历史动态之总动因，所谓民族性亦即本文之所谓国格。然所谓民族性或国格者亦决非单纯的，统一的，一成不变之物。苟民族性而始终单纯不变，则国际问题早可以简单化，一切政法科学亦早可以简单化，无奈国格之为物并不如此，惟其时时在矛盾之中，时时在冲突之中，故演为世界问题遂愈纠纷而不可究诘，研究生物史观者，必须了解民族性并非一固定而单纯不变之物，始能了解历史之真相，亦犹研究心理学者，必须了解人格与自我并非固定而单纯不变之物，始能了解人生之真相也。

此种人生的悲剧与国际的悲剧，古今不少大宗教家、大哲学家乃至大文学艺术家皆能看到此点，加以演述或批判。然古今中外学者对于此种悲剧原因之解析与结论多不能令吾人满意。一般探究此问题者，其所得之答案，或为神秘的，或为虚玄的，或为纯心理的，或为纯社会的，而不知探原于生物科学之上，不知人生与国际皆为生物演变之一大阶段，生物之演化通古到今，通万物以至于人，实依一定之大方向而进行，在其进行之中，因进步之迟速而有前进与落伍之分，因结构之松密而有统一与分化之分，因此产生种种矛盾与冲突，而演成人生的与国际的内在外在悲剧，此种悲剧之根柢，惟生物史观者能探得之，此种悲剧之解决，亦惟生物史观之理论始能达到比较圆满而合理之境地。

兹再具体言之，生物演化之大方向凡有三阶段，曰原始生命之单细胞生物，曰由单细胞生物演化至复细胞个体生物，曰由复细胞个体生物演化至复个体社会生物。人类者，复细胞个体生物之一种也，人类者，又介乎单细胞生物与社会有机体中间之一过渡阶段也。自其过去而观之，吾人一生实背负有数千百万年以来自原始生命以至于最近亲属之猿猴无数代生物祖先与自然势力斗争之演化的历史痕迹，吾人自受胎以至出母腹之九个月中胎生之现象，已复演吾辈生物的祖先数千百万年以来所经过之重大阶段。生物历史之重负加在吾人之身，亦犹其加于任何生灵之身，无人能洗刷之，拒绝之，人类虽为个体生命演化至目前之最高阶段，其有机的组织程度远超于其他生物之上，然谓其已尽能统制机体内各细胞之单独活动，而泯灭其细胞之生命，则尚未尽然。人体至今尚有若干部分保存有细胞单独活动之痕迹而不受个体意识的控制，如精子细胞之追求异性，如白血球之攻击毒菌，皆为人体内细胞活动之最著者。可知人身于个体我之外尚残留有细胞我之生命存在，此细胞我与个体我平时固能协同一致，然有时亦不免发生冲突，由此冲突遂演成人生一部分之矛盾与悲剧。其最著之例厥为男女性的问题。夫性的问题虽有种种之形式，然最根柢的原因实在于精子细胞之追逐运动；人苟无精子细胞之活动，则性的问题不能产生，一切文学艺术将失其精采［彩］。此种精子细胞之活动固为个体传衍子孙而存在，然有时其活动过于积极，反至个体受其控制，举全体之生命利害以徇一时之情欲，细胞我之势力遂超越个体我之势力。所谓意志薄弱，以身徇欲之人，即谓其个体生命之控制力不能制止细胞生命之自由冲动而已。今日无人能否认性的问题对人生社会的重要，然性的问题实为一细胞我之叛离个体我的运动，亦即为生物演化大方向之反动的运动，则知者尚少。今日已有少数生物，如蜂、蚁、白蚁等，其向社会有机体演化的阶段超过于人类，故在此种生物群中，除少数个体执行性的机能外，多数群众皆已消灭性机能，亦即消灭最富于叛离性之细胞生命之存在。依生物演化的阶段观之，此三种生物之阶段实较吾人为高。故在彼等社会中性的问题已减至最低程度，吾人社会之所谓性的悲剧，在彼等社会中皆不复存在，吾人之烦闷与矛盾彼等皆不能了解。彼等可谓为较人类进化之生物，以彼等不但消灭细胞我之反动且逐渐消灭个体我，而完成一社会有机体之大我组织也。

人生矛盾不但由于细胞我与个体我之冲突，而亦由于个体我与社会我之冲突。人类为一社会的生物，依生物史观之眼光观之，社会虽由个体生命集合而成，然其本身实为一独立之生命；亦犹个体虽由细胞集合而成，然其本身亦为一独立之生命。自摩根等之突创进化论学说出现以来，学者渐知全体不必即为部分之综和，全体虽不能外于部分，然全体依组织之方式将部分加以适当之配合，遂发生一新的功能，此在机械学上则为一新的效率，在生物现象上则为一新的生命。全体的新生命一经产生之后，原来构成全体之单位分子反受全体之支配而改变其原来性质，此即"组织可以变性"之说，为生物史观最精粹之一段理论。然生物演化之大过程中，全体的新生命与部分的旧生命中间发生之冲突摩擦亦为一不可忽略之事实；盖生物之演化为渐进的，非谓全体生命一经出现，部分独立性顷刻间即消灭无余也。此种全体性与部分性之冲突矛盾，于前述个体我与细胞我间之冲突矛盾的事实既已证明，同时又可于社会我与个体我间之冲突矛盾见之。吾人一身实兼细胞我、个体我与社会我三种矛盾性质。如衣服问题，为保护体温而设，亦为辨别等级，夸耀社会而设，前者为个体我之适应，后者则为社会我之适应。衣服之起源，社会的功用实大于个体的功用，野蛮人有不着衣者，未有不插羽毛，不戴手饰者，有不蔽上下身者，未有不蔽耻部者，凡此皆所以为社会的功用而已。社会的需要与个体的需要有时固可协同一致，有时亦不免发生矛盾冲突，如宗教之杀人以祀神，志士仁人之杀身以成仁，乃至贪夫之舍身以徇财，皆社会我牺牲个体我之一例。一切文学艺术所描写之悲剧，亦不外此问题，而其间又参杂以细胞我之活动，于是人生悲剧遂益纠纷而不可究诘。今试以与人生最有关系之性的悲剧为例而更详切说明之。有人于此，因细胞我之活动而起追求异性之欲，然求媱女于坊肆，则有沾染恶疾之虞，不免妨及个体我矣；逾墙而搂其处子，则为社会道德所不容，不免妨及社会我矣；强行制欲工夫，断绝人道，又不免妨及细胞我矣，此三者皆我也，以我制我，而舍此三者外又无所谓我，于是我无能为力矣，于是我苦矣，于是人生遂有矛盾冲突而演成无数之悲剧矣。有圣人者起，深知此三我者皆无从使消灭，人类之演化只到此阶段，此三种我者惟有依自然之演化得加以变更，决非人类短期之生命所能加以改变，于是顺应其趋势，设为夫妇之制，使求床第之好合者于此求之，则细胞我得其所矣；求生活之互助者于此求之，则个体我得其所矣；求嗣续之绵延者于此求之，则社会我得其所矣；三我俱得其所而后人生畅遂，悲剧可以不作，然此谈何容易哉。所谓细胞、个体、社会三我者，本身又皆非一成不变之完整物，三我皆时时在变化之中，时时在迁流之中，冲突之中更有冲突，矛盾之中更有矛盾，我之中更有我。情欲之追求，满足前与满足后不同，则细胞我无定也；情感之寄托，今日与明日不同，则个体我无定也；社会之公认标准，异时异地不同，则社会我亦无定也。以无定之诸我，应无涯之事变，方式有所穷，制度有所止，施之此人者未必可施之彼人，施之此地者未必可施之彼地。性欲固一问题也，而性欲之外又有其他诸多问题焉。于是乎人生之道难矣，于是乎人生苦矣，于是乎人生遂永远不得不为一悲剧矣。

夫国际问题亦犹是也。国家之为有机体与个人同，国家之为一独立的生命亦与个人同，积个人而为国家亦与积细胞而为个体同，此生物史观者之理论也。代表个人者曰人格，曰个性，代表国家者亦曰国格，曰国民性。自其与他人他国之相异观之，则所谓人格与国格，个性与国民性，固卓然为一独立完整之物，自有其特异于其他同类，而不容漫然相淆者在。然苟以此而遂谓人格、国格、个性、国民性之为物，乃始终固定一成不变者，则又未免误解此数名词之真意。吾人平时苟反躬自省，则可见所谓独立完整之自我人格与个性，其本身实为一既不独立又不完整之物，虽圣贤有时亦不免含有盗贼之人格，虽贪夫亦不免有一念廉洁之成分，吾人所谓人格者，其本身实为一复杂多端的意念及行为习惯所构成，而其根柢则在于细胞、个体、社会三我之交互错杂，迭为领导，谈下意识之学者，究心理解析之术者，虽尚未能洞知此种心理状态实根据于生物状态，然于其表象固知之甚悉，此种情形并不妨及自我人格个性之完整。惟至各种个性无法统一，人格分歧，致演成所谓"二重人格"之变态心理时，自我集团始公然分裂耳。

人格与个性何以非一独立完整一成不变之物，则当于其发展之过程观之。吾人心理之发展实伴肉体之发展而为一逐渐长成之物，心理发展至某种成熟阶段时，遂有统一之人格成立，所谓统一之人格者，其成立由于机体的遗传与环境的刺激，既成立以后，仍不能脱此两种势力之影响，人格对于先天气质与后天环境，一面固为主动的，一面又为被动的。研究一人之人格，苟不于其先天的祖系遗传与赋生以后一切社会环境、自然环境之影响，及其本身所逐渐构成之行为、习惯、信仰、意念的影响，加以注意，则无法对于此人个性为真切之了解。彼视人格为一独立完整之物，似乎一经赋生即固定不变者，未可谓为真了解人格与个性之意义者也。

惟国亦然，一国之国格与国民性，实由其先天的国族气质与夫后天的历史文化环境及自然环境逐渐养育而成，当其既成之后，固可以为左右国家民族社会之主动力，在其未成之先，实不能不受遗传与环境之支配。即其既成之后，生物遗传与自然环境之影响，固可以国民性之力加以修改，然历史文化环境之影响则愈陷愈深，无法自拔，何则？所谓国格与国民性者，其本身即一国家历史文化环境之抽象的综合的代表，国民性与一国家之历史文化环境本身实为一物，即由历史文化环境造成国民性，又由国民性改造历史文化环境，自相熏习，自相演变，无始时亦无终境，说为既成与未成，犹不过权宜之名词耳。

惟其如此，所以一国之国格与夫国民性亦非一固定不变之物，盖历史文化之环境固无时不在迁流变化之中者也。因此，研究一国之国民性与夫国格者，不能但注意其一时表面之现象，尤不能视为绝对固定之物，必须了解其内在的复杂性，尤当了解其历史的背景。任何民族，不能斩断其过去历史所背负之痕迹，历史文化愈长者，其国民性愈加复杂。吾人处于列国竞争之世，一国政策之树立，不能不以并世其他国家之动态为对象，故研究他国之国情遂为立国二十世纪者最重要之任务。国情根于国性，不了解他国之国民性者，即无法真正了解他国之国情，然研究一国之国民性而不能以心理解析之术驭之，则犹未能为真知国性者也。

今试以日本为例，今之谈日本问题者，或以为全属军阀暴行，或以为系世界法西斯运动之支流，或以为系资本主义发展至最高阶段之内在的必然矛盾现象，皆未尝不言之成理，然谓其为真能了解日本之国情与国性，则未必然。夫视日本为军阀专制之国者，其所谓军阀之意义先须加以概说，彼日本今日之所谓军阀，固与吾国过去所谓军阀之形态与性质截然有不同之点，无人能加以否认者也。谓日本今日为世界法西斯运动之支流乎，则于日本法西斯运动与德意法西斯运动截然相异之点，又无以自解也。谓日本之侵华为受资本主义之推动乎，则日本之资产阶级固与一般平民同为反对武力侵华者，高桥之被杀，既成政党之失势，皆可觇其消息，而于英美等资本主义极度发达之国，何以不用武力推行其侵略，又无以自解也。由此可知，今之谈日本问题者，盖犹未免皆掇拾唾余，皮相之见耳。

吾人以为欲了解国际问题之真相，惟有依据生物史观之原理。生物史观者以国民性为一切政治社会活动的总动因，欲了解日本近数十年侵华之动机与一切对内对外的纠纷，皆须于其国民性方面探其消息，而欲了解日本之国民性，又须先了解国民性本身非一始终完整一成不变之物，实与过去之历史文化环境有密切之关系，质言之，今日日本之一切疯狂性的举动，不外为其国民性与国格之内在的矛盾，冲突，而演成之悲剧状态耳。

吾人试研究日本之历史与文化，则可知今日之日本实为四种性质不同之文化阶段所杂凑而成。其一为原始之神道教，依生物史观分期之原理判之，厥为家族社会之遗物；其二为源平以来之封建武家势力，其代表物为武士道精神，依生物史观分期之原理判之，厥为部族社会之遗物；其三为隋唐以来输入之中国儒家文化，依生物史观分期之原理判之，是为民族社会之产物；其四为明治维新以来由欧洲输入之近代国家思想，依生物史观分期之原理判之，是为国族社会之产物。原日本民族草昧之初，仅有神道思想，与南洋土人，台湾生番，本无以异。使无外力之刺激，仅依社会自然演化之阶段而进行，则其迁演非常缓慢，虽至今仍留滞于家族社会或部族社会初期阶段，与南洋土酋同其命运可也。乃自六朝隋唐以后，中国大一统之帝国文明，逾海东渡，给与日本土酋以崭新之刺激，遂开大化革新，平安、奈良两朝之治。当此之时，日本民族表面似由神道教时代一跃而至大一统帝国时代，其跃进之速，实开社会演进史未有之先例，倘其真能如此，则一切社会学上渐进的阶段说皆可推翻，而代以突变的跃进说矣。无奈社会演化并非如此简单容易，世界上亦无如此便宜之事。所谓平安奈良之文化，仅不过在表面上拾取中国文化为皮毛，以供贵族社会之装点，实质上日本全体民族之生活至今犹在神道教时代，与其上层社会所表现于外之文明状态，相去甚远，是之谓社会之脱节，此种社会之脱节，即为产生社会矛盾冲突之总因。后此七百年中武家封建割据之惨局实由此而产生，亦犹其明治维新以来，掇拾欧西现代国家政治之皮毛，不顾其民族本质犹在部族社会时代，致造成第二次社会脱节，而有今日对内对外之悲剧者，其情形盖相类也。

依社会演进之通例，民族之开化大致先经过神权时代然后进而至于封建武权之时代，近世治社会学者虽多否认严格划一之阶段说，而认为各种民族情形不同，演进之方向与速度各异，故不能均依一定之公式而进行。尤其是播化论者，认民族文化之进展非自发的，主要由于外界原因的刺激，故有时可一跃而越过许多阶段。为此说者，固不无一部分之理由，然不知社会文化演进分期之阶段说，不过一大概之划分，非谓各民族文化之演进之情形，无论巨细，完全为刻板式的一致。然同时亦不能否认其大端之一致，亦犹动物演化自其细微之处观之，虽千变万化，不能一概而论，然大体上固自原生动物逐渐演进经过一定阶段而始至于高等殊灵之人类也。其次反对阶段说者，盖不知民族文化为一集体完整之物，非枝枝节节修改所能部分见效。彼向异族采取文化，移植花木于不同之土壤，苟非土壤有可资发育之机，则所移植之花木未有能成熟者；又移植花木必须全部移植，断不能采摘一枝一叶而遂望其生长。一民族之向他民族学习文化，其始不过枝节之学习，此种学习所得之事物，一经与固有之文化环境配合，必然修改其原来之效能，其不能与原来环境适合，因不适应而忽归消灭者无论矣（如摩尼教、犹太教之入中国）。即使幸而有发荣滋长之希望，亦必受原来民族文化环境之修改而变其性质，同时文化之跃进愈多，表面上似乎革命与突变者，其结果仍不能不受旧有环境之牵制而来一度或数度之反动。吾人研究革命史迹者，常见大革命之后，必有一大反动之时期，其结果革命之所成就反不如循序渐进者之速，英法两国民主运动之往例，其最著者也。日本之立国，其初为神权时代与并世诸民族同，源平以后武家之政治，乃神权时代以后当然出现之部族社会的自然形态，其势甚顺，惟在神权未终，封建未始之中间期，忽搀入中国儒家大一统文化之一奇异阶段，乃觉其不甚配合耳。实则依日本社会之自然发展阶段论之，至德川幕府时代始开始进入民族社会阶段，前此之儒教文化实为过早之移植，其不能成熟，固势所必然也。德川开国至今不过三百年，直至幕末，封建诸侯势力犹未削平，其社会组织殆尚未脱由部族社会到民族社会之过渡阶段（略等于中国隋唐之际），而忽由欧美吹入近代国家之新潮，外势所迫，使民族帝国尚未完成之落后的日本，不得不一跃而进入于国族社会的组织。明治维新以来，七十年中，日本所表现于世界者，表面上似乎如火如荼，俨如华严楼阁之可以弹指造成，为突变论者大张其目，而渐变论者亦瞠目不知所答。然考其实际，则社会内部之矛盾脱节更甚于七百年前武家政治初造之时。何则，今日之日本，有国族社会之成分，有民族社会之成分，有部族社会之成分，亦尚有家族社会之成分。彼政治家、外交家、资本家与夫既成政党所代表者为一物，军部、少壮武士、法西斯政党所代表者又为一物，老师宿儒学者所代表者为一物，一般崇拜神道之农民及由此出身之浪人（如所谓血盟团、神兵队之类），其所代表者又为一物。即属同一阶级、同一职业与教养者，其所怀抱之思想见解亦大相径庭。松冈之思想与币原不同也，宇垣之思想与板垣不同也，西园寺之思想与南次郎不同也，北一辉之思想与河上肇不同也。此数人者盖皆代表许多不同时代之不同社会组织与文化形态，彼此立于极端矛盾与冲突之地位。抑日本社会者，又非仅此数人所能操纵，不过姑举此数人为代表耳。今日日本之社会其本身实由于社会发展之自然状态未经成熟，而由大化、明治两度人为的革新所勉强造成的表面跃进状态，一到人为之力渐衰，社会之自然反动遂起，因是以演成矛盾冲突的悲剧耳。用生物史观的术语判之，则国民性之内在矛盾与国格冲突是也。此种国民性之内在的矛盾冲突使日本民族内则自相残杀，演成政治社会上之烦闷与不安，外则戾气无所发泄，遂集矢于邻邦而吾华首受其害。探其本源，则皆国民性不谐和之为厉也。岂惟日本为然，今之德意志亦犹是也，今之意大利亦犹是也。觇国情者，苟不于其国民性之根柢处探其本源，徒执表面一时人事与夫制度之进退倾向以为判断，其所得结论之正确与否盖不待言矣。

综此人生与国际二问题合而论之，则吾人可得结论曰：此二问题实一问题也。个人之所以为个人而异于其他人者，曰人格，曰个性；国家之所以为独立国而异于其他国者，曰国格，曰国民性。个人与国家皆为生物有机进化之一阶段，惟其为有机的，故非自始至终一成不变者。就其大者观之，则个体生物实立于单细胞生物与社会有机体之中间过渡期，而人类又为个体生物之已进入于社会有机体阶段者，故吾人一生实含有过去（细胞我），现在（个体我），未来（社会集体我）三种之自我性能，此三种自我之矛盾冲突，即人生悲剧之所以造成也。国家为社会有机体在目前之最高形式，其本身为一完整之生命与个体生物同。彼其距单细胞生物之阶段已远，故细胞我之作用对于国事影响不大，然亦不能谓为完全无涉也。历史上因女色问题而引起亡国灭种之祸者，至少有一部分不能不归咎于社会中领袖分子之细胞我的活动，惟至社会组织阶段发展愈高者，此种现象宜愈少耳。至于个体我与社会我之矛盾冲突，即个性与国性之斗争，则无时蔑有，而在近代国族社会组织文化之下，其现象愈著。一切政治革命，社会革命，皆不外社会中此两种自我性之争长冲突而已。故就其大者而观之，则不但个人之自我有矛盾冲突，即社会集体之自我亦有矛盾冲突也。再就其细微处为更深一步之考察，则所谓自我者，不但可分为细胞我、个体我、社会我之三大阶段，即此三大阶段之任何一单位，亦均可为更详尽之分析。如同一社会我也，而因社会有机体组织演化之先后，可分为家族社会、部族社会、民族社会、国族社会等四阶段，因之有家族我、有部族我、有民族我、有国族我，社会之演化依自然顺序而渐进者，则由其最下阶段之自我逐渐成熟而凝结为较高阶段之自我，其势较顺，社会少痛苦。社会之演化因躐等而演成脱节之现象者，则表面上似由某一较下阶段越过其中间阶段而跃进至最上阶段，实际上则因人工的揠苗助长，其应越而未越之阶段的生命力既未消灭，不应越而辄越之阶段的生命力亦未完成，一遇机会，即发生社会诸我之平行，斗争，乃至分裂诸现象，对内则起革命，对外则成战争，今之日本即此种状态下之牺牲品也。至于个体我及细胞我详细分之，亦可分为种种我性，以不在本文所欲详究之范围内，姑置不论。

此种脱节现象不但于非常时期始有之，吾人个体及每一国家，在日常生活中无时无刻不发生此种现象，此人生及国际问题之所以为永久的悲剧也。盖生物之本质曰生长，而生物形体之所以存在则赖平衡，生长为动的，平衡则为静的，无静的平衡则生物无法存在，无动的生长则生物无法绵延，个体如是，社会亦如是。此两种力量时时在冲突矛盾之中，因之亦时时在悲剧之中。若再彻底言之，则一切平衡的静的状态皆不过一种表面的概然状态，实际上每一分子皆为跃动的。如坦平之桌面从表面观之，似乎完全平衡静止，实际上依物理察之，则组成桌面之每一分子皆为跃动的，所谓平衡仍为动势的平衡，而非绝对静势的平衡也。物质尚如此，生物更不待论。故静势的平衡依严格的理论言之，应作为较少动势之平衡，此较少动势之平衡与较多动势之生长之永久不断的冲突，即为产生人生国际的永久不断的悲剧的总因。在较多动势之生长力尚未冲破一时之平衡现象之时，则人生及国家在大体上可进入于一种宁静的小康状态，但此种境地至难长保耳。

然则此种悲剧遂无法解除乎？曰古今来哲人论之多矣，大体言之，不外两种应付的方法：第一种吾名之曰东方式的，即缩减动的生长力至于最小度，而使人生及国家皆在长期时间内保留消极的平衡状态，此种修养方法施之于人生，则为绝欲弃智，施之于国家社会，则为无为而治。此种方法在原则上与生物之动向相反，彼盖忘记本身为生物之一，无论如何不能无生，即自杀亦不能达到无生之理想，盖自杀者不过仅完结个体之生命而已，彼于死后在细胞分解时产生无数之蛆虫生命，及其自杀前，自杀后，所遗留于种族的生物上及思想上的影响，决不能断绝也。第二种吾名之曰西方式的，即任其生长力之冲动而不加制止是也。此种方法亦有流弊，盖生长力本身亦有矛盾，因组成一身之自我既有细胞的、个体的、社会的三种生命每一种生命皆欲生长，皆欲自遂其生而不顾妨及他生，彼持纵欲之说者，自命为能遂其生，实则所遂者不过细胞之生，而个体的生及社会的生转为之牺牲焉，此岂可谓为善养生者乎？

然则奈何？曰养其大体而小体从之而已。何谓大体？社会之大我是已，何谓小体？细胞之小我是已。生物之发展乃由细胞经过个体而向社会集体的方向演进，顺此则为进化，逆此则为退化，此自然之趋势非人力所能挽回。古今来一切道德义理皆为适应此一种趋势而产生。质言之，即一切道德义理皆不外教人如何为社会我而约束个体我，更为个体我而约束细胞我之自由活动能力而已。百千万年来自然淘汰之结果，已使无组织的单细胞生物逐渐消灭而产生复细胞个体的集团生命，复使无组织的原始蛮人逐渐消灭而产生复个体的国家集团生命。生为今日之人类，固不能完全停止细胞我之活动，断绝个体我之生命，然亦何至倒行逆施，一味放纵细胞我的卑劣生命，而忘记尚有较大，最大之崇高的大我乎？

夫生命进化之意义在于扩大其生命力，个体由多数之细胞组织而成，故其生命力大于细胞，社会由多数之个体组织而成，故其生命力大于个体。生命力大者，则其内容丰富，创造力大。而感觉之量与质皆大，如是之生命则为有意义的。宇宙之进化如有目的，似即向此一大目的而进行。往者英国功利派哲学家，以苦乐衡量道德标准，然于道义之乐何以较胜于肉体之乐，则苦难自圆其说。今吾人从生物史观的见地，则可为之答覆曰：肉体之乐，细胞我之乐也，道义之乐，社会我之乐也。社会集体之生命力千百万倍于卑微之细胞生命力，故道义之乐亦千百万倍于肉体之乐。世有持享乐主义者乎？吾患其所乐之甚小而暂也。（二十七年，十月。）

正人心，息流言，拒邪说，惟有请政府立即正式宣布既定国策不变

（1938）

今天没有和与战的问题，只有投降与不投降的问题；没有牺牲某一部分领土以保全其他领土的问题，只有整个中国存亡的问题；没有打倒某一人某一党而扶起他人他党的问题，只有整个中国民族是否愿作日本奴隶的问题。安坐在后方的人，也许没有尝过倭寇的厉害，以为倭寇的贪欲终有止境，如果许他们一点利益，也许可以换得剩余区域的片时的苟安，不知道这是绝对不可能的，倭寇的野心在田中奏章内早已表现得明明白白，她不止要拿整个的中国，连印度、安南、暹罗、马来半岛和西伯利亚、中亚细亚都在她的大陆帝国计划之内，今天还妄想靠妥协来保持四川、云南、贵州等省安全的人，非愚则妄！

我们应该记得日本不但不要"蒋政权"，也不要"袁政权"；不但不要抗日各党派所联合支持下的国民政府，也不要参有汉奸分子的冀察政委会式的政府；不但不许中国有一个统一的中心势力存在，也不许中国有真正的地方割据势力存在；不但不许忠诚爱国的分子过问国事，也不许亲日联日的分子真正掌握政权。满洲伪国的忠臣郑孝胥总算是对日本极端亲善的了，然而尚不容于倭寇，被摈下台，含愤以死。今天主张对日让步的人，自问对日的诚意谁能超过于郑孝胥？郑孝胥尚不能容其执政，何况不如郑孝胥者。

今天中国多抗战一天，日本就得多一天用她准备以开发占领区域的财力，用她准备以肃清占领区域的兵力，来继续维持对我作战，换言之，就是不能完成她的真正占领，统治，和利用。反之，如果我们此刻对日妥协，就是给予日本以肃清后方的机会，后方肃清之后，再来编练中国壮丁，利用中国资源，以中国来打中国。那时我后方省份之所谓安全依然是梦想，而我军民上下的士气，经过一番妥协让步之后，必然销

沉颓废，再无法鼓起抗战的勇气，胜负存亡之数，不问可知。九一八事变以后，就因为我国不即刻作战，以致日寇得从容肃清东北的义勇军，安定后方，到今日才能运用一部分东北同胞来对自己国人作战，这个教训，岂可忘记？

今日正是国家生死存亡的大关头，政府和国民的意志如何，决定了有五千年历史的中华民族今后的命运。我们应该知道，今日中国若亡，很难再有翻身之日，因为日寇不是鲜卑、契丹、女真、蒙古、满洲之流，单就运用吗啡白丸一项政策的毒辣手腕而言，也可以使四万万民族断子绝孙，永归消灭。而妥协让步，就是亡国灭种的一个重要步骤。

今天只要继续抗战下去，我们在敌人后方还有百万以上的游击势力，永远不会消灭。一旦和平妥协之后，这些人至少有一半要因灰心丧气而退出了游击的工作，这是自杀的政策。

事实上不但中国的民意决不许主和的空气抬头，就是日本今日在坂垣等极端派势力掌握之下，又在占领了广州、武汉之后，正梦想着一举而完成灭亡整个中国的大野心，也决无对我妥协让步之可能。我们贤明的最高领袖及政府，也已有非正式的继续抗战的表示，不过流言还是不免，因此为正人心，息流言，拒邪说以一国是起见，我们以为应该迅速发动全国舆论，请政府立即正式宣布既定国策不变，非到日军完全退出占领区域，恢复九一八以前的状态，决不言和。

民国二十七年十二月三十一日《新中国日报》

按此文发表于武汉、广州失守以后，汪精卫出走之前，当时周佛海尚任国民党中宣部长，正在制造求和之舆论，见此文后，大为惊诧，曾自重庆以长途电话向报馆询问作者姓名，经报纸负责人严拒始已。

三六、三、五作者追记于上海

《新中国日报》第1版，1938年

历史与历史学观念的改造
（1941）

一　历史与历史学

　　中国民族是世界上最富于历史观念的民族，中国历史著述及文献的丰富在世界各民族中也要数一数二，但是因为中国人的民族性偏重实际而不长于理论之故，历史著述虽然发达而史学并不发达。近来一般关于史学史或史学通论的书，对于历史和历史之学两者的区别多分不清楚，因此往往把某一个历史著述发达的时代就称之为史学发达的时代。这种说法不啻把事实和理论混为一谈，譬如植物学者把植物本身就当作植物学，如果过去某一时代中植物甚为繁茂，我们就可以说这时代的植物学甚为发达，岂非笑谈。但是现今中国一般关于史学的著作却往往沿袭此种错误而不自知。即如梁任公先生说："中国于各种学问中惟史学为最发达，史学在世界各国中惟中国为最发达。"又说："晋代为吾国史学最发达之时代"，这都是误把历史著述当作史学了。又如一个历史家生平对于历史曾著述多种，一般人也就尊之为"史学家"，这都是没有懂得"学"字的本意的缘故。

　　一种学术必有其研究的对象，这个对象便是本学问所要研究的事实，如同天文学以天文事实为对象，生物学以生物事实为对象之类。单纯地记录天文的现象不得谓为天文学，单纯地记录生物的现象也不得谓为生物学，所谓学者，必须对此事实现象加以理解，加以吟味，加以研究，甚或组成一个系统，这样才能称之为学。否则便是单纯地诉之于记忆而不诉之于理解，在理不得称之为"学"。

　　一切科学以至哲学对于这个区别向来就很清楚，科学史家或哲学史家从没有把科学的对象或哲学的对象当作科学哲学的本身，独至于历史学便常犯此错误，不但中国人如此，即西洋人关于史学的著述也常有此错误，何以如此呢？原来历史和其他学术所研究的对象有一个根本不同之点，其他学术所研究的对象都是属于空间的，而历史则是属于时间的，因此一切科学的对象都可以成为历史，如同天文现象史、地质史、生物史之类；而各科学术本身也可以成为历史，如同天文学史、地质学史、生物学史、哲学史、社会科学史之类，而史学当然也有史学史。历史既然是时间的东西，所以不能按照空间的平面排列去研究，只能按照时间的先后连续去研究，因此研究历史学的时候，也必然像历史著述一样把历史著述或历史本身按其时间的连续次第先后系列起来去加以理解，这样的方法便是历史的方法。历史学者去研究历史时还不得不采用历史的方法，这就是容易把历史和历史学两个概念混淆不清的缘故。

此外，其他学术研究的对象有一大部分都是现在的，摆在眼前的，或并没有时间性的（如哲学所研究的问题），对于过去只要用一部分工作即行，所以不至把研究的对象和学术本身混淆。历史学所研究的历史则全属于过去的东西，必须用历史的方法才能把他们联系起来，因此历史学者要研究历史必须先作一番历史编纂的工夫，这本是一种预备工作，一种史学的敲门砖，但工夫用得太多了，便易把预备工作当作正式工作，把手段当作目的，把敲门砖当作本身。这是历史学和历史两个概念所以混淆不清的第二个原因。

我们现在如果想专谈史学，就必须把过去关于史学观念的错误纠正过来。我们绝对不可把历史著述当作史学，一个学者生平关于历史的撰述无论如何丰富，这个人只能叫做历史家而不能叫做史学家。

此外还有三种与历史有关的学问也不能叫做史学。

第一种是史论或史事批评。中国自孔子作《春秋》欲以正名分，别善恶，使乱臣贼子惧以后，开了史事批评一派，《春秋》三传解经之说，就是这一派的始祖。唐宋以后，此风大盛，差不多每一个文人的集中总有许多论史的文章，有就善恶是非来立论的，也有就利害成败来立论的。这一派人不过是对于历史上的个别事件加以主观的评论，他们虽然可以说是史学的先导，犹如炼金术之为化学的先导一样，但还不够称为史学。这一派是伴教训时代的历史而发生的，他们误把价值判断当作史学，而不知史学之本义不应如此。

第二种是历史考证。史论之学盛于宋明，因为当时也正是程朱陆王理学极盛的时代，到清朝以后，学者厌弃理学的空疏而改趋考证训诂，历史家也受了这种影响而趋于考订事实，搜求文献一派，正如西洋文艺复兴以后的文献主义学者一样。自近代科学的历史发达以后，大家误以为考订史料就算尽了史学的能事，所以越把工夫用到这一方面去。殊不知历史考订的工夫无论做得怎样深，充其量不过是对于史料的搜集鉴别上有点功劳，只能叫做史术，还不够称为史学。

第三种是历史方法，这一派的大师自当以刘知幾为首，他的《史通》一书就专论做史的方法，后人推之为史学之祖。其实这仍然是一种"史术"而非"史学"。如果《史通》可以叫做史学，则一切历史研究法，历史编纂法，历史教学法等类著述都可以叫作史学了。这一派和第二派一样，他们所研究的不过是历史著述的本身，而非历史的本身。我们必须将"历史材料"，"历史著述"，"历史"，和"历史学"这几个概念分辨清楚，才能了解史学的正当意义。

然则如何才能称为史学呢？最简单的说法，就是必须对于历史这一件整个的事实加上点理解作用，才能叫做史学，单纯的记录工作不能叫做史学。

照这个标准看起来，只有上述的史论一派还有点史学的意味，其余三〔二〕种都不过是记录之学，是史学的预备工具而非即史学本身。至于史论一派虽有些微理解作用，但属于价值判断者多，属于理法探讨者少，即有少数论及因果法则的也都是枝枝节节的议论，很少能够成为一个整个系统的，所以只能说是史学的原始形态，还不能就配称为真正的史学。

中国历史家中懂得史学的意义的恐怕只有司马迁一人，他的《史记》是"欲以究天人之故，通古今之变"的一家言，所以他的《史记》并不是单纯的事实记录，而是和儒道墨法诸家著作同等的系统哲学，不过他不用抽象的玄想而用实际的事实材料来建筑他的一家之学，比周秦诸子更进步，可惜后来的历史家无人能够懂得他的意思，所以尽管出了许多模仿《史记》的正史，别史，而却没有一种配得上称为一家言的。

在欧洲方面，历史哲学较为发达，自奥古士丁（Augustine）著《上帝之城》以来，就已建筑了历史哲学的基础。晚近各派历史哲学纷纷并起，什么唯理史观，经济史观，地理史观，生物史观，文化史观等各成一家，史学到此才算真正进化到"学"字的阶段了。

不过我以为历史哲学虽可以算是"史学"，但不能说是"史学"的最进步形态。因为这些学说都不过是把历史当作一个客观的对象而研究其理法形态，他们心目中的历史是一个摆在人对面的死东西，人可以用解剖兔脑一样的态度去解剖历史，这还不能算是把握了历史的真意义。

历史是活的，不是死的，他的本身就是一种有机的构造，我们不能用解剖学的方法去研究历史，也不能用建筑学的方法去研究历史，我们必须用历史的方法，从历史本身的发展次第形态去研究，才能把［算］真正把握了历史的意义。

所以，一个真正的历史学，必须用历史的眼光去追溯一个历史的历史。

二　过去历史演进的三阶段

历史本身是一种有机的生命，历史不是人造的，历史不是历史家写出的，一切生命的本质是自己生长。

历史也有生长。

过去历史的生长大约经过三个阶段，这三个阶段是顺序出现的，在另一意义看来，我们也可以把他们当作是一祖相传的三兄弟。

这三兄弟中第一个出世的就是传奇化的历史，也可以说是艺术化的历史。这时代的历史观念以求美为主，因此充满了浪漫化的矜奇夸大色彩。历史之源本出于文学，而文学之源则出于宗教，希腊时代司文艺的七神之一，就有历史之神 Clio；在中国，文史两家的界限常是分不清楚，许多著名的历史家如左丘明、司马迁、班固、范晔、欧阳修之流，同时也就是著名的文学家，上古时代的历史如《国语》、《左传》、《战国策》以及后来的《史记》、《吴越春秋》、《越绝书》之流，都含有很多的浪漫气氛，与《穆天子传》、《山海经》等小说相差并不甚远。这些书之所以能永垂不朽，就因为他们有这种传奇的作风。西洋方面也是如此。希腊的历史起源于荷马（Homer）的史诗，其中文学和神话的意味远过于历史。后来如希罗多德（Herodotus）的史记，以及罗马布鲁他奇（Plutarch）的英雄传，也是同时具有历史和文艺价值的作品。希腊末年的历史著作更特别受修辞学的影响，专门注重求美。在欧洲以外的白色人种之中，如犹太人的《旧约》，阿剌伯人的《天方夜谈》，印度人的史诗和吠陀经典，也都是历史的而兼文艺的，同时又是宗教的。

现在所谓科学的历史家尽量鄙视这种艺术化的历史倾向，认为邪魔外道，然而我们如果能平心静气去考察一下他们在当时的社会价值，以及后来对于一般读者的印象和魔力，就可以晓得这一派的著作不是轻易可以一笔抹杀的。

继传奇化的历史而出现的第二个兄弟，就是教训化的历史，也可以说是伦理化的历史，这是人类社会从宗教时代演化到伦理时代的产物。这时代的历史观念以求善为主，充满了教训的说理色彩。在中国，这一派的著作起源于孔子的《春秋》，到宋明理学时代，大为发达，司马光的《资治通鉴》和朱熹的《通鉴纲目》，可为此派的代表。在欧洲，如希腊末期的波里比阿（Polybius），罗马的李维（Livy），都是此派的代表。基督教统治欧洲以后，历史著作更充满教训的气味，大神学家奥古士丁的《上帝之城》，开辟了哲学的先声，但其本质仍是教训的。

这一派的历史，现在也为科学的历史家所屏弃，认为主观成分太多，但我们如果能够仔细把历史学的概念探讨一下，就可以知道单以主观二字来抹杀这一派的价值，也是不很公允的。

三兄弟中最后出现的当然就是考证化的历史，也就是一般科学化的史家所认为合乎科学标准的历史。这一派的精神是求真，因此既反对浪漫矜奇，又反对劝善惩恶，他们的目的是要把历史做成一个死板板毫不动主观感情的照相机，历史的本相是什么，就给他照出个什么样子来，科学的历史家心向往之的历史就是这一派。

在欧洲，古代历史著作之中虽有几种合乎这种标准的，但严格说起来还不够，真正的考证工作是从文艺复兴时代的文献主义者（Humanist 旧译作人文主义者）开始的。他们拼命搜求希腊罗马时代的文献，只词片字，奉为珍宝，在这种风气之下，非旁征博引考据确然者，不能称为历史，于是历史家和钞书家合而为一。在中国，所谓汉学考据家也走的是同样的路。近代所谓科学化的历史，虽然考证的范围比文艺复兴时代的学者广博得多了，他们已不复以纸上的考证为满足，更费精神于考古学、人类学、比较言语学等等方面，期于发现历史的真面目和全面目。

这一派的功绩是不可抹杀的，他们的努力精神也很可钦佩，然而我总不以为这样就算是尽了历史的能事。科学的历史家所奉为不刊的格言是"努力排斥主观的成见，以纯粹客观的态度去搜求历史的真相"。他们似乎以为历史是摆在历史家对面的一个世界里，我们可以忘记自身去观察它，如同我们观察一个行星的轨道一样。但是事实上能否办到如此的绝对客观的地步呢？从相对论发现以来，我们已经知道即使是天文学上的观察，也不能脱离了观察者的地位而另有所谓绝对超然的不变标准，何况由复杂人事所构成的而历史家本身即属于其中一分子的历史呢？我们可以引现代德国历史家福利德尔（E. Friedell）对于科学的历史所下的评语来答覆这个问题：

　　"考证（原译作援引）式的历史，当他努力想成科学之顷，他已不是客观的了；当他努力想成客观之顷，他已不是科学的了。"——王孝鱼译：《现代文化史》上卷第九页。

三　历史观念的改造

　　中国文化思想界现在刚开始与科学接触，大家浮慕科学，然而却又不真了解科学。一般对于科学的认识仍是从十九世纪的旧式科学观念中得来的，他们不知道二十世纪的科学观点已有了重大的转变。

　　历史学者之接受科学观念更是较近的事，所以对于科学新观点之了解更为茫然。一般以为科学的历史就是考证式的历史，就是努力搜集些干枯材料累积起来的工作，他们的理想标准是把历史表册化，令人打开一看除了干枯无味的人名地名及数字之外再没有别的东西了，他们以为能做到这个程度才算尽了科学化历史的能事。然而这种标准总是很难做到满意的，即使做到了也没有多少人喜欢看，更谈不到什么影响，所以他们不得已而思其次，只好以考证工作满足自己，一个钞得最多的历史家，便是最好的史学家。

　　这种风气一半固由于受了西洋文艺复兴以后所谓科学的历史派的影响，另一半也还是清代汉学的遗风。汉学家鄙视一切理想，专重考据，他们谈哲学要考据，做诗文也要考据，写历史更非考据不可。

　　在这种中西合璧的历史考证派风气之下，一般学历史的人把聪明才力用到牛角尖里去，他们可以为一件琐细到极点的不相干问题费上数万字的考证工夫，换得一个博学的头衔。现在一般历史杂志上多半充满了这一类的材料，在西洋也是如此。假使程子复生，不骂他们一声"玩物丧志"才怪。

　　我们现在想劝这些科学历史家不要把聪明心力白费到这些地方，更不要贻误后代的青年，效力是很小的。因为他们根本迷信一个科学，以为只有他们所惯用的方法才是绝对科学的方法。我们现在要纠正这种迷误，只有另行提出一种更广大更新颖的科学见解，根据这种见解来建立真正历史科学的理论系统和治学方法，才能使一般学历史的人觉悟到所谓科学化的历史决不是表册式的历史，也不是钞书式的历史和化石展览式的历史，真正科学的历史家，也决不屏弃主观的成分，决不鄙弃艺术化和伦理化对于历史著述的影响。这种工作成熟以后，才能使后代学历史的学生，展开了他们广大的眼界，不至于一死地钻向牛角尖里去。

我们要提出的方法主要的是采用发生学的态度，把整个历史的构造进程，从原始事实起，经过种种演化的阶段，以至变成了我们眼前所见的历史为止，一层一层剖析起来。只有用这个方法，才能使一般历史学生知道一部历史是怎样构成的，其中含有多少主观的成分。

这种方法是科学的，所得的结果也是科学的。

如果科学的历史家肯平心静气把历史的构造过程分析一下，至少可以发见历史的构造过程应当分作四个阶段，即是：（1）原始的事实，（2）由事实变为史料，（3）由史料整理为史实，（4）由史实组织成历史。这四种阶段显然是各不相同，考证的历史所努力的不过是发见史料，然而史料只是史料，决非即事实的本身，也非即历史的全部。史料不过是原始事实留存到现在的片段化石，如同原人所残存的骨骼头颅一样，不能即认为足以代表原始事实的全部。史料是死的，原始事实是活动的，所以无论所得史料如何丰富，决不能从史料的排比上就能看出原始事实的真相。要将零碎的史料排比成史实乃至历史，必须加上点选择组织的作用，而这些作用便是新加上去的，所以新组织成的历史，其中所含的精神不但不能从零碎的史料中求得出来，也未必与原始事实真正相符，因为他已经是一件新产品了。所以西洋有一位学者说："凡是历史都是现在的"。

考证的历史家，因为不懂得"事实"、"史料"、"史实"和"历史"这四个概念中间的严重区别，他们辛苦一生，搜集了无数的史料，便以为可以由此发现历史事实的真相了，其实，他们不过发现了许多片段的史料，事实的真相永远不会看到，等他们将这些史料排比成一部像样的历史的时候，他已经不是发现过去的事实真相，而是创造了他自己以及他的时代和民族的哲学了。（三〇、三、一二。）

1941 年 3 月 12 日

哲学的有机论
（1940—1943）

信与力

青年人：

祖国危急了，我们往那里去？

卢沟桥的炮火，惊醒了正在沉睡中的整个中国民族。达官贵人们再也不能过南京上海那样"南朝金粉"的生活，善良的中国农民，也不能照旧无知无识地"日出而作，日入而息"了。我们看：

有二十个以上的省市区已经纵横着敌寇的戎马；

有四千万流离失所的同胞从沦陷区域逃到后方；

有几百万的军民男女被屠戮在疆场；

有几千百个城市被占据；

有几百万栋的住宅被焚毁；

有几千万亩的土地被炮轰，马踏，火烧，水淹，不能耕种；

有几千万的劳苦农工变做了失业者；

有几千百万的壮丁从后方农村里征集出来送上前线；

有几千所学校被逼迫而停闭；

有百万以上的青年男女脱下长衫，穿起戎装，走上前线去，拿起武器来为保卫祖国而作战。这是什么景象？这是五千年中华民族历史上空前未有的大变局，这是一个伟大无比的时代，一方面有腐烂的旧中国的瓦解，一方面有光明的新中国的诞生，创造光明的新中国的主人翁是谁？无疑地，是新中国的新青年。

有人说，中国之陷于如此的悲惨地位，青年要负大半责任，这话是我们青年死也不能承认的。过去中国国事的败坏，自有其负责者，那些汽车洋房的达官贵人，那些穷兵黩武的军阀，那些贪污奔竞的官僚，那些挑拨离间的政客，那些包揽把持的军阀，那些清谈误国的名流，那些出入公门，鱼肉民众的土豪劣绅，那些甘心媚外的奴才，那些摧毁国家思想为异族工具的各色汉奸，所有这些人，对于中国应负完全的责任。青年人对于过去中国的腐恶根本不负什么责任。

相反地，一个新中国的诞生却已经放在青年身上，自抗战以来，青年人对于保卫祖国表现了最大的努力，直到现在，我们不能忘记了还有百万以上的青年在正规军队里，在游击区中，在后方民众里，英勇地，耐心地，做创造新中国的伟大工作。

什么力量能够推动中国青年走上这伟大的战场呢？不是传统的孔孟之道，不是英美式的自由主义，不是世界大同思想，不是马克思恩格斯，不是浪漫、颓废与幽默，不是拜金主义，不是某一个人物，不是某一种党派，而是一个"国家至上，民族至上"的信心。一切的落伍思想、人物和行动，在严厉的现实鞭挞之下，一齐为"保卫祖国"的观念所激动了，所粉碎了。

第一次欧战以后，曾有一个国际主义的反动时代，那时代的人们误信人类可以永久和平，中国可以取得国际的保障，军备可以永久解除，民族国家的界限可以取消，于是中国民族便可以袖手而取得"世界公民"的高尚资格。这迷梦从九一八的惨变以后突然被打碎了。一切以错误思想教训青年的名流学者到现在都卷起他们的舌头，不再敢对青年胡吹乱嗙了。但是国事已经败坏于这班妄人之手。现在觉悟的青年，已经不再相信这些国际主义、和平主义的骗子的话，要自己起来寻找保卫祖国的正道，而且，我坚决地相信，有一天，这些献身于保卫祖国的青年，在觉悟了过去的受骗之后，必然要拿起他们对外抗战的短刀来，转回身去割这一班名流学者骗子的舌头。

一切国际主义、和平主义的名流学者骗子，都有形无形地做着帝国主义侵华的思想工具。帝国主义者要侵略中国，必须先消灭中国民族的国家思想，而这些骗子便是他们御用的工具。他们的理论无论是站在种族的立场上，宗教的立场上，阶级的立场上，或者全人类的立场上，用意总是一样，总之是劝你不要爱国，要爱一个比国家还大的东西，要放弃一个立场，要归化世界大同。然而事实上他们正是有意无意地做了他们主子的工具。一切对华怀抱侵略野心的国家，要征服中国，要使整个中华国族变成他们永久使用的奴隶，必须先利用中国人中的败类，宣传一种反爱国的思想。必须先使中国人（特别是前途有无限希望的中国青年人）抛弃了国家的观念，忘记了国家的独立与自由，而沉醉到虚无缥缈的世界大同观念里，然后才能放心下手宰割。强盗谋劫人往往要用蒙汗药，世界和平大同的思想就是麻醉整个中国国家意识的蒙汗药。我们要拯救垂危的祖国，首先必须辨清毒品，不要上了蒙汗药的当。

我们应该坚决相信"国家的爱"有绝对不可动摇的科学根据；我们应该相信一个尚未脱离奴隶境地的民族不配来讲世界大同；我们应该坚决相信一切王道主义，大同主义，国际和平主义都是侵略国家麻醉弱小的工具；我们应该坚决相信和平是奴隶的道德，战争才是主人的道德；我们应该坚决相信国际间从古到今永无所谓公理、正义与人道，只有强者才能生存；我们应该坚决相信道德是为国家而存在的，不是国家为道德而存在的；我们应该坚决相信中国的自强完全须靠着自己，不能仰靠任何外国的同情；我们应该坚决相信中国决不会亡，就亡了我们也有力量将她恢复起来；我们应该坚决相信拯救中国危亡的不是虚无缥缈的观念而是力与血；我们应该坚决相信中国的前途不是变成万劫不复的奴隶，便是作全世界的主人翁；我们应该坚决相信只有中国才握着解决世界问题的关键；我们应该坚决相信中国的命运是握在中国青年手里。一切的力量发生于信仰，我们先要奠定了"信"的基础，在这上面长出了建国的力量。

但是我们需要正确的信仰，不需要似是而非的错信，迷信。信仰必须经得住批评与检讨，一个正确的宇宙观，人生观，社会国家观，在建设之前，必须大胆地推翻一切传统的成见，"重新估定一切价值"。

在怀疑上建设了批判，在批判上确定了价值，在价值上产生了信条，在信条上建筑起力量，由力量洒出了血，这血洒在可爱的海棠叶形的国土上，开出了自由灿烂的花，中华民国的国魂便寄托在这自由的花朵里面。

无数中国青年的魂，也寄托在这里面。

廿九年一月

重新估定一切价值

因此，我们青年在献身于祖国之先，第一件入手的要务便是养成一个独立批判的怀疑精神，对于一切既存的事物都要给它们来一个"重新估定价值"。

"重新估定一切价值"这句话是大思想家尼采（F. Nietzsche）在前一世纪中所喊出来的，这句话至今还有光彩，而且也将永远有光彩。

这句话的意思便是教人不要服从一切权威，对于任何既存的事物必须还它一个正确的判断。多数的常人生于传统的沿袭中，被征服于当代权威的思想和习惯，但是青年不应该如此，因为青年的世界在未来，青年是未来的创造者，应该永远保留一个对于既存状态反抗的勇气。

我在这里特别指出对于一切思想观念的重新估定价值，因为对于现实人物和制度的不满，是一切青年所共有的趋向，不必再来推动，但对于思想观念的不加考虑地接受，却是一般青年们的通病。青年们容易反抗一个家长的专制，但没有勇气拒绝同学的嘲笑。现代的中国少女很有理由去拒绝裹足和蓄发，但却遏制不住烫发，穿高跟鞋的欲望的引诱。成千成万的青年为反抗帝王的专制而死，但又情愿站在另一种变相的帝王之下甘受他们的鞭策。青年和一切人类一样，永远是矛盾的，不自觉的。但是人类的进步却靠在有少数特立独行之士能够不为一切时代的权威制度，思想，和人物所征服，有勇气对一切既成事物去"重新估定价值"，作一个时代的叛徒。

当婆罗门教统治印度的时候，释迦牟尼有勇气去反抗这种顽固的思想，而创造了一个佛教。

当犹太的先知们垄断教会的时候，耶稣基督有勇气去反抗他们，开始散布基督教的新福音。

当希腊的神权思想正在巩固的时候，苏格拉底（Socrates）胆敢站出来说，人是判断事物的标准。

当儒家思想正在极盛的时候，王充胆敢出来"问孔"，"刺孟"。

当中古欧洲正为罗马教会所统治的时候，马丁路德（M. Luther）胆敢宣布九十五款的教皇罪状。

当托利米（Ptolemy）的地球中心说正在为全欧洲所信服的时候，哥白尼（Copernicus）胆敢说地球不过是天空中的一个小星，地球绕日而非日绕地球。

当佛教的翻译注解之学正在极盛的时候，慧能胆敢出来呵佛骂祖，创立不立文字直指本心的禅宗。

当六朝选体正在流行的时候，韩愈胆敢出来主张恢复古文。

当红教势力宰制西藏的时候，宗喀巴胆敢出来创立黄教。

当宋明理学正在为帝王士大夫所尊信的时候，戴震胆敢说理即是欲，反对"以理杀人"。

当"朕即国家"的王权神授说正在弥漫于法国的时候，卢骚（Rousseau）胆敢说"天赋人权"，人人生而是平等的。

当上帝创造人类的宗教传说尚在有力的时候，达尔文（C. Darwin）胆敢说人和猴子是同一祖先。

当资本主义的工业文明正在黄金的时代，蒲鲁东（Proudhon）胆敢说"财产即是赃物"。

当民主主义，平等思想正在流行的时候，尼采胆敢说人和人是不能平等的，和平是奴隶的道德。

当□清专制帝王赫赫威严的时候，章炳麟胆敢骂当时的皇帝载湉为"小丑"。

当文言文唐宋八大家和六朝选体正在文坛流行的时候，胡适陈独秀胆敢出来攻击"选学妖孽，桐城谬种"。

......

当牛顿（Newton）的引力学说支配着物理界思想至三百年之久的时候，爱因斯坦（Einstein）胆敢出来创立相对论的新宇宙系统。

我们想想，假使全世界人类的历史上，把以上所举的这一些人和他们的努力根本抹去，世界历史还有多少可读的？由此可知，世界历史所以每一个时代都有崭新的一页可读，就因为每一个时代都有这样不肯随声附和的时代叛徒，要拿出他们的独立精神来，对于一切既成的思想、制度与人物，不客气地给他们来一个"重新估定价值"。

现在一般中国人好谈时代潮流，而且有许多青年深以赶不上时代潮流为耻，这种心情是可以尊重的，因为赶不上时代潮流的人就成了落伍者，成了阻碍进步的顽固分子，是人的渣滓。但是一个国家所期望于其青年的，却不仅仅在能够赶上时代潮流，而是要超越过时代潮流。把握住时代潮流是中年人的任务，努力赶上时代潮流是老年人的希望，超过了时代潮流却是青年人应有的本分。青年人是属于未来的时代，而不是属于现在或过去的时代，是属于正在创造的时代，而不是属于已经完成的时代。因此青年人对于时代潮流的任务不是顺应，而是怀疑，而是给他一个"重新估定价值"。

对于一切的人物、制度、思想、观念，都可作如是观。

每一个观念，每一个口号，每一个习焉不察的名词，都应该给它一个"重新估定价值"，无论这些观念、思想在时代潮流中占着如何重要的地位，有何等的权威。

青年人要有反抗全世界的勇气，就使是全世界古往今来一切人类所公认的标准，我如果认为有批判的必要，也胆敢重新加以估定，这样，才可以堂堂地作一个人，才是新中国所需要的新青年。

现在世界上有许多流行的观念，每一种观念都有它的成立的历史，也都有一部分拥护的人。譬如说：民主政治，独裁政治，科学方法，和平，人道，国际主义，自由，平等，博爱，理性，人类合作，世界大同，社会主义，法西斯主义，竞争，互助，阶级斗争，种族观念，仁义道德，忠孝节义，上帝，教会，信教自由，思想自由，思想统制，社会革命，统一，富强，进化论，自然淘汰，无政府主义……所有这些观念，以及一切未经举出的许多观念，我们在接受之先，必须经过一番思想上严密的检讨，必须重新一一给它们估定一个相当的价值。

就是对于爱国观念也应该如此。我们不欢迎盲目的，感情的爱国主义，我们不欢迎没有正确理论根据的爱国思想，我们不希望青年说"因为大家爱国，所以我也爱国"，我们希望青年有勇气把爱国的观念和其他一切观念搁在一个平等的位置上，毫不客气地还给它一个相当价值的估定。

必须有勇气说："我如果找不到爱国的正当理由，我便不能爱国。"有这样思想独立勇气的青年，才是一个危亡的国家中所迫切需要的。因为人如果不肯做一切既成思想的权威的奴隶，当然也就绝不会做异族的奴隶了。

重新估定一切价值，是否认一切未经批判的权威，却不是不要一切权威，单纯消极地否认一切权威，而不思建筑一个新权威，结果便陷于极端怀疑的虚无主义的绝路。虚无主义是低能人类逃避现实的空想，青年而走入虚无主义，是青年的自杀，也是民族的自杀。重新估定一切价值是对于一切既存的事物观念加以正确的批判，批判的结果，应该推翻的，便毅然加以推翻；应该存在的，却也应该有勇气去承认它的存在。

廿九年二月

人类怎样从神的权威中解放出来

以下我们讲一段反抗宇宙间最大的权威而进行"重新估定价值"运动的故事。

人类和其他动物有一个最重要的不同之点，就是对于环境的一切（包括他自己在内）发生好奇心，而定要"打破砂锅问到底"。

当人类蒙昧初开的时候，好奇心逐渐发达起来，而开始对于支配自身最有势力的自然环境发生种种疑问。

譬如说，当他听见空际隆隆的雷声的时候，他想：莫不是天上有人敲鼓吗？他看见日月昼夜轮回，周流不息的时候，他想：莫不是有人拿鞭子赶着他们走吗？他听见暴风的怒吼，流水的微音，他想：莫不是自然在歌唱吗？他嗅见玫瑰的芳香，看见牡丹的鲜艳，他想：莫不是自然在献媚吗？他看见人人生老病死，莫能自主，他想：莫不是冥冥中有主宰者吗？

那时候人类的理解力还没有发达，他有疑问的能力，但没有充分解答自己疑问的能力，他只能以眼前习见的自身及其同类的生活情形拟之于自然界，于是他以为自然界也一定和他自己一样，有许多有生命的人格在那里活动。

最初，他想这些山水花鸟本身就是一些有意识能活动的人格，不过其面貌和人不同，而且比人能力较大而已。于是他可以对着一株古树祈祷，对着一条白蛇礼拜，或者和一只狐狸讲恋爱。这就叫做万有神教的宇宙观，至今全世界的大多数人民还沿袭着这种观点。

其后，他渐渐晓得这些山水花鸟的本身是蠢蠢无知的，并不比他自己更聪明，更有力量，不过他以为这些物质的背后，在遥远的天空中，在神妙而不可见的幽灵之国，有许多为这些具体物象的主宰者。譬如雷有雷神，土有土神，马有马王爷，茅厕有坑三姑娘。而且他以为不但具体的物象有这些神管领着，就是抽象的原理法则观念之类，也可化为拟人格的神的形式，如同希腊的神雅典娜（Athena）是象征着智慧，而亚富罗底（Aphrodite）是象征着爱欲。巴比伦的神辛（Sin）是象征着光明，而涅尔加尔（Nergal）则象征着战争。波斯祆教的两位大神，代表善与恶两种伦理的审美的观念。就是像中国人这样专务实际的民族，也有关于春夏秋冬四季之神，和东西南北中五方之神，以及掌管生死轮回的天齐大帝，注生死的南北斗，和掌握贫富穷通的黑虎玄坛财神之类比较抽象的观念神。所有这一切，都叫做多神教的宇宙观。

渐渐，人们感觉到这些森罗万象的神灵彼此之间似乎欠缺一些统一的秩序，人世间既然有帝、王、臣宰等等阶级秩然的官爵序列，天上似乎也应该有同样的秩序才好，于是从这许多神灵之中，选出一个比较权力最大的神叫他做天地三界十方万灵的真主宰，其余的神便只好算做他的辅佐，驱使。这样一个大神，在巴比伦叫做马杜克（Marduk），在印度叫做梵天，在希腊叫做宙斯（Zeus），在罗马叫做周比特（Jupiter），在犹太叫做耶和华（Jehovah），在中国便叫做玉皇大帝，其实都是一样的性质，不过在有些民族如犹太人中，他们的大神排他性更加强烈，几乎把一切小神都消灭了，但是他依然免不了有天使之类供他驱使。这样的观点，便叫做一神教的宇宙观。

无论是一神或者多神乃至万有神，总之在过去若干年中，全世界的人类把宇宙万有的现象归之于一种高高在上的神灵力量的支配，而自己甘心做这一切杜撰的神灵的皈依崇拜者。就是到现在，世界上最大多数的民族，无论是黄种人，白种人，黑种人，他们的日常生活还不能不依赖"神道设教"的权威约束。

但是，渐渐地，少数有独立思想的时代叛徒，不肯随声附和这种一向如此的神权观念，而到处发生了"重新估定价值"的运动。

二千五百年前，中国的哲人已经不相信神的权威，已经敢说"国将兴听于人，国将亡听于神"了。但我们为解说便利起见，姑且把近代欧洲人类用理智的工具反抗神学权威的故事叙述一番。

欧洲的基督教是一切神道设教中最有权威的一种组织，从耶稣纪元后六世纪起到十五世纪止，是罗马教会的统治时代。中古末期的罗马教会，根据着所谓经院哲学的神学理论，坚持拥护一切有利于神学的权威学说，如同亚理士多德（Aristotle）的哲学、逻辑和科学，托利米的天文学之类，而拒绝有任何的修改，凡胆敢修正者即是大逆不道。

但是自十六世纪以后，少数的时代叛徒，对于这些神权拥护下的传统思想开始作"重新估定价值"的运动。

一个波兰人哥白尼，创立他的新天文系统，他说托利米的地球中心说是错误的，地球不过是太阳系内的一个行星，是地球绕太阳，而非太阳绕地球。

一个英国人佛兰西斯培根（Francis Bacon）修正亚理士多德的演绎

法逻辑，而创立了科学的归纳方法。

像这样的新运动有许多，大家可以从任何一本西洋思想史上去寻找，不必多举。

我们所应该知道的，是当时一些勇敢的时代叛徒发表他们的新奇理论时，并不是怎样容易的事，因为他的主张一旦被当时有权威的教会注意了，就会发生意想不到的危险，有时须以生命殉他们的主张。

哥白尼是一个胆小的人，他虽然发现了对于传统的宇宙观根本革命的伟大系统，但他一生一世都小心谨慎不敢把他的见解流行得过远，以致引起教会的注意。他的主要著作在他生前始终没有敢出版。五十年后，意大利人白鲁诺（Giordano Bruno）因为勇敢宣传哥白尼的学说，而被教会用火烧死。

但是反抗权威的叛徒不是用火烧得完的，与白鲁诺同时有意大利人伽利略（Galileo）和日尔曼人刻卜勒（Kepler），仍然努力宣传并证明哥白尼的天文学说，澈底从传统的旧宇宙观中解放出来。

伽利略是近代科学精神的始祖，他首先用实验的方法打破一切习而不察的迷信权威。根据历史的记载，我们可以想像：伽利略是有些浮浪儿的样子，年纪很轻时，他就在意大利的比萨（Pisa）大学当数学教授，但是薪金每天只一角半。他起初好像没有想到一种非常重大的使命要降临在他的肩上，但是他生性就好和一般流行的惯习做对头。他起始写了一篇论文，反对大学里穿袍戴帽的服制，结果同事的教授们把他当作一个浮薄而好出风头的少年，对他发生严重的歧视。他觉得对于这些顽固的头脑似非寻些开心的把戏故意使他们难堪一下不痛快。那时候一般物理学教授奉亚理士多德的物理学为圣经贤传，亚理士多德的物理学以为十磅重的物体经过一定距离而下堕〔坠〕的时间必为一磅重的物体所历时间的十分之一，换言之，便是物体下堕〔坠〕所需要的时间，在同一距离中，与物体之重量成反比例。伽利略不肯附和这种权威学说，他存心要使这班顽固派教授们难堪。有一天早晨他特地跑上比萨当地著名的斜塔，带着一个十磅重的弹子和一个一磅重的弹子，正当那班教授们雍容肃穆地在众学生面前跨入各个教室的时候，他立即唤起他们的注意，把那两个重量不同的弹子同时从塔顶下掷，结果竟然发生了一件空前的奇迹，两样重量不同的物体竟然同时到地。亚理士多德的旧物理学权威经此一番实验，开始崩溃，而伽利略和牛顿的新物理学系统，就从这一实验开始。一个新时代已经光临，开辟这个新时代的是青年伽利略，那一班和他同事的顽固派教授们，虽然眼见这种新时代的降临，却始终不肯相信，他们以为他们的眼睛一定是欺骗了他们，因为亚理士多德是无论如何不会错的。

伽利略既不孚众望，遂成众矢之的，顽固派的学生也随着教授仇视他，在他读书的时候时时发现嘶嘶的轻蔑之声，这个味道三百年后爱因斯坦在柏林也曾屡次尝过。于是伽利略制造一架望远镜，邀请那班教授们从这架镜子里窥望木星的几个月亮。他们拒绝，因为亚理士多德并没有提到这些卫星，所以如果有人真看到了这些卫星，也不过是被魔鬼迷了而已。

伽利略的重要还不在他对天体物理学上种种重要的贡献，而在他的对于传统权威思想不肯随声附和的独立批判精神。亚理士多德的学说相传了二千年，二千年中从没有人敢怀疑他的学说是否正确，即使心中有些轻微的怀疑，也没有人肯去当众加以实验。青年时代的伽利略居然有这样的勇气，这就是伽利略之所以为伽利略的主要原因。

当时一般绅士派的学者们非常讨厌伽利略的轻薄样子，骂他是"浮薄少年"，但是我以为一个青年，与其有十足的官僚、绅士、老爷气，不如有几分浮浪的流氓气，因为流氓至少比奴隶还有自由的勇气，独立的人格，人一有了官气，便是《水浒传》里石秀所骂的"与奴才做奴才的奴才"，便是道地的不可救药。

到了晚年，伽利略因为主张哥白尼的新天文学说，致遭教皇处以终身禁锢之刑，那时伽利略已经七十岁（一六三二年），年老气衰，禁不住威吓，在教会裁判中宣誓悔过，自认以后再不敢宣传大逆不道的太阳中心说。但是相传他背诵过这一篇悔过书之后，口中还低低喃了一句："他（地球）总归还是动的"。

果然，无论教会怎样压迫新兴的思想，但是神权的时代毕竟已经过去，一个基于理智和实证的新兴时代已经到了。

廿九年二月

理知万能的时代

人类从神的权威中解放出来以后，才开始用自己的独立思考作用去探索大自然的奥妙。

在神权时代，人类一切都是靠天吃饭。自己没有思想，以神的教条为思想；自己没有作为，靠神来替他安排命运。这时候的人类正和在母亲怀抱里的婴儿一样，万事没有独立自主的能力。

神权打破以后，人类就入于一个失母的孤儿时代，独自彷徨地、盲目地，向大自然的旷野中摸索前进。

但是这时候的人类并不感觉慌张失措，因为他们对于自己的能力很有自信，他们相信人为万物之灵，因为人有一个为一切生物所没有的特别秉赋，这就是一个虚灵不昧的理性（Reason）或者理智（Intellect）。

这种对于理性的自信还是从神权时代沿袭下来的，因为在神权时代，人类自以为人是照上帝的模样特别造成的，所以人对于上帝或者他神虽然是比较卑微，但却首出于庶物之上□照基督教的说法，上帝特为人类而创造世界，地球是宇宙的中心，而人类则是这宇宙中心地球的天授主人翁。

神权虽然被打破，但人类的自尊自傲心并未打破，所以理性的权威便代替神的权威而支配了一世的人心。

理性到底是个什么东西？古今中外哲学家对此的解释各有不同。东方的哲学家如程朱陆王等宋明理学家，以为理性是一种道德的先天规范，即是一种至善的标准，他们的着眼在于道德伦理方面；而西方的哲学家如笛卡儿（Descarte）、斯宾诺莎（Spinoza）、莱布尼兹（Leibniz）等大陆理性派之流，则以为理性是一种真理判断的绝对标准，他们的着眼在于知识方面。到了康德（Kant）出来，才觉得偏重知识的理性不足以表现人类理性的全面目，而建设了纯粹理性（属知的）和实践理性（属善的）两大部分。

中国的学问向来就注重人生伦理的实践方面而轻视纯粹知识的探讨，印度思想和一切东方精神都是如此。这种态度比较地切于实用，而流弊较少。西方的文化，自希腊时代就已偏重于知识的探讨而忽略了知识与人生的关系，虽经过苏格拉底的人本主义，罗马人的实用精神，和基督教的苦行锻炼，但主智的倾向始终不曾消灭。到文艺复兴以后，传统的神权既已动摇，于是就开始了一个理知万能的世纪。在这种空气之下，十七八世纪大陆派理性哲学家把理性的作用专限于知识方面是不足怪的。所以我们若想举出这一时代的特征，可以"理知万能"四字代表之，因为他们之所谓理性实与理智同义，换言之，这时代可以谓之为主知的时代。

这种主知的时代潮流可以从当时文化学术的各方面表现出来。

第一，文艺复兴时代建设起的人文学派（Humanism）就是主知潮流之一种。有许多学者毕生献身于希腊罗马古文字的搜集、校勘、考订工夫，埋头于故纸堆中，孳孳不休。为一两个字的考订可以打几年的笔墨官司。他们为学问而学问，并不为什么目的。他们的精神和中国清代的汉学考据派完全相同。他们在知识方面是成功了，但却忘记了人生，忘记了知识不过是人生工具之一种。现代一般历史考证家和考古学家所继承的就是这种精神。

第二，大陆派的理性哲学家，相信理性是万能的，相信人有先天的理性就足以认识一切真理。他们的精神正和中国陆王学派的相信良知良能一样，以为"万物皆备于我"而不待外求。十八世纪末年法国启蒙运动（Enlightenment）的思想家把这种理性的权威抬高到至尊无上的地位，他们凭了自己相信的万能无误的理性判断去攻击一切他们所认为不合理的事物，结果养成一种浅薄躁妄的批评空气。到了法国大革命时代，居然在理性崇拜的名义之下施行极不合理的屠杀政策。清儒戴震所攻击的"以理杀人"，竟在法国大革命中找到了最惨酷的实例。

第三，英国的经验派哲学家如洛克（J. Locke）之流，虽然反对先天理性之说，而主张知识是由后天经验中摄受的，但其偏重于理知的功用则同。他们从严刻的理知分析入手，把整个的人生和宇宙看作是一种知识的奴隶，由此产生了十九世纪英国的功利主义（Utilitarianism）和法国的实证主义（Positivism）。他们对于知识的起源及性质问题虽然和理性派看法不同，但同样相信理知可以解决一切。但是他们既不能如大陆派之武断人有一先天圆满具足的理性，不必再加以任何解释，结果就不能不对于理知的本身先加以理知的分析，分析的结果竟把理知分析成七零八落的片段，而产生了支解心理现象的联想主义心理学，和休谟（D. Hume）的极端怀疑主义。主知主义走到了怀疑主义，就证明了主知主义的破产。

第四，十六世纪以后的自然科学也是从同一主知的潮流上兴起的。从培根和伽利略起，一般科学家迷信自然界有绝对一致的公律，为人类凭仗理知的工具，就可以一步一步发现自然的公律而应用之以驾驭自然。这种迷信造成十七世纪最盛行的机械主义的唯物论观点。在这种观点之下，不但把自然界看作是一架死板板的机器，而且把人类和一切有生命的生物也看作是一架机器。既然是机器，所以用理知可以将它分析为无数的片段，同时又可将这些片段再构造起来仍不失为原物。理知万能的迷信造成了科学万能的迷信，现在仍然流行于一般思想界。这种科学万能的信仰，一方面固然产生了利用厚〔原〕生的许多工具，一方面却也产生了杀人的科学利器和资本主义的经济制度。直到二十世纪，人才觉悟科学的任务并不仅只是了解自然，或者把人生当作是纯粹的自然产物，而在乎了解人生和被人生所创造的世界，并且也了解人生是一种复杂的整个活动，并不只是单纯的理知作用，换言之，人不是单纯的一个大脑。

第五，十七八世纪的文学艺术也是建筑在同一主知主义的原则之上，当时的文学以明晰、快利为标准，当时的艺术以整齐、划一为标准，一般艺术理论家以为美的标准也存在于客观的自然齐一的法则之下，自然界是整齐而有条理的。其末流产生了嘲笑理知的罗可可派艺术（Rococo），专门从事于纤巧细弱的矫揉造作。这种艺术表面上以与整齐划一相反，实际上却建筑于同一主知精神之上。

直到达尔文出来，人才知道人类的心理作用乃是数百万代生物演化的结果，目前他尚在演化之中，并非已经完全成熟可靠。直到佛洛乙德（Freud）的心理解析术出来，人才知道人类的心理活动，理智仅占其极小部分，大部分是受着感情、意欲以及存在于意识阈下的潜意识活动。直到爱因斯坦的相对论出来，人才知道自然界也并不是完全客观的现象，可以用纯粹机械的法则去支配。直到格式塔（Gestalt）派心理学出来，人才知道人类的心理作用和外部的环境是不可分的，单纯用理知的分析方法永远也得不到宇宙人生的真相。现代的思潮并不曾忽视理知的功用，但理知万能的迷信早已开始动摇了。

廿九年三月

浪漫主义对理知所起的反动

从十六世纪以后，人类解放了神的束缚，而开始了理知万能的信仰。

理知万能时代的整个的观点是一个机械主义的观点，他们把宇宙看作是一架大机器，人生看作是一架小机器。既然是机器，所以尽管表面上有种种运动，但这运动是盲目的，不能自主的，运动的方式完全依照着机械的法则，任何人只要得到了关于机械运动的法则的知识，便可以依照方程式的推演预测这个运动的前途。

这种的宇宙观和人生观曾经支配着整个数世纪的人心，从十六世纪直到十九世纪。就到二十世纪的今日，还有许多不长进的自命科学信仰者，依旧坚决迷恋着这样陈旧的观点。

但是这种机械主义的理知万能的观点，自一开始就有两个根本的矛盾无法避免。第一，如果说整个的宇宙乃至人生都是机械的，则谁是机械的主宰者？机器既然是一个死物，不能自己作主，故必有其主人。科学家不肯相信上帝创造世界的神话，但必须解释机械所以能够不恃外力而自行推动的原因。他们的解释归之于质和力的推荡。但是问题又来了，作为宇宙最基本的材料的质和力，他们本身是否为一种有自主的生命抑或不过是一种死的机械呢？如果承认质力是具有自主生命的东西，那就根本打破了机械主义的观点而接受了比较接近近代思想的生命主义的观点了，但旧科学家不肯这样做。如果承认质和力都依然不过是一种机械的材料，而此外又不肯承认在机械之外另有一种生命的力量如上帝或者精神之类，则怎样解释这个机械的宇宙的起源？又怎样保证这个机械的世界必然会永久遵循着机械的轨道，不曾有一丝变更。

此外还有第二个难题。在机械主义的观点之下，是不承认有任何目的的活动的，这种观点在人生方面很难得忍受。人生诚然应该接受理知的指导，但理知不过是一种工具，并不就是人生的本身。人生所以需要理知，为的是依靠理知可以用最经济的手段达到本来追求的目的。因此，必有人生所要追求的目的，才感觉有使用理知的需要。但是极端相信理知的结果，就会走到一种盲目的机械主义的观点，在这种观点之下，一切都是机械的必然现象，并无所谓目的。人生如果坚持这种信仰，则一切大可委心任运，理知的探讨也是多事。因此理知主义发展的结果必然会连理知本身也否定完事。

十九世纪的初期，人们已经不能忍受这种机械的理知主义的观点，而要求加以修正。但是这时代正确的生命科学和心理科学还没有成熟，相对论以后的新物理学的观点更为当时人们所未曾梦见。人们要求反抗理知万能的权威，但找不出一个正当的代替品，他们不得不乞灵于盲目的感情，乞灵于建筑于主情主义基础之上的浪漫主义。

于是来了一个浪漫主义的反动时代。

浪漫主义所追求的是一种梦幻的世界，他们以为世界本是一团纯情，毫无条理可寻，因此理知主义者所想像的机械化的世界，并不是宇宙的本来面目。依照理知主义所指示的道路也决不能解决宇宙人生的根本问题。人生与其依赖理知，不如依赖热情。理知所造成的世界，是人和宇宙打成两橛，人只是站在宇宙之外以冷酷的眼光去看世界，甚至看自己，只有热情所创造出来的世界，才是人生真正自造，自享的世界。

浪漫主义者不要求真和假的区别，他们以为梦幻和真实是一样的存在，他们不管现实是怎样的黑暗，只要在梦幻中获得一种渺茫的陶醉便满足了。因此他们所建立的宇宙观和人生观根本是超实际的，但他们并不重视这种区别。

在这种观点之上，建立起菲希特（Fichte），谢林（Schelling），诗莱尔马赫（Schleiermacher），叔本华（Schopenhauer）的浪漫主义哲学。

在这种观点之上，建立起席勒（Schiller），嚣俄（Hugo）的浪漫主义文学。

在这种观点之上，建立起拿破仑（Napoleon）亚历山大第一（Alexander I）的世界帝国和神圣同盟。

在这种观点之上，建立起德意志国家主义派的史学。

在这种观点之上，建立起温克尔曼（Winckelmann），勒新（Lessing），赫得（Herder）的浪漫主义艺术观。

在这种观点之上，建立起卢骚以后的自由主义民主运动。

在这种观点之上，建立起托尔斯泰（Tolstoy）的平民主义，柏格森（Bergson）的创化哲学，乌托邦的社会主义，以及二十世纪以来的一切文学艺术上的新浪漫主义，象征主义，未来主义，表现主义等等新运动。

在反抗理知万能的潮流上，浪漫主义给了人生一副兴奋剂，他们使生命不至完全为冷酷的理知所桎梏而死亡，他们给与了人生以一副美妙的幻境，他们使人暂时陶醉。但他们并没有根本解决了宇宙人生的根本问题，因为他们并没有把握了宇宙人生的真实形相。

他们是逃避现实，而不是把握现实。他们是理知的战败者，他们反抗理知，但是他们对于理知的机械观无法摆脱，因此才陶醉于一种桃花源式的梦幻世界以自求安慰。

他们没者〔有〕面对现实的勇气，他们不过是一些天真无邪的儿童而不是铁一般锻炼出来的战士，但这世界需要战士。

浪漫主义的功用不过是一种酒和鸦片的功用，麻醉的效力不过是片时的，一旦麻醉效力减退之时，便是浪漫主义破产之日。

　　理知主义只看到了人生的一面，浪漫主义也只看到了人生的另一面，他们都没有把握了整个的生命和环境对于生命的关联。主知者是学究，主情者是儿童，主意者才是铁一般的战士。

　　在十九世纪下半期，生命的整个意义才渐渐为人们所了解，首先站在这一阵线的前头，高举主意主义的烽火的，就是铁一般的哲学家尼采。

廿九年四月

有机主义新福音的降临

　　现代人类对于宇宙人生的观点，既不是建筑于冷酷的理智之上的机械主义，也不是驰骋于幻梦的感情之上的浪漫主义，而是澈底打破宇宙和人生的对立，把宇宙和人生相互渗入，组成一个主客双融，物我一体的有机主义的宇宙观和人生观。在这种观点之下，人生即是宇宙，宇宙即是人生，多元即是一元，一元亦是多元，一切武断分析的名词都用不着。要了解其中真意义，不能用主观的独断方法，也不能用客观的分析方法，必须把一切主客对立的成见彻底打破，切切实实从物我的一体上去加以体验。所以最新的科学方法，不是研究或分析，而是体验。

　　这个有机主义的观点当然也和一切学术思想上的观点一样，不是最近才发生的，在人类思想史上老早就出现了。我们在前面已经略略提过，在人类文化的启蒙时期，已经开始流行着对于万有神教的信仰，在这种信仰中把一切万有都看作有机的生命现象，把它们和有生命的人类一样看待着。其后，在各大体系完整的宗教中，也仍然潜布着这样的思想。印度的婆罗门教老早就把梵天当作一个满布于全宇宙的有机生命现象的象征，他们歌咏自然和人生的合一，他们用神秘的瑜珈之力瞥见宇宙万有的生命的活跃。现代印度教的教徒，仍然保持这种观点，诗人泰戈尔就是一个代表。原始的佛教似乎偏重于分析的唯物主义，但后来流行于东亚各国的大乘佛教，则已经屏弃了这种唯物的浅薄观点而接受一种比较接近有机主义的结论。华严宗的"帝网重重，刹尘互入"之喻，禅宗的"瓦砾也有佛性"之说，都是一种有机主义的说法。综观佛教教理的发展史，显然表示了一种由唯物论经过唯心论而发展到有机论的进化阶段。原始的印度小乘佛教如俱舍宗之类，颇有唯物的倾向，大乘佛教无论是法性宗或唯识宗，都已经超过唯物的思想而发展为一种圆满的唯心论。中国日本的佛教，天台也好，华严也好，乃至最革命的禅宗也好，就都已经跳出唯心的圈套而采取了更进步的有机观点了。中国的儒家也是比较接近有机主义的，《易·系辞》的作者，把周易解释为一种宇宙万有有机现象的原理总说明。后来的宋儒虽然为冷酷的理性之说所误，但其中也有像周敦颐、张载那样主张"天地之塞吾其体，天地之帅吾其性，民吾同胞，物吾与也"的儒者。

所有这些古代的有机思想与近代的有机思想不同之点，就在乎他们得到了这个结论是凭着一时的臆想而不曾经过科学上的证明。而且，他们虽然意识到整个的宇宙万有是一个生命的跃动，但他们对于生命的真正意义还没有明了，他们不曾得到近代生物科学和心理科学的帮助。因此他们心目中之所谓生命不过是一点模糊的观念，有点偏重于精神的意味。这样一来，便容易走入生机主义（Vitalism）的错路。生机主义者以为在宇宙万有的驱［躯］壳的背后，隐藏着一种弥漫宇宙的精神之力，或曰大心。所谓"三界唯心"的口号，便是从这个观点来的。这样的观点是唯心论的观点，与机械主义的唯物论同一错误。自从生物科学和心理科学逐渐发达以来，再加之以自然科学上的种种新革命，使人们逐渐了解生命的整个意义。生命既不是纯机械的物质，也不是纯虚灵的精神，而是一个复杂万状的有机结构，问题的重心是在"结构"而不是在造成这个结构的材料是心是物，因为材料的性质是随结构而变化的，所以唯心唯物之争成为无谓的争端，而生命主义或生机主义的名词，也不如有机主义（Organism）之较能表现这个新观点的意义。

这个观点的成立，也是经过种种步骤才得到的。机械主义的思想在十七八两世纪最为流行，到十九世纪而开始动摇。康德的哲学体系，虽然是建筑在严密的理智主义之上，但已开始感觉到意志自由与机械主义两种观点的矛盾。他的后继者，德国浪漫主义派的哲学家，抛弃了康德哲学中所残留的十八世纪机械主义的观点而专门向反理智的路上去发展。菲希特提出了自我意志的威力期望以此作为宇宙的中心，谢林把我与自然合一，而建设了唯美的艺术化的同一哲学，黑格尔（Hegel）是拥护理知化的理性的，他的机械主义的观点比康德还充分，但在他手里，理性的本身已经不复为一个平静清澈的明镜，而变成一个矛盾冲突的生生不已的变化了。这就是现代观念和陈旧观念的根本不同之点。黑格尔的辩证哲学，在一方面是机械的，因为他以为辩证的发展必然是循着一种矛盾的综合轨道，所以仍不脱机械主义的臭味，但他同时已将变化发展的观念引入到他的哲学体系内，这里面已经包含有反机械主义的重要发展了。所以在人类思想史的有机发展的进程上，黑格尔哲学和一切沿袭他的辩证观点的哲学，如什么唯心辩证法，唯物辩证法之类，都代表一种新旧思想的过渡阶段，即是从机械主义进化到有机主义的过渡阶段，这是半明半昧的人类思想状态。到了叔本华和哈脱曼（Hartmann）才彻底摆脱理知主义的机械观点，而建设了意志本位的新哲学。因叔本华的思想基础是从理知赞美的环境中训练出来的，所以他一面明明晓得这个宇宙万有不过是黑漆一团的意志冲动所造成，但却不能舒舒服服接受这个新认识，于是才形成了他的厌世悲观哲学。他的心目中仍存有对于这种盲目世界的厌恶，而憧憬着一个纯粹理智化的观念世界，他要求以毁灭这个万恶世界的方法而取得自由解脱，这种心理也是东方佛教徒的心理。佛教与儒家的根本差别即在此点。只有尼采，才真正采取了最勇敢的近代观点，他不但承认意志而非理智支配着世界这个事实，他并且衷心赞美着这个意志的世界。他不但不咒诅意志，并且还要积极发挥意志的权威到最大程度，这才是近代人的观点。

十九世纪下半期，生物科学和心理科学已经逐渐进步。达尔文的种源论出版以后，生命的真正意义才逐渐为人们所了解，由生物学、生理解剖学和心理学所建设起来的生命观，充分把生命的有机意义暴露出来，登时，这种思想就支配到一切思想的领域，从生物科学到社会科学，从政治到文学艺术。我们若说十七八世纪的中心思想是物理机械学的，则十九世纪的中心思想不能不说是生物学的，这是公认的事实。

但是在当时，机械主义的势力依然存在着。这因为：这种生命主义的观点仅能支配着一切有关生命的科学，如生物学、心理学和社会科学之类，而对于基本的理化科学尚未能侵入。在理化科学界中，尚充满着机械主义的陈腐观点，这样便是生命与物质的对立仍然存在，充其量只能说生命的现象可以用有机的观点去解释，而无机的现象则仍旧只能应用机械的解释，这种说法当然是不能使人满足的。其次，即在一切与生命有关的科学之中，对于最基本的现象，仍然不能不乞灵于机械的解释。譬如达尔文主义把生物的演化纯粹归之于环境的物竞天择，生理解剖学者把人体解剖成一个构造复杂的机器，就是心的现象也不过是神经系统的一种作用，心理学家根据这种机械的观点产生了陈旧的联想主义和新颖的行为主义，行为派心理学家打算把人类的一切思想动作还原到一种机械的反射。社会学家斯宾塞（H. Spencer）是首先鼓吹社会有机观念者，但他的哲学的基础还不能不以质力的机械现象做出发点，人类反抗机械主义的观念的权威是何等的繁难啊！

因此有机主义对机械主义的革命，便只好等待最根本的事实到临。这事实便是物理化学界的革命。从十九世纪末叶起，物理化学界中开始了革命的新运动，到二十世纪第二个十年中，经过大物理学者爱因斯坦和许多学者的努力而完成。这一个革命便是把有机主义的观点引入到新物理化学的领域里去，而建设了一个与已往崭然不同的新宇宙系统。机械主义的旧王国已经根本崩溃，唯心主义和生机主义的反动企图也不能成功，新世界从物理化学起，直到一切生命有关的科学和思想，都充分受了有机主义的洗礼。由新的宇宙观引出了新的人生观，由新的宇宙人生观建设起新的信仰，新的政治和社会运动，新的思想艺术，新的国家和新的世界，最后是一个新的人类组织出现在陈旧的地球上。

廿九年五月

动的宇宙观

十九世纪的西欧科学界正如十九世纪的西欧政治社会一样，对于一切现状觉得非常之满足，以为从此以后不会再有什么大进步了。当时的人，以为最好的政治就是维多利亚式的立宪政治，最好的社会就是资本主义的社会，最正确的科学就是机械主义唯物论。

这种机械主义唯物论的科学学说是这样的：他们以为宇宙万有的性能分析到最后可以归纳成三个基本的概念，就是物质，能力，和以太。所谓物质是宇宙万有的本体，它的最小的单位是原子，原子有几十种，各有各的特性，彼此不能变化。原子和原子化合起来才组成各种物质的微粒——分子。分子是物质的物理单位，原子是物质的化学单位，原子再不能分析成别的更小的东西，所以它是物质的最小单位。它虽然小到人眼睛都看不见，但它依然是物质，因为它有物质所共具的两种特性——惰性和引力作用。原子和原子虽然可以因化合而组成各种不同的物质分子，但全宇宙的物质总量纯是不增不减的，这就叫做质量不减定律。

但是有些现象，如光、电、热、磁之类，并不是物质，但却的的确确在宇宙间发生重大的影响，所有这一类东西，就给它们另外起一个名字叫做能力。能力是附丽于物质的一种作用，一种能力可以转化为他种能力，但宇宙间的能力总量也是不增不减的，这就叫做能量不减定律。

能既然是必须附丽于物质才能存在，那么太阳的光是怎样经过真空的空间传到我们地球上面来的呢？我们又怎样能够感觉到它的光和热呢？为弥补这个缺陷，十九世纪的科学家创造了以太或能媒（ether）的概念，他们以为以太是布满全宇宙的最微细的媒质，它比物质的原子还要小得多。因为在广大的太空中，虽然没有物质，但还有以太存在着，所以光才能从太阳经过真空而到达了地面。

物质，能力，和以太，是十九世纪机械主义唯物论的三大柱石。当时的人以为宇宙的奥妙已经完全发现了，再不会有什么根本的修正了，不由得发生了一种过分的乐观和自信心，正如那时代的政治经济学者对于民主主义的政治方式和资本主义的社会经济制度有过分的乐观和自信心一样。

但是就在十九世纪快要完结的时候，一八九五年栾琴（Rontgen）发现了 X 光线，第二年柏苦勒尔（Becqnerel）发现了铀化合物中放出的一种放射线，此后相继发现好几种有放射性的物质，并证明此种放射性乃出自物质本身，并非受外界的影响如温度等物理影响而发生的。由此可知放射性系原子特有的性质，放射时产生的能非存在原子的内部中不可。所谓放射性物质，即是说原子有一部分正在陆续崩坏，而原子经过放射后，即可由一种原质变化为他种原质。这样一来，原子为物质最小单位之说，根本推翻，物理学家才集中注意去研究原子的构造情形，结果，到一九〇四年汤姆孙（J. J. Thomson）遂综合各种研究而发表关于原子构造的理论，证明原子是由若干电子和质子所构成的，电子是负电荷，质子是正电荷，电子绕质子周围而运行构成一种平衡，这便是原子。因电子质子的数目和运行轨道之不同而形成了各种不同的化学原质。电子在运行时能由此一轨道跳换至彼一轨道，因此跳换而放射出一部分能力，结果使原子的构造改变而性质也随之改变，由某种原质可以变为另一种原质。

这种发现供给我们对于物理学的旧观念有几个重大的修正。否！无宁说是革命更好。

一、原子既然可因放射性而由一种原质转化为他种原质，则旧物理学所想像的原子为物质最小单位，即原子不能分解和变化之说，已根本推翻。

二、原子既系由正负电荷所构成，则物质的本质并非物质，而系一种能力。从前以为能力必须附丽于物质，现在则以为物质乃由能力所产生，唯物论的粗浅信仰不攻自破。

三、原子所以表现种种特性，乃由于电子围绕质子运行时的轨道和数量之不同而然，由此可知原子内部的组织形式如何是基本的问题，而性质如何反成第二义。这样便引起了组织可以变性的新学说，这种新学说在现代哲学和一般科学界中都成为最主要的理论。

四、电子在运行时既可以跳跃，而其跳跃的原因经过种种试验又证明其并非纯然由于外界的影响，也无法加以正当的解释，只能归之于偶然的自由，这样一来，机械主义的宇宙观就不能不根本发生动摇，因为物质的最根本成分电子既然保有或然的自由性，则一切机械的必然法则便不能不留几分例外了。

但是物理学上的革命还不止此。我们知道在旧物理学的观念之下，质量是有一定的，质量在任何环境之下也要永远保持常态，这就是所谓质量不减定律。但是汤姆孙在很早以前就试验出来，一件充电的东西如果很快地动起来时，那东西就因速度的增加而质量也随之增加，速度越大，质量越多。后来爱因斯坦证明出来，不但动与质量俱增，就是一切的能力也必全有质量，因之辐射也必同时带有质量。比如太阳在一分钟内向外面放射出来的光，总数就是两万五千吨量，因此物质并不是不减的，因为它可以转变成辐射。

而且动的速度不但和质量有关系，并且和那东西的体积也有关系，动得越快，体积也越缩短。和时间也有关系，动得越快，那东西就可以觉出时间是在弛缓下来。这样一来使我们对于时间和物质的概念都有了重大的改变。从前的人以为时间是独立的，好比一条流水一样，均匀地向前流着，永不回头，而物质则不过是摆在时间之流上的一件东西，时间与物质两不相涉，换言之，即使宇宙全无物质，我们也以为时间仍在照常进行着。现在的观念则以为时间与物质是扭结在一处的，如果没有物质，或者说没有动，也就没有时间。宇宙间各事各物动的速度各有不同，因此也就各有各的时间，这就是爱因斯坦相对论对于时间观念的修正。

根据相对论，不但时间离不了物质，就是空间也因物质的堆积而弯曲起来。只有完全无物的空间才会平铺。在有物质的宇宙里，因为物质的引力使空间形成弯曲，既然有弯曲，所以必有限度。爱因斯坦所想像的宇宙空间是一个放大的胰子泡，从泡的弯曲面上一直向前虽无边而却有限，并且既然因物质的吸引或排拒而生弯曲，则空间有时可以涨大，有时也可以缩小，甚至也许有时可以像胰子泡一样，因膨胀过度而虚空粉碎。

此外，爱因斯坦还把时间也化作空间的性质，命之曰第四度空间，时间既然也会受物质的引力而弯曲，即是时间也可以倒转，我们生在二十世纪的人，如果一直生活下去，永远不死，也许有回到十七世纪的一天。

由上看来，十九世纪旧物理学家所相信的三种概念，即质量不减，能量不减，和以太空间，到了现在只用得着质量不减这一条定律了，物质已经转化为电荷，质量不但随速度而增减，并且随辐射而消灭。以太在经过种种严密的试验以后，已证明其并无此物，在新物理学的空间中也用不着再假设此物。在现代新物理学的结论中，宇宙的最后原来不是带物质性的分子原子，而是带电磁性的电荷，电荷不是一个质点，而是一种波动系统，这波动造成了空间，造成了时间，造成了一切万有的物质和能力。

由动的时空物质观产生了动的哲学，动的宇宙观，动的人生观，动的社会国家观。这就是我们现代人类的基本指导观念。

廿九年六月

新宇宙观中的几个基本概念

要详细说明现代自然科学和根据自然科学而建立的自然哲学上种种的新概念，不是我们这本书所要做到的任务。事实上，现代的科学和哲学在基本趋势上虽然大体一致，但各家学说也还有细微的不同，并且也难免有彼此抵触之处，尚待以后继续的研究，如同光的波动说和微粒说之争，即其一例。我们现在正和以往一切时代的人们一样，期待着一种伟大的组织系统的到临，可以解释尽自然界中一切的疑难冲突。自然，这种期待永久只是一种期待，因为宇宙既是动的，则疑难冲突本属宇宙的本分，而变动修改也是永远不会停止的。

因此我们只能大略地把新宇宙观中几个最重要的基本概念提出来解说一下，以帮助我们对于这个新观点的认识。因为新观点是对旧观点的一种革命，所以我们提到新观点的时候，不能不处处对照着旧观点来比较一下。

这些新宇宙观中的新基本概念是些什点①呢？

第一是用变动的观点来代替静止的观点，这在前两节中已经解释过。在旧物理学中以物质作为基本的材料，而这种物质的终极概念是静止的，只有受了外力的干涉才会动起来。现在唯物论的旧物理学既已崩溃，代之而起的是把能力作为宇宙基本材料的唯能论，而一切的能又都还原为电磁的波动系统，因此动的概念便代替了静的概念。在生物科学和社会科学上，进化的观点也代替了一成不变的旧观点。尤其重要的，是在哲学上对于终极不变真理的追求逐渐变为对于真理的变动性的认识。黑格尔对理性赋予了一种开展的和辩证的概念，便与以前认真理为绝对不变的观点大不相同。到美国的实验主义（Pragmatism）出来，更根本推翻了绝对真理的观念，而承认真理只是一种相对工具。

第二是用相对的观点来代替绝对的观点。这和前项大体相似，但说法稍有不同。从前的人总以为世界上有绝对的真理其物，而一切科学哲学成立的动机都不外以追求此终极的真理为目的。但我们知道，自然科学上和人事规范上的所谓真理，既因相对论和进化论等思想的出现而逐渐了解其为相对的，即认识论和逻辑上所追求的绝对真理，也有人怀疑起来。如辩证法逻辑认真理自身具有矛盾的发展性，实验主义认真理的标准只在于用，就都是对于绝对真理的一种否定。固然有人说，"没有绝对真理"就是一条绝对真理，所以世界上至少有这一条真理是绝对的，其实这是诡辩之谈。这一条所谓真理既是只有否定的作用，不过是一种言说上的便利。并非肯定的存在于世界上，如何能谓之为绝对真理呢？

第三是用关系的观点来代替本体的观点。以前一般的哲学和科学往往要把体和用分开，而认体先于用，其实这不过是一种常识的错误看法。我们常识上总以为先有一个人存在，然后才有人的种种作用发生，殊不知仔细研究起来，所谓人的本体不过就是种种他所表现的作用总合而成，如果把一切作用都删去，那里还有什么人的本体存在。宇宙亦然。旧物理学认物质为宇宙组成的本体，新物理学则把物质这个概念转化为电磁的概念，因此物质本体论便被推翻。有些人以为这不过是把本体由物质转变为能力，于本体之存在并无影响。其实所谓能的实在也不过因能量是可以测度的，并且其数量是常住不变的而已，并非真有人能

───────────

① 原文如此。——编者注

看得见，摸得到，或者有任何更确实的方法证明能真存在。换言之，能与物都不过是一种便宜上假设的概念，本身并非有超经验的实在价值。至于哲学上的本体论比自然科学的研究更加精微，但也不外两派：一派以经验当作本体的自身，既以经验为本体，经验是刹那间变化不居的，其结果必流于马赫（Mach）一派的唯感觉论，也就等于否定了本体。另一派是以经验与客观的本体对立，而认宇宙间有超经验而存在的本体，其为物质或精神在所不论。但既说是超经验的，则吾人当然决无法知道，又如何能判定其为存在，并且如此所谓存在又有何意义，因此其结果势必流为斯宾塞的不可知论，也就等于否定了本体之说。此两派既都不能帮助本体说的成立，故现代哲学家多弃本体不谈，而以关系代之，如罗素（B. Russell）、怀特黑（Whitehead）等皆是。现代的观念是以为"关系"并非由"关系者"所产生，相反地却是由关系才显现了关系者。自然，这种说法如果偏执下去，也会造成一种关系本体论，或逻辑本体论，不过我们如果采取心理主义的观点，否认了逻辑的先天超绝性，则所谓关系也不过是生命上一种便宜的指辞，与本体的一般意义毫无相似之处。至于实验主义者对于本体之说早经弃绝，更不必言。

第四是用综合的观点来代替分析的观点。近代科学之发达起于充分应用分析的方法，不但科学分类愈趋愈细，每一学者毕生只能专攻一小部分的专门智识，即就科学研究的方法而论，也是完全以严密的分析精神去解剖其对象，这种方法叫做简单定位的方法，意思是把研究的对象切作许多各不相涉的对象而分别研究之，但是事实上大自然中的各种现象从没有一样是绝对孤立的，如果不了解事物间的相互关系，则对于事物的本身也绝不能真正了解。因此现代的哲学家多以综合的观点来代替过去分析的观点。怀特黑以"通体相关"作为他的哲学的基本概念。斯末资将军（Smuts）主张全体主义，并以"场"（field）的研究法代替"简单定位"（Simple location）的研究。在自然科学上，自从以原子为电磁现象的说法获得物质学界的承认以后，"场"的概念也代替了"定位"的概念，斯末资的学说就是受了科学的影响而产生的。

第五是用结构的观点来代替实质的观点。以前的科学其研究对象为物质及其作用（能力）。但是研究来研究去，最后的结果把物质最小的单位——原子——转变为一种电磁系统，换言之，就是物质完全消灭了，只剩下非物质的电子才是构成世界的要素。但是同一的电子如何能构成九十几种性质不同的原子，因而造出世界的形形色色呢？理化学家研究的结果才知道是由于构造的不同使然。因此觉悟我们的世界，材料问题并不重要，而最重要的是材料的安排，配合，组织，排列，和结构；换言之，便是材料与材料间的关系如何决定了所要构成物质的性质。但是哲学家的说法还是更进一步。照我们常识的想法，结构对于物体的构成虽然重要，但总以为必须先有材料然后才能谈到结构，而且无论结构如何，对于原来所用以结构的本性总不能稍有变更。实际上这是一种迷误。照现代哲学的讲法，是材料在结构成物体之后，其本性即已改变。如化学上的钠与氯都是有毒的，但两者化合成食盐以后，反变为人生不可缺的养料，可见结构可以变化原来的性质。摩根（L. Morgan）根据这些事实，建立了突创进化论（Emergent evolution）的新哲学，他以为宇宙的进化是层进的，下层的材料是造成上层的基础，但每进一层便突现许多新性质，故上层反改变了下层的性质。怀特黑的通体相关之说，也承认关系比关系者还重要，关系者只有在关系中才能显现出来。

第六是用全体的观点来代替部分的观点。根据上项的看法，可知凡物一经结合成全体以后，即产生了一种新的生命，比较未结合以前的各部分大不相同。因此部分与部分之和并不能等于全体，而全体必大于部分之和，或异于部分之和。这样的看法也可说明为什么用分析方法不能真正了解事物的真相，因为事物一经分析便失去了全体本来的状态，而另成了一些东西。譬如一个人经过解剖之后，决不会再是原来全体的活人，有些人的通性决不能从解剖上看得出来。因此，现代的思想便趋重于全体主义，主张用整个的观点来研究整个。斯末资甚至名他的哲学为全体主义（holism），就是这个道理。

第七是用有机的观点来代替机械的观点。根据上面六项的观点来看，我们可以知道现代思想和过去思想不同之点，约有三方面：第一是，认宇宙为动进的，而非死板的，即宇宙本身为一正在创化中的生命，而非一切已经预先安排好的死机器。第二是，认宇宙创化的动因并非另有一主宰推动者，如宗教家的上帝或玄学家的精神之类，只不过由于组织方式的不同。第三是，认宇宙虽由组织所推进，但组织后的集团即突现许多新性质，非仅仅将原来的材料排比一下即可知其奥妙，且任何材料均无自性，必待关系而显现，故欲了解全体必须对全体整个认识，不能够从分析的部分的研究而了解全体。以上三种观点综合起来，可以归并成一句话，这就是要用有机主义的观点去了解宇宙，认宇宙为一大生命，为一活泼泼的有机体，既非死板的机器，也非虚无缥缈的心灵，这就是现代思想所以与过去一切宗教神学，玄学，和唯物论，唯心论，生机主义者等类思想的主要不同之点。

第八是用体验的态度来代替观察研究的态度。现代思潮既然采取了这个有机的观点，其结果不但在理论方面发生很大的变化。即在研究的方法和态度方面也大大地与前不同。宇宙既为一大有机体，人是在宇宙之中，并非在宇宙之外，故不能用纯粹客观的态度去对面观察自然和研究自然。因为自然与人生，主观与客观本是浑然一体，只有在相互融为一体时始能真正地了解，获得真正的知识。因此现代思想便以体验的态度来代替过去一味站在客观地位观察研究的态度。现代思想认纯粹客观为不可得，纯粹离开整个生命影响的独立理性也无其物，因此知与行不能分开，即知即行，知行合一，才是真正了解自然的方法。关于这一点，德国第尔泰（Dilthey）一派的精神科学学派和美国的实验主义者，虽然出发点大不相同，但认真知识须从行为去体验则同。柏格森的哲学以直觉（Intuition）较理智更重要，虽尚未完全脱离依赖心理作用的观点，但也是向这一方向走的。

二十九年六月

古典哲学的错误

在前几节中我们已经扼要叙述了现代思想发展到现阶段的经过，这思想的中心可以"有机论"一语概之，这有机论既不是唯物论，也不是唯心论，也不是二元论，也不是中立一元论，是超越过这一切不圆满的思想而发展的一种"圆教"。

综合现代思想的精华而建设一个系统的有机论的宇宙观，是我们的任务，根据这种正确圆满的宇宙观，而指导我们对于社会，国家，人生应有的人生观，是我们的目的。

照理应该从最基本的原理方面叙起，这便是从哲学叙起。现代的思想已不认哲学与科学是对立的，更不以为科学发达以后，哲学便可以取消。一般以为哲学是诸种科学研究结果最高的综合，特别是有些问题，非科学的实验所能证明者，不能不诉诸纯粹应用思辨方法的哲学。

通常对于哲学研究的内容约分三部分：第一是形而上学部分，内容包括本体论和宇宙论等；第二是知识学部分，内容包括认识论，逻辑学等；第三是价值学部分，内容包括价值论，伦理学，人生哲学，社会哲学，美学等。依照有机论的观点，不承认有所谓超绝的，先验的价值判断标准，故认关于价值的问题仍应属之于人生的范围，是社会科学的事，而非哲学的事。哲学的任务仍应只限于关于宇宙基本性质的研究和人类知识的起源和限度问题，即形而上学和认识论。

原始的哲学都是先从形而上学出发，而尤其要追问的是宇宙的本体究竟如何，因此发生唯心，唯物，二元，多元等等派别。其后自英国经验派哲学出来，方注意到不从人类自身的知识问题下手研究，则所得到的任何结论都是独断的，因为任何哲学家研究问题时都只有靠着自己的认识能力，如果这个认识能力是有错误的，或有限度的，则所得到的结论安能保证其可靠，因此近代哲学便渐渐放弃了形而上学的研究而先致力于认识论。但是谈到人类的认识力问题，如果不肯武断接受先验的理性之说，则不能不承认认识问题与人类和生物心理及生理的构造，乃至整个的自然环境，人为环境有关，这样一来，形而上学又不能不与认识论同时研究，互为发明。因此现代的哲学又从认识论的单独研究转向到形而上学与认识论的综合研究。哲学上这三阶段发展的经过，正反映着由客观本位（唯物的），经过主观本位（唯心的），到主客双融（有机的）的三阶段发展的次第。

为着这个，我们在本节中仍然先从形而上学方面入手，以后再次第发挥有机论中关于认识论和逻辑问题的见解。

形而上学主要的问题是宇宙本体的问题。人们通常对于世界一切形形色色都感觉其变幻无常，总想像在这变幻的现象之外另有一个不变不幻永久常存的本体。本体是一个托子，变幻无常的现象不过是本体浮在经验中的一种表现。至于本体究竟是个什么，则各家说法各有不同。唯物论者说是物质，唯心论者说是精神，二元论者说是心物两项，中立一元论者说是非心非物，此外还有多元论者也有唯物的多元论，中立的多元论，唯心的多元论等等区别。从有机主义的观点看来，所有这一切都是不能自圆其说的。

先破唯物论。唯物论最浅薄，最容易破，故先破。原始的素朴唯物论如希腊最先哲学家泰利斯（Thales）以水为万物之本，赫拉克利图（Heraclitus）以火为万物之本，以及希腊与印度人以地水火风四大为万物之本，中国人以金木水火土五行为万物之本之类，早已不攻自破，不待辩驳。唯希腊哲学家德谟克利图（Democritus）所主倡的原子论（印度小乘佛教的俱舍宗也有此思想）经过近代理化科学的研究而确立，化学家发现了组成宇宙的本质不外九十几种原子，唯物论者即根据此种理论而坚信唯物思想之正确。但二十世纪以后，物理学已证明原子非最后的单位，原子乃由电子所组成，电子是能力而非物质，故狭义的唯物论已失其立场。唯广义的唯物论则认为电子虽非物质，究系实在的，与精神之虚幻不同，故宇宙之根本仍系唯物。实际上此种思想已不能谓为唯物论，而只能称之为唯实论。有机论者认为问题到了这里，唯物论所断断争执的问题已不成为问题，因为唯实论并不是唯物论者所特有的思想，一切哲学所追求的都是究竟的实在，即如唯心论者所想像的精神或"大心"，也必承认其为实在，然后才能立论。不过各派所认为实在的定义不同，因之所认为最实在的事物也各不相同。即如逻辑上的符号是一般认为毫无实体的东西，但罗素一派的新实在论者偏偏以为这才是最实在的。如果把实在当作有形有色讲，则只有物质才是实在，而电子并无一定的形色，何能谓之实在。如果把实在当作能够对于他物发生一种影响讲，则一个梦，一本小说内的情节，也可对于人的生理行为发生影响，则梦及小说情节也与原子同为实在，如此世界即非唯物论所能包括。如果把实在当作世界组成的终极要素讲，则最新物理学已经把电子的内部构造作进一步的研究，而认为其构造仍极复杂，并非一不可再分析的单位。而且所有这一切都不过是一种数学上抽象的符号，苏利文（Sullivan）在《宇宙之物理的本性》一书中说："电子不是别样，就是电的本身。世界上完全没有'寻常物质'这样东西。于是，物质由电子组成之理论，实在就是说，物质是由'脱离实体的电荷'所构成。这理论似乎使整个的物质宇宙更加虚空。"（见殷佩斯译本）又说：

"我们已经知道，物质的原子论，和从伽利略以来的一切认识已经变化了。物质之科学的观念，已愈变愈抽象了，直到现在，科学所能告诉我们的，只是它的算学的记载。一种持久的物质之习见的旧概念，已被一组算学的符号代替了。"

如果所谓电子只是一组算学的符号，则唯物论尚有何颠扑不破的道理？在现代思想中，即使是比较倾向唯物论的新唯实主义者，也不能不以逻辑的符号原子来代替物质的原子。即使退一步承认电子实有其物（此话毫无意义），但同时也不能不承认单有电子还不能构成现在的世界，还须电子有一种向前发展成为别种形式（原子和能力）的趋势，以及电子与其他电子之间发生的一种结构关系，这"趋势"和"关系"也不能不认为是宇宙构成的要件之一，宇宙不是单纯用电子所能解释的。

次破唯心论。通常所谓唯心论也如唯物论一样，有狭义广义两种。狭义的唯心论，以为我们对于外界的知识都不过是我们自己心中的意象，除意象之外别无外物存在，因此才有三界唯心之论。英国经验哲学家柏克莱（G. Berkeley）主张此说最力。此种唯心论也早已不攻自破。因为此种狭义的唯心论否定了外物的存在，而认心为实在的本体。但事实上个人的心理状态也不过是一些片段的感觉所组成的一种流动的过程。心与物同其无自体，如何能认心比物更实在？因此狭义唯心论到柏克莱的后继者休谟手里，便已自行否定了。至于广义的唯心论实际上不应呼作唯心论，只应呼作唯理论，因为这一派的思想，像前之柏拉图（Plato），后之黑格尔，以及东方的佛教思想，他们之所谓心，并非指一个个人的内心，而指的是人同此心，心同此理的大心，有时又叫做精神、观念、理性等，亦即我国宋儒之所谓"理"，故正名应译作唯理论。此派学者以为平常世界上的事物都不过是一种现象，而现象背后另有独立超绝的理念世界，此理"如有物焉，得于天而具于心"（见戴震孟子字义疏证），所谓"天地有正气，杂然赋流形"（文天祥《正气歌》）是也。这种广义的唯心论虽在现代哲学界中仍占很大的势力，实则其根据也非常浅薄。其所谓人同此心，心同此理之理，如果系指分别善恶是非的伦理之理，如康德所谓实践理性，则社会科学上早已有许多例子证明全世界人类对于善恶是非的标准并非一致，此地以为善而彼地以为恶者，所在皆是。故是非之心乃后天的而非先天的。如系指分辨真伪之条理，如一般以为数学和逻辑的认识是人类一致的，如二加二等于四即是绝对的真理，实际上这种见解仍然是一种固陋之见。数学和逻辑上之所谓自明公理，实际仍不过是人类进化到现阶段的一种思想的产物，并非永久不变的。不但其他星球上如有类人之动物，其所具之数学和逻辑观念是否果与吾人完全相同尚不可知，即以地球上的生物而论，一般动物植物何以并无此理？即人类的幼儿何以也并不懂此理？幼儿初习算学，未必不以为二加二等于五，设使全人类的脑髓皆仅发达到幼儿的程度，则安知不以二加二等于五为自明的真理。可知数学上的公理，几何上对于空间的观念，以及逻辑上的推理方式，纵使不认为系由后天社会环境中所学习而得，也应认为系由生物数千万代逐渐进化而得来。将来人类再演进到数千万代之后，则视此种自明公理之错误可笑正如我们现代人视初民的推理方式为可笑一样。何况人类所生聚的地球，在全宇宙中所占位置渺小到几不足数，此一小微尘上细菌式的人类幼稚脑筋中所勉强想出来的一些条理，竟认为可以超过全宇宙而有绝对的实在性，非固陋之见而何？非夸大狂而何？

唯心，唯物既各无是处，心物二元论更不足一驳。因为二元论假定心物对立，其对立之关系将如何？如心物互不相涉，则人物如何能同时占有两个互不相涉的世界而又知其为两个世界？如系相互关系，则心物两端之外另有关系之一物，即成为三元；如心物乃属一物之两面，即笛卡尔所谓"神性"，则仍系一元而非二元，且此一元者其性质如何殊难指定。故无论如何说，二元论终无是处。

至于中立的一元论也可以叫做中立的多元论，如新实在论者认宇宙的本质为一些非心非物的逻辑原子，实际上逻辑不过是人类发展到现阶段脑中的一种产物，其根柢仍可用心或物的观点来解释，且既云中立，则必承认中立之两端尚有心物二极存在，是不过把二元添作三元，多增些纠纷而已。

以下各说，既各有所偏，故一与有机论的形而上学相遇，即相形见拙〔绌〕。我们在这里既不能备评各派学说的错误，也不能具体详尽地介绍有机论的学说体系，我们只能用几个最简单的概念，把现代哲学的有机论的几个基本观点扼要叙述出来。

廿九年七月

有机论的形而上学

现代哲学的有机论的基本观点是什么呢？

第一，有机论者根本否认于现相之外别求所谓超绝实在的本体之说。本体和现象的差别，本是一种常识的看法；常人总以为一物先有体，然后有用，譬如先有张三其人，然后才有张三的形容笑貌性格行为种种现象和作用发生，殊不知张三不过就是这些种种现象和作用所假合成的，若把这一切现相作用都丢掉，何处更求张三的本体。现代科学研究的结果，不但知道人的形体和意识都是假合，即宇宙最根本的物质原子也不是真正的实体。事实上是先有能力，后有物质，即是先有作用而后才有假合的本体，故舍作用之外求所谓本体，即是错误。唯理论者知道唯物论者所认为本体的物质和唯心论者所认为本体的心灵都是假合的，但总想于这些变幻无常的现象之外另求所谓超绝不变的实在本体，于是以为只有理才是超绝存在的。殊不知世间一切理法，都不过是人类在发展过程中的一种对付环境的产物，都不过是归纳一时一地的现象所得，都是相对的，那里有什么普遍超绝的共理存在？宇宙根本就是变化无常的，那里能求所谓不变的实在？人类这种妄见乃由于生和求生存的本能而来，无足为怪。有机论者也并不是不许人去找本体，但以为现象就是本体，作用就是本体，并非于现象作用之外另有本体。并且依照层创进化论的看法，宇宙的发展后来者反较先存者为实在，故也可说是先有作用，后有本体，本体是宇宙进化的目的，而非其出发点。最稳妥的说法，是本体即是作用，作用即是本体，这就叫做"体用一致"。

第二，上面说本体即是现象，又说即是作用，现象是从静的剖面去看，作用是从动的过程去看，两者本是一样，但有机论者认为宇宙是纯动的，故作用比现象一词还更适当些。不过这所谓作用与唯用论者（即实验主义者）所谓用，意义稍有不同。唯用论者所谓用是专指对于人类的功用而言，未免把人看得忒高，和唯理主义者同样犯了夸大狂的病。有机论者所谓体用一致的用，则系指事物在结合以后所呈现的无目的的纯用，也可以叫做纯事。有机论者论宇宙不是一个体，只是一件事，这事的全面相不是人类的脑筋所能完全认识的，但人类可以用理知去将他横切为无数断面去分别加以认识，这断面便是现相，也就是事的发展过程中的一个段落，犹如一棵正在生长中的大树之有年轮一样，这就叫做"事事相关"。

第三，现代有些哲学家如罗素之流，都已经受了有机论的影响，把"事"的观点代替了"体"的观点，但他们还未能尽脱离科学家分析方法的错误，他们总想把这纯事分析为最小而不可分的单位，即所谓事素，于是才有多元的中立原子之说。就是层创论者如亚力山大（S. Alexander），也要把"点——刻"当作宇宙的根本，仍未免多元的宇宙观的错误。有机论者认为"事"即是一个全体，不能再分析为什么"事素"，因为用事素的观念不能解释全体的事。把每一件事分析为事素以后，已经另外成了一个全体，每一件事也可以作为其他事的事素，并且严格说起来，宇宙间不但无所谓孤立的事素存在，也无所谓孤立的事存在。宇宙根本是一个有机的结构过程，只有一件事，并无许多事，但我们为方便起见，可以任意选一个坐标把它看作是许多事的联结。这就叫做"事事无碍"。

第四，用这个观点来看，则多元一元之争，可以无须。因为所谓多和一，都不过是人类理智上的一种分别，事的本来并无此分别。"纯事"并非一"纯体"，故非"一"；"各事"并非各成一孤立的体系，故非"多"。各事都受了全宇宙一切事相的影响，故"多"即是"一"；"一"非浑然之"一"，一事有无数相，故"一"即是"多"，这就叫做"一多相容"。

第五，有机论者认宇宙为纯动的。所谓动，不是物理学上的动，而是含有生物意义的一种生长。照有机论者的观点看来，宇宙是一大有机体（体字稍有语病），所以它的动，不是受外力干涉而发生的被动，乃是一种日新不已的自行扩续过程。宇宙即是一个过程，而不是一个固定。但是如果宇宙永远是一个过程，并不固定在任何一点上，则宇宙是否有"存在"的意义呢？因为通常所谓存在是含有在同一时间内固定于同一空间的意义的。有机论者认为存在和生长并不相妨，譬如一个人是时时生长的，但也是时时存在的。宇宙的有机的概念也是如此。这就叫做"生住不异"。

第六，有机论者最注重形式结构的问题，而不重视质料的问题。他们认为决定宇宙间一切事物的性质等等，是系于其结构的方式如何，这已经由现代科学予以多数的证明。但是我们通常总以为必须先有质料，然后才能谈到结构，故结构问题无论如何重要，总是由质料所引起的，因此各派哲学家常好研究构成宇宙的质料是什么，因之有唯物，唯心，一元，多元之别。有机论者则以为这个问题不能分开来谈。世界上固然没有无米为炊的离开质料，单有结构，但也没有不加入任何结构的质料。换言之，质料不加入结构便不能显现出来，也就是世界上并无断绝一切结构关系的孤立的质料。因此形式与质料实是一个问题，并非两个问题，这就叫做"形质互现"。

第七，有机论者又最注意"全体"的问题。他们以为"全体"不能用部分去解释，全体不等于部分之和，而应该是大于部分之和，这因为是部分组合成一全体时，便增加了一些新东西，故有些学者自称其学说为突创进化论，又有称为全体主义的。但有机论者所谓全体，不是一个黑漆一团的囫囵整个，而是一个层次井然的复杂结构。并且层创论的宝塔式结构还不足以包括这个有机宇宙的全貌，因为层创的进化是直线式的，是以人为本位的看法，未免稍嫌夸大而单纯。若离开了人的本位，用较客观的鸟瞰式去看全宇宙，应该承认宇宙是一个极复杂的结构，其中大大小小有无数的分化单位，譬如一个机器有大大小小无数的齿轮，而且这种复杂结构是愈进愈繁，柏格森放烟火的比喻略为近似些。这样的宇宙不是直线进化式的层创论所能代表的。但是全体尽管分化作无数的部分，但没有一个部分不是反映着全体的关系，严格说起来，部分与全体并无大小之别，部分即是全体，全体即是任何一部分，譬如大海水任取一滴都是海水。这就叫做"小大相齐"。

第八，有机论者对于唯心论者和唯物论者所争论的客观的外在世界和主观的我孰先孰后的问题，也有特别的见解。从一方面看，有机论者承认宇宙是一个大有机体，似乎是一种变相的实在论，与认客观世界存在于主观经验之中的唯心论思想根本不同，但仔细追求起来，有机论者并不承认有脱离任何结构关系而孤立存在的实体，则与唯实论又不一样。有机论者特别注意到结构关系的问题，因此反对一切分析的孤立系统。依照这个观点，我们的宇宙既非独立在于客观的外界，也非存在于心灵，并且根本即无一个孤立的客观的外界和主观的心灵，只有在一种相互关联中，才能产生心和物以及心物共同创造的宇宙。这个见解让我们在以后讨论到有机哲学的认识论时，再详细说明。这个见解就叫做"主客双融"。

关于有机论的形而上学的内容，我们只能谈到此处为止，此外有许多问题，只好等到他处再详细说明了。

二十九年七月

关系与实在

现代思想与十九世纪以前的旧思想主要的异点在那里呢？我们可以说：现代思想已把传统思想中关于实体的观念根本抛弃了，现代的观念，认为宇宙万物根本无所谓实体，有的只是关系。

旧式的思想家，无论是唯物论者或唯心论者，都认为哲学的研究是要求得宇宙万有现象背后的一个颠扑不破的实体，以为这个实体一经求得，宇宙的奥妙便可真正解决。

这种见解其实只是一种常识的信仰，并无确切的根据。常识以为宇宙间万事万物都是如实地存在，一个人就是一个人，一把火就是一把火，一场战争就是一场战争，在日常生活之中，我们对于这些事件都觉得非常可靠，从不怀疑。靠着这种简单的信仰我们才能安安稳稳过日常的日子，若是当一盆面包拿到桌上来的时候，我们先要追问这究竟是面包呢，或者不过是一组电子的波浪，我们的肚皮就难免要永远感到空虚了。

然而这种素朴的实在论毕竟不过是一种常识的信仰，经不起理智的探索。一个人平常活在世上，我们相信他是一个人，但当一旦他死去了，消失在这世界上以后，我们就不免要怀疑到这个人究竟是到那里去了。人死之后还存在吗？人死之后既和未死前显然不同，那么两者之间谁是真的？既能追问到死后，便也能追究到生前，未生之前人是否已经存在？又是什么样子？并且，人的一生之中，从少到老，是天天变的，究竟那一个时代的人才是真我？对于我和其他的人既然发生如此的怀疑，对于一切周围的事物，如一条狗，一棵树，乃至天上的星辰，地面的人事，无一不是变化不居，从无生有，转瞬间即已消失的，即无一不可作如是说。所以事物的变灭性，万象的"无常"，使我们对于事物的实在不能不启疑念。

因此人们不能不撇开常识的见解，把现相与本体分开，在变化无常的万象之外，另寻求其永久不变的实体。

最初的解答，是以为每一件物体都有其不变的精灵，物体可灭，而物体的精灵不灭，因此宇宙间存在有无数的精灵，这种见解叫做"万有有生论"。

渐后，人们感觉到如果每一件物体都有它的不灭的精灵，那么未免太麻烦了。难道天上一闪的电光，人间一粒的微尘，方生方死的蜉蝣，日新月异的服装器物，也各有它们的精灵吗？那未免太费解了，因此不得不把类似的事物分别归纳为若干种类，而每一类的事物赋予一个拟人格的神灵，事物可变，司事物的神灵不变，这样便产生了多神教。

渐次，又将复杂的多神归纳为一个主宰万有的大神，这大神变成了宇宙事物唯一的总源泉，不变不灭的真实存在者，由此人类探到了"本体"的观念。

宗教的时代过去之后，哲学的黎明期开始，拟人化的神灵本体不复为有思想的人所信仰，才更进而用理智建设一个比较合理的本体论。

最初，人们循着素朴实在论的旧路，想从物质方面探得一个本体，希腊的哲人们以水、火或"四大"为本体，中国哲人们则以金木水火土等五行为本体，都是这一脉的思想。

渐后，唯物论的思想不能满足人的疑问，唯理论因而代兴。柏拉图的理型说，老子《道德经》的无名有名论，显示人类思想又展开一个方面。

唯物论的思想，至近代自然科学发达以后，而探极精微，由化学上的原子论，到物理学上的电子论，物质的分析达到一个极点。现代的唯物论，并不承认一个个的事物是真正存在的，他们以为真正存在的是一束一束的电磁波动系统。

唯理论的思想到黑格尔的"绝对精神"而也发展到极致。柏拉德莱（Bradley）的"现相与实在"，把本体观念建设在"绝对"这个概念之上，一切现相都变灭，但绝对则不变不灭。这种唯理论又称为"客观的唯心论"或"逻辑的唯心论"。

唯物论和唯理论虽然主张不同，但其相信宇宙事物有其客观不变的本体则一，不过一个说本体是电子，另一个则说本体是绝对理性而已。

然而很快地这种信念就都一齐崩溃，电子已经不是一种物质，而不过是一种带电磁性的波动系统。由于量子论及新量子论的发展，更使我们根本抛弃了拟物质的电子概念，现代科学家并不曾真告我们以电子的质量是如何如何，他们所告我们的，只是电子的概念不过是一种算学的符号。唯物论发展到现在，已经根本抛弃了物质实体的观念，越来越虚玄了，因此唯物论也就不成其为唯物论。

至于唯理论之所谓"理"，本来就是一个虚玄的东西。现代主意派哲学的发展，已根本推翻了绝对理性的迷信。就叔本华和尼采说，本体不是理性而是一种盲目的意志；就柏格森说，是一种生命的冲动；就精神科学派说，认识是生命自己活动所产生的，因此先有生命，后有理性；就实验主义者说，理性不过是人生为实用所创造的一种工具；即就义大利的新黑格尔派说，理性或精神也并不是完成的实在，而是正在创造中的实在，因此它也不能说是宇宙的本体。新黑格尔派已经不得不承认理性或绝对精神不过是一种创造中的产物，然则创造者是谁？

现代思想已经不需要回答这个概念。他承认于现相之外另有本体的假定，无论这本体是物质或是名理，都不过是一种初民信仰的变形，其根源当溯之于生物自己保存的本能。人类因为想永远活下去，又想周围的环境和他们一样永远活下去，因此不得不于变灭无常的实际之外，另求一个不变不灭的常住世界，以安慰自己，欺骗自己。人不能不死，但希望死的是驱［躯］壳，而灵魂则永远不死；世界不能不变，但希望变的是现相，而本体则永远不变。然而事实上科学哲学的发展，已使我们触到了问题的根柢，在现代思想之中，我们不需要本体的假定，犹如我们不需要灵魂的假定一样，因为我们知道世界上没有一件东西是常住不变的，连电子和理性也不是例外。

我们如果根本抛弃了本体的概念，是不是承认世界如梦幻泡影没有实在？是不是使我们感到生活的空虚？不然。现代的思想承认无需本体，但却一样承认实在。不过这实在的世界，不是像旧式思想家所想像的常住不变。实在是动的，是变的，实在就是现相的世界，并不是在现相世界之外另有一个实在的世界。把动的实在观代替了静的实在观，是现代思想界的一大革命。

既然现相无需本体，现相就是实在，是不是现相的实在世界可以从无中生有？无中怎能生有？不错，无中不能生有，是我们常识上一向的认识，常识是从日常生活经验中归纳出来的，但现代科学却早已告诉我们这常识是错误的。事实上宇宙间万事万物都是从无中生有。一张棹子不是一张棹子，乃是物质的电子波浪和眼睛的视觉接触而后才生起的印象，这是稍治哲学者都能知道的，但海森堡教授（W. Heisenberg）却告诉我们电子的位置和速率无论如何不能同时测定，爱因斯坦却告诉我们一切物质的位置和运动都是相对显现的，没有位置，不能确定它的运动，没有运动，也不能确定它的位置，一切都是相对的。

因此可以使我们导入一个新观念：一切现相都是相对地存在，都是在相对的关系中表现其实在性，一切现相是相互依存的，是一种有机的连带。一切现相若从分析的方法使他们各各孤立起来，就都失了实在性，都是一个"无"。现相根本不能分析，一经分析便失了现相之所以为现相的意义，一切神学、哲学、科学的错误见解都从分析而起。现相是整个的，活生生的，但思想家却硬要将他们大卸八块，结果所得的只是死的名词，而不是活的宇宙。从分析的立场看来，一切现相归根到底都是无，但从综合的立场看来，一切现相却都是相互倚赖而存在的，这相互倚赖便是造成现相的实在的根柢，无中生有便是这样生法。这种认识使现代思想看关系比实质还重要，不是实质产生关系，而却是关系产生实质。

我们前面已提过层创突现论的名词，这理论承认每一层的现相都是由突现产生的，所谓突现便是前无其物，便是无中生有。突现的原因便是在于各分子间产生一种新关系。水的性质不存在于氢中，也不存在于氧中，而存在于氢氧二元素按一定比例发生关系的一刹那。食盐的性质不存在于钠和氯中，而存在于钠氯二元素按一定比例发生关系的一刹那。一切物质都是因元素的关系不同而突现了各种形质，一切元素都是由电子的关系不同而突现了各种形质。关系是一个复杂的名词，内容包含数量、体积、位置、运动等等性质，所有这些都不能分析来看，必须将这一切关系合为一个总关系，也可以叫做结构或组织，才能够决定这个物质的性质。

这种说法可以叫做"关系的实在论"，亦即有机的实在论。这种关系的实在论，不但可以应用到物质的问题上去，也可以应用到心理认识的问题上去。一切事物由关系而突现，由此突现的新事物又与原有事物发生关系而更产生新事物，我们的世界就是如此成立的。举例来说：我们眼前有一朵花，这花不是单独存在于客观世界中，因为非由视觉传入我们的脑中我们不知有花，即使我们不用眼看，至少也必须心想才知有花；但这花也不是单独存在于主观心理中，因为如果在客观世界中没有花，我们无论如何用眼看，也看不见有花。至于错觉、梦幻和想像中的花，那另是一个问题，因为那和我们亲眼看到的花是两件事情。因此花的实在性是发生于主客接触的一顷，即由主客接触的新关系才产生花的新事实。我们固然可以假定客观世界中有一朵花可以离开我们的感觉而独立存在，但这假定无论说它是有一朵花，或者只有一束电子的波浪，总之必须待我们的心去看它或者想它，花的实在性才算完成，反之，单用心去想而客观世界中并无此花，则花亦仍不算实在。由此可知我们对于花的认识是由一种主客接触的新关系而始发生的，单有主观或单有客观，或主客虽并存而不发生关系，则花的事实无从成立。至于分开来讲，主观能动的心，和客观独立存在的物，也各自都是由种种复杂的关系所构成，此处无须细讲。

华德（L. F. Ward）是一个心理学派的社会学家，不是有机哲学派，但在他的纯粹社会学（Pure Sociology）中，曾有一段描写社会由结构关系而层进的道理：

> 共能（Synergy）的涵义在乎把相反的元素作最后的联合，以及把它们归并和同化，一步一步地增高的社会结构，都是这样由此种自然综合的历程创造出来的，而社会也就是这样由一个阶段发展到第二个阶段，竞斗中的集团，每个都把最强健的质素注射到其他集团，且把一切遗传的血统相互调易，而在每种互易当中，即加倍地增进它们的效率，由是把每种新产品安放在生存的较高之平面，这就是"文化的接殖"。

华德的话是指社会和文化现象言，但也可以应用到宇宙发展之任何的一方面。

部分与全体

旧式科学家犯了分析的流行病，把一切事物都想用分析的方法分来分去，分析到无可再分的最后，便以为明白了事物的奥妙，却不晓得一切事物都是由有机的关系而成立的，分析的方法就是斩断了有机的关系，剩下只是大卸八块的零骨碎肉，而不是一个活生生的宇宙。

生理学家研究人，他们把人解剖成无数零块，仔细研究每一块的性质和作用，自以为已经得到生理构造的奥妙了，但是不知道在活人体中的组织和细胞，和从死人身上宰割下来的组织和细胞，根本性质已经不同。神经学家解剖人类的脑，无论如何不能解释人脑所以灵妙的秘密，以为人的聪明与否系于脑量之大小者，固然是错误，即以为聪明与否系于大脑皱纹之多少者，也仍然是似是而非之谈，因为解剖的结果，证明有些常人的大脑构造，不但与某一天才的大脑皱纹多少相同，即皱纹的部位也全一样，但是事实上一个是常人，一个是天才。到近来，经过苏俄学者的研究，才渐渐知道聪明与否，也许与脑内的电流多少有关，但电流的通过脑筋，却只有在活的人身上才有，从死人身上割下的大脑，根本已经不是活的大脑，因为他已经与全体的其余部分脱离关系了。

从前的心理学家研究人心，也是用的同样分析的方法。联想派心理学把整个的心理经验割裂成无数最简单的感觉元素，并且杜撰许多联想的公例，以为把这些简单的感觉元素依照公例联合起来，便可以了解意识的奥妙，这种说法已经证明是错误了。构造派心理学也同样把复杂的心理经验分析成简单的元素，然后再把他们构合起来，和联想派犯的是同样的错误。直到机能派的大师威廉詹姆士（W. James）出来，才知道人心是一种有机的综合，具体的统一，意识像一条滚滚不断的水，与全体的生命活动有密切的关系，我们单就心来研究心，决不能懂得心的奥妙，把囵囵的心理经验分割成无数片段，更不足以了解心理的奥妙。到了佛洛乙德派的心理解析术出来，心理学家才又晓得浮在意识阈上的心理状态，不过是整个心理经验的一小片段，心理的主要活动，潜伏在下意识的阈内，隐隐支配着人生的观念和行动，而这下意识的产生，不但与整个生理组织有关，且远远联系于整个种族的经验。晚近虽然有些行为主义派的心理学家，强欲把心理经验一笔抹杀，一律还原为肉体机械的动作，其实是一种拙劣可笑的说法，其不通处已为多数心理学家所批驳。到了最近更有一派格式塔的心理学家，以最新颖的论据和实验，证明心理的活动与其周围的行为环境有密切的关系，我们要了解一个人的心，不但需要同时了解这个人的身，并且还须了解这个人的整个生活环境，因为心理的活动根本是一个全局的活动，不是离开了环境别有一个孤立的心，这是心理学上最进步的看法。

社会学上在从前也有许多社会原子论者，以为社会不过是个人的集合，研究了个人便懂得了社会，法国的心理学派社会学家达德（Tarde）甚至说："我总难了解把个人屏除之后，还有一个残余的社会存在。"但同时涂尔干（Durkheim）学派已经对于达德这种说法有了反驳。自社会心理学发展以来，一般社会学家和心理学家知道社会或者集团另有其心理的实在，社会心理并不等于个人心理的总和，我们无论怎样研究一个个人的心理总不能说就已经了解社会的集团心理，因为全体比部分之和总还要多出一点。

生理学家、心理学家和社会学家所以有这种同样误用分析方法的错误，都是由于模仿自然科学的方法而来。自然科学从伽利略以后，采用简单定位的方法，把复杂的理化现象还原到最简单的数量关系，根据这些数量关系制出许多方程式，据以推测物理的变化，得到了卓著的成绩。天文学、物理学、化学的观测实验，证明了数量测定的正确，因此更增加了科学家的信念。于是生物科学和社会科学也想应用同样的方法，去把复杂的生命及社会现象还原为简单的数量关系，这种企图不为不大，然而必定是失败的，因为物理化学的进展，已经告诉我们自然的现象也不能纯粹用分析的方法去求了解了。

普朗克教授（M. Planck）的量子论告诉我们，物质放射时每一个单独量子的行动和其群聚时的放射行动不同，我们不能根据群聚的放射性质以推得单独的量子的性质。

海森堡教授的不决定性原理告诉我们，我们如果知道某一个电子的空间位置，就无法确定它的速度，知道它的速度，就无法知道它的位置，因此我们平常在物理学上所测定的种种公式，只能应用于大量的电子运动中，只是统计性的决定，而不是因果性的决定，因为一个电子的行动和一群电子的行动根本不同。

康普顿教授（Prof. Compton）和劳厄（Laue）及布拉格（Bragg）

对于光及一切的放射现象的实验，告诉我们光量子既像微粒，又像波浪，并且最近对于电子和质子的研究，知道这两种东西的本性也像光子一样，能够同时像微粒又像波浪，布鲁利（L. De Broglie）和施鲁丁格（Schrodinger）由此发明了波动力学。物理学家如果只研究大规模的物质和放射现象，可以说它们全像微子，但如果研究较小规模的现象，则又可以说它们全像波浪。由此可见，一个单独的量子和由数量子所组织成的大群，性质是不同的。

化学家也提供我们许多证据，譬如说：水是由氢氧二元素化合成的，但加入水的组织以后的氢氧，便和单独的氢或氧性质完全不同。化学上有所谓同位素者（Isotope）最足以表明此种现象。铅是一种化学上的元素，但事实上可以有钢铅（Actinium-lead）、镭铅（Radium-lead）、钍铅（Thorium-lead）和寻常的铅等八种之多，各种铅在化学反应中它们是相同的，但内部的组织却有些微的差异。因此我们知道物质的性质决定于全体的结构如何，把全体拆散后去一个一个分别研究，无论如何不能把握了事物的全相。

生物学上的例证更多，因为生命是一个活的东西，所以更不能将他零碎割开而得到真相。一切生物都是由细胞所组织成的，但为什么有些细胞组织起来是一棵树，有些细胞便组织成一个人，可见人和树的差别，主要地还不在乎细胞的性质不同，而要看细胞依照什么方式去组织。生物化学家拼命在实验室中想制造出新的生命，一切材料都安排好了，但是缺少几万万年前生物初出现时那样的环境配合，所以生物永远造不成功，造成功了也另外是一种新东西，决非旧的。

由以上的许多实例看来，可知全体决非即部分的集合，全体决不等于部分之和，而必大于部分之和，所大的这一点，便是由组织的关系把部分的功能谐和了，更发挥了部分的能力。因此我们的方程式不是：

全体＝部分之和，而是：

全体＝部分之和＋组织。

并且部分不但不是全体的基础，全体反是部分的基础。部分只有在全体关系中才能显现它的性质。性质不存在于任何单独物质原子之中，所谓孤立自足的原子无论其为物质的或精神的，根本决无其物。我们无论如何不能看见一个个孤立自足的原子，即在思想中也不能有之。我们所看见的只是一个个的关系架构，每个架构都是一个全体。在每一个全体架构中我们强分之为若干部分或若干单位。每一个架构又套合于另一较大的架构之中，层层推进，以至一整个有机的宇宙。部分或单位的性质被决定于整个架构的性质，并且被决定于其在整个架构中所占的地位。全体架构变了，部分单位的性质随之而变，全体的架构虽未变，部分的地位有了变移，它的性质也随之而变。一个活的单细胞，一棵树组织内的细胞，一个人体的细胞，人体死后从组织下分裂出来的细胞，都叫作细胞，但实际各自一物。同一人体内神经细胞和肌肉细胞，脏内细胞，名为同一细胞，而其形态和功能也各不相同。由此可见，全体不是由部分集合成的，实际上是先有了全体然后才有部分，至少也得说全体和部分是同时存在的。

存在与发展

"生存"是生物的基本要求，每一种生物，小自阿米巴，大至我们身为万物之灵的人类，无不要求生存，连无知无识的草木也不在例外。生物的两大基本要求是个体生存和种族绵延，后者其实也是一种变相的扩大的生存要求。在有社会生活的生物中，除了个体的生存要求以外，还要求集体的生存，现代的国家民族的生存要求，比个人还来得强大些。

无机的物质有生存而无生存的要求，因此它们的生存只能叫做存在了。有机体当然也是存在的，但它们于存在之外，又加上了求存在的意志，这就是"生存"了。所以生存不是别的，只是存在的一种特殊形式罢了。我们现在不谈生存，只谈谈存在，因为存在是可以包含生存问题在内的。

人们使用"存在"这个名词，有两种意思，一种是常识的，凡一切物体，在空间上占一个位置，在时间上占一个段落的，都可以说它是存在的；另一种是哲学的，凡不变不坏，永久常存之体，才能叫做存在，世间的物质没有一个是不变不坏的，因此物质是非真正存在，只有物质背后的本体才是真正的存在。

常识之所谓存在，实际上并非真的存在，不但从哲学上可以证明，即从科学上也可以证明。譬如眼前有一张桌子，在常识上自然说它是存在的，但在科学上，桌子并非一个真正的实体，实际上是许多跳动的电子在那里周流不息，因此实际存在的并非桌子，而是无数的电子，而电子也并非常住不变之物，电子的生命至为短促，它毁灭了就化为一道放射的光，所以世间无一物是常住不变的。

哲学上的所谓存在，就是承认世间一切现象都是变动不居的，但却又想在这些变灭的事物之外，另外寻求了一个不变不灭永久常存的本体，这样的本体，基督教叫做"神"，佛教叫做"真如"，老子叫做"道"，宋儒叫做"理"或"太极"，西洋的唯理主义者也呼之为"绝对理性"。

既然实际上的万事万物无一不是生灭无常的，所以这个常住的本体必须是远离一切世间事物所具有的性质，不但无形色质料可言，甚至需要绝于思议。所以老子说："道可道，非常道"，佛家也说"真如"的性质是"非有，非无，非非有，非非无"。这样一个东西当然是不能证明的，所以只能由神秘的内心经验去直观得之，内心经验人人不同，因此一人之所得无法求证于他人，所以这种意义的存在至多不过是一种假定，无法成为讨论的问题。勉强从理论方面去讨论，我们只能说：虽然万事万物无一不是变灭无常，但既然万事万物可以彼此发生关系，或者说彼此可以相提并论，则事物之间总该有一点共同的属性，事物是变的，这一点共同的属性或关系就是事物的不变的因素。苏东坡说："自其变者而观之，天地曾不能以一瞬，自其不变者而观之，则与我皆无尽也。"就是这个意思。

但是这个话也只能说明世间万事万物必有其共同的属性，而不能说明超乎世间万事万物之外还另有其常住不变的本体。因为如果这个常住不变的本体是超乎万事万物之上，与万事万物毫无关系，则它便不能与万事万物发生关系，因此万事万物就不能由它生出，所以它也就不是万事万物的本体，对于这样一个东西，我们简直用不着去理会它，想理会也不可能。如果它是万事万物的共同关系或共同属性，则必须从万事万物的情态上去加以逐个体验，既然万事万物是无一常住不变的，所以无论如何体验必体验不出一个常住不变的性质来。所以我们尽可以说，世间万事万物或有其共同的关系或属性，而这关系或属性却不是"不变"，而是"变"。世间万事万物都是变的，惟有"变"却是"不变"的，所以宇宙的本体就是变动，这话也就等于说，世间万事万物并没有常住不灭的本体，也用不着假定有这样一个本体，万事万物的本体就是"无常"。在这种意义之下，"本体"和"存在"都被否决了。

哲学上持这个见解的人也很多，《周易·系辞传》说："神无方而易无体"，又说："易之为书也不可远，为道也屡迁，变动不居，周流六虚，上下无常，刚柔相易，不可为典要。唯变所适。"庄子《齐物论》说：

"物无非彼，物无非是，自彼则不见，自知则知之，故曰，彼出于是，是亦因彼，彼是方生之说也。虽然，方生方死，方死方生，方可方不可，方不可方可，因是因非，因非因是，是以圣人不由而照之于天，亦因是也，是亦彼也，彼亦是也，彼亦一是非，此亦一是非，果且有彼是乎哉？果且无彼是乎哉？彼是莫得其偶，谓之道枢，枢始得其环中，以应无穷，是亦一无穷，非亦一无穷也，故曰，莫若以明。"

庄子这段话，是指明逻辑上的理体也是"方生方死"，"因是因非"，全由对待而成（方即对待而成之意），并无所谓常住的性质。

希腊的哲学家赫拉克利图（Heraclitus）首先提出以"变"为宇宙的本体，他以火来象征。近代西洋哲学的初期，因为受了机械主义的影响，误以为宇宙间最高的原理，也和自然界物理的法则一样是一成不变的，是常住永存的，这种态度尤以大陆派理性主义的哲学家如莱布尼兹（Leibniz）之流为最武断，所以康德称之为独断主义者。自从休谟（Hume）从认识能力的分析上发展出了一个怀疑主义的结论，理性派的武断之说才稍见廓清，康德继承这个潮流，专事分析人类认识能力的内容，实际上是取消了旧理性主义而建设了新理性主义。康德以前的理性主义者，认理性为一成不变的静的法则，康德以后的理性主义者则认理性为生生不已的动的法则，这种态度尤以黑格尔为最显明。黑格尔曾经说过：

"真理不是铸就的制钱，真理也不是没有生命的方式，真理乃是依其内在性质而活动着的。"

他的唯心主义辩证法就是一种动的方法论，也就是一种动的理性观。

现代的新黑格尔主义者对于此点尤特别发挥，可知现代哲学上之所谓存在，已经不能与变动的意义分开，虽唯理主义者也不能反抗这种潮流。

存在既然含有变动的意义，所以在存在概念中就必然包含着发展。发展也是变的一种方式，但与单纯的变的意义稍有区别。单说一个变字，也许是机械的变，譬如钟摆向左右循律摆动，周而复始，这可以说是变，而不能叫做发展。宇宙的变动不是这种机械式的，如果只是机械式的变动，则变来变去总是那一套，不会有什么创新的东西，我们也可以依照定律来预先测定他的途程，但事实上宇宙的进程是不能完全预测的，我们在"机械的进化与创造的进化"一篇中已另有讨论。因此宇宙的变动，应该格外包含一些新的意义，这新的意义就是"发展"。

近代哲学上最注意发展这个概念的，就是黑格尔，他的辩证法哲学就是一种发展的宇宙观。其次是新黑格尔主义者，把黑格尔主义中的机械的部分完全抛弃，而代之以创新的观念。照他们的想法，理性不是个已经圆满具足的超经验的本体，而是正在创新中的未完品，因此了解理性的本质不应该从抽象的思考去寻求，而应该从历史文化的进展中把握住理性发展的意义。

虽然我们对于黑格尔主义中的绝对理性的原则和他的仍不脱机械臭味的辩证法不能表示赞同，然而对于新黑格尔主义者这种新颖的观点却不能不相当同意。新黑格尔主义者的错误在将文化与自然对立，认为只有文化现象才是有价值意味的创新的，而自然现象则仍受支配于机械律。其实照有机论的观点看来，自然现象与文化现象并无本质的差别，整个宇宙的发展都可以作为历史文化的现象而说明之。

所谓发展并不是单纯在空时上的位置的变动，更不是机械的循律的变动。"发展"这个名词是从生物学上引用过来的，在生物学上之所谓发展，便是生命内部生活的充实和外部生活的扩延。宇宙的全体是一个大生命，具有有机生活的根本情调。宇宙间的万事万物没有一个不想作无限制的发展的。因为存在若离开了发展，便无所谓存在。所以发展乃是存在的本质，两者并非异物。

从反面来说，发展也就是存在的发展，发展若离开了存在，则亦无所谓发展。所谓发展，不外两种意思：一种是存在的延长，一种是存在的充实，前一种是量的变动，后一种是质的变动。每一种存在的单位，在空间上扩充了位置，在时间上延长了点刻，这种发展是属于量的。如果是并不注意外部的延长，而单求内部自身的充实，使存在增加了许多新的意义，这种发展便是后一种质的变动。这两者当然不是全然异物，实际上要求量的发展不能不改造自己的素质，而量的发展经过后，也可以促成质的变化，质与量之间是有相互的变数关系的。

就表面上看，存在的发展是存在的肯定，同时也就包含着存在的否定，因为存在的发展若是指量的延长，则必是从这一点延长到那一点，当他延长到那一点的时候，这一点便被否定了。譬如一个人从十岁长到二十岁，寿命是延长了，但当他到了二十岁的时候，十岁的他实际已成过去，若是指质的变化，则构成旧日存在的素质既已变化，表面上虽似延长，实际上已是旧的消灭，新的生出，譬如蚕化为蛾，蛾已非蚕。因此从表面上看起来，似乎黑格尔所谓辩证的发展真有道理，因为肯定之中已经包含着否定。但如果再进一步去思想，存在的发展和存在的否定，两者之间必有点差别，无论是张三从十岁发展到二十岁，或是蚕化为蛾，我们总承认他们前后两阶段之间必有点关系，不能说是截然两物，为什么呢？因为后来的存在是包含着前者的存在的，不过又增加了许多新的关系而已，所以并非否定。

从有机论的观点看来，所谓存在既非纯粹体质的存在（如唯物论所说），也不是另外有什么存在的精灵注入的存在（如唯心论及生机论所说）。存在与不存在的，根本区别是在其组织的方式上。一个存在的国家一旦灭亡了，并非人口消灭，也非文化灭亡，所差者只是没有一个有主权的国家组织，所以国家存在的要素是在其国家的组织的形式，组织若变了，量和质都要随之而变。

因此存在的发展也就是向组织的更高的路上去发展。由单细胞集合而成为人类个体，组织的程度高了，存在的意义也就越丰富些，发展的机会也就越多些，这样的发展并非切断前后际存在的连系，这不是存在的否定，而是存在的更积极的肯定。

三十二年八月四日

机械的进化与创造的进化

我们且撇开宇宙本体的问题暂时不谈，先看看宇宙怎样由太初变化到今天的样子，这就引入了进化的问题。

我们通常都知道，自从拉马克（Lamarck）和达尔文以后，物种是由进化而来的学说，已获得科学家普遍的承认。达尔文的学说，只限于解释生物的现象，到斯宾塞手里才把"进化"这个概念扩展应用到宇宙间的万事万物，包含伟大的天体，渺小的原子，和繁复的人事现象。斯宾塞的体系是伟大的，他的学说可以说是集十九世纪自然主义思潮之大成，但同时也就因此跳不出自然主义即机械的唯物论的旧窠臼。斯宾塞的进化论是机械的，他受了物理学中机械的原子论的影响，以为宇宙间最基本的东西是些物质的微粒，名之曰太素，一切东西都是由这些太素安排凑合成的，所谓进化不过就是宇宙间这些物质太素的积聚和画

［划］分。他把宇宙的进化分为三期：第一是积聚时期，例如太阳系宇宙最初由物质微粒的积聚而产生星气，又由星气凝聚而成球形；第二是画［划］分时期，这时候星气渐渐分化而为各天体，天体又分画［划］而为各部分；第三是安定时期，这时期积聚的势力（向心力）和画［划］分的势力（离心力）两力间获得暂时的均衡状态，由此呈现在我们的宇宙间暂时安定的物质状态。将来何时双方的势力失去了均衡，物质界即再陷于混乱而开始另一阶段的进化。

斯宾塞思想的大体方向是正确的，用"分""合"和"均衡"的概念来解释进化的原理，也不失为一种煞费苦心的经营，就是这种说法容易给我们以一种印象，即以为宇宙的现象完全是一种机械的现象，质力分合推演的结果虽然变出许多花样，然而变来变去，仍不过是一套质力的推演，质力的推演是可以应用力学的法则去推算的，因此未来的进化就完全包含于最初的质力存在状态之内，假如我们能够完全明了太初时代物质太素存在的真正状态，则一部宇宙的进化史，就可以完全推算出来。照这样说，宇宙其实并没有什么进化，有的只是质力的变化，好比小孩子用积木去建造楼台一样，虽然形式繁多，变来变去终不过是几块积木。这样的进化论实际上是根本取消了进化论，而承认一切进化现象都不过是一套机械法则的演变，这种思想正是十九世纪西洋社会上普遍流行的思想，不独斯宾塞为然。

为什么说不独斯宾塞为然呢？西欧英法两民族的思想，向来即偏重于机械的唯物观点，法国孔德的实证哲学代表这种观点的主要潮流，固不待言；即号称反抗唯物论思想最力的德国唯心哲学家，他们所抱的观点，也仍然不能完全超脱出机械论的门户。康德所精心结构的哲学体系，实际上是说明人类精神或理性的自体具有万变不变的法则，由此不变的法则（即所谓先验的法则）普遍支配自然，统率客观，而成为人类生活。人类精神不受外部（或客观）被动的诸原理法则的支配，而仍受理性自身法则的支配。黑格尔进一步说明理性的创造宇宙是依着其自身所具的辩证的法则而次第展开的。这些说法在表面上看来虽与机械的唯物思想极端相反，实际上他们所反对的只是唯物的观点，而不是机械的观点。德国唯心主义的哲学家所企图的不过是用绝对理性来代替物质概念作为宇宙的本源，而并不曾放弃机械的概念。所谓绝对理性的自身既然有一定不易的法则，且必依其自身的法则而活动，则与唯物论者所怀想的物质依其自身所具的法则而创立宇宙，有何区别？试把黑格尔之所谓绝对理性与斯宾塞之所谓物质太素作比较，试把正反合的辩证法则与斯宾塞所谓积聚画〔划〕分均衡的进化法则作比较，则两者之间除了心物之争而外，其余一切有什么分别？照斯宾塞的说法，宇宙虽然千变万化都已经包含于物质太素的最初状态之内，可以由计算而推知，并没有什么创新。由黑格尔的说法，也仍然是以为一切变化都已包含于绝对理性之内，理性的展开也仍然是依照着一种机械的法则即所谓辩证的法则而推行，一样地可以预算，一样地没有创新。因此我们说十九世纪上半期的德国唯心主义哲学是反唯物的，但不是反机械的，这句话虽然惊人，却不是毫无理由。

十九世纪思想界之所以有这种机械主义的普遍趋势，自然是受了十七八世纪以来合理主义思想的影响。十七八世纪的西洋人，以为万事的安排都是合理的，有秩序的，学问的任务并不追问这个宇宙果然合理与否，而只是替这种合理的事实加以适当的说明，唯心派所谓精神·唯物派所谓物质，虽然所崇拜的偶像不同，但都建立在"合理"的假定前提之上，对于这个前提的假定价值是否可靠，都没有去追问过。

这种观点到十九世纪的下半期渐渐起了反动。叔本华首先否定了绝对理性的秩序而大胆主张盲目意志之说。照叔本华的说法，宇宙的本体并非秩序井然的理性，而是一种盲目的冲动，既无目的，又无意义，为生而生，为生而盲动。这种思想演变而为尼采的权力意志说，替近代思想放一异彩，姑不待言，即正统派的唯心哲学，到了十九世纪末年，一方面虽有新康德派中的玛堡学派和西南学派，仍然继续发挥先验的理性活动和普遍妥当的价值意识之说，以为一切事物的形式和标准俱已存在于先验的理性之中，但同时已接受了现代的观点，把康德哲学中的机械意味略加修正。玛堡学派中如柯亨（Cohen）等已把先验的纯粹理性的认识作用不但当作是离感性或经验而独立的寂然不动的本体，且解为积极的创造作用或能动作用，而主张"思维创造实在"之说，这就是把死的理性转变为活的理性，这一转变关系很大。西南学派中如文德尔班（Windelband）黎卡特（Rickert）等则认哲学非研究事实之学，而为创造价值之学，也就是生命之学，也已接受了现代的观点。但其转变最大者尤推义大利的新黑格尔学派，其代表人物如克罗采（Croce）任提勒（G. Gentile）等人，竟把黑格尔的绝对理性之说颠倒过来，翻了一个大身。照黑格尔的讲法，宇宙的本体是一个绝对的理性，一切事物的秩序，早已全体整个地实实在在地摆在那里，以后只有展开，并无创造。新黑格尔派则把理性当作一个活动的，自己创造自己的活东西，理性的活动创造了实在，并且时时在创造实在，一部宇宙史就是理性自己实现自己的过程，实在就是一个永远没有完成的变化。照这样说，并不是先有了理性然后依照理性本来的秩序去展开世界，而是我们正在创造理性，也就是理性自己创造理性，这一个变动来得多么大！

德国以外的哲学和科学思潮，也正在照着这个方向去走。法国的哲学家柏格森，首先改变了达尔文斯宾塞以来对于进化论的机械的看法，而认为生物的进化原因不是机械地受客观环境的影响去讲求什么适应，而是受着生命力的冲动自由向前发展，时时有一种创造，有一种变新。柏格森的思想虽然因为另外假定了一个"生之冲动"作为进化的原因，颇有生机主义的嫌疑，为人所不满，但其把自由创造的观念引进了进化论的范围，其功自不可没。

所有这些趋势，都表示我们现代的思潮对于过去那些呆板的机械宇宙的看法已经不肯接受，无论我们的宇宙其本体是精神也好，是物质也好，总之不是已经完成的东西。这个宇宙并不是由什么先天的绝对理性，或者原始的物质太素所建设成功的，并不是先有了精神或物质然后才据之以安排这个宇宙。现代人的观念，是把宇宙当作一个正在创新中的未完成的东西，宇宙是一个过程而非一个实体，是一件事而非一个物，是一部历史而非一架机器，是流水而非艮山。精神或物质并非先宇宙而存在的东西，精神和物质都是宇宙发展过程中自己创造出来的一个阶段，已经创造，正在创造，时时刻刻去创造，也许永远没有完成的一天，因为完成就是死的别名。因此不是精神或物质建设了宇宙，而是宇宙（包含我们自己）创造了精神和物质，一个自由奋斗的人类是乐于接受这个观点的。

突创与层进

英国的怀特黑教授曾说：现象就是某物突现而成实际罢了，世界上一切活动确实都可以认为是一种"突现而成实际"。他又说：自然之普遍的状态，就是那种"进化的扩拓性"。

甚么叫做"突现而成实际"？甚么叫做"进化的扩拓性"？在本节里就要回答这两个问题。

二十世纪思想和十九世纪思想有一个绝大不同之点，这就是我们在上节所讲过的,"创造的进化观"和"机械的进化观"的分别。照十九世纪的人看来,宇宙的本体无论是心是物,总之是已经不增不减地摆在那里,所谓进化实际不过如小孩子摆七巧板一样,花样虽然繁多,总体是不增不减。这样的进化其实只能叫做"变化",而且变化的也不过是些幻相,真正的本体是不曾有所变。这一种宇宙观,有人已讥为"木头宇宙",因为他实际上是把宇宙认为已经完成的一个死东西,并不曾有所创新。代表这种木头宇宙观的思想家,在唯物论、唯实论中,可以斯宾塞及其前导的英法实证主义哲学家为代表;在唯心论、唯理论中,可以黑格尔及后继的黑格尔正统学派如英国的柏拉德莱(F. H. Bradley)等为代表。

二十世纪以后的"现代思想"就是要反抗这种机械的"木头宇宙"的看法,所有一切学派从义大利的新唯心论派、新黑格尔主义、美国的实用主义者起,到相对论以后的"科学的哲学"止,一切思潮都是向反抗机械宇宙这一条大路上去走。在现代思潮之下,宇宙是正在创新的,不是已经完成的,是自动的不是机械的,理想的绝对真善美是在最后,不是在最先,我们的命运不是已被什么人预先安排好了,命定在那里,而一切须看自己的努力。

这种思潮曾经从各方面各个观点上同时表现出来,我们现在只能谈到与进化问题有关的这一方面。我们在前节已经提到"创造的进化"这一个名词,谈到"创造的进化"自然要联想到柏格森。柏格森是首先反对十九世纪实证哲学家所相信的"机械的进化法则"的一个人。他以为斯宾塞等人的进化观实际不过是把进化既成的屑片来重新构成"进化"其物而已,这种进化观是假的。柏格森以为要讲进化必须着眼于创新,换言之,即必须有些新东西从旧的里面变生出来。所谓创新有两个意义,即一必须有些"新的",二必须是"创"出来的。柏格森拿放烟火来作比喻,烟火的放散由于一冲,在一冲之后便四散而各有许多新花样创生出来,所以宇宙不是一个大钟表,而是一架大烟火。

柏格森的创化论自然有许多精义,但是还不能够满足人们的欲望,因为宇宙如果只像一架烟火一样,盲目地一冲而散,岂不是毫无条理,又何能谓之为进化。持这样见解的人,势必如叔本华的意志哲学一样,认宇宙只是黑漆一团,乱冲乱放,人生更无任何价值可言,其结果多流于悲观厌世,与进化论的原意恰好相反。

现代一般的"创造进化论",不是柏格森那样盲目冲动的创化论,而是基于"突创"与"层进"两个概念所建造的"新创化论",也可名之为"层创进化论",代表这种观点的思想家在现代思想界可以说是很多,有摩根(Morgan)、亚力山大(Alexander)、斯末资(Smuts)、康节(Conger)、波丁(Boodin)、山勒斯(Sellars)、诺贝尔(Noble)等人,特别是在英美思想界中占有势力。

如今以摩根和亚力山大两家的学说为代表,而略述其所谓"突创"与"层进"的道理。

什么叫做"突创"?斯宾塞一流的机械进化论表面上虽然承认宇宙是进化的,但实际上他们所谓进化不过是把太初的质力重新拼合一下,并无所谓创新,因为一切进化中所产生的新事物,都可以用质力的变化法则去加以预测,一切事物的性质都已包含在太初的质力原素之中,当然无新之可言。现代的突创进化论者,也并不否认宇宙的进化是以太初的质力状态作起点,但以为质力在相互结构中可以创生一种新性质的事物,而这新事物所具有的特性是在结合以后突现出来的,并非早已包含于原来的成分之中,因此宇宙间事物的每一层结合即创生另一新事物,突现另一新性格。就现代物理化学研究的结果而论,一切原子都是由电子所结合而成,但因电子结合的排列方式不同,而产生九十几种性质各不相同的原质。同样的电子何以会因排列方式不同而产生性质不同的原质?可知每一种原质的特性是在电子结合以后才突现出来的,并非早已包含于电子之中,因此我们决不能从电子的研究中预测原子的性质,因为原子另有原子的个性,这个性就是突创的产品。再以化学现象为例,氢气和氧气化合成水,但水有水的特性,如零度结冰之类,氢或氧都没有此现象,可证其为突创的新性质。食盐是由钠氯两种原质化合而成,钠和氯都是有毒的,但钠氯合成的食盐不但无毒,而且反有益于人生。可知钠是钠,氯是氯,食盐是食盐,三者不能相混。化学上有所谓同质异性体(allotropy),如碳与黑铅及金刚石三者同为碳素的分子所成,但性质和结晶的形状各有不同,实际上完全由于分子与分子间的排列方式不同所致。这种情形也同样见于生物界。每一高等生物都系由父母两性配合而成,但配合以后所生之子女,即自具一种个性,既非完全同于其父,也非完全同于其母。同一父母生产若干子女,彼此的性质也各不相同,可证生物的个性虽有一部分可由父母的性质遗传预测,但其全部的个性则为突现的(由父母遗传因子的结合关系中突现的),决非完全由于遗传,因为如果完全由遗传所决定,则同一父母之子女彼此性格应完全相同,而下等生物之由雌雄同体以营生殖者,其子系的性格更应绝对相同，生物的种族也就决不会有进化可言了。

什么叫做"层进"？宇宙的事物既因每结合一次而突现一种新性质，因此从太初的质力状态做起点，可以把宇宙的进化分作若干层，每进一层即突现一种新性质。层创论者关于宇宙的进化次第究可分为若干层，彼此说法稍有不同，如摩根分为"物质"，"生命"，"心灵"三层，用图来表示，其形状如次：

亚力山大的图形，则较为复杂，其层次如下：

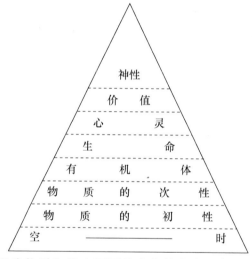

亚力山大以为物质和能力还不是宇宙的太素，宇宙的起点或底子应该是无所不在、无所不入的空间和时间，但空间和时间并非两物，实系一体，有空必有时，有时必有空，故命之曰"空——时"，此"空——时"与"空"及"时"均不同，实际就是一个"纯动"，亦曰"纯事"。"空——时"在方便上可以分作若干最小的单位，即"点——刻"，亦即怀特黑所谓"事素"。这个"空——时"是一切的根底。由此而上则结合而突现为"物质的初性"，即所谓"碍""形""动"等。由此而再进则产生"物质的次性"，即"色""香""味"等。物质的初性和次性之分，是笛卡尔以来欧陆哲学家的共同见解，并非亚力山大所特创。由此而上则为有机物，其中最发达者如胶质，具有与生物相似的现象，但尚非生物。再上始出现生物，其中如植物等尚只有生命而无心意和知觉，可见生命与心灵尚是两层。由此再上则为心灵，一切高等生物皆具有心灵现象。心灵再上一层，亚氏谓之为"第三性"，即真伪、美丑、善恶、是非等观念，总名之曰"价值"，这是人类所特有的。形碍是第一性，色香是第二性，故美恶等谓之为第三性。宇宙进化到现在只到产生"价值"而止，由此而上是未来的，是不可捉摸的，无以名之，故名之曰"神性"。

这种突创层进论的学说，大体说起来，有六个与众不同的基础概念是值得我们特别提出来的。

第一个即是所谓"突创"（Emergence）的概念，前面已经讲过。突变的概念在生物学上已有窦佛里（De Vries）的突变论（theory of mutation）鼓吹于先，近来新物理学中普朗克（Planck）的量子论又证明电子的进程是跳跃的。突创论者较这些学说所以更进一步者，不在其发明"突创"这个概念，而在其能够由结构的关系来说明突变的由来，这是其他学派所未曾想到的。

第二是"层次"（levels）的概念，前面也已经讲过。突变而不讲层次，则便变为柏格森的放烟火式的进化论，只见一道一道烟火散放出去，而见不出彼此之间的联属，则这个宇宙岂非成为一大堆各自存在互不相涉的垃圾堆，失去了有机的意义，因此层次的概念在新创化论中也是非常重要的。

第三个概念是所谓"包底"（involution），何谓包底？即谓每一层之上必另有一层，但上层必包收此下层。如电子是下层，原子由电子而成所以是上层，上层的原子必包含下层的电子于其中，而层级愈高者其所包之下面各层也越广，如有精神作用的高等动物，不但包含下层的生命，也必包含更下层的物质。

第四个是"上属"（dependence），何谓上属？即下层的性质不但不能决定上属，反受上层的支配。人体是由细胞所结合而成，但细胞在人体内即受全体的性质所决定，而与单独生活在人体组织外的单细胞生物大不相同。

第五个是"关系"（relatedness）的概念。这就是说，虽则每层都有些新性质突现出来，但此突现的性质并非完全新创，不过是由下层的结构稍形变化而产生，因此上下层之间仍有联属的关系，而各不相涉。摩根说：

"若有人问：你所谓突生出来的是什么？——则可简单答曰：就是有了新种类的关系。逆溯原子，分子，结晶体，有机体，人格，在每一层其上层必有一个新物，此则由于有了一种新的关系在其内部而成。每一新物表现其自身的运动与对外的反应皆有特别步调。"

由此而产生的第六个重要概念便是"全境"（integral situation）的概念。摩根说："所谓关系就是在关系中的关系者与关系者所有的关系凝和在一起而成一个全境。"亚力山大也说："关系即是一个全境，关系者以关系而织入其中。"可见既承认与事物之间彼此具有关系，则关系者与其所有的关系自能构成一个全境，这全境即是怀特黑所谓"通体相关"，也就是格式塔派心理学之所谓"全形"，关于这个问题须要在后节中另外去讲才得明了。

突创层进论的大意是如此。在现代思想界中，这种学说自不失为比较结构精美的学说，因为他调和了唯心论与唯实论的争点而贡献了一大批新的看法。不过我们对于这种观点，却也不是无条件一律接受的，应该附条件的修正而后始能予以通过，这应该修正的是那几点呢？

第一点，从全宇宙的立场看来，物质的存在是一个比较普遍的状态，而生命和心灵不过是地球上一小部分的现象。地球在广大的天空中所占位置已微之又微，地球上一部分胶质体所构成的生命和心灵现象和广大的全宇宙比较起来更微末到不足齿数。若把这些微末星尘上更微末的胶质体所发生的一部分现象竟拿来冠在整个宇宙的进程之上，当作宇宙进化的最高目的，未免有点夸大狂。如果一粒灰尘上的细菌们把他们的生活状态拿来当作宇宙进化的较高目的，其夸大的程度也不过如此。

第二点，心灵、生命和物质并不是三层各自突现的现象，也不是先有了物质然后才突现了生命以至心灵，心和物是个分不开的东西，都是一个有机生命的各部分机构之一，整个的物质宇宙中都存在有心灵的现象，犹如整个的心灵世界都离不开物质的结构一样。毛〔茅〕厕里的石头对于物理和化学的刺激也有反应现象，这就是人类心灵的起源，不过程度有精粗之不同而已。而其所以有精有粗则全在于有机组织程度之不同，在高等有机体中，不但心理机能有了显著的进步，即物质机能也同样有显著的进步，所以说心理现象是上层，物质现象是下层，这话是不对的，我们只能说整个的有机组织在程度上有进步不进步之异，层次之分应以有机组织的程度为标准，才比较合理。

第三点，宇宙的进化应该是树枝形的而非宝塔形的，进化不但不是直线的进化，也不是直层的进化。进化是多角的，多线的，向无数方向突出的，柏格森放烟火的比喻倒比较近于事实。即以生物进化而论，我们也决不能说生物的进化是向着产生人类的唯一方向去层进。人类不过是生物进化的一枝结果，其余现存的高等植物，高等动物，也都是进化的另一枝结果，彼此之间不能一定分别高下，从人类的立场看，自然觉得从低级生物进化到人是有一种宝塔式的层次，从梅花、蜜蜂、犬马的立场看，何处不可以另画一个宝塔，另分出许多层次。单从生物进化去看已是如此，何况整个物质宇宙的进程。因此宝塔式的图形只足以表示从人的立场上的一种看法，而不能够认为全部宇宙只有这一种进程。

以上三点是我们对于突创层进论的重要修正之点，我们的主张是：突创的概念是一个可以接受的概念，层进的概念若从选定的一个坐标去看也是可以接受的。宇宙的层进现象并不是从物质一跳到了生命，从生命又一跳到了心灵，产生这三种不伦不类的现象，宇宙普遍的现象只有一个，便是有机的现象，亦即广义的生命现象。生命现象即包含有特质和心灵两种机能，所谓层进，只是说有机组织的程度由低级突进到高级。组织程度高的有机现象，其心理机能和物理机能都比组织程度低的更显著，更集中，更机动，更有鲜明的个性和自由自主的能力；换言之，即是更像一个有机体。若说宇宙有层进，这便是唯一的层次。

如果承认这个道理，则我们可以修正突创层进论的图形而另画一个图形如下：

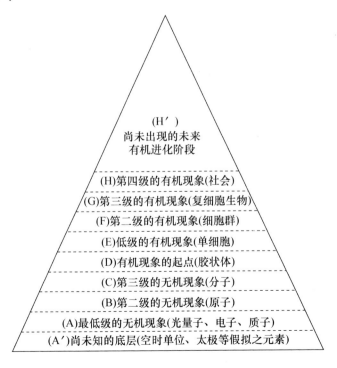

以上的图形须得说明如下：

一、最下层的底质和最高层的未来现象现在都在未知之数，故以 A′H′ 表之。

二、把电子、原子等作为无机现象乃徇［循］俗而名，正名应叫做低级的或朦胧的有机现象。

三、每一层向上进展时必有沉滞于中途而进化落伍之物，结果变为已进化者之摄取材料，如结晶体是由 C 层进化到 D 层时中途落伍之物，植物是由 G 层进化到 H 层中途落伍之物。

四、把社会代替心灵当作进化的高级状态，此说甚长，须待后面细讲。所谓社会不但指人类社会，亦包含昆虫及高等哺乳类的社会组织在内。

五、在此图形中无心灵的地位，但也无物质的地位，因各层中均有此二现象，亦即摄于一有机现象之中，前面已说过，不必另赘。

六、此图形是以有机组织程度为坐标而画出的，如另选一个坐标，则其层次的划分应又不同；如以体积大小为坐标，则应以银河系无知的恒星置于高层，而地球上的胶状体生物反应置于下层。

理与力

中国人是最爱讲理的民族，两个流氓在马路上卷起袖子将要打拳的时候，必定要先讲一番各人的道理，打完了拳有和事老出来圆场的时候，还要到茶馆里去评一番理。赶马车的，狭路相逢，互不退让，对方劈头的第一句话是"你讲理不讲理"？被人骂了即使不还手，也要讲一句"天理良心"！

中国人这种讲理的生活态度，是宋明以来理学运动的最伟大的收获。"天理"是宋元理学家的口头禅，"良心"是明朝阳明学派的主要口号。理学家的理论，竟变成了贩夫走卒的口头语，可见理学的力量和影响了。

中国古代只讲"礼"而不讲"理"，翻开《国语》、《左传》一看，春秋时代的士大夫骂人的时候常爱用"无礼"两字，但从未用过"无理"两字。从"礼"到"理"，这是思想界一个极大的转变，"礼"是外在的，社会的规范，"理"却是内在的，心理的律令。从"礼"转变到"理"，表示中国思想界的由主外转变到主内，由社会本位转变到个人本位，这一个转变不是可以轻易看过去的。

这种转变不止中国思想界为然，西洋的思想界也有同样的趋势。十七世纪以来西洋理性主义哲学的潮流一部分固由于基督教教义的启示，一部分也许是由中国传过去的，中国的理学又是从佛教教理转手的。华严宗的初祖，隋朝的杜顺和尚作"华严法界观门"，便标出"理事无碍"的口号，把"理"和"事"对立起来，后来唐朝的李翱和禅宗和尚惟俨，天台宗的学者梁肃往来，著复性书三篇，宋儒性理之学实托始于此。由此看来，"天理"或"理性"之说，其起源是宗教的。

虽然中国人讲理学，西洋人也讲理学，但实际上理学本身就是一个亟需清理的名词。一般思想家使用"理"这个名词，至少有四种歧义：有物理之理，有名理之理，有事理之理，有义理之理。第一种理是指自然界的法则，第二种理是指思想上的法则，第三种理是指人事界的种种现象，第四种理是指道德上的规范，这四种理的含义实在彼此差别很大。

照唯理主义者看起来，似乎这四种理在形式上虽有差别，在本质上是一样的，因为他们以为理是一贯的，贯通于自然的理也就是贯通于人事界，道德界的理，也就是逻辑上必然的推理，所以他们以为这种差别可以无须注意。其实，这是不合于事实的。譬如说，逻辑上有一个"白"的概念，就必然可有一个"非白"的概念，但事实上存在于自然界的，只有白的，黑的，红的，绿的……五颜六色，却并没有一种叫做"非白"的颜色，"非白"只是逻辑上的一个"类"的概念，而并非自然界的一种表象，公孙龙就因为利用了这种歧义，才有了"白马非马"的诡辩之谈。马克思因为不懂这种歧义的区别，才误把黑格尔从名理分析的立场所建设的观念发展的辩证法，颠倒过来应用到自然界的物理上去……

唯理主义者和辩证法的唯物主义者不但把自然界的物理和逻辑上的名理常常混为一谈，并且对于事理、义理和其他二种理的区别也常常忽略过去，或者故意看成一理。唯理论者不甚注意事理之理，因为他们以为事理就是物理的一部分，但他们却极注重义理之理，他们以为义理就是自然界物理法则的延长，而物理又是依照超经验的逻辑之理安排好的。因此伦理道德的规范不是人所制定的，而是由自然法则或者超自然超经验的名理法则所规定好的，《诗经》上说："天生蒸民，有物有则；民之秉彝，好是懿德"，就是这个意思。

这种"理的一贯说"其实不过是一种蒙上理性外衣的宗教信仰而已。在初民时代，人类以为宇宙是由神造成的，宇宙间的一切事物，包含有灵性的人类在内，都由神一一安排成一种妥当的关系，人既是神所特别造成的动物，所以人性就秉赋了神性的一部分，人类社会的伦理道德就是神性的表现。后来神权的信仰虽然动摇，但这种"天赋人性"的信仰仍然潜存在人类的下意识，用另一种形式表现出来，这就是把上帝换成了理性，而造成了理性主义的一贯论。

但是，事实上，这四种理的区别是不应该忽略过去的。物理和事理，都是事实判断，义理是价值判断，名理则是思想结构的判断，这四种理分属于三种性质，不应该混为一谈。譬如我们说："二物吸引之力与其质量之乘积成正比，与其相互距离的平方成反比"，这是物理。"供给多而需要少，则物价低落，反之则腾涨"，这是事理。这两种理都是对于客观事实的归纳的陈述，只要符合事实便是真理，并没有什么是非善恶之可言。"人应该孝顺父母"，这是义理，这并不是事实的陈述，因为事实上不孝顺父母的人正多，但在义理上依然可以这样说，因为他谈的是"应不应"，而非"是不是"。如果说"A大于B则必不能等于B或小于B"，这既非事实的陈述，又非价值的判断，不过是我们心理上的一种思维的方式，只要在思想上能够自圆其说就可以了，不必去追求客观的证明。既然这四种理的涵义各不相同，如何可以混为一谈呢？

从有机论的观点看来，不但这四种理之间有极大的差别存在，就是四种之中的每一种，也有无数差别存在。宇宙间有的是无数的理，每一种理都是真的，也都是假的，世间有的是无数真理，但没有唯一的真理。

作为伦理道德规范的义理，并不是来自先天，他乃是社会的产物，每一种社会为维持自己集团的团结秩序起见，产生了适合于本集团需要的义理，义理的效用只适用于本集团之内，而不能适用于集团以外。在多数动物生活中没有社会生活的存在，因此也就没有伦理道德的存在，弱肉强食，唯力是视，这时代力就是理，力就是义，别无不尚力的义理。但在一部分有社会生活的动物社会中间，同种的吞噬是不许可的，这就是为维持集团生活的团结秩序起见而产生了类似道德的行为。就在我们人类社会中，道德的效用也只限于本集团范围以内，平时一个人杀了人，应该处死刑，但一个兵士为保卫国家起见，或一个刽子手为执行国家法律起见而杀了敌人或罪人，那就不但无罪，而且有功，可见道德是相对的，并且因时代和环境的变化，社会的需要也因时因地而不同，适用于此时此地的道德未必能适用于彼时彼地，忠君在旧中国是道德，在新中国便是罪恶，无神论在西欧是罪恶，在中国便无所谓，由此看来，世界上的义理是无穷的，有一种社会形态，便有一种维持社会形态的义理，只有固陋的井底之蛙，才相信本社会所需要的义理是普遍于全宇宙的义理。

义理既然是相对的，物理和事理就更是相对的了。庄子说："民湿寝则腰疾偏死，鳅然乎哉？木处则惴慄恂惧，猨猴然乎哉？三者孰知正处？民食刍豢，麋鹿食荐，蝍且甘带，鸱鸦耆鼠，四者孰知正味？猨猵狙以为雌，麋与鹿交，鳅与鱼游，毛嫱丽姬，人之所美也，鱼见之深入，鸟见之高飞，麋鹿见之决骤，四者孰知天下之正色哉？自我观之，仁义之端，是非之涂，樊然淆乱，吾恶能知其辩？"二千多年以前的哲人就已经懂得这个道理了。

唯理主义者或者要说：你所说的物理和事理自然是不齐的，我也承认，但这些都是形下之理，不是我所谓的理，我所谓的理，是先验的，是普遍妥当的，"道可道，非常道，名可名，非常名"，我所说的理指的是"常名""常道"，这就只有离开了一切现实而向超经验界去寻理的根源，因此只有名理才是普遍妥当的，才足以当得起一个理字。这话果然是确实的吗？一般唯理主义者所相信的普遍妥当的名理，约有两种：一种是数学和几何的理，如二加二等于四，三角形三内角之和等于两直角之类；一种是逻辑的理，为 A 大于 B 即不等于 B 之类。关于第一种数理之理，现代科学已证明其为相对的而非绝对的。欧克里德（Euclid）的几何公理，在从前以为是唯一的公理，到现在已经知道有几种非欧几何学存在，三内角之和大于两直角成［或］小于两直角，同样可以算真理。欧氏几何学只能适用于我们存在的中等空间之中，到了更〈大〉的或更小的空间，便失却真理的效用了。至于数学上的二加二等于四，自然是完全属于思考的，不能用事实去反驳，但罗素已经说，一个男人加一个女人，等于三个人（添了一个小孩子），这虽然是笑话，也可见我们平常所谓数理，只适用于静物，而不适用于正在发展中的动态物体。譬如我们种一颗种子在地下，照数理，一加零仍等于一，但实际上可以长成一颗［棵］大树，生出无数的种子来。即撇开实际单就纯粹思考而言，我们一般相信数学上的理是普遍妥当的，安知不是因为我们人类的脑筋发达到这个程度，才有这种认识，老子已经说："道生一，一生二，二生三，三生万物。"基督教有三位一体的教义，黑格尔的辩证法也主张一可以变为二（由正到反），二可以变为三（由正反到合），一般脑筋未发达的小孩子或低能的成人，二加二可以数成五或三，至于大多数的动物更无数理观念可言，由此可见高于我们一般人或低于我们一般人的人类，就可以另具有一种数理观念，和我们的完全不同。数理是绝对的普遍妥当的吗？数理是如此，逻辑之理也是如此。形式逻辑和辩证法逻辑便迥然不同，各有各的真理效果。"同"不能为"异"，但庄子可以说"万物毕同毕异"；是"甲"则非"非甲"，但黑格尔可以说"甲"即是"非甲"，我们可以说这两种逻辑都是真理，因为各有各的实际应用的效界［果］。

由此看来，所谓"理"者，无论是义理，事理，物理或者名理，都是相对的，多方的，世界上有的是各式各样的真理，但没有到处可以应用的唯一真理。

理是怎样来的呢？由有机论的立场看来，理不是宇宙发展的原因，而是宇宙发展的结果。"理"是由"力"所产生的。宇宙根本是一个动，由动势中产生了力，力的本质就是无限的扩延，力是混乱的，盲目的，不合理的，力与力的冲突，抵触，和纠缠，相引或相拒，结果形成了一种平衡的秩序，这就叫做理。理不是别的，就是"力的平衡"，没有力便无所谓理。宇宙间先有了太阳和地球两力的相吸相拒，才形成了地球绕日的轨道，并不是预先画出了一条轨道，然后才摆上了地球和太阳。

因为力是动的，是变的，所以力与力的平衡状态是不能永久保持在一定形式之下的，或者是本来各力之中有一个生了任何性质的变动，或者是外加了若干新的力量，都可以影响到平衡状态的动摇，由旧秩序的动摇，产生了力的混乱，混乱的结果，一个新的平衡秩序又建设起来，于是新理代替了旧理，宇宙天天在变动中，所以真理也天天在创新中。

善于把握真理的人，并不是预先怀抱了一种主观的成见，拿它去测定万事万物，能够平心静气，认清了力的放射状态，把握了重心的所在，便把握了理了。

理不但是可以把握的，也是可以创造的，因为理的构成的原素根本是各种的力，人能够发展了自己的力量，或者更精细一点说，运用各种现实的力量组织成了一个新的单位，加入了固有的力的平衡系统之中，这样便可使旧的均衡秩序起了变化，而产生了新的秩序。

我们是真理的创造者，因为我们是有力的。

三二年七月廿三日

动与事

哲学家所追求的是宇宙到底是个什么样子，这个问题是永远不会得到圆满的解答的，因为这样的问题根本不是一个知识上的问题，而宇宙的真相也决不是单用知识就能发现的。用人类浅薄可怜的理解去发掘宇宙的奥妙，正如坐在斗室里看地图以当旅行世界一样，所得者只是地图上的知识，而不是实际的经验，何况这幅地图又是错误百出的呢？数千年来一切哲学家所以异说纷歧而俱不免于盲人摸象之讥者，正因为人类的知识还去盲人的程度未远之故。要认识宇宙须从整个的生活里去体验，不是单靠知识的思辨所能济事的。

因此，我们现在要用言语文字来表现有机论的宇宙观点，根本是不可能的，但我们现在也只能这样做，因为著书讲学本来就是靠的语言文字，这两件工具所能表达的只是名相而并非名相背后所代表的实在情形。一个聪明的读书人应该明白从文字语言里去追求宇宙的真相根本不过是闭门看地图，要体验宇宙的真相，还须要一步一步用脚去走。

这幅并不十分正确的地图是怎样画的呢？首先，我们知道宇宙间根本没有各色各样的物质，有的只是能力。今日的化学告诉我们有七十五万种不同的物体，只是由九十多种性质不同的基本物质组合成功的，这种基本物质的最小单位便叫做原子。今天的物理学又告诉我们，原子并不是不可分割的，原子是由更小的单位叫做电元的构成的，电元有阴阳两种，有具有阴电荷的阴子，就是我们通常所叫的电子；有具有阳电荷的，叫做阳子，是一九三二年才发见的，阴电子和阳电子的质量彼此相等。此外尚有具有阳电荷而质量大于电子一千八百四十五倍的质子，及质量较小于质子而无电荷的中子（neutron），一切物质原子都是由这三种带阴阳电荷及一种不带电荷的更小单位组成的。

电子这一类的更小单位，虽然也有质量，但并非物质，因为一粒电元并不是在一粒物质之上充满了电，因为如果这样，则微粒的质量应该可以和电荷的质量分开计算，但实际上分开计算的结果，反倒证明电子的质量的全部尽属于它的电荷，这就是说电子除了电荷以外再没有别的什么东西了，因此电子不是别的，就是电的本身，电是一种能力，而并非物质，但世界一切物质都是由这种不是形质的能力所构造成功的。

电子是有质量的，也许有些迷信唯物说的人会说：既然有了质量，纵然形式上和普通物质不同，但总算已有了物质的基本属性。不过自从汤姆孙爵士（Sir J. J. Thomson）以来，已经证明一个荷电的物体，可以使它运动而变化它的质量，运动得越快，质量增加也越多，因此一个电子的质量是依运动的速度而变化的，如果电子的速度和光一样，它的质量也就增加到无限，这就证明了产生质量的原因不是什么物质性的东西，而是运动。

并且，现在物理学上对于物质和放射两种宇宙间根本现象的研究，已经证明其同属一源。各种物质的原子是由含有阴阳的电子和质子组成的，如果这两种荷电的微子受它们相互吸引的影响，互相接近，最后合而为一，这就是物质的消灭，结果变成一道放射的光而放射出去。

现代的物理学研究当然还不能算是已经到家，但我们就从这一点微细的知识上已经可以想像宇宙并没有什么不变常存的本体，宇宙的本体就是动，就是变，动得快一点的便成为放射的光，动得慢一点的便是电能，动得更慢一点的便成为物质的原子。在运动之中产生了各级的组织状态，组织最低的便成为放射的光，组织较高的便成为电能，组织更高的便成为物质的原子。照热力学第二定律说起来，我们现在的宇宙却从组织较高的状态往组织较低的程度上去走，最后的结果便是全宇宙的热力程度完全平等。组织消灭，宇宙也就停止了运动。

因为宇宙的本体只是一个动，所以亦无差别，亦有差别。动是没有什么界限的，一粒微尘的运动，全世界都受到它的影响，因此全宇宙各个能量的运动是互相影响，互相渗入，组成了一个整的有机全程，在这种意义之下，我说它是无差别，说宇宙是一而非多。但动的结果造出了空间的区划，造出了时间的间隔，造出了放射、能力、物质三种不同的组织形态，造出了各式各样的物质、生命和心灵，从每一个单位去说，这宇宙是被分割了，是组织化了，是有了差别了，是多而非一了。现代的科学家们把这宇宙的差别性分析到最后，提出一个单位的名词叫做"事点"，每一个事点是站在三度空间和一度时间上的一个交叉点。其实这种事点的宇宙分割法不过是我们为研究便利起见一个假定的单位，在宇宙本身所发生的却只有事情而无事点，我们不能把空间和它的左右上下分开而单有一点，我们也不能把时间和它的前后际分开而单有一点，因此我们只能承认宇宙间有许多事情而并无事点，这许多事情也是和它的前后左右上下不能严格分开的，因此我们谈宇宙只有一件事情而并无许多事情，认宇宙间有许多事情甚至无数事点的，只是我们思想上的一种方便。

如此说来，是否宇宙的本体是一元而非多元呢？并不是这个意思。我们前面已经说过，宇宙的本体只是动，动的本身便包含有变的意思。我们常识上所谓运动，是指一件物体从空间的某一点上移动而言，作为宇宙本体的动，是纯动，并不是在空间和时间内的变换位置的动，因为空时也是由纯动所创造的，所以纯动的意义是不可想像的，是不能用言词表达出来的。但既然是动，就必然包含有变的意思，不变就不成其为动，所以说宇宙本体是纯动，就包含有否定本体的意思，就包含有否定一元的意思，就包含有必有一件事或许多事的意思，在这种意义之下，一元或多元，都可以用不着，也都可以用得着。

我们可以想像宇宙是一锅滚热沸水，这沸水被自己的热度所催动而腾起许多泡沫来，泡沫此起彼落，永远不已，从每一个泡沫的立场看来，它自己是一个完整的单位，整锅水就是由这许多泡沫组织成的，没有泡沫便没有沸水，所以用不着再找本体，一切现象都是本体。但同时我们也可以说，许多泡沫彼此的性质全是一样的，全与总体的水并无分别，所以它并不是一个个的单位，而是整锅水的一部分。这沸水永远沸腾着，永远有许多泡沫此起彼伏，所以这个宇宙是未完的宇宙，是正在创造中的宇宙。在这许多泡沫之中，第一个微细的泡沫便是我们人类，我们这一泡沫虽是微细，然而也含有整锅水所应有的种种属性，所以我们也就是宇宙的一部分，我们也是未完的宇宙的一个基石，没有我们这块基石，全宇宙的建筑上便要缺少些什么，便要变得完全不同。我们这泡沫的运动也和全宇宙的一切泡沫一样，能够使整个宇宙发生影响。是宇宙创造了我们呢？还是我们创造了宇宙呢？从有机论的观点看来，这问题是可以不必分辨了。

三二年八月廿四日

圆与中

——子曰：道不远人，人之为道而远人，不可以为道。（《中庸》）

有机的宇宙是不可形容的，我们勉强要形容它，说它是一个"纯动"，是一个"纯事"，这两个名词仍然不过是个名词，真正的意味是不可思拟的，只有慢慢从全部生活的体验里或者可以体验出一点意味来。

因为人生就是宇宙的一部分，人生的有机发展也就是整个宇宙的有机发展的一部分，所以这种体验一定可以体验出一个结果来，最大的成果便是人生与宇宙冥合为一，"天机流行"，"从心所欲不逾矩"。一个有机的人生，就是与有机的宇宙符合为一的人生。

"体验"是一个哲学上的名词，不但中国古代的哲学家讲体验，西洋哲学上从黑格尔以来就注重生活的体验，现代德国的精神科学派更特别注重体验的工夫。我们在这里不打算详谈人生修养的问题，所以用不着对这两个字加以详尽的解释。简单地说起来，体验两字应该分开来讲，体是指"行"的工夫，验是指"知"的工夫。要体验宇宙的真意味，必须知行并用。现代的科学家单注重知而忽略了行，过去的宗教家又单注重行而忽略了知，这些都不足以尽人性之全。所以欲体验宇宙的真意味，不能偏于一方面，必须知行并用，更须知行合而为一。

要形容这有机的宇宙，除了体验两个字外，我们可以再提出两个字来，这便是"圆"与"中"。

单就宇宙来讲，我们可以说这个有机的宇宙是"体圆"而"用中"。

若就人生从体验的途径以求自身的有机化的工夫来谈，我们也可以说"知欲圆而行欲中"。

甚么叫做"圆"，我们可以说"圆"就是没有甚么。凡物有圭角者不得谓之为圆，有障碍者不得谓之为圆。宇宙的本体既然是一个纯动，动得快到极点，一切都化了，一切都分不开了，这便是一个圆。我们平常看一件物体，只要动得极快，便看不见什么内容，只看见一团圆影。宇宙既是一个纯动，当然也就是一个纯圆。我们平常分析宇宙的内容，分析到极点，无论是唯物论的所谓物质原子和电子，或者是唯心论者所谓精神原子，他们的概念总脱离不了一个圆字。就是较大的天体也都是近圆的，何以故？不如此则不足以存在于太空中故。所以我们可以说宇宙的体是圆的，这与我们反对宇宙有本体之说并无冲突，因为说宇宙的体是圆的，就是说宇宙本无体。

甚么叫做"中"，我们可以说中就是宇宙间万事、万物、万力的均衡状态，宇宙间既然存在有万事、万物、万力，彼此的冲突矛盾是生生不已的，这样的单纯的矛盾冲突是一分一秒钟也不能安定的。这样的宇宙何以不会虚空粉碎，何以还能够存在，而且继续存在？便全靠着这些万事、万物、万力在互相冲突矛盾之下造出的一个均衡的局势，这种均衡的局势便是我们所谓的"中"。宇宙本无体，但可以由这样的均衡而显现，而存在，所以我们说宇宙是"体圆"而"用中"。

这个有机的宇宙的体与用既然如是，我们从人生的立场去体验宇宙，也只有做到了这"圆""中"两字，便可以"以人合天"，"天人相应"。

何以"知欲圆"呢？知行本来不能分家，体验原是一个纯体验，既然宇宙之体是圆，人生当然也应该全体做到一个圆字；不但知欲圆，行也欲圆。但是我们平常都把圆字解错了，解作圆滑的意义，所以古人才说"知欲圆而行欲方"，为避免误会起见，行不必说要圆，但知却仍旧"欲圆"。

所谓知欲圆者，人生如果想从智识方面去接触宇宙的奥秘，决不可一起首就把自己禁闭在一个狭窄的天地内。宇宙是多方的，真理是无限的，人应该利用自己所有的几种觉官，去多方地接触外物，多看，多听，多触，多想。自己不可先立下一个主观的见解，因为这样一来，便把与外界知识打通的路遮断了。人应该精心去考究一切的事物，虚心去研究一切的真理，越知道得多的人，越能知道事理的无穷，便越能虚心，知识也就越能多方面地发展，而不致陷于拘墟之见。这便是知欲圆的第一步，第一步的工夫在"博"。

但"博"不过是知识方法的第一步，博的结果只能接触到事物的外表，而不能接触到宇宙的真际，所得的知识只是满屋散钱的知识，对自己全无受用。真正的知识不是了解事物的外表，而是把握事物的关系，不把事物当作一个个独立的单位去看，而去了解事物之间有一种有机的架构存在。把握了这种事物的关系，才可以以少驭多，执简驭繁，善将兵与善为政的人，都懂得这个道理。把握事物间相互和共同的关系，这是知欲圆的第二步，第二步的工夫在"通"。

把握了事物的关系，是已经接近了事物的真际了，但死握住这些关系当作活宝，永远不肯放手，这便是笨伯。世界上执一理以为真实而死不肯放者，大抵是些笨伯。须知道宇宙既是有机的，事物的关系决不会一成不变，事物天天在变化之中，彼此间的关系也当然天天在变化之中，所以要把握关系，必须把握住活的关系，而决不可仅把握了些死的关系。把握住事物间的活的关系，把知识变成了活的知识，与事物的发展同时发展，这是知欲圆的第三步，第三步的工夫在"化"。

能博而后能通，能通而后能化，知识到了与大化偕行的地步，可谓已臻圆熟了，但还只是随顺宇宙既成之局，而不是开拓宇宙未有之局。须知知识不是单纯被动地接受外界的事物，向外界中去寻取经验，真正的有机的知识亦即是宇宙发展中的一个步骤。人生不是用知识去认识宇宙，而是用知识去改变宇宙，知识发展到了最高地步便不能与行分家，其故即在此。因此真正的知识是应该从已成的圆满的宇宙架构中突现出一个"不圆"来，或者说，在已谐和的宇宙体系中突现出一点，打破了旧有的谐和体系，这"不圆"、"不谐和"正是"更圆"、"更谐和"。因为圆不是一个固定的形态，而是一个有机的过程，固定的圆不是唯一的圆。譬如几何图形上之所谓圆，在三度空间上不过是一个切面，三度空间的球形的圆，在四度的空间看来又不过是一个切面。永远沾滞在一定形的圆局上，这圆便是死的，宇宙也是死的宇宙。真正的知识所以应该从已成形的圆局中突创出一点来，使圆机不尽，这是知欲圆的第四步，第四步的工夫在"创"。

知识到了创的地步，便是要拉着宇宙向前走，走到那里，一部分靠自己的力量，一部分又靠种种环境中的复杂的关系和机运，这时候全凭主观，一味闭门造车是不可以的；全顺客观，一味委心任运也是不可以的。必须能够杀出客观，把握主观，又杀出主观，把握客观，造成了一个从容中道，然后知识才行得通，知识才做得圆。所以知欲圆的最后一步，便是要能够把握住这个主客关系的中点，运用得圆转自如，这最后一步的工夫便在"中"，也就是"行欲中"之所谓中。因为到了这个地步，知行已经完全打成了一片了。

甚么叫做中，我们前面已经说过，中就是万事、万物、万力之间的平衡关系。宇宙只有靠着这种错综的平衡关系才能够显现而稳定，说宇宙的本身就是一个中道，也可以说得下去。

中国的哲学里自来就讲"中"，但是有些说法未免太偏而失中。譬如《中庸》说："喜怒哀乐之未发谓之中"，这句话开口便错。喜怒哀乐未发之时，人心空无所有，何处去求中？因这句话的错误，直引得后来的理学家教人向喜怒哀乐未发时去求中的气象，把中解释成一个虚无寂灭的状态，误人之大莫过于此。我们现在须向这些受了印度思想影响而曲解中字的人打破他们的迷误。我们知道，宋明的理学家，无论是程朱，是陆王，在方法论上虽有"主静"，"主敬"，"尊德性"，"道问学"之分，而在本体论上则无不承认有一个"寂然不动，感而遂通"的心体，并且把这个虚灵不昧的心体当作一切事理的最高裁判者，也就是求中的唯一可靠标准。但是这种说法无异于实际的"中"之外，另造一抽象的"中"，甚至以为这种抽象的"中"才是真中。而实际的中倒是从那抽象的"中"中流出来的。如果接受了这个说法，以为离开了事物还另有一个超然的普遍的中，这"中"便成了一个概念，而并非实事，且亦难于实践。即就人情事理而言，必须是喜怒哀乐既发以后，才能判断其中与非中，如果喜怒哀乐一切未发，则此心不过是浑然一物，无所谓中与不中，更何从判断其是中与非中。

与唯理论对立者，为唯物论。从唯物论的立场看来，求中的方法只有用机械的方法去作实际的测定，如用尺去量或用两脚规去求得一件物体的中点。但是这种机械的求中法，只能勉强应用到极简单的物理现象上，稍微复杂一点的东西，便不能应用这种单纯的机械观点。若应用到人情事理方面，自然更行不通。

唯理论与唯物论关于求中的方法既都不能令人满意，我这里提出第三个观点来正确地解决这个问题，这便是相对主义有机论的观点。什么叫做相对主义有机论的求中观点？我们平常所谓中，必须与一事物的全面关系相互依赖而存在，否则便无所谓中。中既然不能离开了全面关系而存在，因此中不是机械地定着在那一点，如果全面的关系变了，中点也必随之而变。照物理学的研究说来，一个看似静止不动的桌面，实际上为无数活跃的电子所组成，故整个的桌面也时时在大跃动之中，因此一物之"中"，也必然是时时跃动的，我们平常不过把眼所不能见的变动抹杀，而大致谓之为一定而已。由此可见，只有从全面的相互依存的关系上，才能认识出一个中，离开了全面相互依存的关系，便无所谓中，物理上如此，人情事理上当然更是如此。中既不是绝对的，也不是静止的，所以要了解中，必须把握住"相对"和"动"这两个重要的意义。

我觉得《中庸》这篇文字，对于"中"字却另有很好的解释。《中庸》的作者对于中字提出三个注脚：一个是"时中"，一个是"中和"，一个是"中庸"。什么叫做"时中"？孟子说："孔子圣之时者也"，又说："可以速而速，可以久而久，可以处而处，可以仕而仕，孔子也。"这个可字便是一个中道，可与否的标准不在孔子的主观，而在时代与环境。如果执一点以为中，而不知与时变迁之义，这就是"执一"而非执中。譬如生在今日，定要执"女子从一而终"之义，反对寡妇再嫁，以为"饿死事小，失节事大"；或者生在现代的人，评论古事，大骂古人重男轻女，封建思想，礼教吃人，惨无人道，殊不知古人社会组织与我们现代不同，我们所认为不可的，正是古人所应认为可的。这些都是执一，而非执中。所以中不是一个一成不变的绝对标准，而是个随时代与环境的种种复杂关系而发展的一个有机过程，这就叫做"时中"。

然则如何去把握中的标准呢？《中庸》又提出了一个"和"字，这个和字最有意思。和是个音乐上的名词，《中庸》说："发而皆中节谓之和"，譬如我们奏音乐，音乐之美，并不固定在某一高音，或某一低音上，也不是把全体的音谐和乐器都杂乱连系起来便可以造成谐和的美。一种美的曲调，必须在全谱里的各个音阶之间构成了一种谐和的秩序，又须乐器和奏乐的人都凑手。可知音乐的谐和之点是在乐音的发展之中，而不在乐音的发展之前。理学家教人向喜怒哀乐未发之前去寻中的气象，就好比在音乐未演奏以前去寻美的标准一样，尚无音乐，何来音乐之美！因此我们可以说，"中和"不是别的，便是有机全体的一种谐和的节奏。但"和"与"同"不一样，"同"是单调，譬如奏乐器，大家都拿一样的乐器，吹一样的腔调，这便是同；"和"是复杂，大家各拿各色的乐器，各吹各的腔调，但配合到一处却织成一幅动耳的交响乐，这便是和。所谓"中和"者，便是要从复杂的事物关系中选择出一个最谐和的关系来而把握之。一个名手奏技，其与凡手不同之处，便在能够处理这些不同的音阶和乐器到最谐和的地步，得于心而应于手，这便叫做"中道"。

最后，《中庸》上又提出一个"庸"字来替"中"字下注脚，这是最善于解"中"的。凡讲"中"者，应先讲"庸"。离庸而讲中，即是虚玄之中，即是个人偏见之中。其实中是一个平常的道理，"中"就是"庸"，就是"平凡"，就是"常识"，就是"庸众"。真正的中，就存在于多数平常的庸众的常识中。一个善于识中的人，并不是要独标妙理，以为人皆失中，惟有我一个人才得了中道，而是要向大多数平常的庸众的常识中去学习中的道理。凡悖乎常识的人，虽陈义甚高，亦必失败。如宋代王荆公的变法，创意未尝不善，但结果终于失败，就因为他缺乏常识之故。程子谓介甫亦无他恶，但执拗不晓事耳，执拗不晓事，即是不懂人情事理，即是没有常识，即是不知庸道，因之也就不知中道，所以非失败不可。这样说来，所谓"行欲中"者，当然也就是"行欲庸"，要讲"中"就必须讲"庸"，中的标准就存在于大多数庸众的平常关系上，人生行为之极致也就在于把这些常识上的事物关系认识得圆满，运用得圆活。一个名手奏技，也不过能够把乐谱和乐器都运用得圆转自如，并无其他的奥妙。如果说有机论哲学还有奥妙，这也就是它的奥妙。

宇宙本来是活的

西洋的哲学从本体论入手，后来一转转到认识。希腊的哲学家们最初想探索的是宇宙的本体究竟是个什么，结果答案纷歧，莫衷一是，终于放弃了这个要求，最初产生哲人学派（Sophists）的怀疑主义，其次产生苏格拉底的人本主义，又其次产生亚理士多德的科学实验主义。从苏格拉底以后，希腊的哲学精神似乎已趋重于人生实践伦理道德的问题，而抛弃了探求宇宙最后体性的要求，虽然有柏拉图的理型哲学在唯理论的形而上学上放一异彩，但柏氏一生的致力之处仍在人生社会问题的解决，和苏格拉底的精神并无二致。这种精神到罗马时代分化为斯多噶（Stoics）和伊壁鸠鲁（Epicureans）两派，末流趋于神秘，而有新柏拉图主义（Neo-Platonism）的产生，为基督教铺下一条道路。希腊哲学这种由主知到主行，由形上到形下，由理知到神秘的演变趋势，正是证明纯粹理知的哲学研究是不会有结果的，是终久要碰壁的。

一千年的中古欧洲宗教和神学的统治，只许信仰，不许怀疑，只许接受，不许探索，这正是理知碰壁后的自然结果，欧西的人类已从主知的时代转变到主意的时代。近代的哲学开始便采取了一个新的方面，他们所探索的不是宇宙的真相而是所用为探索真相的工具，即人类知识的性质，因为人类探索宇宙真相时所靠的唯一工具是我们自身的知识，若是知识靠不住，或是根本无法和宇宙真相接触，则一切本体的研究岂非白废，而结论也都不可信了。这种把探究知识的性质和界限当作哲学研究的第一步工夫的主张便叫做认识论。近代初期的认识论分为两大派，英国的经验派主张我们的知识都是从后天经验得来的，人心在初生的时候是一张白纸；大陆的理性派则主张知识之来源在于人类先天的理性，理性是人人所同的。这两派主张到康德出来把他综合起来，建设了他的批判哲学，从此以后认识论便成熟了，在哲学里的重要地位也奠定了。

但是专从内在的知识问题去下手研究，和专从外在的宇宙问题去下手研究，是同样的劳而无功的事情。康德的批判哲学已经不能满他的后继者之意，康德以后的学者更不能如康德之条理晰密。认识论也和本体论一样，终于走到无结果的路上去，从黑格尔以后，西洋哲学实际上又转回头来趋重于宇宙问题的研究以及人生文化问题的探索，这似乎表明哲学的劳而无功。

西洋哲学的根本谬误在乎想用纯粹的理知途径来解决宇宙和人生之谜。他们以为宇宙和人生都是一架条理井然的活机器，哲学的任务便在彻底认识这架机器的结构和所赖以运行的法则。当初希腊的哲学家们自以为凭着理知（其实是臆想）便能替宇宙之谜提出若干自以为是的解答，但是结果莫衷一是，才产生了怀疑派，苏格拉底以后索性放弃这种追求宇宙真相的野心而单就形而下的人性伦理道德问题来立说了。近代复活的西洋哲学知道在解决宇宙之谜之先，必须先把这具解谜的工具——即理知——的效用检查一下，因此产生了认识论，这种态度自然是进步的。然而不幸他们所注意的依然是认识的理知方面，而忽略了其他更重要的方面。他们把人心的认识作用解释成为一具彻底清明的镜子，这镜子或者是一无所有（如经验派所说），或者是条理井然（如理性派所说），总之决不会有不合理的情形存在。但是这果然是事实吗？我们的人心除了理知作用以外还有感情和意欲的冲动种种复杂的动因，我们的理知是这样的脆弱，这样的浅薄，我们平常所自认以为彻底清明的理知实际上不过是一盆经过搅动的浑水，把浑水当作清水，这就叫做自欺欺人。唯心派的哲学家们也不能不承认这是事实，因此他们又造出一种遁辞来。他们把人心分作感性和理性两部，感性就是我们平常所谓的人心，这是一盆不可靠的浑水，但另外有一种彻底清明的理性，这理性是天然合理的，所谓合理便是合乎逻辑的思维方式的，这样一说，所谓人心的认识能力便变成了一架空洞抽象的逻辑公式，和实际的人心已经毫无关系了。这种逻辑主义的荒谬思想，始终支配着大多数正统派哲学家的脑筋，他们把人心看作是一套逻辑，把宇宙也看作是一套逻辑，弄来弄去不过是一套名词戏法的变换，与实际的宇宙人生全不切题。表现在我们眼前的宇宙人生的事事物物全是矛盾冲突，并没有什么条理，他们却闭着眼不看这种事实，在脑里另外幻想出一套条理井然的逻辑系统来，把他当作宇宙和人生的实体，这样的哲学是理论的游戏，是哲学的自杀。

这种玩弄纯粹逻辑公式的把戏，到了黑格尔手里便弄不下去了，因为他已经发现逻辑本身并不是一个死板板的系统，而也是一个活泼泼的生机体，是动的不是静的，是发展的不是一成不变的，内部包含着矛盾冲突，而并非完全合理，这就是说，逻辑自身的发展否定了逻辑自身的合理性，虽然黑格尔到了此处不能再进一步，他的辩证法的矛盾综合的动的逻辑，依然是依照他所向壁虚造的死板方式进行的，他的逻辑只算是半死半活的逻辑，但单就这救活了的一半说，逻辑的合理性已经动摇了。逻辑本身既然并非完全合理，而包含着矛盾冲突在内，则我们的宇宙和人生即使退一步承认他是依照逻辑原则建设起来的，也依然不能说是完全合理化。事实上所谓合理与否只是我们人生在某一阶段上应用的一种方便名词，与宇宙本身毫无关系。事实的宇宙是既非合理，也非不合理，它是超乎理性之外的。因为合理与否是一种价值判断，而宇宙的存在却仅是一个事实判断。一切唯理主义哲学家的错误，都由于不懂得逻辑是一个人造出来的价值判断而非客观存在的事实判断而起。

十九世纪后半期科学的发展帮助我们认清这个事实。第一件是生物学的进步，演化论的发现，把生物学的精神吹入了哲学界；第二件是物理学的进步，由建设在机械主义上的古典物理学进步到相对主义的新物理学，以波动的观念代替物质的观念；第三件是社会科学的进步，使人们觉悟世界原有各种各样的生活方式和思维方式，扩大了人生的眼界。这三件科学上的大变动，再加上哲学上逻辑主义的自行否定，把古典式的宇宙观和人生观一步步摧毁，一个新宇宙和新人生观应时产生出来。人们再不把宇宙和人生看作是呆板板的物质或理性，物质被认为是变和动的，理性也被认作是变和动的。这样的宇宙不是一个死板板的宇宙，而是一套活灵灵的人生。宇宙的生命化，这就是有机主义的精髓所在，被书呆子们的哲学家所武断处死的宇宙现在又被有机论所救活了。我们原来是生在一个活人似的活世界中，而非生在鬼气沉沉的木头机械宇宙中，这该是何等欣幸的事！

卅二年十月廿五日

写作于 1940—1943 年，部分发表在《青年生活》等杂志，初版于香港自由出版社，1958 年

战与舞
（1945）

　　战争，是悲惨的事，而歌舞，是欢娱的事，悲与欢不能同时并存，所以战与舞似乎也难相提并论。唐诗云："壮士军前半死生，美人帐下犹歌舞"，是在讥刺当时主将的溺于声伎，而不恤士卒。如此说来，要从事长期抗战自然非禁舞不可了。

　　但是，在长期抗战的悲壮声中，据说后方的几个重要都市，如重庆、成都、昆明之类，平添了好些秘密舞场，在高等华人的邸舍中，在第一流的旅馆餐厅里，灯红酒绿，鬓影花香，禁者自禁，舞者自舞。据说，这都是因为招待盟友，联络国际情感而设的。的确，在我们的许多盟国中，虽然也在长期抗战，却并不听说有禁舞之令。马奇诺防线的地下壕沟，据说还有很精致的跳舞设备呢？不过，人家的舞政，是官长与士兵同乐，弟兄们在执行过一天的职务以后，也许自由放纵一晚，狂欢狂欢，而我们呢？则士兵们一天到晚只听到立正、稍息、开步走、喊口令、打军棍，而跳舞却只有少数高级官长和上流仕女们才能有秘密的机会去享受。"王如好色，与百姓同之"，如今却变成"只许州官放火，不许百姓点灯"了。

　　其实跳舞并不是西方文明的特产，在我们古圣先王的东方传统文化中，早已有之。舜命禹伐有苗，三旬弗克，退而舞干羽于两阶而苗人格，见于中国第一部经典的《尚书》。为什么这两位圣人，长期作战，还不能把有苗征服，转回头来，在两阶上舞了一阵干羽，倒使苗子低头服输起来？前代注疏家对于这一段经文并没有讲得通。据我想，苗人向来是一个爱跳舞的民族，这有许多边疆考察团的报告为证，他们就靠跳舞来鼓舞起民族的抗战情绪，才能够击鼓其镗，踊跃用兵，抵抗当时中国政府的军队至数旬之久，到后来，他们听说虞舜这位天子，不再讲什么"惟精惟一，允执厥中"了，却发下决心，召集他的文武百官，在殿堂上公然举行跳舞大会，二位皇娘，九家国舅，连他那位不肖的东宫商均太子，大约都集体参加表演，说不定跳舞的花样还是从苗子学来的。有一位独脚夔，拊石而歌，用他的一只脚踔踔而舞，竟弄得百兽也都随着"率舞"起来。这位独脚夔，并不是什么禽兽，乃是朝廷的一位大臣，他的官职是"典乐，教胄子"，好比现今的中央政治学校或黄埔子弟学校的教育长，但他的教育科，却并不是专讲什么三纲五常之类，他的教育科目是以音乐为主，而在古来音乐与舞蹈是不可分的。苗人听说中国也在提倡跳舞，他们就觉得中国的战斗精神已经发扬起来了，才感觉到害怕，才会来低头降服。也许因为舜的舞蹈艺术是从苗人学来的，苗人听说中国也提倡跳舞，觉得吾道不孤，引为同调，于是欣然俯首归诚，遂化仇雠而为盟国。可是二帝三王之道，是从舞蹈才发扬光大起来的，这是道地的国粹。

原始时代之所以重视歌舞，有三个意义：第一个是宗教的，《说文解字》云："巫，祝也，女能事无形以舞降神者也，象人两褒舞形，与工同意。"所以《商书》说："恒舞于宫，酣歌于室，时谓巫风。"宗教的精神必须在集团歌舞的狂热之下，才能够鼓舞起来，所以任何宗教离不开歌舞，西藏喇嘛教的打鬼、跳锅庄，是我们所习知的。第二个是性的，这起源更古，远在人类出现以前，有许多昆虫和鸟类的求偶就全靠歌，全靠舞，或者歌舞联合。山鸡舞镜，就是后代跳舞艺术的起源。宋玉《招魂》说："肴羞未通，女乐罗些，陈钟按鼓，造新歌些……美人既醉，朱颜酡些，娭光眇视，目曾波些，被文服纤，丽而不奇些，长发曼鬋，艳陆离些，二八齐容，起郑舞些……竽瑟狂会，搷鸣鼓些……士女杂坐，乱而不分些……郑卫妖玩，来杂陈些。"这是战国时代楚国的舞风，看了这一段仿佛是在描写一个摩登的舞场吧。两性的情绪必须靠歌舞来鼓舞，这个道理古人比我们早已知道了，禽兽也比人早已知道了。第三个便是战斗的，古人常说鼓之舞之，可见战争情绪的发扬不但需要鼓，也需要舞。《周礼》大司乐以乐舞教国子，舞云门、大卷、大咸、大韶、大夏、大护、大武，所有这些古代的乐舞都是在战胜功成之后作的，如大武之乐，就是周武王伐殷以后昭武功而作。春秋初年，楚国的令尹子元伐郑不克，退而舞万（一种舞名）于楚宫旁，欲以蛊文夫人，可见舞与战争是有连带关系的。后世的短箫铙歌、兰陵王、破阵乐更不必说了。大抵乐舞的性质包含有宗教的、性的、战斗的三种，而这三种实出一源，因为宗教和战争都是一种集团的行动，而歌舞就是鼓动集团精神的最有力的工具。两性的结合是由个体到集团生活的最初步的形式，宗教是古代文化中表现集团生活的具体形态，战争是从古到今保障集团生活的重要手段之一。生命的基本要求是无限制地发展生命的活动范围，空间的扩延，时间的绵久，组织的复杂，生活的丰富，生命的发展方向至少有这四度向。两性的结合，宗教的组织，战斗的活动，都是从生命的基本要求上产生出来的，而乐舞正是唤起人类集团情绪的最有力的工具，所以任何文化体系中从没有排斥乐舞的。愈是青年的民族愈是爱好歌舞，只有衰老的民族才逐渐对歌舞失去兴趣。据周礼，当时不但有大司乐以乐舞教国子，此外还有乐师掌教国子小舞，有帗舞、羽舞、皇舞、旄舞、干舞、人舞等名；有眜师掌教眜舞；有籥师掌教国子羽籥之舞；有旄人掌教舞散乐、舞夷乐。可见文、武、周公之治，对于乐舞是何等的看重。认歌舞为淫靡，为无用，为应该禁止，恐怕是宋明理学大盛以后的事。理学家的目的是把活人都变成死灰槁木，自然不会懂得歌舞对人生、社会、国家、民族的重要。但是孔子早就说过"游于艺"了；子贡观于蜡，而曰"一国之人皆若狂"，孔子就说这是不必禁止的，因为人生有工作的时候，也应该有娱乐和休闲的时候，"张而不弛，文武弗能焉"。难道今日的圣人高过文王、武王吗？

因此，我在这里谨向当局建议以下数事：

一、明令开放舞禁，包含军人在内。

二、仿汉武帝设乐府之意，国家特设歌舞部，隶属于行政院，至少也应该仿卫生署之例设一歌舞署，以供歌舞升平。

三、大中小学均列歌舞为主要必修科目，不及格者不得毕业。

四、军队特设歌舞班，选高等仕女妙擅歌舞之技者，随营表演。

以上四端，是否有当，敬请社会公决。

民国三十四年一月廿五日《新中国日报》

民主政治与政党
（1945）

在今天中国，没有人敢公然反对民主政治，朝野上下都在表示中国非民主不可，似乎国论已经统一了，但为什么还需要各方面的意见协调呢？我们以为这里面存着一个歧异，这个歧异即在于各方面对于民主政治的解释不同。中国需要民主，这个前提是无人会否认的，政府党也在强调民主的重要，其强调不亚于在野的各党派，但为什么党派的团结还不能即刻实现呢？我们以为朝野各方对于民主的意义认识之不同，似乎是一个重要的原因。

在政府负责方面的意思，民主的合法形式必须由国民大会来表现，因此只有等待国民大会召集之后，中国才能实现民主的局面，国民党的政权只能交还于由民众所选举而能代表民意的国民大会，而不能交给其他任何机关，如党派的联合政权之类。就形式上来看，这种说法自也能言之成理。没有人反对国民大会是民意的合法代表机关，但问题是，怎样才能使国民大会的选举不受任何单一方面的支配？怎样才能使国民大会成为真正表现民意的合法机关？我们以为真正的民主和形式的民主最重要的区别就在这一点上。

民主政治并不是单纯的民本政治或民意政治，任何形式的政体没有不承认民为邦本的，也没有不承认政治要尊重民意的，即是专制的政府也不能例外。专制政治显然不是民主政治，两者间的主要区别是专制政治是任政府的意思来选择民意，而民主政治则必须任民众的意思来选择政府。单说民众，国民，民本，民意，都不过是些空空洞洞的名词，如果民主政治仅仅是奉这种空空洞洞的民意来做指归，则任何人都可以假借民意，制造民意，正如古代统治者之假借天意，制造天意一样，这样的民主不是真正的民主。民主政治如想名符其实，必须使无组织的民众成为有组织的民众，让民众依各种不同的政见自由结合为一定的党派，每一个党派都能自由发挥他们的政见而不受任何干涉，每一群政见相同的人都能自由结合为一定的政党，每一个政党都能够自由向民众宣传他们自己所信的主张，每一个政党都能够自由去组织同情他们的政见的民众，每一个政党都能够对民众发表他们同情政府设施或不同情政府设施的意见。在这样的前提之下，所谓中国国民，不复是一盘散沙的四亿五千万个个人，而是若干有组织的政治群众，然后他们对于国民大会代表的选举才能够自由听取一切不同的政见而自由选择能够代表他们意见的国民代表，这样产生的国民大会，才是真正民主的合法代表机关。反之，如果在国民大会召集之前，全国人民还不能公开地、合法地表示他们的政见，还不能够使政见的结合取得合法的政党地位，事实上已经存在的各党派，还不能够自由去宣传民众，组织民众，还不能够公开取得国民大会代表的竞选权，人民在选举国民代表的时候，眼里只能看见政府党片面的宣传，耳里只能听到政府党片面的说话，除此以外，别无所知，这样的选举，即令在进行中绝对大公无私，所产生的代表也不能够算是真正代表民意。何以故？民众在选举之前没有自由选择的余地故。

因此，如欲使国民大会成为真正名副其实的民意代表机关，则在国民大会选举之前，必须首先：

一、承认现有各党派的公开合法地位；

二、承认人民的言论出版集会结社的自由权；

三、让各党派有公开提名国民大会代表竞选人的机会。

政党政治就是民主政治的窍，民主政治的运用不能离开了政党，谈民主而否认政党的公开合法竞选的地位，则所谓民主仅只是形式的民主，离开真正的民主尚远。中国人民所希望的是真正的民主，而不仅是形式的民主。

民国三十四年三月十三日《新中国日报》社论

向吉普女郎致敬
（1945）

抗战到了将近胜利的时期，在中国词典里新添了一术语——"吉普女郎"。

伟大的吉普女郎！在欧洲，最能呼吸自由空气的，是吉普赛人；在中国，最能呼吸自由空气的，是吉普女郎。如果有人说吉普赛人是最卑贱的民族，这人不是认识不清，便是卫道的伪君子。

处在今天天下一家的世界里，国际间，不同人种间，两性的自由交际，恋爱，和同居，本是一件极平常不过的事情。在英国，在法国，在澳洲，以及世界的任何一角落里，都有不少的吉普女郎的踪迹，并不听说成为问题。偏偏在中国，这古老文化的国度里，吉普女郎竟成为万人指目的对象，而且是正在这成千百万的盟友替我们卖命打仗的时候，旧礼教的权威真大呀！看起来真还得再来一个新五四运动才成！

笑骂，攻击，和鄙视吉普女郎的，本不过是一种井蛙之见，没有批评的必要，但反动的势力这样的大，竟使感情盖过了真理，这就不能不说几句公道话了。

吉普女郎并不是由盟军带到中国的，在中国历史上老早就有这一类人的活动，并且由于古代中国政治家及一般人的胸襟远大，老早就积极运用过吉普女郎的政策，而收到了奇效。我们可以说，中国之所以能抵御四夷，开疆拓土，大部分是由于古代中国政治家的善于运用吉普女郎政策，古代中国妇女对于国家民族生存独立的贡献，也莫有大于这一般吉普女郎者。

现代的吉普女郎运动，我们叫做"国际联欢"；在古代，这一种运动便称之为"和亲"。把和亲政策看作是奇耻大辱，而有"玉颜自古为身累，肉食何人与国谋"之叹，这是宋朝理学大盛后的卑陋之见。宋朝人宁可他们的皇帝对夷狄称臣，称侄，纳币，割地，而不肯运用和亲政策。他们对于男女之防看得比国家的生存独立还重要，这种毒素传到了今天，便是"国家可亡，文化不可亡"的谬见，这谬见真是为害不浅。

其实，古代政治家之采用和亲政策，并非专为献媚强敌而发，像西施、郑旦一类的吉普女郎，虽然替国家复了深仇，但是一般人总觉得有点不大光明，谓为辱国，犹可说也。无奈历史上的多数吉普女郎，却不是中国衰弱的时候向异族献媚而出现的，其中的大多数都是在中国最强盛的时候，牺牲了她们的生活、幸福和节操，而为祖国外交开辟一个新天地的，她们对于祖国的功绩，比起张骞、班超、薛仁贵、王玄策一类的男杰来，毫无逊色。

历史上第一个有名的吉普女郎，是西汉的楚王戊之女解忧，她奉了汉武帝之命，远嫁乌孙，三世为乌孙国母，完成了汉朝联乌孙以夹攻匈奴的政策。这个政策到了汉宣帝本始二年（前七二年）收了奇效。乌孙与汉朝联兵夹击匈奴，娶了解忧公主的乌孙王翁归靡，从西方一举而大破匈奴之兵。从此以后，百年来常为汉朝北方大患的匈奴民族，遂一蹶不振。

第二个历史上有名的吉普女郎是西汉末的王昭君。当时匈奴已降服汉朝，汉元帝为收服匈奴之心起见，将宫人昭君嫁与匈奴呼韩邪单于，以后匈奴遂自居为汉朝的外甥，改姓为刘，直到五胡乱华，匈奴刘渊兴起时，尚自称为刘氏复仇，尊汉高帝为始祖，定国号为汉，匈奴遂完全同化于汉人。

第三个历史上有名的吉普女郎是唐朝的文成公主，她奉唐太宗之命，远嫁吐蕃，把中国文化传到了西藏，奠定了汉藏两民族联合的基础。文成公主的余烈，至今尚流传于西藏境内。

这三个伟大的中国女性，都不是在国家衰微之时出现的，汉武帝、唐太宗都是盖世的英主，他们并不曾以运用和亲政策为耻，他们的和亲，不是消极的，被动的，而是积极的，他们的收效比宋朝以后的中国何如？是有目共睹的。

今天中国的吉普女郎，还不过是"联欢"，还谈不到"和亲"，有什么反对的理由，值得大惊小怪！

今天中国如有汉武帝、唐太宗那样伟大的政治家，我以为应该树立一个积极的吉普女郎政策，这政策对国家的益处很多。

从抗战的观点来看，不久盟军可能大量在中国登陆，以我们中国物资的缺乏，生活的简陋，我们拿什么来慰劳这些战士，来鼓励他们的斗志？"食色性也"，古今中外人类所同具，我们在这些方面给战友以相当的满足，也不见得就因此贬损了国格。我们不曾看到盟军在诺曼第登陆时，法国妇女和盟军战士的拥抱接吻吗？我们天天喊国家至上，民族至上，碰到性的问题的时候，却一变而为贞操至上，把国家民族的利益置之脑后了。这种家族主义的道德观，现在应该修改一点了吧！

从民族血统的观点来看，一个民族的兴盛，全看他在发展过程中经过几次的混血。历史上的混血儿，特别是两个优秀民族接合后的混血儿，是民族的宝贝，中国历史上的晋文公、唐太宗、郑成功，都是混血儿的代表。五胡乱华之后，中国经过民族上的大混合，才有隋唐的中兴。中国民族今天在血统上必须经过混合，注入新的血液，才能起衰老而复少壮。这一次的世界大战，正是全世界人种混合的好机会。假如将来在中国有两百万盟军，每一个盟军配以一个吉普女郎，每一个吉普女郎替中国生产一混血儿，二十年后中国不但平添了两百万的丁男丁女，还大部分都是体格及智力都很优秀的，这对国家的利益是如何之大？

从文化的论点来看，中西文化之必须相互认识，相互融会，无论从世界人类的观点，或从中国人的观点来看，都是急切需要的。文化上的相互了解莫过于共同生活，假如中国的女性能和盟国的男性共同生活一个时期，不但中国人可以接受欧美人的生活方式和思想方式，就是欧美的士兵，也将从中国的言语上，中国的礼节上，中国的烹调上，中国的爱情上和梦想上，接受了中国的生活方式和思想方式，而了解了中国的文化。什么是最有力的文化使节？吉普女郎就是最有力的文化使节。

从政治外交的观点上，战后中国的复兴，必须倚靠国际的同情，特别是中美的永久亲交，这是很显明的事实。如何才能永久把握美国人的友谊，我以为吉普女郎对于这一点可以有很出色的贡献。假如有两百万的中国吉普女郎愿意和美国战士结婚，跟他们回美国，每一个中国母亲平均生两个子女，二十年后的美国就会有四百万一半中国血统的公民。这些中国母亲如果还不忘记她们的祖国，从小便把中美的友谊灌输到她们的儿女脑里，到了后来，这四百万张选举票，在促进美国政党的对华政策上是一个不可忽视的力量，我们不可盲目地忽略了这个力量。

吉普女郎既然可以发生这样大的作用，那么我们对于这一部分中国的女性，不但不应该加以讥嘲，鄙视，并且还应该特别奖励提倡，以便造成这种风气。不过若欲使吉普女郎发生她的正当作用，目前这种听其自然的态度是不对的。我以为国家对这个问题应该有一个积极的政策。

第一步，纠正社会轻视吉普女郎的心理，发动舆论，予她们以相当的重视与鼓励。

第二步，把已有的吉普女郎调查登记，组织起来，施以特种的训练，训练内容应注意以下数点：

一、本国文字、历史及公民常识的训练。

二、本国文化中的有关实际生活，可资特别发扬的优点，如中国烹调，中国瓷器、漆器、刺绣及其他手工业的智识技能。

三、历史上吉普女郎的故事。

四、外国语文、史地及国际常识。

家族主义社会的伦理道德观念应该过去了，让我们建立一个国家本位的新女性道德，就从向吉普女郎致敬作起！

民国三十四年六月四日《新中国日报》

宪法问题的我见
（1946）

  这一次在路上，有人问到我对于宪法的意见，我说：我只有一个意见，我希望国家有一个柔性的宪法，不希望一个刚性的宪法，宪法的修正程序越简易，越能随时适应国家的需要。

  把宪法当作是百年大计的旧观念应该是过去的了，今天是二十世纪的五十年代，一年的变化至少可以抵得过十九世纪的十年，十年就抵到一百年，一个宪法如果不赋予以随时可以适应时代需要而修改的自由，结果必至扞格不通，而酿成未来的祸乱。

  明白了这个，我们就可以知道在这一次宪法讨论里，有些问题像建都之类，是大可以不必争论的。在航空和原子能的时代，国都问题已经不成为一个值得重视的问题，照理想来说，适应这个新时代的国都应该是建设在空中，在九天之上，不然，单为防御起见，就应该建筑在九地之下，这两者既然都无法规定，而且也难免惊世骇俗，那么索性还是不规定的为好。

  明白了这个，我们就可以知道这一次国民政府蒋主席所提出来的根据政协决议而修正的宪草，内容的不能尽满人意是无足怪的。这个修正宪草，不是根据任何一种理论体系而产生的，乃是各种不同的政治理论体系在协调的精神之下相互让步的结果，既是协调，就不能不相互让步，就不能不拼凑，就不能不做搭截题，看起来是充满了矛盾冲突，任何方面都不尽满意——虽然参加政协的各党派在道义上都负有约束自己党员共同支持这个宪草的义务——但正因为其矛盾冲突，才能真正代表我们的时代需要，才是真正可行的宪法。宪法不是书案上的讲义，而是国民现实生活的反映，现实的中国，存在着许多矛盾冲突，我们无法否认，召开政协和国大，议定宪法，就是想在这许多矛盾冲突中找出几点最低限度大家可以共同支持的国家组织原则。时代不许我们再依照一种政治理论体系，而需要调协各种不同的政治理论体系来作成一部协调的宪法，这是我们这一次国大召集的任务。我相信大部分人当然都了解这种任务的庄严，而愿意共同努力促其实现。

有一部分人，认为国大代表既是来自民间，对于制宪应该有充分的自由，不应该受政府所提出来的宪法草案的拘束，因此主张自由制宪，这个意见当然是绝对值得尊重的，实际上，政府只是提供一个草案，作为讨论时的根据，并不曾加以任何拘束。但在有党籍的代表，无论是国民党，民社党，青年党，在党员的立场上是负有服从党的决议，不能持相反论调的拘束的，这种拘束是出于自愿，因为在入党之始就已经受了誓约的约束了。

就我个人讲也是如此，我对于这一部宪草，当然也可能有许多异见，譬如我个人是不赞成在宪法中规定"基本国策"这一章的，因为宪法所要规定的是静的关系，而不是动的态势，宪法的主要任务应该只有三点，第一是说明国家的权力的来源，第二是规定国家与人民的关系，第三是规定国家所属各种机构的性质及其相互的关系。所有这些都是属于制度性的，而非属于政策性的，基本国策是政策，不是制度，政策的变动性较大，很难胶柱鼓瑟，如果规定得过详尽，则窒碍难行，如果规定得简单，则除了口号以外还能有什么更具体的内容？现在大家批评基本国策一章尽是口号，但是既要规定这一章，就无法避免口号的填写。以上是我个人对于这一章的意见，但为遵守政协决议起见，我愿意放弃我个人的异议，来支持共同的决议。

我相信凡属有党籍的代表，一定都有这种牺牲个人意见以支持党的决议的精神，民主议会政治的运用就靠着有政党，就靠着党能约束他的党员，党员能服从党纪，不然便成为一人一议，十人十议的筑室道谋了。民主政治与政党是不可分的。

以上所说是我对于宪草的整个看法，底下再提出几个大家讨论得最热烈的问题来说说。

第一，是国民大会组织和职权的问题。有人嫌国民大会的职权太小，有人主张立法监察两院委员不应为国民代表，有人认为创制复决两权应该立即付与国民大会，始符行使四权之实。其中心问题在乎我们是否需要一个常设的人民代议机关以监督政府的行使治权。中山先生遗教中关于权与能分开，政权与治权分开的理论，我以为应该看作是学理上的分析，而不应解释为实际制度运用上的隔离。譬如我们从学理上研究一个人的时候，尽可认某些部分属于生理现象，某些部分属于心理现象，但在实际生活上心理生理是不能分隔的。即以机器为喻，机器的管理必赖工人，没有工人在旁时时运用，这个机器就难免出毛病。一个万能的政府，如果没有一个常设的人民代议机关从旁时时监督，谁能保总统常是贤明，官吏常是尽责？如果不贤不能，人民有什么办法去纠正他？照五五宪草的规定，国民大会每三年仅召集一次，会期不过一月至二月，是三年之中有二年零十个月政府可以为所欲为，无人掣肘，假使政府首长永远都是贤能的，自可不论。但谁能担保？万一不幸而不贤不能之人掌握治权，国家的损失就不可逆计了。因此，常设的人民代议机关，是绝对不可省略的。至于这个常设的代议机关，应该叫作立法院，或叫做国民大会，本来无关重要。不过照五五宪草和政协宪草中关于国民大会组织的规定，以每县市一人为起点，再加上由其他部分选出者，至少代表总额总在两千人左右，以两千人左右的国民大会，断无法长期集会，行使监督政府的职权。如果由国民大会来行使监督政府的职权，则必须变更一县一人的原则，代表总数不可超过五百人，然后才易于常常集会。至于由国民大会选出一个驻会委员会，和由国民大会选举立法委员一样，都未免把直接民权变为间接民权，有背孙先生的遗教。有人认为依照遗教，立法院是治权机关，修正宪草赋予以监督政府之责，似乎是行使政权，与遗教不合，依我们的认识，民主政治的精神，就在人民保有立法权和审核预算权，五五宪草和修正宪草同把这两权付之于立法院，这就是承认立法院多少是有点人民代表的意味，也就是多少有点行使政权的意味。中山先生曾说过"选举代议士以组织立法院"，又云"立法机关就是国会"，可见把立法院当作国会，是完全符合遗教，如果立法院是国会，就应该有现代各民主国家国会中常有的弹劾权和不信任权。现在的修正宪草，把不信任权未曾列入，已经不是遗教的原意了，有人还认为立法院权力过大，不知所大者何在？

第二，说到总统职权的问题，修正宪草与五五宪草中关于总统职权的规定，虽有出入，但大体不过详略之分而已。其最重要的区别点，是五五宪草规定行政院长由总统任免，而修正宪草则为由总统提名经立法院的同意而任命。因为五五宪草的精神是使"总统对国民大会负其责任"，而此次修正宪草的精神，是使行政院有限制地对立法院负责任。在今日的中国，不能不需要一个贤明有为的总统，但把总统置于直接负行政责任之地，这不是爱护这个总统，而是把全国爱戴的总统置于炉火之上，对国家和总统个人都不见得有利。修正宪草的规定，使行政院代总统负行政上的责任，把总统位置在较超然的地位，以便行政措施有不惬民意时，较易变动而不致动摇国本。实际上行政院长既由总统提名，当然是总统所可同意的人，他的措施当然不会与总统的意思大相违反，我们何必又忧总统的无权呢？

第三，关于立法院与行政院的关系。有人认为立法院权力过大，未免拘束行政，因之主张应予行政院以解散立法院之权，关于解散权的问题，政协宪草审议委员会本来曾经讨论过，因为行政院如对立法院有解散权，则立法院亦必对行政院有不信任权，有些方面顾虑立法院如保持不信任投票权，则政局未免常生波动，因此把不信任权打消，连带地也自然就把解散权取消了。至于行政院长虽可因与立法院意见不同，而被迫辞职，但其中已有层层限制，第一，行政院经总统之核可得移请复议；第二，立法院如仍欲维持原议时，须得委员三分二之通过；第三，如交复议时立法院仍坚持原议，行政院长仍可于执行或辞职二者间任择其一，并非必须辞职。可知立法院并不曾保有过甚的权力。何况经过立法院复议后，辞职者仅限于行政院长一人，其余各部会首长仍可不动，则行政部门尽可将行政院长与其他部会长官对调一下，即可敷衍立法院过去。如此规定，我们方感连带责任之不足，代议机关无法真正能监督政府，论者乃谓立法院权力过大，然则把立法院变为一个单纯的法制委员会，一切权力集中于行政院而无人能课其责任，才算不过大吗？其如违背"立法机关就是国会"之遗教何！

第四，关于司法院之为国家最高审判机关，设立大法官制一节，反对者似尚少。惟有人主张司法行政部应隶于司法院，则未免系统混淆。司法院如兼掌司法行政，则不能不对立法院负行政上的责任，如果易妨及司法的独立尊严，故司法行政部仍以隶属于行政院为宜。至于司法院院长及大法官之任命是否应由监察院同意，抑或由其他民意机关选举或同意，我个人认为尚可商量。

第五，关于监察院的组织及职权。此次修正宪草较五五宪草于弹劾、监察两权之外，多增同意权一项，对于弹劾及监察权的行使，规定也较为详密，最进步的为调查委员会的设置，惟关于弹劾案的提出，仍以监察委员个人提出，虽人数限制较高，似不如以全体决议来执行弹劾权较为合理。至于大法官及考试委员之同意权由监察院行使，虽为政协决议，似不无可以考虑之处。此外将审计权移归立法院执掌，或仍归监察院执掌，两者亦均各有理由，这些处所，似乎都还可以商量。

此外关于中央与地方之权限，省县制度两章，异议较少，把省县两字改为"地方"亦无不可。省的自治地位，是必须承认的，否则一切属于地方性的建设事业，无从着手。县财政未曾明白确定，是此次宪草的缺点，当初是想留到省县自治通则里去规定，如果一定要在宪法里取得保障，似亦可以考虑。

关于基本国策及施行修正程序两部分的意见，前已说过了，不再赘述。

《青年生活》第 12 期，
1946 年 12 月

常乃惪年谱简编[*]

1898 年　一岁

常乃惪出生于北京西交民巷路南中城察院对门寓所，时为清光绪二十四年（戊戌）十月廿二日。祖籍山西省榆次县车辋村，家族为榆次乃至山西著名的富商，大约发迹丁清乾嘉以后。父亲常运藻（字鉴堂）于光绪二十年通过纳捐成为附贡生，随后捐为詹事府主簿。常乃惪出生时，其父正在京任职。

1900—1902 年　三岁～五岁

因京津发生义和团运动，常运藻携眷回到故乡。这一年闰八月十三日常乃惪的生母韩太夫人逝世。继母庶母数人对常乃惪均关切友好，尤其是 1904 年嫁入常家的满洲正红旗人那拉氏，对常乃惪"亲加抚养，爱若己出"，以至后者回忆说"使余无母而有母者，皆太夫人之赐也"①。

---

　　* 吴天墀先生在 1948 年撰写的《常燕生先生简要年谱》，为本谱的重要参考。本谱中凡与"吴谱"相同者，均以"吴谱"为先。文中不再具体注明。年龄计算亦依"吴谱"，出生即算 1 岁。

　　常乃惪的早期活动因材料较少，事迹不能落实于具体年月，故二十岁以前多以时段进行叙述。

　　涉及报纸杂志文章的地方，不单独加注出处；常乃惪的署名各处有变化，如"常乃惪、常乃惪、常乃德、常燕生、燕生"等，以及"平子、惠之、柳下"等笔名，亦不单独加以注释。

　　常乃惪发表和出版的文章书籍颇多，本谱未一一列举。

　　① 常乃惪：《自撰年谱》，《常燕生先生遗集（八）》，黄欣周编，沈云龙校，41 页，台北，文海出版社，1967。

常乃惪记得自己五岁时开始执笔描红。因病被家人许给本村僧人慧悟为徒，法名全贵，故直至清朝灭亡都没有蓄发辫。

1903—1911 年　六岁～十四岁

1903 年春，常运藻改捐知县，分发河南，携家眷赴开封。常乃惪追述当时情形，称父亲有兄弟十数人，多因家业鼎盛而溺于安乐。其父痛恶鸦片以及声色嫖赌之类，恐子女沾染恶习，故携眷远离故乡。平日家教甚严，以至常乃惪不敢出门。主张剪发，反对缠足，支持女子读书。常运藻留心世务，但因性情耿直，不谐于俗，故仕途不显。候补多年终未署一缺，后在周家口、清化等地任豫泉官银钱局分办。直至1911 年补商城县知县，因辛亥革命爆发，未到任。再次携眷返乡。[①]

常乃惪初名乃英，后改为乃瑛，六岁时改名乃惪，字燕生，以纪念生于燕京。《自撰年谱》称："自幼手足拙钝"，"性怯懦"，然"读书颇聪明"。先后从清源梁晓峰、河津关雁秋、晋南周某等老师读书，1911年离开周家口时，塾师黄金台曾命常乃惪作廿四史总论。回到榆次后，常乃惪就读于本乡笃初小学及中学。所作课文三国论、忠孝论、岳武穆班师论、魏孝文帝论等，均获师长赞赏。

1912—1915 年　十五岁～十八岁

常乃惪先后就读于笃初中学、阳兴中学。当时"恂恂毋敢踰规矩，师长以文行许之"[②]。受梁启超影响，曾作孔子之道非宗教议；又与四兄常乃钦合办《评议报》，手写，仅出一期。中有常乃惪作文，批评乃木大将因殉君而死，署名为癫隐；约十八岁时沉溺于神秘之说，相信东方精神文明胜过西方物质文明，迷信静坐，废止朝食，以及伍廷芳的有鬼论，人生二百年等说法。习研佛学，归心于大乘法，但反对任何宗教形式。

1913 年时任山西民政长的赵渊（醴泉）将次女赵娴清许配给常乃惪，次年常乃惪与赵娴清在太原结婚。婚后赵娴清考入山西省立第一女子师范学校，两人各在学校，往来通信皆钤别字章"燕笺"与"鸾书"。

父亲常运藻回省后被选为山西省议会议员兼陈请股股长，"以公正

---

① 参见常乃惪：《父亲节追述先父鉴堂公数事》，《常燕生先生遗集（八）》，56～57 页。
② 常乃惪：《元配赵娴清女士事略》，《常燕生先生遗集（八）》，65 页。

敢言，果于任事，为群僚所敬服"。1913年国会竞选期间，拒绝袁世凯派别的贿赂；1914年任河曲县知事，厉行剪发，被百姓称为"常和尚"。但他对祖宗坟墓之祭扫与春秋祠享等事毫不马虎，对于非孝之说，尤在深恶痛绝之列。①

1916年　十九岁

春，山西省教育厅举行全省国文竞赛，分男女两组，令各所大中学校择优应选。结果常乃惪列名男生组第一，赵娴清列名女生组第二。当时题目为"汤武革命顺乎天而应乎人论"，常乃惪认为主试者有迎合袁世凯称帝的意思，故不欲构思，草草交卷，未曾想竟列头榜。夏，常乃惪毕业于阳兴中学。旋赴北京，考入北京高等师范学校史地部。阅《新青年》杂志，与陈独秀通信，讨论文学改革与孔教问题。

民国五年，因为山西省议会参议员多由贿选方式产生，常乃惪的父亲常运藻联络少数同仁，组织良心团，打算大家都本良心投山西最有气节声望的张衡玉（瑞玑）的票，因附和者少未能成功。有当选者李某托人送来买票费，为常运藻拒绝。后来补选第二名候补参议员时，因无补上的希望，无人竞选，省议员公议把这个名誉给了常运藻。②

1917年　二十岁

肆业于北京高师。《新青年》杂志第3卷第1号刊出《我之孔道观》一文。继续与陈独秀讨论文学革命与孔教问题，逐渐认同陈独秀的一些观点，也仍存在不同的意见，例如反对"不经破坏，不能建设"的说法，提倡积极的言论。③

赵娴清毕业于山西省立第一女子师范学校，旋就职于女师附小。与常乃惪诗歌唱和，今存于《影鸾胜草》。

辛亥革命后的经济动荡使常家破产，负债百余万两。家族公推常运藻处理，与债户商讨，分别分期折扣偿还。此后总理家族事务达二十余年。1917年以后，山西省议会改选，常运藻一度出任政治实察员，认真监督禁烟措施，曾获得禁烟委员会"力挽狂澜"的奖励匾额。但因过

---

① 参见常乃惪：《父亲节追述先父鉴堂公数事》，《常燕生先生遗集（八）》，57页。

② 参见上书，58～60页。

③ 参见常乃惪：《附常乃惪书》，《独秀文存》，666～667页，合肥，安徽人民出版社，1987。

于认真，不合上司之意，只好辞职。此后还担任过县立女子小学校校长及县财务局长。又曾创办妇女手工业传习所，学生由各村保送，聘请山东技师教织草帽，但因乡间习俗非贫苦人家的妇女不做工，故收效不大。①

1918—1919 年　二十一岁～二十二岁

1918 年 3 月，常乃惪的妻子赵娴清因难产逝世。常乃惪"震悼失神"，以读佛学典籍的办法医治心灵的悲痛。此后一二年，时与妻子寄冥书。

1918 年 5 月，因中日军事协定以及日本警察的镇压，留日学生大批回国，引发北大、高师、高工、法专、医专、农专、中大等校学生两千多人的游行请愿。尽管请愿未得结果，但北京学生成立了学生救国会，联络全国各地学生加入，并拟在 10 月正式出版《国民杂志》，但因故推延至次年 1 月出版。该杂志不宣传白话文，注重反军阀和抗日的政治运动。② 常乃惪为国民杂志社社员之一③，并在 1919 年 3 月和 11 月号上发表了《建设论》与《爱国——为什么？》两文，提出与陈独秀不同的观点。

大致同一时期，常乃惪与本校同学徐名鸿、刘薰宇、周卫群、匡日休、向大光、杨荃骏、周予同、张石矴、陈荩民等人一起，组织工学会。④ 刘薰宇回忆该会有两个目的："一是进行反帝反封建的活动，二是参加体力劳动。"因为是一个课余组织，成员仅十来人，又各自带"自由主义思想"，故不能很好地开展活动。只有 1919 年春天在工学会内部成立的一个帮助大家劳动锻炼的石印组坚持下来，并在五四运动中承担了印刷传单的任务。⑤

1919 年 5 月 3 日晚，以工学会为主的十几个青年在北京高师操场

---

① 参见常乃惪：《父亲节追述先父鉴堂公数事》，《常燕生先生遗集（八）》，60～61 页。

② 参见许德珩：《五四运动在北京》，《五四运动回忆录》上册，中国社会科学院近代史研究所编，210～211 页，北京，中国社会科学出版社，1979。

③ 参见《国民杂志社社员名单》，《五四时期的社团（二）》，张允候等编，13 页，北京，三联书店，1979。

④ 参见力：《北京高师参加五四学生游行示威的情况》，《五四运动回忆录》上册，270 页。

⑤ 参见刘薰宇：《忆工学会》，《五四运动回忆录》下册，中国社会科学院近代史研究所编，1017～1018 页，北京，中国社会科学出版社，1979。

北端的西花厅里集会，秘密商议在次日游行之后，还要前往东城赵家楼胡同曹汝霖的住宅去示威。① 周予同当时为高师三年级学生，回忆 5 月 3 日晚上，校内一个"小组织"在学校饭厅旁边一间小屋里开会，主张用游行示威的方式来表示抗议，并通过了进行暴动的激烈主张。② 周本人也是工学会发起人，故该"小组织"可能也是指工学会。此外，许德珩回忆五四前夕，参加国民杂志社的各校代表曾在北大西斋饭厅召开会议，讨论办法。③ 常乃惪回忆说，发起和参加青年党的重要分子都曾是五四运动的"最出力的指导者"，比如曾琦、张梦九等人代表留日学生，他自己和余家菊等人"参加北京学生会、干部组织，发动五四、六三两次风潮，促进全国学联会的成立"④。因此，尽管直接材料很少，但从间接叙述仍可以判断，常乃惪参与了五四前的组织集会。

五四运动发生之后，常乃惪加入由学生救国会改组而成的北京学生联合会，任该会教育组主任，并成为《国民杂志》编辑⑤；工学会组织仍然存在，成员约定作一定时间的体力劳动，并创办了一种小型期刊《工学》⑥；也有人说，工学会后来转变为平民教育社。⑦ 这个由高师部分教职员与学生联合发起的组织，在本年 10 月创办了《平民教育》杂志，常乃惪为成员之一。⑧

据说常乃惪在校时，"沉默寡言，穷研册籍。无嗜好，烟酒不进，性温和举止安详，师生甚敬爱之"。他因"能文"而出名，积极反抗"旧社会旧礼教"。当时北京高师史地部主任王桐龄反对学生参与政治，故学生发起驱王运动，推举常乃惪撰写驱王宣言。文成之后粘贴于墙壁，"同学读之莫不叫绝，驱王运动终底于成"⑨。

1919 年暑假常乃惪回到故乡，家人亲戚均劝其续娶。

---

① 参见于力：《北京高师参加五四学生游行示威的情况》，《五四运动回忆录》上册，270 页。

② 参见周予同：《五四回忆片断》，《五四运动回忆录》上册，265 页。

③ 参见许德珩：《五四运动在北京》，《五四运动回忆录》上册，210～211 页。

④ 柳下：《十五年来的中国青年党：（二）中国青年党创立以前的国家主义运动（续）》，《国论》，第 18 期，1938。

⑤ 参见"第二届职员（1919 年 10 月—？）"，《五四时期的社团（二）》，16 页。

⑥ 参见刘熏宇：《忆工学会》，《五四运动回忆录》下册，1017～1018 页。

⑦ 参见于力：《北京高师参加五四学生游行示威的情况》，《五四运动回忆录》上册，270 页。

⑧ 参见《平民教育社社员名单》，《五四时期的社团（三）》，7 页。

⑨ 郭荣生：《燕生先生德业千古》，《青年生活》第 19 期，1947。

1920 年　二十三岁

夏，毕业于北京高师。下半年任教于高师附中。本年担任《平民教育》杂志的编辑①，并在该刊上发表关于教育改革的文章；在《国民杂志》上发表论东、西方文明及马克思的唯物主义的文章。

10 月，与萧碧梧订婚。萧女士毕业于太原省立第一女子师范，任该校附小教师。常乃惪任教于高师附中时与余家菊相识。当时余为北京高师教育研究科第一班学生。② 本年常乃惪曾游历日本。③

1921 年　二十四岁

夏，返回太原，与萧碧梧结婚。常乃惪接受上海吴淞中国公学中学部的聘请，婚后即南行赴任，讲授"西洋史"等课。发表多篇论教育改革的文章。

中国公学附中学生想组织自治会，其组织设想与常乃惪的意见相左，双方在校刊上打起笔墨官司。当时常乃惪信仰基尔特组织，要求学生照基尔特方式组织自治会。部分学生不赞成，要用英美式的民主国会办法。自治会终因同学间意见不合而未能组成。④

1922 年　二十五岁

继续在上海吴淞中国公学附中教书。与舒新城、沈仲九、陈兼善等发起组织"教育改造社"，原定假上海《时事新报》的附刊出一种《教育旬刊》来鼓吹他们的见解，后因故不曾发行，该社也无形消灭。但《教育旬刊》宣言由常乃惪草就，后附录于《全民教育论发凡》中发表。⑤

3 月，北京和上海学生为反对世界基督教学生同盟第十一届大会在清华大学召开，发起"非基督教学生同盟"，广泛宣传反基督教观点。常乃惪对某些宣传不满，撰文批评。

---

① 参见《平民教育社历届职员名单》，《五四时期的社团（三）》，9 页。
② 参见余家菊：《怀常燕生》，《常燕生先生遗集（八）·哀挽录》，15～16 页。
③ 参见常乃惪：《东方文明与西方文明》，《"五四"前后东西文化问题论战文选》，陈崧编，283 页，北京，中国社会科学出版社，1989。
④ 参见阮毅成：《悼常燕生师》，《常燕生先生遗集（八）·哀挽录》，31～35 页。
⑤ 参见舒新城：《近代中国留学史·教育通论·近代中国教育思想史》，131 页，长沙，湖南教育出版社，2010。

参与《教育杂志》上对学术独立问题的讨论，主张由政府和资本家出钱来办各类教育机构。

1923 年 二十六岁

1月，郑振铎提议自己出书，不受商务印书馆的牵制。常乃惪与顾颉刚、王伯祥、叶圣陶、谢六逸、周予同、沈雁冰、胡愈之、郁达夫响应，决定每月公积十元，预备自己出版图书。后来这个以文学研究会成员为主体的小团体取名为"朴社"，并扩大了规模。①

吴淞中国公学附中学生欲出版《新吾周刊》，请常乃惪帮忙润饰创刊词。常乃惪以无法修改为由，另作一文交付。② 此文体裁独特，叶圣陶、俞平伯皆甚赞赏。

本年辞去吴淞中国公学附中教职，居家修养。

1924 年 二十七岁

春，赴北京就师大附中教职。秋，改就燕京大学，教授历史。最初洪业向燕京大学行政委员会提出聘请"一个真正的中国历史教授"的建议时，考虑的是王桐龄。但王桐龄推荐常乃惪担任此职。当时洪业对常乃惪印象很不好："他像个干瘪了的书生，头发乱七八糟，脸也不刮，长年穿一件破烂的蓝布大褂。因为他刚毕业，便聘为讲师，在宿舍分配了房间给他住。他在里面整理讲义，很少出来，我也很少理会他。我太太和我常请其他教员来吃饭，可是我不记得有没有请过他。教了一年，他大概也觉得没受到赏识，就辞职了。"③

本年商务印书馆出版了《新学制课程标准纲要》，初级中学历史部分为常乃惪起草，其提出打破关于朝代、国界的狭隘观念，明了世界人类生活共同演进之状况。《全民教育论发凡》的部分内容在《民铎杂志》上刊出。

曾琦、李璜、余家菊、张梦九由欧归国，10月，《醒狮周报》创刊。年底，北京一些大学教师、学生，受《先声周报》、《醒狮周报》的

---

① 参见顾颉刚：《顾颉刚日记》1923年1月6日，311页，台北，台湾联经出版公司，2007。

② 参见阮毅成：《悼常燕生师》，《常燕生先生遗集（八）·哀挽录》，31～35页。

③ 陈毓贤：《洪业传》，77页，北京，北京大学出版社，1996。

影响，组织国魂社，出版《国魂周刊》，常乃惪可能参与其事。①

1925 年　二十八岁

仍任教于燕京大学。

5 月 1 日旨在对抗段祺瑞"善后会议"的"国民会议促成会"在北京召开，常乃惪代表上海学联参加了会议。② 同年，常乃惪联络在京山西学界同乡，组织"青年山西学会"，出版《山西周报》，对省政建言改革。成员中有当时属于国民党西山会议派的张友渔、侯外庐，属共产党的陈孔焕（显文）、属无政府主义派的高长虹等。常乃惪认为尽管大家政治见解不同，但私人友谊保持得很好。③ 这一年，他也在《狂飙》和《莽原》上发表文章，即因高长虹的关系。④

8 月 17 日，中华教育改进社在太原举行第四届年会，常乃惪参会并提出两个议案。⑤ 余家菊、陈启天皆曾回忆，会议期间与常乃惪交流过"国家主义"观点，并获得他的赞同。⑥ 11 月，常乃惪加入中国青年党，并在《晨报》上发表反对苏俄的文章。

中国青年党成立于 1923 年 12 月，发起者为曾琦、李璜等人，初为秘密组织。1925 年李璜到北京大学任教，与国魂社等学生教师团体联络，在五卅惨案发生后共同进行反帝救国运动。夏，留学生中研究、讨论国家主义的团体组织，如大江学会、大神州学会等会员如罗隆基、闻一多、余上沅等，先后回国到北京，李璜与之联络，以先声社及国魂社名义发起国家主义团体联合会，在北京大学第三院召开扩大成立会，举行公开讲演。大致同时，李璜组织了中国青年党北京市党部，设委员 7人，常乃惪为宣传委员。对外活动仍以国魂社为名义进行掩护，继续出

---

① 参见汪潜：《青年党——国家主义派前期反动活动》，《四川文史资料选辑》第 12 辑，598 页，1979；张少鹏列举的国魂社"主要成员或联络人"中没有常乃惪，但又采纳了汪潜的说法，认为常乃惪主持创办《国魂》旬刊，见张少鹏：《民初的国家主义派研究》，85、102页，华中师范大学博士学位论文，2005。

② 参见范体仁：《记五四运动前后北京若干团体》，《五四运动回忆录》（续），198 页。

③ 参见常燕生：《追记延安之行——并怀吕平章同志》，《青年生活》第 15 期，1947。

④ 参见长虹：《一九二五，北京出版界形势指掌图》，《狂飙》第 5 期，1926。

⑤ 参见常乃德、萧澄、崔振汉、赵一峰提：《官立学校校长教员一律改为聘任制案》；常乃德、萧澄提：《中学宜增加理化钟点案》，《新教育》第 11 卷第 2 期，1925。

⑥ 参见余家菊：《怀常燕生》，《常燕生先生遗集（八）·哀挽录》，15～16 页；陈启天：《寄园回忆录》，25 页，台北，台湾商务印书馆，1965。

版《国魂周刊》，由常乃惪主编，与上海《醒狮周报》南北呼应。①
1925 年 10 月中国青年党公开名称"中国国家主义青年团"。

1926 年 二十九岁

留俄学生彭昭贤返国到北京，称华侨备受苏俄政府虐待。青年党人
决定召开反俄援侨大会。李璜先在他的亮果厂寓所召开了一次"高级一
点的座谈会，参加者有袁守和、张真如、邱大年、余上沅、常燕生、闻
一多、罗隆基（努生）等多数教授以及国家主义青年团与国魂社主持人
夏涛声、林德懿、李樸、谭慕愚等北大学生。座谈中，在彭报告后，守
和、一多均发言至为愤慨，于是随即召开反俄援侨大会筹备会于北大第
三院，决定公开与共产党大干一下。当时定期于三月十日二时在北大第
三院大礼堂开会，并推定李璜、闻一多、常燕生、邱大年、罗隆基为主
席团"②。

夏，常乃惪辞去燕京大学教职，就任青年党创办的"爱国中学"校
长一职。7 月，中国青年党（中国国家主义青年团）召开第一届全国代
表大会，常乃惪被选举为中央执行委员会委员，兼任宣传部长。③ 编辑
《世界日报》附刊《学园》。

9 月初，因直奉战争爆发后北京政局变化，有政治色彩的教授纷纷南
下，李璜回到成都。12 月 29 日下午，国魂社、中国国家主义青年团北京部
在中央公园来今雨轩发起拥护五色国旗代表大会，到会代表七十余人。④

1927 年 三十岁

1 月，在《学园》上发表拥护《狂飙》周刊的文章，引起鲁迅不
满。年底鲁迅在《语丝》上撰文，反讽常乃惪的党人气味。

为专力党务，常乃惪本年辞去爱国中学校长职位。7 月，中国青年
党（中国国家主义青年团）在上海召开第二届全国代表大会。会后发布

---

① 参见汪潜：《青年党——国家主义派前期反动活动》，《四川文史资料选辑》第 12 辑，598
页。

② 李璜：《学钝室回忆录》，127 页，台北，传记文学出版社，1973。

③ 此为吴天墀的说法。周淑真在《中国青年党在大陆和台湾》一书中提到，中国青年
党第一次全国代表大会选举"李璜、陈启天、余家菊、张子柱分别担任宣传、训练、组织、
外务各部的主任"，这一说法当是采自陈启天的《寄园回忆录》。参见周淑真：《中国青年党在
大陆和台湾》，59 页，北京，中国人民大学出版社，1993；陈启天：《寄园回忆录》，294 页。

④ 参见《北京各团体拥护五色国旗大同盟》，《醒狮周报》第 119 期，1926。

对时局宣言，系常乃惪手笔。自后中青历届全代会宣言，除第五届外，皆是他起草。本年常乃惪供职于中青总部，主办《醒狮周报》，对于文化思想之领导工作，最为积极。在《醒狮周报》上发表政治论文及诗、剧若干篇，内署惪之、平子、平生、萍之、凡民等名者均是，其中包括关于联省自治研究的系列文章，为青年党中央安排的研究任务。[①] 同学靳宗岳创《新国家》杂志于北京，也标举国家主义，常乃惪发表文章论述国家主义与非国家主义的区别，意图统一国家主义阵营。

1928 年　三十一岁

夏，自沪返太原，本拟携眷南下，因生病居家半年。

《中华民族小史》、《中国思想小史》、《中国文化小史》等书相继出版。与刘大杰等人编辑《长夜》杂志，并发表多篇文章，包括《越过了阿 Q 的时代以后》，批评鲁迅从职业与地域偏见中概括的中国民族的恶根性不正确，后来引起鲁迅的反驳。

1929 年　三十二岁

春，离开家乡外出。在上海中国青年党开办的知行学院教授西洋史，为义务性质，无报酬。似还曾在上海大夏大学授课，编有《历史研究法讲义》。9 月，中国青年党在香港召开第四次全国代表大会，决议公开党名。冬，返回太原并榆次家中。

1930 年　三十三岁

春，偕夫人北经大同，循平绥路至北平。留平月余，再赴天津。5 月偕夫人由海道南下上海，在知行学院讲授欧洲近代史及国文。后因经费困难，青年党在年内停办知行学院。8 月出席中国青年党第五次全国代表大会。[②] 会后返回北平。本年撰写了《生物史观与社会》（1933 年上海大陆书局出版）等书，是常乃惪最为人知的理论建树。

1931 年　三十四岁

春，曾因党务赴汉口。九一八事变发生后，常乃惪主张以中国青年

---

① 参见陈善新：《常燕生先生精神永在》，《青年生活》第 19 期，1947。
② 吴天墀认为此次全代会是在上海召开，陈启天的回忆则是在天津。见陈启天：《寄园回忆录》，298 页。

党党员身份公开从事救国宣传。某日在中山公园讲演"野战抗日",为宪警干涉,在听众支持下得以完成演讲。次年年初《醒狮周报》刊出演讲全文。本年撰写了《社会科学通论》(1935年中华书局出版)一书,继续发挥其"生物史观"的观点。

九一八事变后,中国青年党中央呼吁政党之间休战,一致对外。

1932年　三十五岁

4月,国民党政府召集国难会议,邀请中国青年党九人为代表出席,常乃惪为其中之一。因为国民党没有取消党治的意思,中国青年党代表拒绝赴会。夏,中国青年党在北平召开第七届全国代表大会。有代表突然提议改制:委员长由全代会选举,中央委员则由委员长推荐。陈启天等人认为不合民主原则,起而反对,引起激烈争论。李璜出面调停,主张旧干部均退出中央,另选新干部继任。于是曾琦、李璜、左舜生、余家菊、陈启天、常乃惪等人放弃被选举权,改选少壮同志任职于中央。此后纠纷迭起,青年党中央在北平无法维持,迁至香港,不到一年,中央党部宣告停止活动,自行离散。陈启天称,"民国二十一、二年间,是中青内部多事之秋"①。

作《翁将军歌》,吴宓评论说:"统观辛未、壬申、癸酉间南北各地佳篇,应以常乃惪之《翁将军歌》为首选。此歌气格高古,旨意正大。深厚而沉雄,通体精炼,无懈可击。"②

1933年　三十六岁

留居北平,继续党务。作《故都赋》并序,5月22日刊于天津《大公报·文学副刊》。吴宓评论说:"其日正值日军进逼、北平危急,而我签塘沽协定、乞盟城下之时,是故常君此赋有关于历史国运者至重。盖今之哀江南,而又能真切详尽,包举无遗者也。"③

1934年　三十七岁

返回太原,任教于山西大学教育学院。初夏,率学生南下,至京、

---

① 陈启天:《寄园回忆录》,165页。
② 吴宓:《吴宓诗话》,239页,北京,商务印书馆,2007。
③ 同上书,241页。

沪、杭一带参观。①

年底，中国青年党各省市党部因中央党部陷于停顿，联合发起在上海召开临时全国代表大会，重建中央党部。②

1935年 三十八岁

7月，《国论》月刊创刊，常乃惪为首任主编。同月，中国青年党第八届全国代表大会在上海召开，决定正式恢复中央党部，并支持政府的抗战。会议选举了中央执行委员会委员，常乃惪为其一。左舜生任委员长，李璜任外务部长，常乃惪任宣传部长，陈启天任训练部长等。会后陈启天接办《国论》月刊。③ 此后两年，常乃惪在《国论》及《青年生活》上发表论文颇多。

山西大学教育学院停办后，常乃惪转到太原绥靖公署主任办公室任秘书。他曾回忆说："以我当时在山西教育文化界的声望和地位来说，秘书一职实在有点委屈，因此不但知交们劝我不必就，就连亡妻萧碧梧女士也替我不平，但是我的本意并不是想做官，我以为一个革命党人在现有的社会里无论做什么梦都不过是好比在前台唱戏，唱戏的扮演皇帝和扮演乞丐都没有什么关系，在国青交换书信以前一个青年党员并没有承认当时的国民政府的义务，因此在国民党底下无论做什么官，既不足为荣，亦不足为耻，只不过是一种达到目的的手段罢了。"④

当时太原环境比较自由，许多左派名流麕集于此地。常乃惪曾参加一个座谈会形式的组织，隔一两礼拜座谈一次，大家轮流作主人请客，参加者有张友渔、侯外庐、邢西萍，及接近陶希圣的高叔康等人。座谈会大体以左派为中心，类似后来民主同盟的情形。当时山西牺盟会主要领袖薄一波与常乃惪住在同院，但他行动谨慎，宣称脱离共产党，不曾

---

① 常乃惪可能在这段中央党部解散的时间里进行了一些积极的组织工作。例如"青年党复兴运动委员会"据说即是1934年常乃惪在江浙秘密发起，抗战爆发入川后，与何鲁之、姜蕴刚、彭举等人商议从而正式定名的。见陈稻心、黄光伟（搜集整理）：《中国青年党及其在四川的地方组织》，http://www.phoer.net/thread-33952-1-1.html。青年党内部派系纷争在1940年代愈演愈烈，常乃惪为其中的重要角色，但具体情形目前仍不清楚。参见：《中国青年党地方组织概况（1947年12月）》、《国民党中央联秘处关于'青年党在四川动态'的专报（1947年6月30日）》，《中国青年党》，方庆秋主编，273、308页，北京，档案出版社，1988；廖上柯：《解放前夕的"中国青年党革命同志会"》，《成都文史资料》第2～3辑，1989。

② 参见陈启天：《寄园回忆录》，34～35页。

③ 参见上书，170页。

④ 常燕生：《细雨驴上太行（平生散记之一）》，《青年生活》第3期，1946。

参加这一座谈会。①

1936 年　三十九岁

与夫人萧碧梧合编的剧本《张太太》刊于《青年生活》。端午节，萧碧梧逝世。因子女众多，难于照料，冬，常乃惠续娶谯玉贞。

本年常乃惠在太原创办《青年阵线》半月刊；《生物史观研究》一书由上海大光书局出版。

1937 年　四十岁

夏，撰写《无常与无我》。抗战爆发时，常乃惠仍居太原，"日居危城中，进无以献筹军国，退无以协济生民，乃发愤闭户读书，日有所感，辄记之于帙，两月中成书两卷，题曰《老生常谈》"。

10 月 20 日离开太原，把家属安置于长治，南下抵汉口，住余家菊家。本拟听党指导进行游击抗战，但在与党部同志会商数次后，才知道"党为恪守在庐山与国民党领袖的相互谅解起见，早已解散军党部，停止一切单独的军事行动，同志们有告奋勇请组游击队的，都经党介绍给陈立夫先生去"。常乃惠不愿找陈立夫，不相信国民党会帮助青年党建设抗日的军事力量，对于青年党的做法也不尽同意，因此决定带孩子们入川，放弃了武装抗日的念头。②

1938 年　四十一岁

本年就聘于四川大学史学系，讲授历史哲学。③

《国论》月刊在上海出版至 2 卷 11 期，因日军侵入上海而停顿。本年春在成都复刊，改为周刊，由常乃惠主编。出版二十多期后，由姜蕴刚接办，并在秋季迁往重庆。④ 6 月，中国青年党在汉口召开第九次全

---

① 参见常燕生：《追记延安之行——并怀吕平章同志》，《青年生活》第 15 期，1947。

② 参见常燕生：《细雨驴上太行（平生散记之一）》，《青年生活》第 3 期，1946 年。

③ 可能是临时性聘任，或为吴天墀误记。查四川大学档案，1938、1940、1942、1943 年，大学教员名录里皆无常乃惠的名字。如《本大学教员名录 1938 年 11 月 7 日编成》，四川大学档案馆藏，全宗号：川大，目录号：1，案卷号：4；《关聘底稿 廿六年度廿七年度》，四川大学档案馆藏私立华西协合大学档案，第 1657 号。这些名录里，包括了一周只上两三小时课的"特聘教授"。但常乃惠的儿子常崇宇也认为 1938 年常乃惠即在四川大学任教。常崇宇：《大陆中国青年党人的归宿》，149 页。本年谱此处暂依吴、常的说法。

④ 参见《编辑余话》，《国论》第 1 期，1938。

国代表大会。会后开首次中央执行委员会会议，常乃惪提议由宋涟波接替左舜生担任"新中国日报社"社长。7 月，国民参政会也在汉口召开，常乃惪被选聘为国民参政员，前往出席，并在报刊上撰文评论这第一次的国民参政会。不久武汉危急，常乃惪与同志数人赴大别山区策划进行游击战。冬，返回成都。《新中国日报》由汉口迁到成都后，常乃惪为其社论与专论的主要撰稿人。12 月接连发表《此时还有徘徊瞻顾的余地吗?》、《正人心，息流言，拒邪说，惟有请政府立即正式宣布既定国策不变》两篇社论，在汪精卫潜逃之前敏感地指责了国民党内的悲观情绪和"和平"妄想。①

1939 年 四十二岁

本年在私立华西协合大学文学院历史社会学系社会组任讲师。②

2 月，在重庆参加第三次国民参政会。会后，由中国青年党中央派遣前往延安访问，但此次访问"纯粹是友谊的访问，并含有观光的意味，此外并不涉及任何实际问题"。常乃惪先至二战区会晤阎锡山及山西的朋友，并接回滞留于长治之眷属。次达延安，与毛泽东、艾思奇、周扬等人晤谈。③

秋，从中莲池报馆宿舍迁居于竹林巷冰庐。黄欣周、姜蕴刚时常往访。④ 当时川康绥靖主任邓锡侯于每周五晚上在南打金街五号宴请一批大学校长、教授及学人，饭后座谈。后来每隔二三月举行一次，直到抗战胜利。⑤《顾颉刚日记》记录下常乃惪与顾颉刚同赴邓锡侯宴请的几次情形。⑥

1940 年 四十三岁

因 1939 年 5 月 4 日日机轰炸重庆，焚毁了《国论》周刊社，本年元旦该刊重行在成都复刊，改为半月刊。常乃惪发表文章宣传"新战国时代"之国家竞存观点，激励国人之抗战精神。又发表后来收入《哲学

① 宋益清：《十年报人》，13、40、71、86 页，台北，青城出版社，1977。
② 《私立华西协合大学 关聘 民国二十八年》，1656 号，四川大学档案馆藏。
③ 参见常燕生：《追记延安之行——并怀吕平章同志》，《青年生活》第 15 期，1947。
④ 参见黄欣周：《哭常老师》，《青年生活》第 19 期，1947。
⑤ 参见宋益清：《十年报人》，91~92 页。
⑥ 如《顾颉刚日记》1939 年 12 月 15 日，320 页。

的有机论》一书中的数篇文章，在生物史观的基础上，从宇宙时空性质出发，尝试建设一种新的宇宙观。

1941 年　四十四岁

在川康农工学院[①]、私立华西协合大学哲学历史系任教。[②]

常乃惪的治学兴趣移至历史认识论，并继续发挥其生物史观，本年所撰《历史与历史学观念的改造》、《历史的本质及其构成的程序》、《历史的重演问题》等文皆是。

1942 年　四十五岁

常乃惪对于抗日战争抱乐观必胜的心理[③]，在失败论泛滥之时，已经开始注意到抗战之后的建国问题，以为战后国策之重要性，远远超过国都问题。

旧历五月十八日为常乃惪父亲常运藻的七旬寿诞，常乃惪打算征文娱亲，不幸翌日常父即因病逝世于山西榆次。

1943 年　四十六岁

冬，竹林巷房主收屋，常乃惪全家迁居于成都外南小天竺街岷峨书店内，室隘人众。常乃惪最钟爱的女儿因伤风死于此地。

黄欣周帮助常乃惪将历年撰写的关于历史文化问题之论文十余篇集为一本《历史哲学论丛》，常乃惪在自序中谈到入川以后思想之变化，阐述其理想中的"历史哲学"之结构。

1944 年　四十七岁

任教于齐鲁大学，迁居小天竺街后的齐鲁村八号。夏，至乐山视长女病。10 月 7 日下午，常乃惪参加了在华西大学体育馆召开的"国事座谈会"。[④]

本年夏季，中国青年党内部再起派别分歧。一部分中央委员在成都

---

① 《私立川康农工学院三十年度教员名册》，四川大学档案馆藏，全宗号：川大，目录号：1，案卷号：8。

② 《民国卅年八月起至卅一年七月止 关聘》，四川大学档案馆藏私立华西协合大学档案，全宗号：华大，案卷号：57。

③ 参见黄欣周：《哭常老师》，《青年生活》第 19 期，1947。

④ 参见常崇宇：《大陆中国青年党人的归宿》，182 页。

集会，拟改选中常委，并将中央党部迁至成都。但因为出席的中央委员不足法定人数，左舜生、陈启天、余家菊等均在重庆，未曾出席，故此次成都集会不被承认，中央党部未能由渝迁蓉。但此后一年多，中央党部仍"陷于停顿，不能有所作为"①。

1945 年　四十八岁

元旦，常乃惪与四川大学、华西协合大学等处的史学家在望江楼召开中国史学会成都分会的筹备座谈会。② 11—12 月，中国青年党在重庆召开第十次全国代表大会，决议改委员长为主席，由曾琦担任，李璜为外务部长，左舜生为宣传部长，余家菊为训练部长，郑振文任组织部长，杨叔明任内务部长，常乃惪为文化运动委员会主任委员，何鲁之任人文研究所所长……大会还决定由曾琦、陈启天、余家菊、常乃惪、杨叔明五人为代表参加政治协商会议。③

本年发表《战与舞》、《向吉普女郎致敬》等文，一反社会对跳舞风气的批评，从正面、积极的观点支持这一现象，"哄传社会，颇变观感"。

1946 年　四十九岁

1 月 13 日政治协商会议在重庆举行。常乃惪代表中国青年党在大会上对共同纲领的意见进行了说明。④ 5 月《中华时报》创刊于上海，常乃惪为其撰述多篇社论，如《军队国家化及政治民主化的正确意义》。担任复刊的《青年生活》杂志发行人。11 月，在南京出席制宪国民大会。

1947 年　五十岁

青年党中常会对于本党即将参加政府的人选本已商定，但为顺应舆情，于 1946 年末到 1947 年初召开中央委员全体会议再次讨论，议定曾琦、左舜生、李璜、陈启天、余家菊、常乃惪、何鲁之七人出任政府职位。曾、陈、余、何任国府委员，李璜任经济部长，左舜生任农林部

①　陈启天：《寄园回忆录》，195 页。
②　参见顾颉刚：《顾颉刚日记》1945 年 1 月 1 日，389 页。
③　参见陈启天：《寄园回忆录》，196 页。
④　参见宋益清：《十年报人》，125 页。

长，常乃惪任行政院政务委员。5 月，由于青年党内部人事纷争，常乃惪改为出任国府委员。① 6 月，常乃惪由上海返回成都，因病于 7 月 26 日逝世。青年党人纷纷撰文纪念，多人提及常乃惪进入政府，"乃格于党命，非其志也"②。

---

① 参见陈启天：《寄园回忆录》，224～227 页。
② 此为吴天墀评语。另如黄欣周：《哭常老师》，《青年生活》第 19 期，1947。

中国近代思想家文库

丁文江卷　　　　　　　　　　　　　宋广波　编
钱玄同卷　　　　　　　　　　　　　张荣华　编
张君劢卷　　　　　　　　　　　　　翁贺凯　编
赵紫宸卷　　　　　　　　　　　　　赵晓阳　编
李大钊卷　　　　　　　　　　　　　杨琥　编
李达卷　　　　　　　　　　宋俭、宋镜明　编
张慰慈卷　　　　　　　　　　　　　李源　编
晏阳初卷　　　　　　　　　　　　　宋恩荣　编
陶行知卷　　　　　　　　　　　　　余子侠　编
戴季陶卷　　　　　　　　　　桑兵、朱凤林　编
胡适卷　　　　　　　　　　　　　　耿云志　编
郭沫若卷　　　　　　谢保成、魏红珊、潘素龙　编
卢作孚卷　　　　　　　　　　　　　王果　编
汤用彤卷　　　　　　　　　　汤一介、赵建永　编
吴耀宗卷　　　　　　　　　　　　　赵晓阳　编
顾颉刚卷　　　　　　　　　　　　　顾潮　编
张申府卷　　　　　　　　　　　　　雷颐　编
梁漱溟卷　　　　　　　　　　梁培宽、王宗昱　编
恽代英卷　　　　　　　　　　　　　刘辉　编
金岳霖卷　　　　　　　　　　　　　王中江　编
冯友兰卷　　　　　　　　　　　　　李中华　编
傅斯年卷　　　　　　　　　　　　　欧阳哲生　编
罗家伦卷　　　　　　　　　　　　　张晓京　编
萧公权卷　　　　　　　　　　　　　张允起　编
常乃惪卷　　　　　　　　　　　　　查晓英　编
余家菊卷　　　　　　　　　　余子侠、郑刚　编
瞿秋白卷　　　　　　　　　　　　　陈铁健　编
潘光旦卷　　　　　　　　　　　　　吕文浩　编
朱谦之卷　　　　　　　　　　　　　黄夏年　编
陶希圣卷　　　　　　　　　　　　　陈峰　编
钱端升卷　　　　　　　　　　　　　孙宏云　编
王亚南卷　　　　　　　　　　夏明方、杨双利　编
黄文山卷　　　　　　　　　　　　　赵立彬　编

图书在版编目（CIP）数据

中国近代思想家文库. 常乃惪卷/查晓英编. —北京：中国人民大学出版社，2014.4

ISBN 978-7-300-19212-3

Ⅰ. ①中… Ⅱ. ①查… Ⅲ. ①思想史-研究-中国-近代②常乃惪（1898～1947)-思想评论 Ⅳ. ①B250.5

中国版本图书馆 CIP 数据核字（2014）第 076054 号

中国近代思想家文库

常乃惪卷

查晓英　编

Chang Naide Juan

出版发行	中国人民大学出版社			
社　　址	北京中关村大街 31 号		**邮政编码**	100080
电　　话	010 － 62511242（总编室）		010 － 62511770（质管部）	
	010 － 82501766.（邮购部）		010 － 62514148（门市部）	
	010 － 62515195（发行公司）		010 － 62515275（盗版举报）	
网　　址	http://www.crup.com.cn			
经　　销	新华书店			
印　　刷	涿州市星河印刷有限公司			
开　　本	720 mm×1000 mm　1/16		**版　　次**	2015 年 1 月第 1 版
印　　张	27.25 插页 1		**印　　次**	2024 年 7 月第 3 次印刷
字　　数	436 000		**定　　价**	93.00 元